수용전념치료(ACT) 지침서

자비의 과학

수용전념치료(ACT) 지침서

자비의 과학

자비를 임상에 적용한 최신 심리치료법

데니스 터치

벤자민 쇤도르프

로라 실버슈타인 공저

손정락·최명심 옮김

불광출판사

"고대의 지혜와 현대 과학의 품격 있는 통합이다. 강력한 통찰과 실제적인 도구들이 빈틈없이 들어차 있는 이 책은 수용전념치료(acceptance and commitment therapy; ACT) 실무자들뿐만 아니라, 자비에 관심이 있는 사람이라면 누구에게라도 믿을 수 없을 정도로 유용한 참고자료원이다. 강력하게 추천한다!"

러스 해리스(**Russ Harris**)
The Happiness Trap 과 *ACT Made Simple*의 저자

"터치, 쉔도르프, 실버슈타인이 집필한 『수용전념치료(ACT) 지침서 자비의 과학(*The ACT Practitioner's Guide to the Science of Compassion*)』은 수용전념치료와 자비초점치료(compassion-focused therapy; CFT)를 탁월하게 통합하였다. 사용하기 쉽고 통찰과 임상 사례들로 가득 찬 이 책은 치료의 새로운 가능성을 열어줄 것이다. 강력하게 추천한다."

로버트 레이히(**Robert Leahy**) 박사
American Institute for Cognitive Therapy 소장

"이 책은 수용-전념치료(ACT)와 마음챙김과 자기-자비에 대한 다른 접근들 간의 교차점을 설명한 매우 독특한 책이다. 놀랄 만한 수준의 자세함과 이론적 세련미를 갖추면서도 이 책은 치료자들이 의미 있는 방식으로 내담자와 작업할 때 자비 연습을 통합할 수 있도록 쉽고 실제적인 기법과 사례의 예도 제공하고 있다."

크리스틴 네프(**Kristin Neff**) 박사
텍사스대학교(오스틴 캠퍼스) 교육심리학 전공 부교수,
*Self-Compassion*의 저자이자 자기-자비의 정신 건강상의
이익을 연구하는 선구적인 연구자

"이 책은 자비의 변화력으로 수용-전념치료(ACT) 과정들을 융합시키는 지침서로써 내가 기다려왔던 것이다. 가치, 탈융합, 전념행동, 맥락으로서의 자기 등 ACT의 모든 구성요소는 우리가 자비에 다가서고 이를 활용함으로써 강화되어 왔다."

매튜 맥케이(**Matthew McKay**) 박사
*Your Life on Purpose*의 공동 저자

"자비는 인류의 생존에 기여하는 인간성의 측면에서 정의된다. 이에 더해, 자비는 세계 모든 종교의 공통 요소 중 하나이며 임상 현장에서도 핵심이다. 이 놀라운 책에서 터치, 쉔도르프 및 실버슈타인은 인지행동치료(CBT)의 맥락 내에서 자비의 많은 측면을 설명하고 있다. 쉽게 접근할 수 있는, 이 놀라운 책은 임상가가 자비를 육성하고 자비를 임상 실무에 적용할 수 있는 구체적인 권장 사항을 제공한다. 이 책은 반드시 읽어야 한다."

스테판 G. 호프만(Stefan G. Hofmann) 박사
보스턴대학교 심리학과 교수, *An Introduction to Modern CBT:*
*Psychological Solutions to Mental Health Problems*의 저자

"진화 과학은 우리에게 인간 웰빙에서 관계의 중요성에 대한 깊은 이해를 제공한다. 결과적으로, 자비의 과학은 극적으로 성장하였고 자비는 경험적인 임상 심리학 연구와 실무에서 중요한 자리를 차지하였다. 터치, 쉔도르프 및 실버슈타인은 임상가가 자신의 작업에서 자비에 더욱 더 명시적인 초점을 맞출 수 있도록 지침서를 제공한다."

캘리 G. 윌슨(Kelly G. Wilson) 박사.
미시시피대학교 심리학과 부교수,
*Acceptance and Commitment Therapy*의 공동 저자

"자비에 대한 이 포괄적인 개론서는 혁신적이고 단계적인 치료 도구를 원했던 사람들뿐 아니라 이론과 개념 분석에 굶주려 있던 실무자들도 만족시킬 것이다. 이 책은 그들의 지성뿐 아니라 감성까지도 활용하여 치료적 관계를 더 심화시키려는 여느 임상가의 도서 목록에도 포함되어 있다."

마비스 차이(Mavis Tsai) 박사
*Functional Analytic Psychotherapy: Creating Intensive and Curative Therapeutic Relationships*의 공동 저자, 워싱턴대학교 Psychological Services & Training Center의 FAP Speciality Clinic의 선임연구원이자 소장

"자비는 인간의 괴로움에 대한 해독제로 가장 강력한 것은 아니지만 매우 강력한 해독제 중의 하나다. 2,600년 이상의 축적된 지혜와 수십 년간의 심리학 연구는 자비가 왜 그러한지에 대해서 우리에게 가르쳐준다. 그런데, 자비를 규정하기가 왜 그렇게 어려운가? 인간의 고통을 완화시키고 심리적 건강을 증진시키기 위해 어떻게 자비의 힘을 이용해야 하는가? 흥미롭고 통찰력이 있으며 매우 실용적인 이 책은 이러한 질문과 관련 질문에 대한 답을 제공하고 있으며, 자비를 행동으로 옮기는 방법을 보여주고 있다. 수용전념치료(ACT) 실무자들을 염두에 두고 저술된 이 책은 어떤 형태의 정신 건강 실무에도 쉽게 적용될 수 있는 영역으로 들어가고 있다. 이러한 임상적으로 풍성한 책을 우리에게 선사한 저자들에게 감사한다. 이 책은 모든 정신 건강 전문가를 위한 선물이자 필독서이다."

존 P. 포시스(John P. Forsyth) 박사
뉴욕대학교(올바니 캠퍼스) 심리학과 교수이자 Anxiety
Disorders Research Program의 소장,
Acceptance and Commitment Therapy for Anxiety Disorders, The
Mindfulness and Acceptance Workbook for Anxiety, ACT on Life Not on
*Anger, Your Life on Purpose*의 공동 저자

"수용전념치료(ACT)와의 첫 번째 만남부터 '기능적 분석 심리치료(functional analytic psychotherapy; FAP)'와 자비초점치료(CFT)에 이르기까지, 나는 이들 심리치료에 짜여져 있는 과정과 중재에 내재된 자비의 맥박을 느꼈다. 『수용전념치료(ACT) 지침서 자비의 과학』에서, 저자들은 임상가들이 맥락적 행동치료에서 자비와 그 위치를 쉽게 이해하도록 이론, 과학 및 적용을 종합하였으며, 또한 다른 것들과의 관련성과 그것이 인간에게 어떤 의미인지를 심화하는 방식으로 참여와 유연성을 연결시켜 살펴보았다. 보다 자비로운 세상을 만들기로 결심하는 모든 사람들이 읽어야 할 필독서이다!"

로빈 D. 왈저(Robyn D. Walser) 박사
캘리포니아대학교(버클리 캠퍼스) 임상부 교수,
National Center for PTSD의 Dissemination and
Training Division 부소장

진실한 친구이자 멘토 Paul Gilbert, PhD, OBE
교수를 위해

데니스 터치(Dennis Tirch)

말보다는 행동을 실천할 수 있도록 끈기 있고 지속적으로
나를 코치해준 한없이 사랑스러운 나의 아내 Marie-France,
아들 Thomas
그리고 의붓딸 Ariane와 Camille에게

벤자민 쉔도르프(Benjamin Schoendorff)

자비와 살아 있는 사랑의 화신인
두 여성 Marge와 Esta에게 바칩니다.

로라 실버슈타인(Laura Silberstein)

차례

역자 서문 • **14**

추천사(폴 길버트 박사) • **20**

협력하고, 배려하며, 생산적인 관계 구축하기:
시험적인 사례로서 ACT와 CFT(스티븐 C. 헤이즈 박사) • **32**

감사의 말씀 • **37**

서론 • **43**

1장. 자비: 정의와 진화적 뿌리 • **53**

2장. 자비와 심리적 유연성 • **83**

3장. CFT: 기원, 진화적 맥락 및 실무 개시 • **143**

4장. 임상 실무에서 자기-자비 훈련 • **175**

5장. 자비 훈련을 위해 치료적 관계 활용하기 • **219**

6장. 자비-초점 ACT의 첫 요소 • 255

7장. 자비로운 마음 훈련하기 • 311

8장. 사례 공식화, 평가 및 치료 계획 • 353

9장. 종결과 새로운 시작 • 431

참고자료원 • 446

참고문헌 • 448

찾아보기 • 468

지은이 • 476

옮긴이 • 478

역자 서문

"가끔 잘 웃는 인간으로 기억해주면 좋겠습니다."
— 달라이 라마

자비는 우리가 익숙하게 듣던 말이기도 합니다. 모든 문화권의 문화적 전통에서, 종교에서 그리고 일상생활에서 자비의 실천이 이루어지기를 염원해 왔습니다. 한 예를 들면, 불교에서는 4대 보살이 유명합니다. 대자대비는 관음보살, 지혜는 문수보살, 보살행의 실천은 보현보살, 고통받는 존재를 구원하는 것은 지장보살이라고 들었습니다. 이 모두는 우리 마음에 이미 있고, 또 서로 연결이 되는 구성개념들이기도 하며, 이를 실천하는 사람들도 많습니다. 그런데 이 자비가 심리치료에서 심리과학의 주목을 받은 것은 극히 최근의 추세라고 할 수 있습니다.

　물론 현대 심리학의 초창기에 윌리엄 제임스는 우리 자신의 마음가짐을 바꿈으로써 우리의 삶을 바꿀 수 있다는 사실을 줄곧 주장해왔습니다. 칼 로저스는 감정이입과 무조건 긍정적 존중을 강조하였습니다. 그런데 최근의 심리과학은 자비에 대한 사례개념화, 평가 및 임상 적용에 아주 구체적인 접근을 시도하고 있습니다. 점점 더 많은 치료자들이 자신을 물론이고 타인을 향한 이 자비행위가 정서적 안녕, 신체적 안녕, 고통 감내력 그리고 스트레스 대처에 탁월한 효능이 있음을 발견하고 있습니다. 여러 심리적, 신체적 문제에도 성공적으로 적용되고 있으며, 그 중요성이 더해지고 있습니다. 이제 치료자들은 자비의 잠재력에 빠져들었다고도 하겠습니다.

이 책은 이러한 자비-초점 방법을 수용전념치료(ACT)에 통합하고 있습니다. 즉, 이 책은 자비초점치료(CFT)의 정서적 치유와 수용전념치료(ACT)의 심리적 유연성을 포괄하고 있습니다. 자비는 이 두 치료의 공통요소이고 두 치료는 자비로 인해 시너지 효과를 나타내고 있습니다. 이는 맥락주의 행동과학의 관계 틀 관점을 더욱 확장시키는 것이기도 합니다.

이 책은 또한 많은 심리치료를 이어주는 다리 역할도 하고 있습니다. 한 번 더 강조하면, 이 책은 ACT, 기능적 분석 심리치료(FAP) 및 자비초점치료(CFT)를 통합하는 사례개념화, 평가 및 임상실무 적용을 보여주고 있습니다.

무엇보다 이 책은 우리 인류가 지금까지 진화해오면서 따뜻함과 배려, 감정이입, 마음챙김, 수용, 사회적 연결 등이 무엇보다 중요하며, 자비로운 마음을 기르는 것이 심리치료에서 어떻게 적용될 수 있는지를 과학적 방법과 임상 실무 방법으로 보여주고 있다고 하겠습니다. 그래서 궁극적으로는 우리 자신이나 내담자들이 감정조절을 더 잘하고, 심리적 유연성이 더 증가되고, 더 나아가 웰빙이 더욱 풍성해지는 접근법이라고 할 수 있겠습니다.

폴 길버트 박사와 스티븐 C. 헤이즈 박사의 추천사를 눈여겨보기를 권합니다. 그리고 이 책에 대한 이해를 돕기 위해 일반 독자들의 리뷰 일부를 소개합니다.

자기-자비에 관한 권위 있는 책

— **Todd B. Kashdan**, 2014년 12월 9일

자기-자비는 심리학에서 뜨거운 관심을 받고 있는 주제가 되었다. 연구자들은 자존감을 향상시키려는 시도가 사람들에게 자기-자비를 구축하게 하는 것보다 못하다는 것을 발견하였다. 이 책은 사람들에게 자기-자비를 구축하게 하는 방법에 관한 권위 있는 책이다. 이 책이 왜 그러한지에 대한 이유는 아래와 같다:

1. 이해할 수 있고 실행할 수 있는 아주 많은 실습 거리가 있다. 이것이 중요한데 지금까지 그렇게 많은 책들에서는 건강 실무자들을 위한 새롭고 유용한 도구들이 부족하였다.
2. 책에 있는 여러 전략을 실행하는 방법을 보여주는 많은 사례가 있다.

3. 실무 적용을 타당화 하는 데 충분한 과학적 이론을 보여주고 있다.

4. 문체가 산뜻하고 유쾌하다.

마지막이 내가 별점 5점을 준 핵심이다. 나는 이 책을 재미있게 읽었다. 나는 다음번 자기-자비 워크숍에 참가하기 전에 다시 한번 이 책을 읽으려고 한다. 당신이 내담자들과 작업한다면 워크숍을 하거나 혹은 자기 향상 지침서로 사용하기 바란다. 왜냐하면, 이 책은 필수적으로 참고할 도서이기 때문이다.

이 책을 읽지 않고는 ACT 회기를 더 이상 실행하지 마라

— **Leann**, 2014년 12월 9일

이 책은 ACT에서 부족하다고 생각되는 부분을 채워주었는데, 정확하게 말하자면 101쪽에 있는 도표가 그것이다. ACT는 나의 코칭 실무(그리고 나의 생활)를 완전히 바꿔놓았지만, 내가 통합하는 방법을 전적으로 말로 표현할 수 없는 '다른 부분'이 있었다. 이 책은 실무 연습과 사례로 가득 차 있어서 곧바로 더 많은 자비-초점을 통합하게 하기 때문에, 저자들이 설파한 것을 실습할 수 있음을 알 수 있다. 또한, 저자들은 필요할 때 조절할 수 있는 충분한 지식을 지닐 수 있도록 많은 이론을 제공하고 있다.

저자들이 자비를 그렇게 미묘하게 보여준 것에 감사한다.

또한, 그들의 글쓰기 기술에 깜짝 놀랐다. 다시 말해서, 그들은 어떻게 해서 자비가 장기간 지속될 변화에서 강력하지만 미묘한 힘이 되는지를 밝혔다. ACT는 본질적으로 자비를 위한 여지를 확보하고 있지만, 이 책은 자비를 정말로 구체적으로 정리하고 있는데, 그 정리를 잘 구성된 언어로 바꿔서 책을 내려놓는 순간에 행해야 할 것을 알 수 있게 한다.

이 책은 매우 독특하고 이와 비슷한 다른 책은 없다. 지금 이 책을 주문해서 누군가의 삶을 기술적으로 변화시킬 더 많은 기회를 잃지 않도록 하라.

책을 읽기 시작하자마자 사랑하게 되었다
— **In Love With Dance**, 2015년 3월 25일

나의 전문 멘토가 이 책을 추천했다. 나는 책을 읽기 시작하자마자 사랑에 빠지게 되었다. 내가 배운 기법을 약물 및 마약 중독 집단 업무에서 이행하려고 계획하고 있다. 자비가 치유와 회복에 상당한 부분을 차지한다는 것을 이 집단에 알릴 필요가 있다.

이 책이 ACT 실무자들의 연구와 임상 적용에 생산적인 도구가 되기를 기대합니다. 이 책이 우리나라에 소개되는 데 많은 도움을 준 불광출판사의 편집부 직원분들에게 감사를 드립니다.

그리고 무엇보다 이 책을 읽는 독자들의 정서가 풍요로워지고, 심리적 유연성이 더욱 커지며, 늘 웰빙하기를 기원합니다.

2018년 2월

역자 대표 **손정락**(jrson@jbnu.ac.kr)

추천사

지난 10년간 자비(慈悲)에 대한 과학적 연구에 대한 관심이 급증해 왔다. 2,500년도 더 전에 불교에서 자비를 기르는 것이 자신과 타인의 안녕에 핵심이라고 주장한 것을 고려하면, 어떤 이는 "더 일찍 했어야 했다"라고 말할 수 있다! 1796년 윌리엄 튜크(William Tuke)가 치료적 공동체 중 하나인 요크 리트리트(York Retreat)를 처음으로 설립하였는데, 그는 의도적으로 자비롭고 지지적인 환경을 만들기 위해 노력하였다. 의료 역사학자 로이 포터(Roy Porter, 2002)는 "튜크의 손자 사무엘(Samuel)은 의학적 치료가 처음에는 거의 성공하지 못했다고 언급했다. 그 후 리트리트는 '의학적 수단'을 포기하고 '도덕적 수단'을 택하였다. 그것은 친절, 온화함, 이성 및 인류애 등 가족적 분위기 안에 포함되는 모든 것이며, 훌륭한 결과를 가져왔다"(p. 104)고 말하였다.

그렇지만 최근까지도, 자비는 심리치료에서 과학적 주목을 받지 못하였다. 칼 로저스(Carl Rogers)가 감정이입과 긍정적 존중을 치료적 관계의 핵심으로 규명하였지만, '자비로운 치료적 관계'에 대한 아이디어는 오히려 항상 모호하였는데, 치료적 목적으로 내담자에게 자신과 타인을 위해 의도적으로 자비를 기르게 하는 것은 완전히 새로운 것이다(Gilbert, 2009a, 2010). 프로이트 학파의 초기 정신 역동은 인간성의 어두운 면, 즉 성과 폭력성에 초점을 두었는데, 자비는 오히려 이것들의 승화다(Kriegman 1990, 2000). 행동주의자들은 우리가 두려워하는 것에 노출시키는 데 관심을 두었으며, 인지 치료는 비합리적 사고를 다루게 함으로써 우리를 돕고자 열망하였다.

그렇지만, 오늘날 심리치료자들은 자비의 개념과 치료적 잠재성을 다시 새롭게 보기 시작하였다. 부분적으로 이것은 자비가 과학적으로 수용되었기 때문이다. 이는 특히 달라이 라마(Dalai Lama)와 작업하면서 사람들이 자비를 수련했을 때 뇌에서 무슨 일이 일어나는지를 연구한 신경과학자들에 의해 영감을 받았다(Lutz, Brefczynski-Lewis, Johnstone, & Davidson, 2008). 치료에 자비를 통합하는 데 있어서 두 번째 중요한 자극은 애착의 진화된 본질과 중요성에 대한 인식 증가에서 나왔다.

애착은 부모가 유아의 고통에 민감하고, 그러한 고통에 반응하는 능력을 갖추고 있으며, 또한 유아가 그 보살핌에 반응하는 데 뿌리를 두고 있다(Mikulincer & Shaver, 2007b). 세 번째 영향은 친사회적 행동, 애정, 친밀감, 소속감 및 다른 사람들과의 연결은 정신적 안녕(Cacioppo & Patrick, 2008)과 유전자 발현(Slavich & Cole, 2013)을 포함한 많은 생리적 과정(Cozolino, 2007)에 주요한 영향을 미친다는 증거가 점차 증가하는 데에 있다. 사실상, 인간은 스스로를 가치 있는 존재로 여기고, 사랑받고 있으며, 돌봄을 받고 있다고 느낄 때 그리고 그들이 타인에게 가치를 부여하고 돌볼 수 있을 때 자신의 기능을 최고로 발휘한다고 주장하는 훌륭한 증거들이 있다(Gilbert & Choden, 2013). 따라서 친밀한 관계는 안녕감의 중심이며, 심리치료자들이 친밀한 정서가 만들어지고, 공유되며, 치유되는 과정을 그렇게 천천히 찾았다는 것은 오히려 놀라운 일이다.

친밀하고, 친사회적이며, 자비로운 행동에 관심을 가진 연구가 증가하고 있는 반면, 많은 치료자들은 자비의 본질과 치료적 잠재력에 대해 이제야 관심을 가지기 시작했다. 그러므로 심리치료의 주요한 새로운 학파 중 하나인, 수용전념치료(ACT)가 그 자체의 맥락 내에서 자비의 본질과 가치를 생각하기 시작한 것은 시기적절하다. ACT는 항상 치료적 관계를 치료 여행의 핵심으로 보았지만(Pierson & Hayes, 2007), 자비 자체가 관심의 초점이 된 것은 비교적 최근이다. 그렇다면, 데니스 터치(Dennis Tirch), 로라 실버슈타인(Laura Silberstein) 및 벤자민 쉔도르프(Benjamin Schoendorff)보다 ACT 치료자들이 자비가 포함된 치료 여행을 시작하는 데 더 나은 지침을 줄 수 있는 것은 무엇인가? 터치 박사는 경험이 많고 세계적으로 잘 알려진 ACT 치료자일 뿐 아니라, 자비초점치료(CFT ; Gilbert 2009a, 2010)를 훈련받았으며 오랜 시간 동안 불교 수련을 해왔다.

그는 '미국 자비 마음 재단(http://www.compassionfocusedtherapy.com)'과 '마음챙김 및 CFT센터(http://www.mindfulcompassion.com)'를 설립하였으며, 이 곳 모두 북미에서 CFT의 더 나은 훈련, 연구 및 발전을

추구하고 있다. 쉔도르프(Schoendorff) 박사는 심리치료적 관계에서 자기-자비 훈련을 강조한 ACT와 기능적 분석 심리치료(FAP)의 트레이너이며 국제적인 전문가이다. 실버슈타인(Silberstein) 박사는 심리적 유연성에서의 정서 역할에 관한 전문가인데, 그녀의 경력에는 CFT, 불교심리학 및 ACT 통합에 관한 연구, 수련 및 저술 활동 등이 포함되어 있다.

저자들은 이 접근들이 치료적 초점에 어떻게 자비를 통합할 수 있는지에 관한 풍부하고 혁신적인 아이디어를 가지고 ACT, FAP, CFT 및 그 외의 여러 다양한 모형에 중요한 통찰을 제공하기 위해서 독특한 학문과 지혜를 제공하고 있다.

자비는 흔히 사랑과 친절로 잘못 이해되고 혼동된다. 사실상, 자비의 가장 어렵지만 가장 강력한 형태는 우리가 사랑하는 것도 좋아하는 것도 아닌 것들에 대한 것이며, 우리는 내부에 그러한 것들을 포함하고 있다. 대승불교 전통에서 가장 강력한 대변자 중 한 사람인 달라이 라마에 의하면, 자비의 핵심은 보리심(菩提心, bodhicitta)이라고 불리는 동기인데, 이것은 타인에게 이득을 주고자 하는 동기이다. 이 동기는 자신과 타인의 고통에 민감하고 세심하게 그리고 정서적으로 적절하게 대응하도록 자신의 능력을 기르기 위한 것으로, 고통의 원인을 조사하고 완화하고 예방하고자 하는 지혜와 전념을 획득할 수 있는 능력을 말한다.

여기서 주목할 점은 분명하게 그 동기는 고통을 피해 달아나는 것이 아니라 오히려 고통을 향해 나아가며 그러한 흐름을 따르는 것이다. 즉, 고통과 그 원인에 참여하는 의지를 기르는 동기이다.

여기서 우리는 시작부터 정서적 회피의 문제와 사물을 있는 그대로 경험하고자 하는 의지를 만드는 데 초점을 맞추어 온 ACT와의 즉각적인 공명을 보게 된다. 그렇지만 더욱 중요한 것은 CFT와 ACT는 모두 자비가 단지 고통에 대한 위안이 아니라 안녕감의 촉진에 치료적 초점을 두고 있다는 것이다. 이것이 부분적으로 CFT가 애착과 친밀한 행동의 기저 역동에 많은 관심을 가지고 있는 이유이다. 치료적 초점으로서 자비는 단지 고통을 경감시키는 것이 아니라 반드시 안녕감을 촉진시키는 것이어야만 한다.

CFT가 자비의 핵심 구성요소 가운데 돌봄에 초점을 둔 동기, 주의 깊은 민감성, 동정, 고통 인내, 감정이입 및 판단하지 않음 등과 같은 몇 가지 요소를 밝히고 이러한 속성을 기르도록 사람들을 돕는 반면, ACT는 마음의 엉클어진 난관에서 사람들을 해방시키려는 원리에 보다 더 초점을 맞추어 왔다. 이러한 난관들은 우리가 다른 동물들과 공유해온 기본적인 동기와 정서에 더해서, 약 2백만 년 전부터 인간이 상상, 반추, 자기감(自己感, sense of self) 및 자기탐지를 위한 능력을 진화시켜 왔기 때문에 발생한다.

오래된 인지 동기 체계가 새롭게 진화된 인지 능력과 통합되고 융합되는 방식은 ACT의 중요한 관심사이다. 고통스러운 정서와 융합된 혐오적 자기 탐지와 자기 명명으로부터 사람들을 분리하는 핵심은 ACT가 심리적 유연성이라고 부르는 것을 기르도록 하는 것이다. 자비와 마찬가지로, 이 개념은 간단한 것이 아니다. 그것은 실제로 탈융합, 가치, 맥락으로서의 자기, 수용, 전념행동 및 마음챙김 같은 수많은 하위과정들의 성과이다.

터치, 쉔도르프 및 실버슈타인은 서로 다른 과정인 자비와 심리적 유연성을 어떻게 관련시킬 것인지 그리고 어떻게 다른 관점으로부터 서로를 고려할 수 있을 것인지를 숙고하는 과제를 스스로에게 부여하였다. 그 목적은 ACT가 자신의 관점에서 자비의 현상학을 어떻게 해결할 수 있느냐를 밝히는 것이지, 하나의 모형이 다른 모형을 축소하려는 것은 아니다. 결과는 자비를 기르는 새로운 방법에 혁신적이고 사고 촉발적 묘사 혹은 적어도 자비를 일으킬 수 있는 조건이 발생되었다는 것이다. 따라서 ACT 실무자들이 ACT에 자비의 핵심을 어떻게 포함시킬 것인지에 대해 생각하기를 원한다면, 여기에 그 방법이 있다.

CFT는 자비의 치유능력은 부분적으로 애착, 이타주의 및 돌봄 행동과 함께 진화된 핵심 생리학적 체계(옥시토신과 부교감신경계의 수초화된 미주 신경)를 영입한 특정 마음 상태에 뿌리를 두고 있다고 제안한다(Gilbert, 2009a). 따라서 CFT는 호흡 훈련, 마음챙김, 심상 및 신체-초점 작업을 포함하고 있다. CFT는 또한 마치 ~처럼 행동하고, 자신이 자비로운 사람이 되었다고 상상하고 행동하는 메소드 연기(method acting) 기법을 사용하는데(Gilbert, 2010), 이는 자비의 핵심 속성을 이루는 자기 정체성을 확립하도록 내담자를 돕는다. 이러한 자기감은 우리가 고통에 참여할 수 있는 핵심, 즉 애착용어로는 안전 기지와 피난처가 된다.

ACT는 행동주의 연구로부터 이론적 자양분을 얻게 되었는데, 그것은 애착 이론을 불러오는 것이 아니며, 차분하고 지혜로우며 보다 친화적인 마음을 일으킬 수 있는 특정한 기저 생리학적 기제에 초점을 둔 것도 아니다. ACT는 자비를 고대의 진화된 마음 체계에 뿌리를 두고 있는 것으로 보고 있으며, 보살핌보다는 협력에 그 진화적 강조점을 두고 있다. ACT에 따르면, 협력의 이점은 협력하는 인간의 능력을 증대시키는 진화적 압력을 만들었다는 것이다. 분명한 것은 사람이 세상에 대한 표현으로 상징을 사용하도록 한 것은 언어적 의사소통과 언어이다. 따라서 단어와 상징은 사람들이 지식, 개념 및 학습을 공유하게 하는 기표가 되었다. 그렇지만 그 중 어느 것도 서로에 대한 근본적인 관심과 공유할 수 있는 욕망뿐만 아니라 공유에서 오는 즐거움을 가질 수 있는 사람이 없이는 일어날 수 없다. ACT에서 그것은 인간 언어의 진화이고 상징과 언어 표현은 융합의 문을 열 수 있는 것이다. 다시 말해서, 상징과 언어 표현은 개인의 자기감과 융합될 수 있다. 이와 대조적으로, 지배에 의한 위협을 경험하고 복종적으로 반응한 원숭이는 열등하고 낮은 순위로 자신을 생각하기 시작하는 언어적 혹은 상징적 능력을 갖추지 않거나 혹은 다른 원숭이와의 관계와 자신의 삶에 대한 경험을 그러한 경험의 결과로 간주한다. 사실상, 이 경우에 원숭이는 자기감을 가지고 있지 않다. 따라서 우리가 볼 수 있는 바와 같이, 이 책은 언어적 명명 개념에 많은 초점을 두고 있는데, 그 이유는 이것이 인간에게만 있는 독특한 능력이기 때문이다.

이것이 CFT에서 중요하지 않은 것은 아니지만 덜 중요한데, 왜냐하면 CFT는 직접 경험에 보다 더 초점을 두고 있으며 언어적 명명보다는 '마음에 있는 정서적 장면' 및 열등감과 연관된 정서적 기억에 관심이 있기 때문이다. 예컨대, 수치심의 경우에, 만약 부모가 아이에게 화를 낸다면, 그 아이는 타인에게 분노를 유발하는 것으로 자기에 대한 기억(조건화된 정서 학습)을 가지게 된다. 이는 '정서적 장면'으로 부호화되고, 그러한 정서적 장면들은 차후에 자기를 정의하는 토대가 된다. 그래서 부모로부터 분노를 경험한 개인(부적절하거나 나쁜 것으로 그것을 언어적으로 명명할 수 있는)은 비난에 대해 부적절하거나 취약한 느낌을 말하게 될 것이다. 그러나 실제로 핵심은 그것들이 "나의 정서적 기억에서, 나는 나 자신을 부적절한 것으로 그리고 타인의 분노에 대한 표적으로 경험하였다"고 표현한다는 것이다(Gilbert, 2009c).

CFT에서는 이러한 강력한 정서적 경험을 밝히고자 하였는데, 이것은 경험에 대한 언어적 명명을 탐색하기보다는 고전적 조건 형성 학습 용어로 설명될 수 있다. 따라서 CFT 실무자는 내담자가 그런 식으로 자신에 관해 이야기할 때 처음으로 마음에 떠오르는 장면이 무엇인지 그리고 좋아하는 것에 대해 처음 생각한 것이 언제인지를 묻는다.

그렇지만, 중요한 것은 상징화에 대한 우리의 새롭게 진화된 인지 역량을 탐색하고, 정신화하고, 자기 정체성을 계발하고, 맥락으로서의 자기를 받아들이는 것이 우리의 정신건강 문제 취약성을 밝히는 데 ACT가 중요한 역할을 하는 가장 두드러진 치료라는 것이다. ACT가 자비에 대한 이야기에서 인간 편에서 이러한 중요한 진화적 적응을 연출하는 방식은 혁신적인데, 터치(Tirch), 쉔도르프(Schoendorff) 및 실버슈타인(Silberstein)이 탁월한 지침서를 제공하고 있다.

이 저자들은 ACT 치료자에게 유용한 지침을 주는 많은 임상 사례와 함께 ACT와 CFT 간의 중요한 차이점을 제공하고 있다. 예를 들어, CFT에서 수치심과 자기 비난은 많은 심리적 어려움의 근원으로 볼 수 있지만, 그것들은 사회적 손실과 거절에 대한 실제적이고 두려운 경험에 뿌리를 두고 있다. 자기 비난 뒤에는 학대, 소외 및 망각에 대해 두려움이 있고, 고통스러운 정서적 기억들은 그것들을 부채질한다. 사실상, CFT는 부분적으로 자신에 대한 사고와 느낌을 이러한 방식으로 작업하고자 하는 노력에서 생겨났다. CFT는 프로이트가 자기 비난에 대한 두 가지 기본적인 이론을 가지고 있었음에 주목하였다. 하나는 자기 비난이 부모의 비난하는 목소리를 내면화하는 것에서 생겨났다는 것으로, 때로는 초자아 금지로 언급된다.

또 다른 것은 분노가 내면으로 향하는 것으로, 이는 분노가 다른 사람을 향하기보다는 오히려 그 자신에게 비난적이 되는 것이다. 이에 대한 치료는 꽤 다른데, 후자는 격노를 참고 회피하는 중재가 요구되지만(Busch, 2009), 각각의 경우에, 자기 비난을 포기하는 것에 대한 두려움이 가장 중요하다(Tierney & Fox, 2010). 사실상, 그것이 잠정적으로 안녕감을 지나치게 붕괴시킬 수 있기 때문에, 이제 많은 치료자들은 자기 비난을 작업하는 그들 나름의 방식을 가지고 있다(Kannan & Levitt, 2013). CFT에서는 우리 마음의 어두운 측면을 포함하고 있는, 어려운 것들을 다루기 위한 용기를 가지기 위해 자비를 개발한다.

사실상 CFT는 치료에서 나타나지 않는 정서가 내담자를 두렵게 하는 것이 될 수 있고, 그것이 대부분의 작업을 요구하는 것임을 제안한다. 예를 들어, 우울한 사람은 자신의 슬픔과 상실감에 대해 이야기할 때는 상당한 확신을 가지고 있을 수 있지만, 그가 필요하거나 원했을 때 그를 보호하거나 사랑하지 않은 부모에게 느낀 격분에 관해서는 그렇지 않다. 이와 유사하게, 화난 사람은 세상을 향해 격분하는 것으로 꽤 행복할 수 있지만, 상실감과 외로움에는 접촉하지 않고 진짜 비탄과 고통을 숨긴다. ACT 치료자들은 하나의 정서가 다른 정서를 숨기기 위한 안전한 전략일 수 있다는 아이디어와 경험적 회피를 매우 잘 알고 있다. 화난 사람을 치료하는 ACT 치료자는 "나는 지금 당신이 화난 것처럼 보이지만, 만약 분노의 껍질을 벗긴다면, 그 뒤에서 무엇을 볼 수 있을까요?"라는 질문을 한다(Robyn, Walser, personal communication, 2012).

　　그렇지만, 자기 비난을 탐색할 때, ACT는 경험에 대한 언어적 구조에도 중요한 초점을 둘 것이다. 임상 일화에서 종종 우리는 언어 표현에 초점을 맞추는 것을 볼 것이다. 이 책의 저자들이 기술한 바와 같이, "자기 증오와 강화에 뿌리를 두고 있는 언어 과정을 이해하는 것은 임상가가 자기 비난 행동을 점차 약화시키고 이 세상에서 살아가는 것이 얼마나 어려운지에 대한 더 나은 자비 접근을 촉진할 수 있는 표적 중재를 창안하게 할 수 있게 한다."(p. 91). 이것은 ACT가 '언어적 경험'을 어떻게 보는지, 그리고 자기 증오에 뿌리를 두고 있는 것으로 명명하고 있다는 것을 분명하게 해 준다. ACT에서는, 우리는 우리가 겪었던 경험들에서 우리 자신을 말로 표현한다. ACT는 사람들이 자신들의 경험을 묘사하는 데 사용하는 단어에 초점을 둔다. 한편, CFT는 신체 경험과 이러한 경험을 만들어낸 실제적 기억 그리고 수치스럽고 자기 비난적인 사람이라는 정체성이 바뀌는 것에 대한 두려움에 초점을 둔다. 이 책 후반부의 몇몇 임상적 설명을 하는 장(章)에서, 저자들은 CFT 접근에서 많은 것을 끌어와, 자비를 생성하고 자비의 치료적 잠재성을 활용하는 많은 새로운 방식들을 ACT 실무자들에게 제공하고 있다. CFT는 개인이 분노, 불안 혹은 트라우마 등 마음의 힘든 부분과 작업을 시작하는 데 필요한 내적 용기와 지혜에 접근하도록 '자비로운 자기'를 고무한다는 사실이 중요하다.

이 책은 ACT 실무자들이 치료 과정에서 독특한 자신들의 방식으로 자비를 적용하는 방법을 보여주는데, 자비가 핵심 가치가 될 정도이다. 물론 어떤 시점에서, 우리는 자비의 모형과 그 치료 전략들이 어떻게 다른지를 비교해 볼 수 있는 연구를 할 필요가 있을 것이다. 그러나 이 시점에서는 자비를 이해하고 기르기 위한 노력들이 매우 중요하다. 이것은 단지 우리의 지지를 원하는 사람들을 이해하고 돕기 위한 더 나은 방법이 반드시 요구되기 때문만이 아니라 자비가 더 나은 세상을 만드는 데 중요하기 때문이다.

우리가 학교, 사업 및 정책에서 자비를 육성하는 방법과 자비를 더 깊이 있게 이해하면 할수록, 앞으로 태어날 사람들에게 보다 공정하고, 더 공평하고, 배려하는 세계에 도달하게 될 기회가 더 많을 것이다. 터치, 쉔도르프 및 실버슈타인은 그 여행에서 우리를 도와줄 매력적이고 놀라운 책을 우리에게 제공하였다. 그들은 우리의 치료 향상 가능성에 대한 진정한 격려와 열정의 정신으로 책을 저술하였다. 이와 같이, 이 책은 환자를 이해하고 돕는 더 나은 방법을 찾기 위해 계속 여행을 하게 하는 중대한 기여를 하였다.

폴 길버트(Paul Gilbert) 박사

FBPsS(영국심리학회 석학), OBE(대영제국 4등 훈장 수훈자)

협력적이고, 배려하며, 생산적인 관계 구축하기
: 시험적인 사례로서 ACT와 CFT

한편에는 수용과 자비에 대한 인간 문제를, 또 다른 한편에는 수용 전념치료(ACT)와 자비초점치료(CFT) 사이의 과학적 관계를 나란히 놓으면 흥미롭다. 귀중한 인간관계를 구축하기 위해서는 이해와 배려에 기반을 둔 관계들이 중요하다. 우리는 진정성과 개방성을 지니고 다른 사람들이 느끼는 것을 느끼며 다른 사람의 눈을 통하여 세상을 볼 수 있어야 하고, 그렇게 되면 우리가 고통스럽거나 어려운 것을 보게 되더라도 도망가지 않고, 아마도 앞으로 나아가게도 될 것이다.

이러한 것을 행할 때 요구되는 기술은 협조적이고 배려하며 생산적인 인간관계를 구축하는 것이 필수적이다. 그리고 이러한 과정에서의 성공은 사람들이 서로 즐기고 다른 사람들에 대한 대상화와 비인간화를 방지하는 정도를 예견한다. 마침내는 성공하기 위한 도전을 극복할 때 관계의 양쪽에 있는 당사자들이 그에 의하여 변화된다.

우리와 같은 관점을 지닌 사람들을 배려하는 것은 상대적으로 쉬운 일이지만, 우리와 다른 관점을 지닌 사람을 배려하는 것은 어려운 일이다. 사람들 사이의 간격이 클 경우 도전과 자비의 중요성 모두 매우 커진다.

이와 유사한 방식으로, 두 과학적 전통 사이의 관계를 다룰 때, 생산적인 관계는 다른 전통의 관점을 취하는 능력과 함께, 그 전통이 무엇을 말하는지 이해하기는 어렵더라도 그것을 이해하기 위한 시간을 가지는 능력에 기반을 두고 있다. 일반적인 인간관계와 마찬가지로, 그 배경과 가정에 차이가 있을 때, 그러한 능력은 가장 중요한 것이다.

이 책은 ACT와 CFT라는 뿌리 깊은 두 과학적 관점이 지난 몇 년 동안 서로를 이해하기 위한 시간을 얼마나 깊이 있게 보냈는지를 보여준다. ACT와 CFT를 함께 볼 때, 우리는 상당히 다른 과학적인 배경을 가진 두 가지 관점을 볼 수 있다. ACT는 행동주의 심리학의 기능적 맥락 내에서 발전하였다. 반면, CFT는 발달 심리학, 정서 신경과학, 불교 실천 철학 및 진화 이론에서 출현했다. 그러한 사실에도 불구하고, ACT와 CFT는 이제 크게 중첩되어 있어서 동시대의 실무자들이 서로를 피하는 것은 거의 불가능하다. 자비에 대한 쟁점은 이제 ACT에서 결정적이며, 심리적 유연성에 대한 쟁점은 CFT에서 점점 더 관련되고 있다. 이러한 과학적 관계에서 각 당사자는 그로 인해 변화되고 있다.

이 책은 ACT 실무자들에게 자비의 쟁점을 제시하고 있지만 단지 그것만은 아니다. CFT 실무자들에게는 심리적 유연성 과정의 중요성도 보여주고 있다. 신중하고 포괄적인 이 책은 각각의 전통이 서로에게 상호이익이 될 수 있다는 것을 증명하는 일종의 확장된 실습의 장이다.

이 책에서 다루고 있는 쟁점은 중요하다. 심리적 과정의 수준에서, 자비는 심리적 유연성에 필수불가결한 것이다. 실제로 그것은 논쟁의 여지 없이 반드시 필요하다.

ACT 초창기에는 명백하지 않았지만, 이제는 수년에 걸쳐 드러나고 있다. 훌륭한 조망 수용 능력과 감정이입을 가진 사람은 다른 사람의 고통을 볼 때 고통을 느낄 것이다. 이것은 당신이 고통스러울 때 당신을 향한 보살핌과 관심을 내가 거부하기 위해서는, 나 자신의 감정을 거부해야 한다는 것을 의미한다. 즉, 자비롭지 않기 위해서는, 수용하지 않아야만 한다는 것이다. 자비와 수용은 같은 쟁점의 두 측면이다. 내가 인간으로서 당신을 거부한다면 인간으로서 나 자신을 진정으로 수용하는 것도 불가능하다. 유사한 방식으로, 내가 나를 향해 자비를 보이지 않는다면 내가 당신을 향해 진실한 자비를 보이는 것도 불가능하다. 우리는 우리의 바로 그러한 의식성과 언어 능력에 투영되는 보편적 인간성에서 본질적인 유대 관계를 가지고 있다.

매우 친밀하고 배려하는 인간관계에서와 같이, 이러한 종류의 주제가 중심이 되고, ACT와 CFT가 서로에게 더욱 더 가까이 다가간 것은 불과 몇 년 사이에 일어난 변화이다. 진화론적 사고에 대한 각 관점의 연계는 ACT와 CFT 사이의 작업 동맹을 증가시켰다. CFT는 스트레스의 근본적인 신경 생물학에 대한 협력과 사회 통합의 중요성을 강조한다. 맥락적 행동과학에서 언어적 의미는 조망 수용에 대한 협력 행동으로 다른 사람에 대한 관심과 협력은 기본적인 관계 틀 기술 발달의 토대가 된다고 주장한다.

당신은 이 책에서 두 전통이 서로에게 점점 더 가까이 다가가는 과정을 볼 수 있다. 이 책을 읽으면서, ACT가 끝나고 CFT가 시작되었다고 말하기도 어렵고 그 반대도 마찬가지이다. 쟁점, 기술 및 초점의 수준에서, 이러한 치료적 조망은 같은 여행을 시작하는 동료 여행자이며 공통 운명일 가능성이 있다는 것이다.

이 책은 자신의 작업에서 자비를 중심 주제로 볼 수 있는 준비가 되어 있지 않은 ACT 실무자들을 완전히 변화시킬 것이다. 그리고 자비가 핵심적이라는 것을 알고 있는 ACT 실무자들은 두 가지를 통합하는 방법에 대해 자세하고 단계적인 지식을 부여받게 될 것이다. 심리적 유연성의 가치에 대해 꼭 명확하지는 않았던 CFT 실무자들에 대해서도 똑같이 말할 수 있다고 생각한다.

이러한 관점들 사이에 발전되고 있는 깊은 상호연결성을 고려할 때, 이 과정의 가능한 종착점은 무엇인가? 이 시점에서는 말할 수 없다. 그러나 자비 작업은 이제 ACT 실무에서 중심이 되었으며, ACT 실무자들은 CFT를 이 분야에 증거 기반 방법을 적용하는 데 도움이 되는 것으로 보고 있다고 말할 수 있다. 함께 한다는 의미는 일반적으로 심오한 인간관계에서 나타나는 것과 크게 다르지 않다. 인간이 개방성, 협력 및 배려를 지니고 다른 사람을 만났을 때, 삶은 새로운 방향으로 움직인다. 우리가 알지 못하는 곳으로 가겠지만 그곳은 흥미롭고 또한 생산적으로 될 것 같다. 이러한 과학적 관계는 거의 다 마찬가지이며 별 차이가 없다는 것이다.

독자는 ACT와 CFT 사이에 새로 생겨난 관계의 가치를 아주 쉽게 검증할 수 있을 것이다. 이 책은 당신에게 시험적인 것이 될 것이다. 즉, 당신이 해보는 것이다. 당신은 작동을 시키고, 당신의 내담자는 진전을 보일 것이다.

말했듯이, 이 책은 흥미롭고 또한 생산적으로 될 것이다.

스티븐 C. 헤이즈(Steven C. Hayes) 박사

감사의 말씀

먼저, 깊은 고마움과 감사를 공동 저자들에게 전합니다. Benji, 당신은 진정한 정신적 형제입니다. Laura, 당신은 함께하는 삶의 현장에서 항상 진실하고 가장 사랑하는 동료가 되어 주고 있습니다. New Harbinger 사의 프리랜서 교열 담당자 Jasmine Star와 편집자 Tesilya Hanauer는 놀랄 만한 지지와 협조를 보여주었는데, 이 분들께 내내 감사를 전합니다. 알게 된 것을 축복으로 생각하는 지성적이고 영적인 스승들께 감사의 말씀을 드립니다. Paul Gilbert, Robert Fripp, Robert Leahy, Kelly Wilson, Steven C. Hayes, Robyn Walser, Richard Amodio, Lillian Firestone, Paul Genki Kahn, Michael Hughes, Jim Campilongo, 그리고 Stephen K. Hayes에게 감사드립니다. 신뢰하는 동료 모두에게 감사의 마음을 전합니다. 특히 Russel Kolts, Chris Irons, Martine Brock, Laura Oliff, Poonam Melwani, Louise McHugh, M. Joann Wright, Aisling Curtain, Nanni Presti, Josh Pritchard, Louise Hayes, Christine

Braehler, Mia Sage, Victora Taylor, Nikki Rubin, Jennifer Taitz, Yotam Heineberg, Kristin Neff, Meredith Rayner, Margherita Gurrieri, Sonja Batten, Mark Sisti, Tara Deliberto, Chris Germer, Brian Pilecki, Jason Luoma, Ross White, Stanislaw Malicki, Mike Femenella, Trent Codd III, James Bennet Levy, Christian Chan에게 감사의 마음을 전합니다. Laura의 가족인 Silbersteins는 우리가 작업하는 동안 굉장한 힘이 되었습니다. 훌륭한 나의 어머니와 가족에게, 특별히 나의 형제 John과 그의 기적적인 지원자인 아내와 아이들에게도 감사하고 싶습니다. 우리가 이 책을 준비할 때 도와준 우리 친구들, 특별히 Jean Gilbert, Philip Inwood, Nicholas Colavito와 Torrey Kleinman의 도움과 지지에 감사의 말을 전하고 싶습니다. 또한 몇 년 동안 우리와 함께 자비의 길을 걸어온 내담자 모두에게 행운을 빌고 싶습니다. 끝으로, 우리의 영적 조상들에게 감사를 전하고 싶습니다. 이들은 헤아릴 수도 없으며, 우리가 소중히 간직하고 있는 진화를 보여주고 있습니다. 오늘날 우리의 목적을 위해, Shakyamuni Buddha와 George Ivanovich Gurdjieff에게 깊은 사랑과 존경의 마음으로 감사의 말을 전하고 싶습니다.

데니스 터치(Dennis Tirch)

Laura와 내가 이 책을 함께 꿈꾸게 해주고 그 아름다운 꿈을 드러내는 어려운 작업을 할 수 있게 해준 Dennis Tirch에게 감사의 말을 전하고 싶습니다. Dennis, 당신은 별입니다. 나는 농담으로, 당신에게 이 책에 관한 감사의 말을 전하기 위해서는 50쪽이나 필요하다고 적었습니다. 자비는 평생에 걸친 프로젝트인데, 그 길 위에서 나의 작은 길을 볼 때, 나는 많은 중요한 얼굴들, 즉 동정심이거나 적개심이거나 간에 무수히 많은 동맹들을 볼 수 있었습니다. 내가 만나는 모든 사람들을 위해, 당신은 내가 관심을 가지게 되고 불완전하지만 자비의 길을 걷게 된 기회를 주었습니다. 나에게 자애심을 소개해준 Sharon Salzberg, ACT의 핵심에 자비를 넣어준 Steve Hayes, 지속적으로 깊은 대화를 나눈 Kelly Wilson, 자비를 보여준 Rachel Collis, Michaele Saban과 Jonanathan Kanter, 그리고 자비로운 존재인 Mavis Tsai와 Monica Valentim에게 감사의 말을 전합니다. 나는 ACT 매트릭스를 생각하게 해준 Kevin Polk, Jerold Hambright 및 Mark Webster를 특별히 언급하며, 나의 모든 내담자들, 지도학생들 그리고 ACT 훈련 동료들 모두의 깊은 영향에 감사를 전하고 싶습니다. 이 책에 회기의 발췌를 허락해준 내담자들의 용기와 아량에 감사를 전합니다. Tesilya Hanauer, 프리랜서 Jasmine Star, 그리고 New Harbinger 사에 있는 모든 이들에게 감사의 말을 전하고 싶습니다. 끝으로, 다양한 집필 작업을 하는 동안 확고한 지지를 보내준 나의 아내 Marie-France와 기쁨, 놀라움과 감사의 무궁무진한 근원이 되어 준 나의 아들 Thomas에게도 감사의 말을 전하고 싶습니다.

벤자민 쉔도르프(Benjamin Schoendorff)

공동 저자인 Dennis와 Benji에게 깊은 감사를 표현할 수 있는 기회를 가지게 되어서 기쁘게 생각합니다. Dennis, 배려를 위한 당신의 재능, 인내와 수용력은 그 한계를 알 수가 없습니다. 당신의 변함 없는 협력과 공동의 열정과 시간을 상기할 수 있는 시간을 준 것에 감사합니다. Benji, 당신과 함께 일하고 당신의 깊은 친절과 따뜻함을 배울 기회를 얻어서 진실로 감사합니다. 자비를 주고받는 것을 포함한 뉘앙스와 기술을 나에게 가르쳐준 분들에게 진심어린 감사를 전합니다. Paul Gilbert, Thomas Bein, James Cardinale, Robert Wollfolk, Leslie Allen, Shara Sand, Kelly Wilson, Steven Hayes, Jack Kornfield, Sharon Salzberg, Robert Leahy, 그리고 Lata McGinn에게 깊은 감사를 전합니다. 자비의 과학에 기여하고 격려해준 친구들과 동료에게 감사의 마음을 전하고자 합니다. Russel Kolts, Christine Braehler, Wendy Wood, Chris Irons, Chris Germer, Kristine Neff, Tom Borkovec, M. Joann Wright, Aisling Curtain, Louise McHugh, Josh Pritchard, Louise Hayes, Nanni Presti, Meredith Rayner, Margherita Gurrieri, Sonja Batten, David Gillanders, Mike Femenella, Mark Sisti, Brian Pileck, Jennifer Egert, Jennifer Lerner, Lauren Whitelaw 그리고 Sara Reichenbach 에게 깊은 감사의 말을 전합니다. 또한 나의 부모님과 자매에게 감사의 말을 전하고 싶습니다. 어머니, 당신은 나에게 진정한 품위와 따뜻함과 조건 없는 사랑이 무엇인지 보고 느낄 수 있게 해 주셨습니다. 아버지, 당신의 지혜, 힘과 용기는 경외와 영감의 지속적인 원천이었습니다. Erica Beth, 당신의 민감성, 탁월함과 재치는 집

으로 향하는 나침반이 되었습니다. 마지막으로 나의 가족들, 특히 Young, Fritz, Kondo, Trich, Ewig, Mann, Samuels, Flax 그리고 ACBS 가족들에게 감사를 전하고자 합니다. 당신들은 수년 동안 여러 가지 형태로 지지를 보내주었으며, 당신들이 나에게 보여준 격려, 시간, 수용, 통찰력, 웃음과 사랑 모든 것에 감사합니다.

로라 실버슈타인(Laura Silberstein)

일러두기

- 전문 용어는 처음만 한글을 병기하고, 이후에는 영문 약자로 표기했다.
  예) 수용전념치료(acceptance and commitment therapy) → 이하 ACT
- 책은 『』, 논문은 「」로 구분했고, 영문 책과 논문은 이탤릭으로 표기했다.
- 참고문헌 표기는 원서를 그대로 따랐다.
- 원서 본문에서 이탤릭체로 강조한 부분은 한글 고딕체로 표기했다.
- 각주는 모두 역자주이다.

서론

"우리 인간의 자비는 동정하거나 생색내려는 것이 아니라 우리의 보편적인 고통을 미래의 희망으로 바꾸는 법을 배움으로써 서로를 가깝게 묶어 준다."

— 넬슨 만델라(Nelson Mandela)

"우리는 모두 죽을 것이다, 누구나, 이 무슨 곡예인가! 이것만으로도 우리가 서로를 사랑하는 것이 마땅하지 아니한가. 우리는 하찮은 것으로부터 위협당하고 납작 엎드려 있다. 우리는 아무것도 아닌 것에 눈이 멀어 있다."

— 찰스 부코스키(Charles Bukowski)

심리치료자의 교육은 그 사람이 걸음마를 배우는 아기일 때 시작되는데, 먼저 '나'와 '당신' 사이의 차이를 인식할 수 있게 된다. 그

교육은 다른 사람의 고통이 우리가 느끼는 고통의 원인이 될 수도 있다는 것을 배우는 것으로 계속된다. 또한 (대학원 과정의 고통을 통해) 지식, 자비, 그리고 심지어 약간의 지혜를 양성하는 긴 삶의 여정을 걷는 동안 계속된다. 우리 중 많은 사람에게 집중적인 워크숍 기반 훈련은 수용전념치료(Acceptance and Commitment Therapy : 이하 ACT ; Hayes, Strosahl, & Wilson, 1999), 자비초점치료(Compassion- Focused Therapy : 이하 CFT ; Gilbert, 2009a), 그리고 기능적 분석 심리치료 (Functional Analytic Psychotherapy : 이하 FAP ; Kohlenberg & Tsai, 1991)와 같은 인지 및 행동 치료들에서 지속적으로 교육을 받는 데 있어 매력적인 측면 중의 하나이다. 참가자들은 훈련에서 상당한 양의 개념적 자료를 다루고 더 중요하게는 자신의 감정과 고통의 개인적인 내력을 활용하여 이러한 훈련에서 많은 것을 묻게 된다. 심리치료자로서 우리의 작업은 고통스러운 감정적 공간으로 들어가기를 요구한다. 모든 낯선 이들이 용기 혹은 어쩌면 절망을 가지고, 그들이 경험하는 고통을 완화하거나 예방하는 방법을 찾기 위해 기꺼이 우리에게 올 것이다. 그들은 자신들이 삶에서 붙잡고 있는 것을 멈추고 세상에 더욱 더 깊숙이 참여하기를 원한다. 중요한 것은 그들이 고통받고 있으며 약간의 안도감을 찾기 원한다는 것이다.

CFT 주말 워크숍을 시작하면서, 우리는 종종 편안한 호흡을 위해 임상가를 따라 호흡을 잠시 멈추었다가 유지하며 현재 순간에 머물고 마음챙김 자각의 공간으로 부드럽게 이동한다. 그러한 아주 차분하고 따뜻한 관심이 주어진 공간에서, 우리가 '사례'를 언급할 때마다 우리는 실제 인물에 대해 말하고 있다는 것을 되새기고 기억한다. 우리와 마찬가지로 행복하기를 원하는 실제 인물에서 나온 각각의 임상 사례에서 야망과 상실, 기쁨과 후회를 경험한다. 워크숍을 시작할 때와 같이 이 책을 시작하면서 우리는 잠시 멈추기를 원한다. 더불어, 우리는 내담자들과 연결되었을 뿐만 아니라 우리 서로에게도 연결되어 있다는 것을 기억하자. ACT 및 삶에서, 자비의 본질은 우리 모두가 가지고 있는 고통에 대한 민감도와 인식 때문에 야기되며, 세상에서 우리가 만나는 고통을 완화하고 예방하는 행동을 하고자 하는 깊은 동기이다. 자비의 정의는 고대의 기원과 현재의 관련성을 가지고 있다. 즉, 불교 이전의 전통적인 지혜에서 시작되어, 서구의 지적 전통을 통해 이어져 왔으며 지금 21세기에 CFT로 알려졌다. 이 책을 통해서, 우리는 도전적일 수 있는 전문적 및 철학적 기반을 다루게 될 것이다. 우리는 진료실에 최상의 견해를 가져올 것을 요구하는 임상적 적용과 변화에 직면하게 될 것이다. 이 책을 읽으면서, 당신은 치료자, 교사 혹은 안내자로서 당신의 능력을 개발하기 위해 최선을 다해 노력할 것이다. 우리는 이 책을 작업하면서 우리가 가진 최상의 것을 가져오기 위해 시간과 노력을 기울였다. 더불어 자비-초점 ACT 접근을 시작할 때, 우리가 치료자, 집필가, 독자 및 내담자로서(우리는 때때로 모든 역할을 할 수 있다) 참여한 작업에 경의를 표한다.

21세기 초기의 심리치료의 발전에 익숙한 사람들은 마음챙김에 중점을 둔, 증거 기반 치료의 대중적인 형식으로 ACT를 알고 있을 수 있다. 아마도 그것은 '행동치료의 제 3물결'일 수도 있다. 그렇지만, 지난 15년간 ACT의 출현에 관여한 사람들에게 ACT는 그 이상이다. 그것은 진리와 실재의 본질에 대해 알 수 있는 것과 알 수 없는 것이 무엇인지에 대해 핵심 질문을 제기한 과학의 철학을 포함한다. 그것은 우리가 경험들 간의 정신적 연결을 어떻게 만드는지에 대해 서로 다르게 생각하도록 하게 하는 언어의 행동이론에 근거한다. 중요하게도 ACT는 국제적 수준에서, 공동 목적을 가진 공동체이다. ACT 훈련 워크숍, 국제회의, 지도 감독 그룹 및 전자 메일 목록에서 번성하고 있는 지속적인 문화적 논의는 ACT 공동체의 중심적이고 역동적인 측면이다. 최근 몇 년 동안, 강렬한 관심이 이러한 장면들 모두에 스며들어 왔는데, 그것은 자비의 본질에 대한 것과 ACT 실무자들이 그들의 내담자와 그들 자신에게 발생하는 고통을 완화시키기 위해 어떻게 자비를 사용할 수 있을 것인지를 포함한다. 은유적으로, 세계적 ACT 공동체는 한 가족이며, 이 가족은 어떻게 보다 더 자비롭게 행동할 수 있는지와 보다 자비로운 세상에 기여할 수 있는 방법을 말해 왔다.

　최근 전자 메일 토론에서, 어떻게 ACT가 불교와 관련되어 있는지에 대한 공동 주제가 제기되었으며 ACT의 공동 설립자 스티븐 헤이즈(Steven C. Hayes)를 포함한 많은 사람들이 반응을 보였다. 마음 챙김과 관찰하는 자기를 강조하는 불교 수행과 ACT 간의 모든 공통점에서 헤이즈는 중요한 구별을 제기했다. 그의 반응을 보다 더 쉽게 풀어보면, 그는 ACT 공동체 그리고 보다 더 일반적으로는 서구 과학자들이 경험적 지식을 개발하기 위해 초점을 맞추고 실용적인 전략(방법의 보다 더 신속한 변화를 이끄는 전략)의 사용이 가능하도록 기본적인 심리학적 과정에서 진행되는 연구와 과학적 방법이 어떻게 적용되는지에 주목하였다. 본질적으로, 고통에 대한 ACT 공동체의 접근에 대한 발전은 우리의 이론과 기법에 대해 보다 더 나은 이해를 얻음으로써 진행되고 변화될 수 있다. ACT 관점에서 자비에 접근한 것처럼, 기능적 맥락이론을 기반으로 한 이러한 경험적 렌즈는 우리 내담자들에게 새로운 기법과 가능성을 가지고 새로운 방식으로 보고 깨닫게 할 것이다.

CFT, FAP 그리고 자비로 알려진 여러 분야의 방법들은 ACT에서 자비에 초점을 두는 작업에서 중요한 요소로 작용한다. 응용심리학의 최전선에 선 우리의 작업이 종종 그렇듯이, 이것은 기회이자 도전이다. 예를 들어, ACT 실무자가 CFT를 대할 때, 그들은 이 접근들 간에 분명한 차이뿐만 아니라 친숙함과 격려를 훨씬 더 많이 발견할 것이다. 진단 범주에서 수치심을 기반으로 한 어려움을 보다 더 잘 다루기 위해 폴 길버트(Paul Gilbert, 2010)에 의해 개발된 CFT는 특별히 자비 함양을 목적으로 한 증거 기반 치료의 한 유형이다. 마음챙김, 기꺼이 경험하기, 정신적 사건의 탈융합화, 가치목적에 봉사하는 전념행동과 같은 핵심적인 과정들은 ACT와 CFT 모두에 존재한다. 이것은 ACT 실무자들이 그들의 작업에서 자비에 초점을 맞추기 위해 임상적 지혜를 효율적으로 사용하게 한다.

CFT는 치료자와 내담자 모두에게 구체적인 가치 지향과 동기를 매우 강조하는데, 우리가 만나게 되는 고통을 경감시키거나 예방하려는 동기와 능력 그리고 고통을 자각하는 능력을 개발한다. 반면, ACT는 이 모형에서 새로 주목받고 있는 자비를 암묵적으로 강조하지만, 역사적으로 자비는 ACT 치료의 중심 특징이 아니었으며 반드시 필요한 가치 목표로 규정되지 않았다. 어떤 의미에서, CFT 문헌에 비해 ACT 문헌에서 자비보다는 마음챙김 과정을 강조하는 것은 대승불교와 소승불교 사이의 강조점 차이를 반영한다. 역사적으로, 더 오래된 소승불교는 위빠사나 명상과 세상에서의 윤리적 행동을 강조하는 마음챙김 자체에서 발생하는 자비를 말하지만, 수행의 중심에 이러한 동기를 두고 있는 대승불교와 티베트 밀교는 의도적으로 자비를 함양하는 것에 보다 더 많은 초점을 두고 있다. 대승불교 전통에서, 보리심(菩提心, bodhicitta ; 모든 존재의 깨달음을 향한 이타적 염원)의 이상과 경험은 심상, 명상 및 행동으로 유도되고 길러진 핵심적인 자기 상태로 규정된다. 이와 유사하게, CFT 또한 많은 ACT 실무자에게 새로울 수 있는 방법으로 자비로운 자기에 대한 감각을 이끌어낼 것을 매우 강조한다.

기능적 맥락 면에서 ACT와 매우 밀접하게 관련되어 있는 FAP는 정서적으로 대담하고 온정적인 교류 동안, 내담자와의 새롭고 보다 적응적 행동을 형성하는 심리치료적 관계를 형성한다. 다른 사람 그리고 그들 자신의 고통과 개인사에 정서적으로 관여하는 것은 치료자의 정직이 요구된다. 내담자와 치료자 모두 개인적 변화의 기회가 되는 신성한 자각의 장을 구축하기 위해서, FAP는 친밀하고 치유적인 관계 내에서 자비를 기르기에 유익한 맥락과 비옥한 토양을 만든다. ACT에 자비를 도입하는 것이 이 맥락에서 핵심이다.

이 책을 진행하면서, 각 개념과 기법들이 당신의 임상적 실무와 어떻게 관련되는지를 고려해보도록 당신을 초청할 것이다. ACT, FAP 및 CFT는 개방성과 적응성이라는 공동 가치를 공유하고 있다. 이러한 양상들이 과정 모형과 독립적인 치료 모두에 있다. 이를테면, 이러한 작업은 ACT 실무자가 자비-초점 작업에 들어가기 위한 것이다. ACT 기법에 대한 근본적인 재창조, 즉 이제까지의 발전을 던져버리거나 통합 심리치료라는 이름으로 기술들을 함께 통합하는 것을 제안하는 것이 아니라, 우리는 ACT 작업에 어떻게 자비-초점을 들여올 수 있을지에 대한 탐색과 더불어 이러한 움직임을 설명하기 위한 기본적인 과학적 근거에 대한 이해, 심리치료에서 매력적인 자비의 실행 가능성에 대한 진가 및 참여적이고 적극적인 호기심을 가진 태도를 조심스럽게 탐색할 것을 제안한다. 치료자로서 자비 여정을 완수하는 데 있어서 만나게 되는 모든 어려움과 고통에 관해 이야기하는 이유는 자비-초점 작업에는 기쁨과 풍성함이 있기 때문이다. 우리 모두는 그 기쁨의 일부를 털어놓을 수도 있을 것이다.

개념들이 과학적 전통에 얽매이지 않을 수 있을 때, 도전은 종종 환원주의나 기각 중 하나가 아니라 보다 값지고 정교한 참여를 육성하는 평가와 이해 중 하나이다. 중요한 것은, ACT의 기본이 되는 논문 중 하나는 스티븐 헤이즈의 1984년 논문「영성의 감각을 만드는 것」으로, 이것은 '진지한 과학'에 출입이 금지되었을 것으로 생각되었던 경험의 차원에 기능적 맥락 가정의 렌즈를 가져왔다. 흥미롭게도, 이 논문은 수십 년간 융통성 있는 관점을 이야기하는 지식과 연구의 성장에 씨앗이 되어왔다. 분명하게, ACT 규정의 강점과 실행 가능성은 적응적 유연성에서 친화적 감정의 역할과 자비를 포함하는 인간 현상 범위에 접근할 수 있는 능력에 의지한다. 우리는 현재 자비-초점 ACT 실행의 지속적인 발전에 참여하고 있으며 이러한 목표를 수행하기 위해 이 책을 출판한다.

1

자비: 정의와 진화적 뿌리

21세기의 첫 10년 동안 자비와 자기-자비는 점점 더 많이 연구되어 왔는데, 심리치료에서 적극적이고 경험적으로 지지가 되어온 과정 변인으로 사용되어 왔다. 자비가 적어도 2,600년 동안 정서적 치유를 위한 명상의 핵심이었다는 것을 고려하면, 이것은 놀랄 만한 일이 아니다. 석가모니(Shakyamuni, 즉 고타마 붓다(Gautama Buddha))는 자비를 육성하여 마음을 변화시킬 수 있다고 가르쳤으며, 그 이후로 줄곧 붓다의 철학적 후예들은 붓다의 관찰과 통찰을 기반으로 삼고 있다. 더욱이, 세계의 주요 종교 대부분은 정서적 위안 혹은 회개의 근원으로서 자비 경험을 포함하는 특별한 기도와 심상 수련을 가지고 있다. 심리치료 관점에서, 칼 로저스(Carl Rogers, 1965)를 시작으로 약 60년 동안, 감정이입은 심리치료의 핵심으로 제안되어 왔다. 로저스 이후로 서로 다른 치료들이 심리치료적 관계에서 온정과 감정이입의 가치를 탐색해왔다(Gilbert & Leahy, 2007; Greenberg & Paivio, 1997). 그렇지만 자비는 최근에 유일하게 그 자체 과정으로써 심리치료적 작업에서 핵심적인 초점이 되어왔다.

마음챙김과 수용 기반 접근의 적용을 강조하는 인지행동치료(CBT)가 증가함에 따라 의도적으로 자비로운 마음을 육성하기 위해 고안된 마음 훈련이 ACT와 FAP 같은 맥락적 행동치료들 안에서 증가 추세를 보이게 될 것이다. 맥락적 행동 치료는 본질적으로 불교심리학과 자비의 과학이 공명하는 방식으로 유기체와 그 맥락 간의 상호연결을 다루고 있다. 부가적으로, 행동치료에서 자비를 강조하는 것은, 심리치료의 많은 이론적 접근에 있어서, 불교와 자비-초점 방법들 간의 더 큰 통합으로 나아가는 추세의 일부이다 (Germer, Seigel, & Fulton, 2005). 자비에 근거를 둔 치료에 대한 효과적인 접근은 감정 조절 향상, 심리적 유연성 향상 및 더 나은 웰빙을 위한 핵심 과정으로써 자비를 육성하는 것이 목표가 될 수 있다. CFT는 우리에게 이러한 목표를 추구하며 맥락적 행동 접근과 매우 잘 양립하는, 급속하게 성장하는 심리치료의 증거 기반 양식을 제공한다.

자비의 정의

'자비(compassion)'라는 단어는 '고통 함께하기 혹은 측은히 여기기'라는 의미를 가진 후기 라틴어 com-pati에서 Anglo-French를 거쳐 중세 영어에서 유래되었다. 현재의 개념적 해석에서, 자비는 단일한 감정이나 인지적 과정으로는 드물게 표현된다. 일반적으로 자비를 정의할 때, 자비는 아래에 제시된 특징들을 포함하는 몇 가지 과정으로 이루어져 있다고 한다.

- 고통에 대한 자각과 고통에 대해 마음챙김 주의 기울이기
- 고통을 느끼고 고통의 원인을 이해하기
- 고통에 대해 의도적으로 열린 마음을 유지하려는 동기 혹은 고통을 경감시키고자 하는 바람

이에 더해서, 자비의 개념은 종종 사람들 사이의 상호연결에 대해 다루고 있다. 임상심리학이 아직 자비에 대한 단일한 정의를 내리지 못하고 있지만, 많은 작가들, 임상가들 및 연구자들은 '자비'가 의미하는 것이 무엇인지에 대한 과학적 논의를 계속하는 데 기여해왔다.

사실상 자비에 대한 여러 가지 특별한 정의가 일반적으로 심리치료와 연구에서 사용되어 왔으며 ACT 실무자들은 그들의 임상적 작업에 효율적으로 사용할 수 있는 모델을 구축하려고 노력해왔다. 맥케이와 패닝(McKay & Fanning, 2000)은 수용, 이해 및 용서를 포함한 다중개념 과정으로 자비를 정의하였는데, 이 정의는 자존감과 자기비판에 관한 그들의 작업에서 유래되었다. 그들은 자비가 자기비판에 관한 통합적 인지행동치료의 핵심적인 구성개념일 수 있다고 제안하였다. 분명하게, 자비에 대한 현재 응용 심리학의 정의 각각은 자기비판을 다루는 구성요소를 포함하고 있거나 혹

은 높은 수준의 자기비판과 수치심에 기반을 둔 어려움으로 갈등하고 있는 내담자와의 작업에서 파생되었다(Neff, 2003b; Gilbert & Irons, 2005).

자기-자비 접근에서의 정의

크리스틴 네프(Kristin Neff, 2003a, 2003b)의 자기-자비에 대한 정의는 사회 심리학과 불교 전통에서 유래하였으며, 현재 임상 심리학에서 가장 잘 알려진 자기-자비의 모형이 되었다. 그 이유는 자비에 대한 심리학 연구 도구로 네프의 자기-자비 척도(2003a)가 광범위하게 사용되고 있기 때문이다. 불교심리학에서 파생된 Neff의 모형은 세 가지 핵심적인 구성 개념을 가지고 있는데, 마음챙김(mindfulness), 자기-배려(self-kindness) 및 보편적 인간성(a sense of common humanity)이다. 마음챙김은 고통의 본질에 대한 명확한 관점, 융통성 있는 자각 및 수용을 포함한다(Nhat Hanh, 1998; K.G. Wilson & DuFrene, 2009).

자기-배려는 자기 자신에 대한 비판과 가혹한 판단이 아니라 따뜻함과 배려를 수반한다. 마지막으로 보편적 인간성은 모든 인간은 삶을 살아가면서 고통과 아픔에 직면한다는 인식을 포함한다. 게다가 보편적 인간성은 자신의 경험과 인류 전체의 경험 사이에 연관성이 있다는 통찰을 갖게 한다. 높은 수준의 자기-자비는 우울과 불안이 낮은 것은 서로 관련되어 있다는 연구 결과가 있으며

(Neff, 2003a; Neff, Hsieh, & Dejitterat, 2005; Neff, Rude, & Kirkpatrick, 2007), 이러한 관계는 자기비판의 효과를 통제한 후에도 유지되었다. 네프(Neff)와 동료들의 연구는 삶의 만족감, 사회적 결속감(Neff, Kirkpatrick, & Rude, 2007) 및 자기주도성과 긍정적 정서(Neff, Rude, et al., 2007)를 포함한 긍정적인 심리적 차원들과 자기-자비 간의 정적 상관을 발견했다(Neff, Rude, et al., 2007).

ACT에서의 정의

ACT 일관성 측면에서, 달, 플럼, 스튜어트 및 룬드그렌(Dahl, Plumb, Stewart & Lundgren, 2009)은 자비가 심리적 유연성과 어떻게 연관되는지를 설명했다. 즉, ACT의 기저를 이루는, 적응적인 인간 기능의 통합 모델로 설명했다. 심리적 유연성은 '완전히 그리고 불필요한 방어 없이 의식적인 인간으로서 현재 순간과 접촉하기 (그렇다고 말하는 것이 아니라 그 자체로서) 그리고 선택된 가치에 봉사하는 활동을 유지하거나 변경하기'로 정의되어 왔다(Hayes, Strosahl, & Wilson, 2012, pp.96-97).

달(Dahl)과 동료들의 모형에 따르면, 자비는 괴로운 감정을 기꺼이 경험하는 능력과 관련되어 있다. 즉, 자기 평가와 고통 및 창피한 생각이 마음 상태나 행동을 지배하도록 허락하지 않으면서 그러한 것들을 주의 깊게 관찰하기, 자기-배려와 자기 인정으로 삶에 보다 완전하게 참여하기, 그리고 대승적 초월감을 가지고 관점을 유연하게 이동하기(Hayes, 2008b)와 같은 능력과 관련되어 있다. 헤이즈와 동료들(2012)은 지각적 채택 과정에 자비와 자기 수용을 연결시켰다. ACT 모델에 따르면 고통을 의식하는 인간의 능력은 다른 사람의 고통을 자각하는 것과 관련되어 있다. 마찬가지로, 우리가 단정적이고 비판적인 자기 평가에 의해 보다 덜 지배될 수 있는 능력을 개발할 때, 우리는 다른 사람의 비난과 판단을 더 쉽게 내려놓을 수 있을 것이다. 이러한 관점에 따르면, 우리는 자비를 양성함에 따라 심리적 유연성의 핵심 요소를 개발하게 되며, 보다 더 유연해질수록 자비 안에서 성장할 기회를 가지게 된다.

자비-초점 치료에서의 정의

폴 길버트(Paul Gilbert, 2005)는 발달심리학, 정서 신경과학, 불교 실천철학 및 자비초점치료(CFT)로 알려진 경험적 행동치료의 포괄적인 형태를 발전시키기 위한 진화론적 이론을 끌어들였다. 길버트(Gilbert, 2007)는 자비가 부모 봉양과 자녀 양육에서 발견되는 양육자 정신으로부터 진화해왔다는 다각적인 과정을 기술하였다. 예를 들어, 자비는 정서적, 인지적 및 행동적 요소를 포함하고 있는데, 따뜻함과 돌봄으로 성정과 변화의 기회를 만드는 능력과 관련되어 있다(Gilbert, 2007).

길버트(Gilbert, 2009a)는 자비의 핵심은 '기본적인 친절, 살아 있는 다른 이들과 자신의 고통에 대한 깊은 자각을 가지고 고통을 경감시키려는 바람과 노력의 결합(p.13)'이라고 정의하였다. 이러한 정의는 자비에 대한 두 가지 중요한 차원을 포함하고 있다. 첫 번째는 **참여의 심리학**이라고 알려진 것으로 고통의 존재와 그 원인에 대한 자각과 민감성을 포함한다. 두 번째 차원은 **완화의 심리학**이라고 알려진 것으로 우리가 겪고 있는 고통을 완화시키기 위해 적극적인 단계를 취하는 동기와 전념으로 구성되어 있다(Gilbert & Choden, 2013).

임상가로서 자비의 두 가지 차원을 볼 때, 우리는 행동으로 자비를 만날 수 있다. 심한 사회불안으로 고통받고 있는 젊은 내담자와 첫 회기 혹은 두 번째 회기를 가지고 있다고 상상해보자. 그 내담자는 밝고 배려심 많은 학생이며 주립대학교에서 학생들을 위한 생활 상담자로 자원봉사를 하고 있다. 자신의 경험에 대한 그의 서술은 학교 친구들로부터 받은 괴롭힘과 부친에게 정서적 학대를 받아온 시간은 그 자신을 잔인하게 비판하고 자괴감을 갖게 하는 적대적인 내면의 목소리에 연료를 공급해 왔다는 것이다. 파티나 콘서트에서 친구들과 만나는 것을 생각할 때, 그는 친구들이 자신을 거부하거나 비판할 것이라고 예상했다. 사교모임에 대해 말하는 것만으로도 그는 두려움과 절망에 빠진다. 이러한 내담자와 만나게 될 때, 마음을 열어 들어주고, 그의 눈을 보고, 그가 경험했던 고통과 부끄러움을 알아준다면 당신은 그의 고통에 점차로 민감해질 것이다. 당신은 그가 당했던 학대에 대해 듣고, 그의 내면에서 가슴을 울리는 슬픔과 분노를 경험할 때, 정서적인 동요를 느끼게 될 것이다.

내담자와 만나 그의 이야기를 더 깊이 이해하게 되면, 그가 자신의 불안과 고통을 다룰 수 있도록 도와주려는 마음이 생겨나는 것을 느낄 것이다. 당신은 그 순간에 근거한 느낌과 더 큰 의미와 기쁨의 기회를 가질 수 있는 삶으로 나아가도록 그를 도와주기 위해 전문적이고 개인적인 노력을 기울이게 될 것이다. 그러한 발걸음이 내담자가 커다란 불안과 마주치는 것을 의미할지라도, 당신의 자비로운 동기가 약해지지는 않을 것이다. 당신은 아마도 사회적 상황을 회피하거나 웅크리고 숨도록 그에게 강요하지는 않을 것이다.

자비의 심리학은 모두 당신 안에서 깨어날 것이다. 당신은 이 치료적 관계 안에서 만나는 고통을 자각하고 관여하게 될 것이며 고통을 완화시키기 위해 무언가를 하도록 노력하고 동기화될 것이다. 당신의 자비로운 마음이 활성화되어, 내담자가 자신의 삶에서 중요한 변화를 일으키는 것을 돕는 작업 동맹을 하도록 작용할 것이다. 때가 되면, 내담자는 의도적으로 자신에게 온정과 지지를 쏟아부으며 그 과정에서 의미 있는 행동을 위한 새로운 가능성을 만들어내는, 자기-자비를 위해 자신의 능력을 활성화시키는 것을 배우게 될 것이다.

길버트의 CFT 정의와 자비의 이론적 모델에 대한 임상적 유용성이 순조롭게 밝혀진 반면, CFT는 임상적 관찰보다는 기초 과학의 토대에서 자비의 개념을 발전시켰다는 것을 인식하는 것이 중요하다. 자비의 두 가지 심리학, 즉 참여와 완화에 대한 CFT 모델은 특히 사회적 행동과 연관되어 있는 고도로 진화된 신경생리학적 시스템을 가지고 자비의 경험과 감정에 기여하는 과정을 연결한다.

자비에 관한 두 가지 심리학과 ACT

심리과학에 기반을 두고 탄생한 자비는 인간의 진화에서 분명한 이력을 가지고 있는 인간행동의 복잡하고 다양한 조직이며, 태어나기도 전에 발달한 유전적인 반응 패턴에 뿌리를 둔 정서적 과정이다. 그렇지만 자비는 언어적 학습과 사회적 맥락에서 발생하는 특별한 발달적 경험도 포함하고 있다. 당연하게도, ACT와 맥락적 CBT에서 강조하는 정확함, 철저함 및 자세한 관찰을 지닌 인간 행동에 대한 예언과 영향력은 자비에 대한 우리의 이해를 확장하는 것과 깊이 관련되어 있다.

ACT를 뒷받침하고 있는 맥락적 행동과학(contextual behavioral science; 이하 CBS) 접근은 우리에게 인간의 자비에 포함된 언어 학습과 고통에 대한 우리의 자각과 세상에서 만나게 되는 고통을 다루는 우리의 노력에 기여하는 정서적, 생물학적 및 유전적 반응 패턴 모두에 대한 정확한 역학을 평가하도록 요청한다. 일부 사례에서, 자비는 정서적 치유 과정의 중요한 부분으로 그리고 정신적 훈련을 통해 양성할 수 있는 일련의 기술들을 포함하는 것으로 볼 수 있다(Davidson, 2003; Gilbert, 2009b; Lutz, Brefczynski-Lewis, Johnstone, & Davidson, 2008). 중요한 것은 자비는 연결되어 있고 친밀하며 친숙한 관계에서 발생하는 정서의 활성화를 포함하고 있다는 것이다. 우리는 감정이입, 온화함 및 돌봄을 포함하는 이러한 정서를 **친화 정서**라고 한다. 친화 정서 네트워크의 활성화는 초점화된 유연한 주의를 촉진할 수 있으며 전형적으로 협소한 행동 레퍼토리를 가지고 있는 자극들의 가능한 행동의 범위를 확장시킨다. 사실상, 자비가 고통에 대한 우리의 경험과 반응하는 방식에서 지속적인 변화를 촉진해 왔다는 연구가 점차로 확립되고 있다(Gumley, Braehler, Laithwaite, MacBeth, & Gilbert, 2010; Hofmann, Grossman, & Hinton, 2011).

위에서 기술한 자비에 대한 길버트의 모형(2000)에 따라, 여기서 우리는 수용과 전념 과정의 관점에서 이들 두 개의 차원과 자비를 간략하게 개념화할 것이다.

참여의 심리학 : 이 차원은 고통을 알아차리고, 방향을 설정하며, 주의를 기울이고, 참여하는 능력을 포함한다. 자비를 가지고 참여한다는 것은 고통에 대한 인식과 민감도를 높이는 여러 측면이 포함된다. 이들 과정은 경험적 회피보다는 오히려 경험적 수용과 관련되어 있다. 즉, 우리가 마주하는 고통에 참여하고자 하는 동기를 참아내기 어렵게 하는 것에서 방향을 바꾸는 것이다. 심리적 유연성에 대한 ACT 모델의 관점에서 수용, 의지 및 인식을 강조하는 과정은 참여에 대한 CFT 심리학과 분명하게 관련되어 있다.

완화의 심리학 : 이 차원은 현재의 고통에서 효과적이고 개인적으로 의미 있는 행동을 취할 수 있는 지혜, 기술 및 행동적 능력을 개

발하고 유지하는 것과 관련되어 있다. 그러한 행동은 고통과 그 원인을 완화시키기 위한 직접적인 조치가 포함될 수 있지만, 자비로운 수용을 가지고 현재의 복잡한 감정을 유지하기 위한 노력을 개발하는 것도 포함될 수 있다. 자신의 가치를 가지고 그러한 가치를 구현하기 위해 전념하는 ACT 과정은 완화의 심리학과 관련되어 있다.

자비 경험에 대한 치료적인 질을 말하자면, 크리스토퍼 거머(Christopher Germer)는 "자비는 고통의 경험을 완전히 바꿔 놓을 수 있는 마음의 자질로, 심지어 고통을 의미 있는 것으로 만든다. 우리가 자비로운 방식으로 고통에 마음을 열 때, 저항이 없는, 위축되지 않는 자유와 우리 자신을 넘어서서 확장되는 타인에 대한 깊은 연결을 느낄 수 있다."(Germer, 2012, p.93) 유연한 관점이 자비가 내면을 향하도록 기회를 제공할 때, 마음챙김, 자애 및 상호연결된 자기의 확장된 의미에 대한 현상학적 질은 보다 더 명백해질 수 있다(Neff, 2011). 이는 경험 있는 ACT 실무자에게는 꽤 친숙한 것일 수 있으며, CBS 규정 내에서 보다 더 확장되고 탐구될 가치가 있다.

자비에 대한 기능적 이해에 접근할 때, 자비와 웰빙에 기여할 수 있는 명상 연습에서 파생된 다른 개념 간에 계속되는 충돌이 있다. 마음챙김, 수용 및 자비는 종종 밀접하게 연결되는 과정으로 기술된다. 예를 들어, 여러 저자들은 자기-배려와 자기 인정의 새로운 양식에 영향을 미치며, 있는 그대로 현재 순간을 기꺼이 경험하는 마음챙김 훈련을 만들어왔다(Kabat-Zinn, 2009). 다른 저자들은 마음챙김과 자비를 새의 두 날개로 묘사하며(고전적인 불교 은유) 마음챙김과 자비를 여전히 구별된 심리적 건강의 보완적인 핵심과정이라고 강조해 왔다(Germer, 2012). 이러한 과정들이 다양한 정도로 상호 연결되거나 또는 구별되는 것으로 해석될 수 있는 반면, 마음챙김 훈련은 수천 년에 걸친 명상 실습을 통해 자비와 건강한 심리적 관점을 육성하기 위한 예비 훈련으로 사용되어 왔다(Tirch, 2010; Wallace, 2009). 마음챙김과 마음의 다른 건강 자질들이 자비의 경험을 포함할지라도, 우리는 자비가 별개의 진화적 궤적, 질 및 기능적 적용을 가진 구별된 과정이라고 말할 것이다.

임상 사례
트라우마가 있는 내담자와의 작업에서 자비 사용하기

다음은 자비가 어떻게 심리치료에서 능동적인 과정으로 사용될 수 있는지를 보여주는 일련의 임상적 삽화들이다. 진행하면서, 특별한 기술과 연습을 통해서 이러한 과정을 어떻게 작업할 것인지에 대한 세부사항을 분명하게 설명할 것이다. 식별 정보는 모두 변경되었지만, 이 삽화들은 모두 실제 회기에서 얻어진 것이다. 치료자의 정서적 반응이 표시되어 있는 경우, 이것은 치료실에서 영향을 받은 경험이 있는 치료자의 실제 경험적 접촉을 기술한 것을 의미한다. 중요한 것은 심리치료에 자비-초점을 가지고 오는 것은 공감을 나누고 정서적 연결과 표현을 하는 단순한 정서적 검증을 초월한 확장이다. 심리치료에서 자비는 내담자와 치료자 관계에서 존재하는 정서적 어조와 의도에서 처음으로 분명해질 수 있다.

처음의 예는 ACT 세션 동안 치료적 동맹에서 자비의 활성화를 예시하고 있다. 엘라는 경계성 성격장애의 진단 기준에 부합하는 35세 여성으로 특히 성적 트라우마로 치료를 받았다. 그녀와 오빠는 6세에서 10세 사이에 삼촌으로부터 성적 학대를 받았다. 그녀는 그때 무슨 일이 있었는지에 대해 심한 부끄러움을 느끼고 이전의 치료 작업에서는 그것을 결코 드러내지 않았다. 강렬한 관계 중심 ACT 치료가 진행되고 6개월 후, 그녀는 그 문제를 해결하기 위해 치료자에게 요청하였으며 지난 3회기를 트라우마를 다루는 데보냈다.

치료자   결국 이것을 드러내기로 선택했다니 당신은 정말 용감해요.

내담자   (아래를 내려다보며) 내가 용감하다고 생각하지는 않아요. 나는 지난 몇 년 동안 이 모든 것을 숨겨왔고 너무나 부끄러워요.

치료자   내가 보기에, 당신이 너무 심한 수치심을 느낀다면 그것을 공유하기 위해서는 더 많은 용기가 있어야 해요. 당신도 알다시피, 나는 당신이 부끄러워해야 할 어떤 일이 일어났는지 모르겠어요. 나는 그것이 끔찍한 무언가로 보여요. 당신이 학대받은 작은 소녀였다는 생각에 나는 너

무나 슬프고 화가 나요. (치료자는 눈에 띄게 감정적으로 내담자에게 개입되어 있다)

내담자 (아래를 내려다보고 침묵을 유지하고 있다.)

치료자 지금 무슨 일이 일어나고 있지요?

내담자 내가 얼마나 쓸모없는지 알게 된다면, 당신도 나를 싫어할 거예요.

치료자 바로 지금 당신이 어떻게 느끼는지 이해해요. 당신은 오랫동안 이것을 끌고 왔어요. 그 작은 소녀에 대해 내가 얼마나 슬퍼하는지 당신이 지나와야만 했던 것들에 대해서 내가 얼마나 슬퍼하는지 알 수 있나요?

내담자 당신이 말하는 것은 알고 있어요. 판단하지 않는 것이 당신의 직업이지만, 내가 무슨 짓을 했는지 너무나 부끄러워요.

치료자 엘라, 당신은 아무것도 하지 않았어요. 그 일이 당신에게 일어난 거예요.

내담자 (눈물을 흘리기 시작하면서) 당신이 생각하는 것보다 더 나빠요.

엘라가 그 충격적인 경험에 대해서 얘기를 할 때면, 그녀는 부끄러움에 압도되었다. 그녀는 삼촌을 좋아하고 심지어 학대당하는 얼마 동안은 기쁨을 느꼈다고 기억하고 있다. 여전히 안 좋은 것은, 삼촌에게 오빠를 데리고 갔는데 그 결과 그도 학대를 당했으며, 오빠에게 아무에게도 말하지 말라고 했던 것이다. 지금까지 학대에 대해 오빠와 전혀 아무 말도 하지 않았으며 수년에 걸쳐 수치심과 자기 증오만 키워왔다. 엘라와 같은 사례에서, 우리는 학대당하고 길을 잃고 혼란스러웠던 아동기의 과거 행동과 그녀에 대한 자비로운 관점을 적극적으로 육성하는 것이 회복의 핵심이라고 믿고 있다.

치료자   당신이 좀 더 털어놓을 준비가 되었을 때, 나는 여기에 있을게요. 내가 지금 알고 있는 것은 아동이 성적으로 학대당했다는 것은 가장 혼란스럽고 창피한 경험 중 하나에요. 그리고 우리가 믿고 사랑하는 누군가에게 학대 당하는 것은 훨씬 더 최악이죠. 우리가 어떻게 누구를 믿을 수 있겠어요? 심지어 우리는 어떻게든 그 학대에 공모한 책임이 우리에게 있었다고 믿게 될 수도 있어요.

내담자   (가볍게 흐느껴 운다.) 전 제가 가끔씩은 그것을(그 중 일부를) 좋아했다는 것이 창피해요. (더 강하게 흐느껴 운다.) 오 이럴 수가, 다시는 당신 얼굴을 쳐다볼 수 없을 것 같아요.

치료자   전 지금 당신을 위해서 여기 있는 거예요. 이 경험을 이야기하는 것이 당신에게는 정말 고통스럽지만, 무척 용기 있는 행동이에요. 당신이 이 말을 믿을지는 모르겠지만, 그 학대 때문에 생긴 고립된 상태를 깨트릴 용기를 내고, 저와 공유했다는 것에 당신을 더욱 존경하게 되었어요. 제가 당신의 경계를 존중한 것만큼 당신의 용기에 경의를 표하고 싶네요. (눈물이 고인다.)

내담자 (가볍게 흐느껴 운다.) 고마워요.

치료자 당신이 그렇게 느낀다면, 제 눈을 보면서 당신이 알고 있는 것을 말할 준비가 되었나요?

내담자 할 수 있을지 모르겠어요.

치료자 못 해도 괜찮아요. 천천히 해요.

내담자 (고개를 들고, 치료자의 눈물 젖은 눈을 바라본다.)

치료자 무엇이 보이나요?

내담자 슬픔이 보여요.

치료자 판단이 보이나요?

내담자 (침묵) 아뇨. 당신이 날 위해 거기 있는 게 보여요.

치료자 그렇죠. 제 마음은 그 작은 소녀 뒤에 서 있어요. 제가 그 소녀에게 말을 걸어도 괜찮을까요?

내담자 (머뭇거리다가) 네.

치료자 저는 당신이 그런 상황을 겪어서 매우 슬퍼요. 너무나 무섭고 혼란스러웠죠. 혼자라고 느꼈겠죠. 당신은 그 상황을 선택한 게 아니라 떠밀려서 들어갔을 뿐이고, 전혀 당신의 잘못이 아니라는 것을 알았으면 좋겠어요.

내담자 (훌쩍이며) 너무나 창피해요. 저는 잘못됐어요.

치료자 당신은 불가능한 상황에 빠져 있고, 당신을 지켜줄 누군가가 필요해요.

내담자 (부드럽게 소리 내어 울며) 네. 고마워요.

치료자 저는 당신을 위해 여기에 있어요. (침묵) 만약 당신이 그 작은 소녀에게 말을 걸 수 있다면, 뭐라고 말할 건가요?

내담자　난 그동안 네가 너무나 미웠어. (훌쩍이며) 하지만 너의 잘못이 아니었다는 걸 알아. 넌 그저 널 지켜줄 누군가가 필요했는데, 하지만 아무도 없었지.

치료자　저는 당신이 당한 엄청난 고통과 수치를 이해하고 있고, 그 작은 소녀와 함께 해결할 길을 찾고 싶다는 것을 당신이 알아주었으면 좋겠어요. 당신에게 필요한 것은 더 많은 판단이나 창피가 아니라 친절과 자비라고 생각해요.

진화, 인지 그리고 행동
: 개성 있는 인간이란 무엇인가?

인간 진화의 맥락, 개인의 학습 이력, 현재 순간의 맥락에서 자비의 경험을 말하기 위해서, 우리는 어떻게 자비가 진화해 왔는지 그리고 근본적으로 인간이 무엇인지와 자비가 어떻게 관련되어 왔는지를 탐구함으로써 시작한다. 우리가 가장 단순한 생명체, 아마도 아메바 같은 단세포 생명체를 관찰한다면, 우리는 그 생명체들이 추위, 더위 및 접촉과 같은 잠재적으로 해로운 자극에서 멀리 달아나는 것을 관찰할 수 있다. 그리고 그 생명체들이 먹잇감을 향해 움직이는 것도 관찰할 수 있다. 물론 아메바가 우리와 같은 방식으로 생각하거나 의사결정을 할 수는 없지만, 혐오적인 자극과 식욕을 촉진하는 자극을 구별하여 그 자극에서 멀어지거나 다가감으로써 잠재적인 위협이나 잠재적으로 생명을 유지하는 조건들에 본능적으로 반응한다.

생명체가 진화하고 더 복잡해짐에 따라, 생명체는 더욱 정교한 방식으로 환경에서 발생하는 것에 반응할 수 있지만, 생명을 유지시킬 수 있는 자극(먹잇감)을 향해 움직이고 잠재적인 위험(혐오적 자극)에서 벗어나기 위해 움직이는 것과 같은 기본적인 구별은 모든 동작을 제어하는 기본적인 변수로 여전히 남아 있다. 예컨대, 애완견을 생각해 보자. 우리는 개가 특정 행동을 더 많이 하거나 다른 행동을 하지 않음으로써 환경의 변화에 반응하는 법을 학습할 수 있다는 것을 알고 있다. 개는 밥그릇에 사료가 쏟아지는 소리를 듣고 부엌으로 달려가는 것을 배울 수 있는데, 이러한 행동은 식욕의 통제를 받는 행동이다. 개는 주인의 화난 목소리를 듣고 거실 밖으로 도망치는 것도 학습할 수 있는데, 이러한 행동은 혐오의 통제를 받는 행동이다. 인간도 혐오나 식욕의 통제하에 행동할 수 있지만, 인간은 유일하게 상징적 사고능력과 복잡한 정서적 반응을 가지고 있기 때문에, 해로운 것과 도움이 되는 것이 무엇인지를 구별하는 데 한없이 복잡해질 수 있다.

CBS 관점에서 보자면, '행동'이라는 용어는 인간이 수행할 수 있는 것은 무엇이든지 표현하기 위해 사용된다(Khlenberg & Tsai, 1991; Törneke, 2010). 공상에서 실행, 소화에서 슬픔을 느끼는 것, 보는 것에서 사랑하는 것, 생각에서 지각까지 모든 범주의 인간 행동과 경험은 행동을 구성하는 것으로 여겨진다. 이것은 스키너(B.F. Skinner)의 관점(1974)과 일치하며 특히 과학적 접근과 밀접하게 연관되어 있는데, 왜냐하면 이것은 본질적으로 다른 것이 아니기 때문에 공적(오감을 통한)인 것이든 혹은 사적(마음의 눈이나 내적 감각을 통한)인 것이든 간에 우리의 경험 전체를 고려하는 데 도움이 된다. 이것은 심리과학의 관점에서 유용한데, 왜냐하면 어떻게 행동을 예언하고 영향을 미칠 것인지에 대한 기본적인 규칙들이 실험심리학에서 잘 연구되어 왔으며 많은 그러한 규칙들이 정신적 및 육체적 행동 모두에 적용되어 왔기 때문이다(Hayes, Barnes-Holmes, & Roche, 2001). 이것은 또한 한 종류의 일(정신적인)이 본질적으로 다른 일(물질적인)에 어떻게 영향력을 행사할 수 있었는지에 관한 이원론적 입장에 내재된 철학적 수수께끼를 극복하는 데 도움이 된다.

진화된 융합

인간은 상징적, 정신적 사건들에 대해 그것이 마치 외부에서 일어나는, 글자 그대로의 사건인 것처럼 반응하는 경향이 있다는 것을 반복적으로 증명하는 연구들이 있는데(Dymond, Schulund, Roche, &Whelan, 2013; Ruiz, 2010), ACT에서는 이러한 현상을 **융합**이라고 한다(Hayes et al., 1999). 어떤 것이 마음속에 떠오를 때, 불쾌한 일은 우리를 혐오적인 통제 하에 빠뜨릴 수 있는 반면, 유쾌한 일은 식욕을 촉진하는 결과를 만들어낼 수 있다. 예컨대, 오랫동안 범불안장애를 가지고 자신의 재정 상태에 대해 지속적으로 불안해하면서 살고 있는 사람을 생각해 보자. 그는 종종 혹시나 궁금하게 되지는 않을까, 저축한 모든 것을 잃지는 않을까, 어쩌면 노숙자 상태가 될지도 모르겠다는 걱정을 하고 있다. 그의 마음이 일련의 걱정과 가상 시나리오를 만들어낼 때, 이러한 정신적 사건들은 행동에 영향을 미칠 가능성이 높다. 그는 재정적 결정을 하게 될 때 위험을 무릅쓰는 것을 극도로 싫어하게 될 것이고 그로 인해 중요한 기회를 놓치게 될 것이다. 더욱이, 직장에서 자기주장을 꺼리게 될 것이고 상사나 동료가 화내는 것을 두려워하며 살게 될 것이다. 날이 갈수록, 그는 자신의 걱정이 현실인 것처럼 반응하게 되고, 행동반경이 점차 위축됨에 따라 삶은 조금씩 서서히 더 좁아질 것이다. 그러므로 약 2만 년 전 복잡한 인간 인지의 진화적 출현과 함께, 인간의 행동은 외부 환경뿐만 아니라 사고와 정서의 영향을 받기 시작했는데, 이는 유용하지만 많은 문제를 가지고 있을 수 있다. 이것은 우리가 마음의 눈으로 세상의 모형을 구상하게 해주며, 실제 세상에서 그 모형들을 검증해보도록 하는데, 이것은 결국 우리의 생존 가능성을 비약적으로 향상시키는 기술적 발전을 가져왔다. 그렇지만 이것은 많은 문제를 일으키는 부작용도 가지고 있다.

융합을 통해, 우리의 행동은 때로는 외부세계의 실제 요인보다 내면의 표현에 의해 보다 더 지배되는 정신적 사건의 영향에 의해 지배될 수 있다(Stroshal, Hayes, Wilson, & Gifford, 2004). 예컨대, 파티에 참석한 한 여성의 정신적 표상이 여러 명이 웅성거리며 그녀를 비판하고 조롱하며 피할 것이라고 예상되는 손님들을 포함하고 있다면, 그녀는 불안을 경험할 것이다. 이에 더해, 그녀는 파티를 피하기 시작할 것이고 교감신경계를 통해 활성화되는 불안의 신체적 증상들을 경험할 것이다. 그녀는 속으로 '너는 파티에서 잘 행동할 수 없어. 너는 그렇게 사회적으로 거부당했어.' 하고 심신을 약화시키는 생각을 하게 될 것이다. 이것들이 점점 두드러져서 그녀가 그러한 생각들을 문자 그대로 받아들이게 된다면, 심지어 파티에 참석하고 있는 모든 손님들이 호의적으로 대할지라도, 그녀는 두려움, 자기 비난 및 그녀의 신체와 행동에 영향을 미치는 정신적 사건들의 영향으로 인해 부정적 주의 편파를 경험할 것이다 (Barlow, 2002; Greene et al., 2008).

우리가 정신적 사건의 혐오적 영향 아래 있게 될 때, 우리는 그러한 사건들을 억압하거나 피하려는 경향이 있다. 외부 현실 세계에서 위험한 것들로부터 도망치는 것은 대개 좋은 전략이기 때문에 불쾌한 느낌, 이미지 및 생각으로부터 도망치려는 것은 당연한 것일 수 있다. 여기에서 문제는 원하지 않는 생각이나 감정을 밀어내려고 노력하면 할수록, 그것들은 더 드러나고자 하는 경향이 있으며, 보다 더 우리의 행동을 통제하고 경험을 지배하려고 한다는 것이다. 우리들 중 얼마나 많은 사람이 다음 날 직장이나 학교에서 일어날 문제에 대한 생각을 피하려고 애쓰면서 뜬눈으로 밤을 지새우는가? 실험적 및 임상적 연구들은 생각이나 감정을 억누르는 것이 보다 더 높은 빈도로 그것들을 떠올리는 역설적 결과를 가져오고, 경험을 회피하려는 시도는 더 많은 심리적 고통을 불러온다는 것을 반복적으로 입증하였다(Ruiz, 2010; Wenzlaff, & Wegner, 2000). 고통스러운 정신적 사건의 지배와 그에 따른 내재된 정서 반응하에서, 우리는 혐오적 회피와 통제의 구속된 시도에 얽매이게 되어 끝없는 고통의 굴레와 옴짝달싹 못 하는 속박감에 갇히게 될 수도 있다.

융합은 우리 행동에 영향을 미치는 정신적 사건을 포함하는데, 행동에는 언어적 행동만이 아니라 인식할 수 있는 언어적 형태로 표현되거나 경험되는 것이 아닌 정서 반응을 포함한 신체적 반응도 포함된다. 언급한 바와 마찬가지로, 인간으로서 우리가 경험하는 것들 대부분은 다른 동물들과 공유하고 있는 것이다. 진화론적 관점에서, 이러한 반응 패턴은 인간의 본성보다 더 오래된 것이다. 예컨대, 텃세 행동, 성 행동, 친화적 반응 및 두려움이나 혐오 등의 정서들은 모두 인류가 출현하기 이전 동물들에게 있는 진화적 전조이다. 마찬가지로, 정서적 경험의 요인들은 인지에 의존하지 않는 신체적 반응에 속하는 것이다.

정서에 대한 단일한 정의를 규정하기는 어렵지만, 정서는 진화론적으로 출현한 심리생리적 현상으로 생각할 수 있는데, 이는 유기체가 환경적 요구에 적응하도록 도와주고(Levenson, 1994), 유기체의 안녕을 유지하는 타고난 방법을 제공하고(Panksepp, 1994), 현재 반응이 과거 조상의 인도를 받을 수 있게 하는, 유전적이고 보편적인 특성을 가지고 있다(Ekman, 1992, 1994; Tooby & Cosmides, 1990). 많은 동물 특히 영장류에서 얻어진 수많은 증거는 가장 기본적인 돌봄 행동, 이타주의 및 다른 형태의 친절이 보편화되어 있다는 견해를 지지한다(de Waal, 2009). 의심할 여지 없이, 자비를 실천하고, 집단을 보호하고, 음식을 공유하며 어린이나 환자를 돌보며 살아온 인간 조상들은 서로의 안녕에 무관심했던 이들에 비해 생존할 가능성이 더 높았다(D.S. Wilson, 2007).

진화, 협력 및 자비

맥락적 과학 이론가, 특히 스티븐 헤이즈는 현재 인간의 언어적 행동을 이해하기 위해 진화적 맥락을 탐구하고 있으며, 언어와 인지에 대한 이해를 진화적 관점에 두고 있다(Hayes & Long, 2013; D.S. Wilson, Hayes, Biglan, & Embry, 2012). 헤이즈와 롱(Hayes & Long, 2013)은 "모든 행동은 약간, 좀 더 직접적으로는 유전자에 의한 것이며, 구조를 생성하는 유전자 역할을 통한 나머지는 개인의 평생에 걸쳐 수정된다"라는 스키너(B. F. Skinner)의 주장을 상기시켜준다(Skinner, 1974, p.704). 헤이즈의 CBS와 진화론적 과학의 통합은 주된 진화론적 이점으로써 협력과 인간의 인지와 자비 모두의 진화적 선행사건을 강조한다(Hayes & Long, 2013).

우리 행동의 일부는 진화적 조상들과 공유하고 있는 반면, 적어도 세 가지 차원, 즉 인지, 문화 및 협력은 인간 행동을 이해하는 데 특히 중요하다(Hayes & Long, 2013; D.S. Wilson et al., 2012). 논의한 바와 같이, 기본적인 용어로 인지는 상징적 사고, 즉 우리의 행동을 유도할 수 있는 주변 세계에 대한 표상을 포함한다(Hayes & Long, 2013; Von Eckardt, 1995). 진화론적 관점에서, 문화는 배운 지식을 세대에 걸쳐 그리고 사람들 사이에 전달하고 의사소통하는 능력을 의미한다. 이러한 방식으로, 진화론적 역사를 통해 어렵게 얻은 습득된 인지와 반응 패턴은 그 종의 단일 세대나 한 집단의 생존에만 달려 있는 것이 아니다. 우리의 집단 학습은 우리 종의 다음 세대로 전달될 수 있는데, 이러한 전달은 사회적 맥락에 거대한 영향을 미칠 수 있으며 어떻게 유전자형 잠재력이 계통발생학적이고 개별적으로 표현될 수 있는지에 영향을 미친다(Hayes & Long, 2013).

인간 행동의 세 번째 요소로 우리 종의 특징인, 협력에 관해서 말하자면, 협력은 종족적 목표를 달성하기 위해 서로 함께 일하는 능력을 말한다. 인간은 다른 동물에게는 알려지지 않은 복잡성과 일관성의 수준에서 협력하고, 서로 함께 일하고 의사소통하는 능력을 통해 진화론적 이점을 갖게 되었다. 진화론자들은 협력 행동은 집단 간 선택의 효율성을 통해 인간을 다른 영장류와 구별시켜 주는 것일 수 있다고 가정하기 시작했다(Hayes & Long, 2013; Nowak & Highfield, 2011). 진(眞)사회적 방식으로 소통하고 함께 일했던 초기 인류의 보다 효율적인 집단은, 아마도 개인적 선택 때문에 보다 덜 효율적인 집단 적응을 하게 된 다른 영장류 집단에 비해 번성할 가능성이 더 높았다. 이를 더 잘 이해하기 위해서, 초기 인류와 먹을 것을 두고 경쟁했던 인류가 아닌 영장류 무리를 상상해 보자. 우리의 고대 조상들은 다른 영장류에 비해 보다 정확하고 섬세한 방식으로 서로 의사소통하고 협력할 수 있는 이점을 가지고 있었다. 이는 도구에 대한 지식을 공유하고 사용하며, 목적을 달성하기 위해 함께 일하고, 잠재적인 위험원을 알려주고, 한 사람이 다치거나 치료를 받을 때 서로를 돌볼 수 있게 하였다. 집단 간 적응, 변이 및 선택의 원칙에 영향을 받아, 그러한 집단은 환경과 유연하게 상호작용하고 공동체의 생존과 번성을 촉진시키는 더 나은 방법을 만들어갈 것이다. 협력의 중요한 이점은 논리적으로 언어적 의사 소통 및 새로운 상징적 혹은 표상적 사고에 대한 인간 능력의 선택과 정교화에 기여했을 것이라는 점이다.

유인원 심지어 까마귀조차도 다른 이의 의도를 알아차리고 반응하는 능력을 보여주며(Call & Tomasello, 1999; Clayton et al., 2007), 이러한 종들은 어느 정도 생존을 위해 자신의 행동자원을 모을 수도 있다. 그렇지만 인간만이 정서적 정보 전달을 쉽게 하는 정교한 협력 방식으로 비언어적 제스처, 얼굴 표정 및 발성을 사용하고 이에 반응한다(Call & Tomasello, 1999; Tomasello, Call & Gluckman, 1997). 사실상 인간만이 지구상에서 유일하게 사회적이며 협력하는 척추동물일 수 있다(Foster & Ratnieks, 2005; Hayes & Long, 2013).

협력의 이점은 인간 언어의 진화적 출현과 선택에 있어서 어떤 역할을 했던 것 같다. 언어의 발달은 인지 발달을 선택적으로 강화할 수 있었던 언어적 상호작용의 발달에 기여했을 것이다(Hayes & Long, 2013; Hayes et al., 2012). 우리가 아는 한, 인간만이 특정한 정체성을 가지고 자신을 화자와 청자로 표현할 수 있고 특정 시공간적 시점에서 자신을 경험할 수 있다. 이러한 방식으로, 유전적으로 타고난 동기와 감정의 구체화된 진화적 지능은 행동을 만들어내기 위해 상징적 표상 능력과 상호작용하는데, 이는 사회적 맥락, 언어 학습 및 인지의 내적 네트워크의 정교화에 크게 의존하고 있다. 이를 기반으로, 인간은 그들 자신을 **자아로써** 경험하고 별개의 자아 정체성을 해석하는 행동이 나타난다.

이 책 전반에 걸쳐 탐구할 것처럼, 타인과의 관계에서 자아를 해석하는 능력, 관점을 취하는 능력 및 친화적 정서 경험에서 위로와 고요를 경험하려는 진화된 경향성은 자비로운 마음의 씨앗들 중 일부이다. 이러한 모든 특성은 협력과 사회적 맥락('나-너' 그리고 보다 더 중요한 '우리') 내에 존재하는 인간의 독특한 경험에서 나온다. 흥미롭게도, 언어적 처리는 안정된 사회적 맥락에도 의존한다. 언어적 상호작용에서 협력의 기능은 '나-여기-지금'으로 자기의 관점에 대한 기초를 제공하며, 점진적으로 어린아이가 '너-거기-그때'와 대비하여 관계에서 그들의 경험을 연관시키고 프레임을 배우는 것 같이 나타난다(Hayes, 1984). 이러한 방식으로, 자기와 새로운 영적 경험의 깊은 의미는 언어적 행동의 기능으로 일어나고 언어적 공동체에 의해 매개된다(Hayes, 1984). 따라서 우리 자신의 개인적 관점이라는 것은 우리의 감각은 다른 사람의 관점을 통해서 보이는 세상을 상상하는 능력을 말하며, 게다가 이것은 지금까지 언어로 중재되었던 자비로운 행동을 강화한다.

우리는 자비의 진화론적 맥락 이해가 웰빙, 자비 및 심리적 유연성 간의 연결을 만드는 데 상당히 도움이 될 수 있다고 믿는다. 언급한 바와 같이, 길버트(Gilbert, 2009a)는 자비는 애착과 친화를 포함한 인간 행동 체계에서 나타나는 진화된 인간 능력이라고 강조하였는데, 이 주장은 경험적 연구에 의해 지지되었다. 이 세상에서 활동을 위한 안전 기지를 마련하기 위해 돌보는 사람으로부터 안심시키는 말을 들으며 가까이 있고자 하는 것은 다른 사람과의 관계에서 자기감을 끌어오고 언어적으로 반응하는 능력에 선행하며, 마음챙김 훈련에서 발생된 메타 인지와 관찰 능력보다 앞선 포유동물의 행동이다.

인지와 언어적 행동에서 우리 능력이 가지고 있는 진화적 이점은 우리가 목격한 고통에 민감해져서 행동하는 능력을 포함하는, 특히 자기 인식의 질, 인식에 대한 자각 능력(예를 들어, 마음챙김) 및 추상적 사고와 심상에 기초해서 행동하는 능력을 발달시켰다는 것이다. 윌슨(D. S. Wilson)과 동료들(2012)에 따르면, 인간의 상징적 사고 능력은 '유전 체계'를 제공하는데, 이는 잠재적으로 재조합 DNA와 비슷한 결합적 다양성을 가지고 있다. 이러한 방식으로 유전적 및 심리언어적 진화 모두는 자기-자비를 경험함으로써 우리를 원활하게 이끌고 안전을 경험하게 하며 그에 뒤따르는 용기는 세상에서 기능하기 위한 더 큰 심리적 유연성과 안전 기지를 가지게 한다.

왕(Wang, 2005)은 인간의 자비는 진화론적으로 결정된 '종 보존' 신경심리학적 체계에서 파생되었다고 가정한다. 이러한 체계는 더 오래된 '자기 보존' 체계와 비교할 때 상대적으로 진화적 시간에서 최근에 진화한 것이라고 가정되었다. 이러한 '종 보존' 체계는 '포괄적 자기감을 기반으로 다른 사람과의 상호연결성에 대한 자각을 촉진'한다(Wang, 2005, p.75). 다른 동물들과 비교하면, 유아와 어린이는 방어능력을 갖추고 있지 않은 것처럼 보이며, 그들은 생의 초기에 상당한 보살핌과 보호가 필요하다. 결과적으로 특정 뇌구조와 신경계와 내분비계의 다른 요소들은 다른 사람들을 보호하고 돌보는 양육 행동을 촉진하도록 진화되어 왔다. 이러한 진화 과정의 기본적인 예들을 파충류와 양서류의 양육 행동과는 대조적인 포유류의 행동에서 관찰될 수 있다. 파충류나 양서류는 자식을 향한 가장 기본적인 양육 행동조차 결여되어 있지만, 포유류에게서는 광범위한 양육 행동이 관찰된다.

진화 사다리에서 더 높이 올라가면 관련 문헌에 대한 왕(Wang)의 리뷰는 인간의 전전두 피질, 대상 피질 및 복측 미주신경 복합체는 '종 보존' 체계의 활성화와 관련되어 있다고 말한다(Wang, 2005). 이러한 구조들은 모두 건강한 애착 유대와 자기-자비의 발달에서 역할을 하고 있다. 위협에 대처하기 위한 개인적 적응과 집단 적응 행동체계 모두의 발달은 다중 레벨 선택 이론의 한 예로 간주할 수 있다(D. S. Wilson, 2008). 즉, 이것은 진화적 역사가 어떻게 우리가 다른 사람과 연결되는 방식으로 언어적 관계 네트워크를 알려주는지 그리고 삶의 흐름에서 신생 종으로 우리의 위치를 알려주는지를 반영하고 있다. 이러한 진화론적 관점은 사실상 본질적으로 맥락적이며 자기-자비의 과학 발전에서 학제적인 이론적 통합을 위한 잠정적인 영역으로 인식된다.

2

자비와 심리적 유연성

자비 자체가 ACT 과정 모형의 공식적 구성 요소로 통합되어 있기는 하지만, ACT 실무자들과 연구자들은 오랫동안 심리치료에서 자비와 자기-자비의 역할을 탐구해 오고 있다(Forsyth & Eifert 2007; Hayes, 2008c; Luoma, Drake, Kohlenberg, & Hayes, 2011; Schoendorff, Grand, & Bolduc, 2011; Tirch, 2010; Van Dam, Earleywine, & Borders, 2010). ACT 관점에서 자비를 이해하기 위하여, 우리는 CBS의 인지 이론과 ACT의 토대가 되는 관계 틀 이론(relational frame theory RFT ; Hayes et al., 2001)을 살펴볼 필요가 있다. RFT는 가장 기본적인 행동 원칙의 토대가 되는, 인간이 어떻게 생각하고 느끼는지를 이해할 수 있는 접근을 제공해준다. 이것이 가지고 있는 하나의 이점은, 정신 기능의 기본 구성단위에 대한 우리의 지식을 구축해서, 인간의 심리적 고통의 복합적인 문제를 다루는 새로운 방법을 개발하고 과학적으로 실험해볼 수 있다는 것이다. RFT는 다른 많은 정신적 현상들 중에서 마음챙김, 자기 계발 및 관점 취하기의 과정을 설명한다. RFT는 또한 인간이 어떻게 자기감과 타인감을 발달시켜 왔는지, 그리고 시공간적 경험을 어떻게 구조화하는지를 숙고하는 유용한 방법을 제공한다(Barnes-Holmes, Hayes, & Dymond, 2001; Törneke, 2010).

10년 이상 널리 보급된 이후, RFT는 전 세계적으로 연구 계획의 토대가 되었다. 인지와 언어의 기초에 대한 철저한 탐구는 오늘날 행동 심리학에서 가장 활발한 연구 프로그램 중 하나이다. 이러한 연구 분야에 포함된 가장 중요한 개념 중 하나는 관계 틀(relation frame) 혹은 파생된 관계 반응(derived relational responding)이라고 부르는 과정으로, 인간의 상징적 사고에서 발생하는 것을 정확하고 철저하게 설명하려는 목적을 가지고 있다. 이것들은 특히 새로 출현한 자비의 응용과학을 이해하는 것과 관련되어 있다.

언어의 맥락적 이해에 작업의 기초를 두는 이 이론들로 치료자들을 훈련할 때, 우리는 동료들에게 종종 이 이론을 단순한 학술적 활동 이상의 것으로, 그리고 이 개념들을 필수적인 심리치료 과정의 핵심적이고 역동적인 부분으로 볼 것을 요청한다. 우리의 가정은 내담자와 우리 자신을 어떻게 보는지 알려주며, 생각, 느낌 그리고 행동의 토대를 보다 더 분명하게 이해하는 것은 사례 개념화를 형성하고, 치료적 중재를 위한 분명한 목표를 제공하며, 대화의 흐름과 형식에 영향을 미친다. 당신이 전통적인 정신분석학자라면, 그 치료가 전이신경증의 해결에 어떻게 작용할 것인지에 대한 당신의 가정을 말해보라. 치료 과정에서 당신의 표정으로 드러나는 모든 것이 그 가정들에 의해 영향을 받을 것이다. 당신의 목적은 치료적 논의의 흐름에서 당신이 제안한 방향에 의해 영향을 받을 것이다. 대안적으로, 당신이 역기능적 인지를 확인하고 이를 직접적으로 변화시키기 위해 내담자를 돕는 것에 관심을 가지고 있는 백(Back)의 인지치료자라면 다른 가정을 취할 것이며, 상당히 다른 방향으로 내담자와 관련된 생각을 할 것이다.

친화 정서에 대한 진화의 기원을 탐구하고, 인지와 언어에 관련되어 있는 행동적 원칙에 대한 이해를 높이기 위한 시간을 가짐으로써, 우리는 평가, 사례 개념화 및 치료 계획에 관한 새로운 가정과 가능성을 향해 열려 있다. 우리는 또한 이 과정에서 치료적 관계에 새로운 차원을 열고 있다.

파생된 관계 반응과 관점 취하기

많은 ACT 실무자들도 알다시피, '파생된 관계 반응'은 RFT에서 언어 학습을 기술하기 위해 사용하는 용어이다. 간단히 말해서 파생된 관계 반응은 자극 사이의 관계를 도출하는 사람의 능력을 의미하며, 이러한 관계들이 파생되면, 관련된 자극의 기능들은 전이되거나 변형된다. '자극들의 기능'이라는 것은, 환경(자극)의 변화를 경험하는 방식이 개인의 행동을 예측하고 행동에 영향을 미친다는 것을 의미한다. 예를 들어 '개(dog)'라는 단어와 '트사쿠르(txakur)'('개'의 바스크어)라는 단어 사이에 동등한 관계를 도출하는 것은 '개'라는 단어의 기능(개에 대한 경험에 따른 욕구 혹은 혐오)이 단어

'트사쿠르(txakur)'로 전이될 수 있다는 것이다. 만일 누군가 당신의 트사쿠르(txakur)가 문 뒤에서 서성이거나 몰래 맴돌고 있으니 주의 하라고 말한다면, 당신은 그게 무엇인지 알 것이다. 이러한 형식의 학습된 관계 반응은 자극의 형식적인 속성(감각적인 외관)이나 직접 적인 경험에 의존하는 것이 아니라 자극 사이의 맥락적 단서와 파 생된 관계에 의존한다. 예를 들어, '개'나 '트사쿠르(txakur)'라는 단 어 둘 다 동물에 대한 직접 경험에서 그 어떤 것도 비슷하지 않지 만, 자극으로서 역할을 할 때 이들 단어는 듣는 이로 하여금 개와 관련된 많은 연상들과 내적 경험을 불러일으키게 하는 효과가 있 을 수 있다.

이러한 관점에서, 언어 학습과 인지에서 파생된 관계 반응의 역 할을 입증하는 많은 연구가 있다(Dymond, May, Munnelly, & Hoon, 2010). 본질적으로, RFT는 파생된 관계 반응이 사고, 지식 그리고 말하기의 근본적인 구성 요소라고 제안한다. 우리는 ACT 실무자 로 자비의 과학을 탐구함으로써, 자비에 대한 RFT 설명이 자비가 어떻게 기능하고, 우리가 어떻게 자비로운 행동을 예측하고 영향 을 미치는 방법을 개발할 수 있는지, 그리고 우리가 어떻게 자비를 정확하고 심도 있게 그리고 폭넓게 파악할 수 있는지에 대한 더 나 은 이해를 도울 수 있다는 것은 분명하다.

관계 틀

파생된 반응은 다른 많은 관계를 포함할 수 있으며, 때로는 RFT에서 말하는 관계 틀을 의미한다. 여기 서로 다른 관계 프레임에 대한 몇 가지 예시가 있다.

- 비교 관계 : 예) 더 큰 / 더 작은, 더 빠른 / 더 느린
- 공간 관계 : 예) 위 / 아래, 앞 / 뒤
- 위계 관계 : 예) 이것은 저것의 일부이다.
- 관점 관계 : 예) 여기 / 저기, 지금 / 그때, 나 / 너

RFT와 ACT에서 감정이입, 자비, 보편적 인간성과 자기감을 경험하는 능력은 유연한 관점 취하기로 알려진 과정인 관점 관계를 창출하는 학습된 능력을 포함하는 것으로 본다(Hayes et al., 2012; Vilardaga, 2009). 이는 RFT에서, 자기에 대한 경험은 관점을 형성하는 학습된 파생된 관계 반응의 특정한 형태에서 유발된 것으로, 이는 한 관점이 다른 관점의 상대적인 시공간에 위치한다는 것이다. 이러한 형태의 언어적 행동은 **지시적 관계 틀**로 기술되는데, '지시적'이라는 용어는 간단하게 '입증에 의한'이란 뜻이다.

우리가 행동 분석의 언어를 사용할 때, 우리는 이 지시적 관계들이 계속된 사회적 관계에 의해 조성된 훈련된 관계 조건 행동이라고 말할 수 있다(Barnes-Holmes et al., 2001). 그러나 모두가 행동 분석에 근거한 그런 류의 언어에 대한 풍족한 배경을 가지고 있는 것은

아니기 때문에, 우리는 지시적 관계란 우리가 어떻게 세계, 우리 자신, 그리고 시간의 흐름을 경험하고 정신적으로 표현하는지에 대한 핵심 요소라고 간단히 말할 수 있을 것이다.

RFT는 어린 시절에 경험한 언어 훈련은 자기가 되는 경험의 결과로, 언어적 공동체, 즉 일반적으로 우리 가족과 사회에서 다른 사람들과의 상호작용을 통해 점진적으로 발달한다고 상정한다. 예컨대, 부모는 어린아이에게 그녀가 무엇을 했고, 그녀가 누구이며, 내일 무엇을 할 것인지를 물어본다. 아이들은 다른 사람과 자신을 대비시킬 수 있다. 예컨대, 부모님이 "넌 오늘 참 착한 아이였어! 네 장난감을 바로 치워서 고맙다. 다른 여자아이들은 부모님 말을 듣지 않는데 말이야. 잘 했어!"라고 말할 것이다. RFT는 언어적 의사소통에서 일관성을 수립하기 위해서는, 아이들이 참조 틀과 관점을 만들어가는 것이 필요하다고 주장한다. 시간이 지남에 따라, 이러한 관점은 자기감으로 경험된다(Hayes et al., 1999, Törneke, 2010).

RFT와 ACT에서 나 / 너, 여기 / 거기, 그리고 그때 / 지금이라는 지시적 관계는 관점 취하기를 포함하는 것으로 보이며 존재로서의 자기 경험을 유발하는 기본적인 과정을 표현하고 있다. 게다가 '나'라는 개념이 어떤 의미를 갖기 위해서는 반드시 '너'가 포함되어야만 한다. 마찬가지로, '여기'가 어떤 관점으로써 의미를 갖기 위해서는 '거기'가 있어야만 한다. 우리의 자기감은 이러한 관점 취하기에서 발생하며, '나-여기-지금'의 경험은 '너-거기-그때'의 맥락에서 드러난다. 우리는 수많은 방법으로 이러한 관점을 상징적으로 표현할 수 있다. 예컨대, 우리는 다른 관점과 비교해서 상대적으로 우리의 관점을 상상할 수 있다. 즉, '그녀가 그랬던 것처럼 그 아이를 키우는 나 자신을 발견한다면 나는 어떻게 느낄까?' 혹은 '그것은 전쟁에서 군인이 되는 것과 같을까?'와 같은 상상을 할 수 있다. 우리는 또한 모든 다른 관점과 비교해서 상대적으로 우리의 관점을 상상할 수 있다. 즉, '나는 내가 이 세상에서 이렇게 느낄 수 있는 유일한 사람이라고 느낀다.'라고 상상할 수 있다. ACT 모형 안에서 생각하기에, 자기는 그 자체의 어떤 것보다는 작으며 보다 큰 경험의 흐름이다. 심지어 그것은 '자기로 있기(have a self)'보다는 '자기가 되는 것에 참여(engage in selfing)'한다고 말하는 것이 더 정확할 수 있다.

맥락으로서의 자기

사람들에게 그가 누구인지 물을 때, 그들은 종종 인생 이야기 혹은 자기 서사를 말하며 반응한다. 그리고 "제 이름은 프레드(Fred)입니다. 저는 텍사스(Texas)에서 왔고 변호사입니다"와 같은 식의 반응은 완벽하게 들어맞는다. ACT 관점에서, 이러한 자기감은 내용으로서의 자기(self-as-content)로 알려져 있다. 그러나 마음챙김과 자비는 자기에 대한 색다른 경험을 하게 한다. 이 자기는 일종의 관찰자로서 존재하며, 시시각각으로, 매우 오랜 시간 동안 항상 그렇게 '지금' 행하고 있는 당신의 경험을 지켜봐 온 침묵하는 '너'

이다.

역사를 통해, 많은 지혜로운 전통들은 인간의 고통을 완화하는 방법으로 자비의 함양을 처방하였고, 명상가들과 다른 실무자들은 초월적인 자기감에 접근할 수 있는 개요를 기술하였다. 이러한 자기감은 여러 가지 방식으로 언급되어 왔는데, '관찰하는 자기.' '밝은 빛,' '존재의 대지,' '큰 마음' 등이다. 이것은 기술적, 과학적 개념만이 아니라 관습적 언어로 표현하기도 어려운 경험이다. ACT에서, 이러한 자기감은 **맥락으로서의 자기**(self-as-context)로 알려진 경험에서 파생된 것으로 보인다(Hayes et. al., 1999). 맥락으로서의 자기는 '나-여기-지금'에 존재하기와 관찰하는 자기의 경험에서 비롯된 지시적 프레임의 중요한 층들을 수렴하는 것으로 기술되어 왔다.

서사적 자기와 구별되는, 관찰하는 자기는 어떻게 발생하는가? 이를 이해하기 위해서, RFT의 인간 언어와 인지에 대해 연구가 진행된 ACT의 기원으로 돌아가 보자. 논의한 바와 같이, 인간의 관계 반응의 일부는 관점 취하기를 위한 훈련된 능력을 포함하고 있다. 이러한 과정을 통해, 우리의 존재 경험은 인생을 통해 경험 전체가 펼쳐지기 전, 한 지점의 관점으로써 스스로에 대해 가지고 있는 감각이다. ACT에서 관찰자로서의 이러한 자기감은 맥락으로서의 자기를 말하는데, 이는 경험적 자기감이 사실 우리의 경험을 포함하고 있는 맥락으로 역할을 하고 있기 때문이다(Hayes et. al., 1999). 자신의 반응에 대한 반응으로, 이러한 관찰하는 자기라는 감각은 중요하다. 왜냐하면, 이 관찰자는 의식의 내용을 알아차릴 수 있지만, 이것이 그 내용과 완전히 같지는 않기 때문이다. 우리에게 팔이 있지만 팔 그 이상이 있는 것처럼, 우리에게는 사고가 있지만 사고 그 이상의 경험이 있다. 감정은 그 자신을 느끼지 않고, 사고는 스스로를 관찰하지 않으며, 신체적 고통은 그 자체를 경험하지 않는다. 인생 전반에 걸쳐서, 우리의 모든 경험이 일어나서 지속되다가 때가 되면 사라지기 전에 그 경험을 관찰하는 자기의 존재(또는 인식 그 자체)를 우리는 알아차릴 수 있다.

이러한 맥락으로서의 자기감은 자비와 관련해서 특히 중요하다. 예컨대, 그것은 네프(Neff, 2003b)가 정의한 자기-자비의 요소와 명백하게 연관되어 있는데, 마음챙김, 자기-배려와 인간성이 그 요소이다. 맥락으로서의 자기와 자기-자비 간의 관계를 자세하게 살펴보면, 맥락으로서의 자기에 대한 인식으로의 복귀는 우리의 경험에 애착되지 않고 탈동일시된 관계를 제공하는 것으로 볼 수 있다. 이런 식으로, 네프가 주장하는 자기-자비의 요소인 마음챙김과 인간성은 지속적인 자기 이야기 혹은 내용으로서의 자기로부터 탈융합(혹은 탈동일시)뿐만 아니라 경험에 대한 맥락으로서의 자기 모형에 기저하는 유연한 관점 취하기의 ACT 과정 활성화를 표현하는 것으로 보인다. 이러한 과정의 활성화 및 수반되는 자기-자비의 경험은 고통스러운 개인적 사건과 이야기가 우리를 지배하는 습관적인 영향력을 완화시키는 데 도움이 될 수 있다. 게다가, 존재에 대한 '나-여기-지금'의 관점에서, 우리는 자신의 고통을 마치 타인의 고통인 것처럼 볼 수 있으며 수치스러운 자기 평가 가능성을 가지고 있는 언어 학습의 지배적인 간섭을 받지 않고 그 경험의 고통에 접근할 수 있을 것이다(Hayes, 2008a; Vilardaga, 2009).

당신이 자신들의 심리적 문제에 정말로 갇혀 있다고 기술하고 있는 내담자를 기억할 때 (아마도 반추와 걱정에 빠져있지만 자신의 삶을 시작하기를 기다리는) 그들의 경험에서 무엇이 두드러지는가? 어떻게 그들이 고립되었다고 느꼈으며 어떻게 그들이 자신의 이야기에 동일시되었는지 떠올릴 수 있는가? 회기에서, 우리의 내담자 중 한 명은 "내 인생 전체가 그랬던 것 같아요. 나는 건강에 대한 걱정을 멈출 수가 없어요. 나도 내가 미친 사람 같다는 걸 알고 있고, 사무실에서 함께 일하는 다른 사람들처럼 되기를 원해요. 무엇보다도, 나는 정말 **정말로** 뇌종양에 걸릴 것 같은 기분이 들어요. 이건 단지 시간문제에요. 이것이 내게는 너무나 벅차요"라고 말했다. 극도의 불안 상태에서, 사람들은 흔히 자신의 이야기와 동일시하는 것에서 빠져나와 유연한 관점 취하기를 어려워한다. 이 내담자의 경우, 오염, 방사선, 뇌종양에 대한 강박적인 걱정은 마음속 생각이 그에게 영향을 미치는 것이 아니라, 진짜로 이 세상에서 어렴풋이 나타나는 위협이 영향을 준 것이다. 그는 외로웠고, 기이한 기분이 들었고, 정신적으로나 신체적으로 아팠으며, 끊임없는 괴로움에 사로잡혀 있었다. 그것은 자기 이야기였고, 거기에 깊게 동일시되었다.

이러한 내담자와 함께 작업할 때, 심리적 유연성과 자비를 가지고 장애물을 알아차리도록 훈련받은 ACT 치료자는 다음과 같은 관찰 유형들을 만들 수 있다.

- 유연한 관점 취하기가 어려운 내담자
- 자기 이야기와 동일시하고 융합된 내담자는 어떻게 보이는가
- 지속적인 자기 비교와 인간성의 결여는 수치심, 두려움, 그리고 삶에 참여하는 어려움에 어떻게 기여하는가
- 인생에서 신체적으로 건강한 시기를 마치 심각한 질병의 시기에 있었던 것처럼 경험할 때 어떻게 감정적으로 옮겨 가서 의도적으로 내담자의 고통을 목격할 수 있는가

이러한 모든 과정은 자기-자비의 함양과 매우 관련되어 있으며, 이들 모두는 ACT 일관성 렌즈를 통해 볼 수 있고 ACT 일관성 치료적 운동을 통해 접근할 수 있다.

자비와 심리적 유연성

일련의 근거 기반 심리치료 과정으로서 CBS와 ACT에서 출현한 심리적 유연성은 일반적으로 협소한 행동 레퍼토리인 고통스러운 사건의 존재 하에서 유지될 수 있는 확장되고 적응적인 행동 레퍼토리의 개발과 관련되어 있다. 심리적 유연성은 우울, 불안, 정신 병리와는 강한 부적 상관이 있으며, 삶의 질과는 강한 정적 상관을 가지고 있다(Kashdan & Rottenberg, 2010). 게다가, 심리적 유연성은 대규모의 무선 통제 시행에서 심리치료 매개자로서의 역할을 하

는 것으로 입증되어 왔으며, 그 구성 과정은 행동 연구와 이러한 요소들의 신경계 연관성을 탐구하는 신경심리학적 연구에 의해 확인되고 지지되어 왔다(Ruiz, 2010; Whelan & Schlund, 2013).

심리적 유연성은 여섯 요소(가치 창출, 전념행동, 맥락으로서의 자기, 탈융합, 기꺼이하기 그리고 현재 순간과의 접촉)의 모형인데, 이 모델은 두 가지 중요한 강조 영역으로 나눌 수 있다. 첫 번째 영역에는 마음챙김과 수용 과정(맥락으로서의 자기, 탈융합, 기꺼이하기, 현재 순간과의 접촉)이 포함된다. 두 번째 영역에는 인생을 살아가는 데 있어 의미, 목적 및 활력에 기여하는 가치 있는 행동 패턴의 창출과 참여가 포함된다(본질적으로 맥락으로서의 자기와 현재 순간과의 접촉 과정이 수반된다). ACT에서의 가치가 자유롭게 선택되거나 처방되지는 않지만, ACT 공동 창립자인 헤이즈(Steven Hayes, 2008c)는 사실 자비는 본질적으로 심리적 유연성에서 드러나는 가치일 수 있으며 그러한 가치만이 가치가 된다고 제안하였다. 헤이즈에 따르면, 자기-자비와 자비 모두의 근원은 보통 육각형 과정이라고 알려진, 심리적 유연성으로 이루어진 여섯 가지 핵심 과정에서 나타날 수 있는데, 이는 〈그림 1〉에 예시되어 있다.

이 책에서 당신의 관심을 고려하면, 당신은 이러한 과정과 함께 그들이 알려주는 중재와 기술의 성장에 익숙할 것이다. 그러나 각각의 요소는 평가, 중재 및 치료에 관한 시사점과 함께, 자기와 자기-자비의 측면에 특별히 연관되어 있다. 그리고 이러한 관계들을 탐구하기 시작하면서, 이 여섯 가지 과정이 여러 목적을 위해 서로 작용하여 함께 작용하는 것은 주목할 가치가 있다.

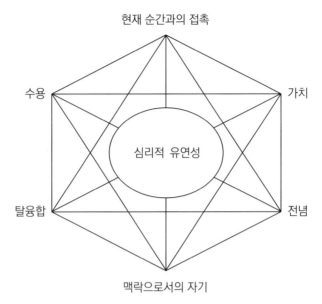

그림 1. 육각형 : 심리적 유연성에서 상호작용 과정

- 현재 순간 경험을 직접적인 경험적 접촉으로 끌어들이기
- 가용한 행동 범위를 좁힐 수 있는 정신적 사건에 대한 글자 그대로의 경험을 무너뜨리기
- 경험적 수용을 촉진하기
- 서사적 자기감 혹은 내용으로서 자기와의 과한 동일시에서 해방되도록 돕기
- 가치 창출의 과정 돕기
- 가치 행동과 방향에 전념하도록 촉진하기

그것을 실현하는 것이 무엇을 의미하는지를 깨닫고 이러한 과

정들이 표현하는 것이 무엇인지를 유념하여 반영하도록 한다면, 우리는 우리가 이 세상에서 만나는 고통에 대한 민감성과 고통을 경감시키고자 하는 동기를 ACT 모형이 어떻게 아우르고 보완하는지에 대한 감을 잡는 데 다가갈 수 있을 것이다. 자비에 대한 현재의 개념화가 심리적 유연성과 어떻게 관련되어 있는지를 조사함으로써, 맥락적 및 자비-초점 행동치료의 발달과 통합의 토대를 발견할 수 있을 것이다.

자기-자비, 마음챙김 및 심리적 유연성

심리적 유연성과 크리스틴 네프(Kristin Neff, 2003a)의 자기-자비에 대한 개념화는 모두 마음챙김, 포괄적 자기감 경험 및 특정 가치 목표를 위한 전념이라는 다차원적 구성개념이다. 자기-자비에서 그 자신의 고통 완화는 외현적인 목표이며, 심리적 유연성에서 고통을 완화하고 낙관적인 행동을 촉진하는 포괄적 가치는 내재적인 것이다.

ACT에서 자기-자비의 역할을 논할 때, 자기-자비가 육각형 모형에 맞는 방법을 찾으려는 유혹이 있다. 심리적 유연성과 자기-자비는 둘 다 넓은 범위의 결과와 과정 연구에서 임상적 유용성이 입증된 구성개념이다(Neff, 2011; Ruiz, 2010). 예컨대, 마음챙김 기반 인지치료에서 통제된 결과 연구는 자기-자비가 마음챙김만 있을 때보다 정신병리에서 더 많은 변량을 설명할 것이라고 제안한다

(Kuyken et al,, 2010). 마찬가지로, 반 댐(Van Dam)과 동료들(2010)은 자기-자비가 대규모 공동체 표본에서 실시했던 마음챙김 측정치보다 심리적 건강에서 독특한 변량들을 10배 이상 설명할 것이라고 하였다.

자기-자비와 육각형 모형을 원활한 방식으로 바꾸거나 통합하려는 자연스러운 힘에도 불구하고, 자기-자비나 심리적 유연성 모두 엄격한 의미에서 행동과학의 전문적 용어는 아니라는 것을 기억하는 것이 중요하다. 자기-자비에 대한 네프의 정의는 자비에 대한 불교적 개념에 근거한 것이며(Neff, 2003a), 심리적 유연성에 대한 구성개념은 언어, 인지 및 규칙 적용 행동에 관한 기본적인 RFT 연구에서 파생한 과정을 토대로 한 것이다. 그렇지만, 육각형 개념은 어느 정도 일상적인 언어로 RFT의 기본 원리를 설명하기 위해 임상적 적용이 가능한, 중간 수준의 용어로 여겨진다. 육각형 모형은 유용한 설명이지만, 인간의 웰빙과 심리적 유연성이 포함하고 있는 모든 것을 표현할 필요는 없다. CBS를 구별하는 것은 인간 행동에 대한 예측과 영향을 설명하는 기본적인 행동 원칙을 적용하는 것이다. 우리가 곧 기술하겠지만, CBS 연구는 자신 혹은 타인에 대한 자비에 존재하는 강력한 심리치료 과정 변수를 가지고 보다 더 효과적으로 작업하는 방법을 규명하는 데 도움을 줄 것이다. 마찬가지로, 자비-초점 기법은 이론적 토대를 뒷받침하는 방식으로 ACT의 기술적 토대를 확장시킬 것이다.

자기-자비와 심리적 유연성의 관계는 상호작용 과정의 명시적 수준과 암묵적 수준 모두에서 드러난다. 모형 간 외현적 관계의 측면에서, 자기-자비의 첫 번째 구성요소인 마음챙김은 유연한 형태인 육각형으로 표시되며, 현재 순간에 접촉하기, 수용, 탈융합 및 맥락으로서의 자기를 아우르는 것으로 관심이 집중되는 것을 볼 수 있다(K. G. Wilson & DuFrene, 2009). 자기-자비의 두 번째 구성요소인 맥락으로서의 자기 경험과 분명하게 연관이 있는 보편적 인간성은 유연한 관점 취하기의 기능으로 드러난다. 심리적 유연성의 관점에서, 우리는 개인적, 서사적 자기의 협소한 초점에서부터 인간 경험의 상호연결망의 한 부분으로 존재하는 것을 포함하는 '우리다움'에 이르기까지 변화가 발생하는 보편적 인간성을 상상할 수 있다(Gilbert, 1989; Hayes & Long, 2013).

자기-자비의 세 번째이자 마지막 구성요소인 자기-배려는 연민으로써 지지적으로 자신을 돌보는 것과 관련되어 있으며 '냉혹하거나 비난하기보다는 오히려 자애롭고 격려하는 내적 대화'가 포함되어 있다(Neff & Tirch, 2013, p.79). 육각형에서, 이러한 유형의 자신을 향한 따뜻한 배려와 친절한 행동에 의도적으로 참여하는 것은 자유롭게 선택한 가치창출 과정과 가치 있는 목적에 기여하기 위한 전념행동의 패턴으로 나타난다. 자기-자비와 심리적 유연성 간의 관계 모형은 〈그림 2〉에 제시되어 있다.

가정된 과정들 사이의 이러한 분명한 기능적 유사성을 넘어서, 이 모형들은 개별 구성요소들 사이의 관련성을 강조한다. 따라서 자기-자비와 심리적 유연성의 관계는 여러 과정에 걸쳐 미묘한 내재적 관계들을 포함하고 있다. 예컨대, 자기-배려는 가치창출과 전념행동에 보다 더 분명하게 관련되어 있는 것처럼 보이는 반면, 자

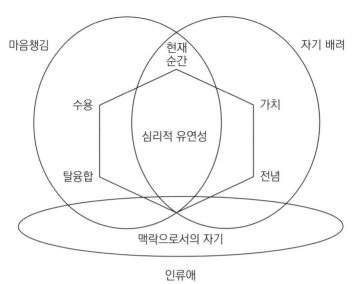

마음챙김 　　　　 현재
순간 　　　　　 자기 배려

수용 　　　　　　　　 가치

심리적 유연성

탈융합 　　　　　　　　 전념

맥락으로서의 자기

인류애

그림 2. 자기-자비와 심리적 유연성

기가 다른 사람에게 확장될 수 있는 친절함을 가지고 있다고 생각하며 자기를 그렇게 해석하는 바로 그 행위는 유연한 관점 취하기 행동이며 이는 맥락으로서의 자기 과정과 관련되어 있다. 이와 마찬가지로, 의식적으로 자기-배려를 경험의 흐름으로 가져오기 위해서는, 즉 그러한 이동을 용이하게 할 수 있는 기회를 가지기 위해서는 현재의 순간에 충분히 접촉해야만 한다. 그 결과 자기-자비에 기반을 둔 중재로 작업할 경우, ACT 실무자들은 내담자의 삶에서 그들이 식별한 의사소통과 관계에 주목하기 위해 그들 자신의 임상적 지혜와 통찰을 사용할 수 있다.

CFT 모형과 심리적 유연성

CFT에서 제시된 자비 모형의 많은 구성개념들은 발달심리학, 공감 및 정서 신경과학의 연구에서 파생되었다. 그럼에도 불구하고, CFT에서 자비의 정의에 대한 핵심은 고대의 지혜 전통에 그 기원이 있다. 대략 2,600년 전 고타마 싯다르타라는 역사적으로 실존했던 붓다가 생존했을 당시, 실크로드를 따라 이어진 지역에는 명상을 수행하는 전통이 확산되어 있었다. 이들 학파는 자비 육성의 중요성에 초점을 두고 있는 명상을 통한 고통의 완화를 강조하였다. 이러한 방법에 혁신적인 새로운 관점과 기법을 통합하여, 붓다는 개인을 고통으로부터 해방시키기 위해 자비에 관한 구체적인 훈련이 포함된 프로그램을 개발했다. 그때부터 실제로 자비가 무엇인지, 자비가 무엇을 의미하는지에 대한 많은 논의가 있어 왔고, 상당히 표준적인 정의가 등장하여 CFT에서 사용되고 있다. 즉, 그러한 고통을 완화시키고 예방하기 위한 노력에 전념하며 자신과 타인의 고통에 민감해지는 것이 자비에 대한 정의이다. 이 정의는 이전에 논의된 자비에 대한 두 가지 기본적인 심리학을 언급하고 있다.

- 고통에 마음을 열고 고통을 가지고 작업하는 것을 수반한 참여의 심리학
- 고통의 원인과 고통을 완화시키고 예방하는 데 필수적인 지혜와 기술 개발을 위한 작업을 수반한 완화의 심리학

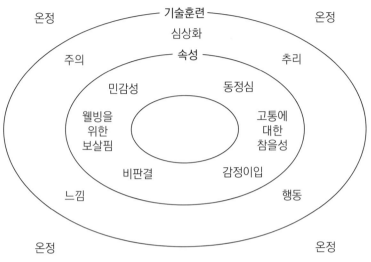

그림 3. 자비 동그라미(Reprinted from Gilbert, 2009a, with permission from Constable & Robinson.)

CFT 모형에서, 자비에 대한 이들 두 가지 중심적인 측면은 각각 여러 가지 하위 요소들을 포함하고 있는데, 〈그림 3〉에서 보여주는 것처럼, '속성'은 참여의 심리학에 해당되고, '기술 훈련'은 완화의 심리학에 해당된다.

참여의 심리학은 〈그림 3〉에서 속성이라고 명명된, 구체적인 역량을 확인하고 육성하는 것을 포함한다. 즉, 배려, 고통 민감성, 동정심, 고통 감내력, 감정이입 및 판단하지 않음 동기에 접근하기를 포함한다. 이러한 속성들은 양육과 이타적인 행동에 관한 연구에서 파생되었으며 이들은 자비로움 지향의 기본적인 요소들로 여겨진다(Gilbert, 2010). 완화(혹은 예방)의 심리학은 〈그림 3〉에서 기술 훈련으로 명명된, 적절한 반영과 행동을 위한 역량을 포함한다. 즉, 주의, 형상화, 추론, 행동, 감각 및 느낌을 포함한다. CFT는 이러한 역량과 기술을 훈련하고 함양하기 위한 체계적 접근을 사용하고 그렇게 함으로써 자비를 개발한다. 두 심리학(참여와 완화)의 하위 구성요소는 아래에 설명되어 있다.

참여의 심리학 구성요소

중요한 것은 자비로운 참여의 심리학 구성요소들은 상호의존적이라는 점이다. 예컨대, 우리가 고통에 대한 참을성을 발달시킬수록, 보다 더 기꺼이 자비를 개발시키고자 동기화될 것이다. 이와 마찬가지로, 판단하지 않고 우리 자신의 마음을 이해하는 능력과 함께 감정이입을 할수록, 동기가 증가하여 고통을 참아내는 능력이 더 커질 것이다. 반면, 이러한 속성 중 어떤 것이 불안정해지면, 자비 자체도 불안정하게 될 것이다. 예컨대, 정서적 참여(동정심)가 적거나 고통 감내력이나 감정이입이 부족하다면 아마도 자비를 일으키기가 어려울 것이다.

웰빙을 위한 돌봄 동기 : 참여의 심리학 구성요소 모두가 서로 관련되어 있을지라도, CFT에서 우리는 자신과 다른 사람의 고통을 완화하거나 예방하기 위한 노력과 돌봄에 대한 동기가 자비를 향한 여행의 핵심이라는 것을 인식하는 것으로 시작했다. 내담자가 고통에 참여하고자 동기화되지 않거나 자비를 함양하는 데 관심을 가지지 않는 데는 많은 이유가 있다. 그들은 자비가 그들에게 도움이 되지 않을 것이고, 자비는 약한 것이고, 과분한 것이고 혹은 그들이 자비를 지닐 경우 슬픔과 두려움의 감정에 압도될 것이라고 생각할 것이다(Gilbert et al., 2012). 또한 어떤 내담자들은 그들의 과거 학습이 동기부여를 방해했을 수 있는데, 이는 의식적 자각 밖에서 일어난 것이다. 그럼에도 불구하고 CFT에서 자비로운 마음의 경험은 살아 있는 것에 대한 안녕에 기여하여 고통을 완화하고자 하는 동기로 시작된다.

민감성 : CFT에서, 민감성은 우리 자신과 다른 사람들의 고통에 얼마나 주의를 기울이고 있는지를 말한다. 즉, 고통을 알아차리고 고통을 피하려고 노력하거나 외면하지 않고 우리의 주의를 얼마나 붙잡아 둘 수 있는지를 말한다. 이러한 민감성은 현재 순간에 대한 자각을 포함하는 것으로, 우리가 세상에서 혹은 우리 스스로 고통과 마주함으로써 존재하는 고통에 의도적으로 주의를 집중시키는 것이다.

동정심 : CFT에서, 동정심은 정서적으로 적절하게 대응하기 위해 자동적으로 중재하는 능력에서 파생된 고통에 반사적이고 즉각적으로 반응하는 정서적 유대감을 의미한다. 예를 들어, 만약 당신이 한 아이가 발을 헛디뎌 상처 입는 것을 보았다면, 이것은 당신에게 즉각적으로 불편한 느낌을 촉발시킬 수 있다. 당신은 움찔하고 놀

라거나 행동을 강요당하는 느낌을 가질 수도 있다. 이러한 동정심은 내면으로 향할 수도 있다. 우리가 자신의 고통에 주의를 집중했을 때, 그것은 감정적으로 중립적인 경험이 아니다. 즉, 그것은 느낌이라는 구성요소가 따라오며 자비로운 마음은 고통을 느낄 수 있다.

고통 감내력 : 고통에 참여하도록 동기부여하고, 고통의 존재에 민감하며, 그리고 동정심을 가지고 고통에 적절하게 대응하는 것은 서로 다른 정서, 생각, 그리고 발생하는 신체 감각을 참아내는 능력이 필요하다. 길버트(Gilbert, 2009a)에 의해 묘사된 것처럼, 이러한 고통 감내 능력은 수용과 밀접하게 관련되어 있다. 즉, "수용과 관련되어 있지만 동일하지는 않은 감내력은 그것이 발생할 때 그 감정을 유지하는 능력이다. … 수용은 감내력을 포함할 수 있지만, 감내력은 하나의 문제에 대한 깊은 철학적 방향이다. 감내력은 더 이상 싸우거나 투쟁하는 것이 아니라 '순리에 맡겨라'라는 말이다."(pp.200-201) 수용도 고통 감내력도 순종적인 받아들임이 아니다. 오히려, 둘 다 자비로운 목적을 위한 경험에 도전하게 될 때에 의도적으로 기꺼이 자원하는 마음을 말한다.

감정이입 : 참여의 심리학에서 더 복잡한 요소들 중 하나는 감정이입인데, 그 이유는 직감적 절차와 보다 신중한 접근 방식 모두 때문이다(Decety & Ickes, 2011). 예를 들어, 감정이입적 관점으로 내담자의 슬픔을 보는 경우와 마찬가지로, 다른 사람의 입장에서 당신

자신을 발견하는 것이 어떨지 상상해 볼 수 있다. 그렇지만, 감정이입은 친구와 토론하는 것, 친구가 불안해하는 것을 쉽게 알아차리는 것 그리고 당신의 마음에 떠오른 친구의 관심사에 대한 가설 세우기와 같은 것이 포함되어 있다. 감정이입적인 반응은 마음 이론(Premack & Woodruff, 1978), 마음챙김(Fonagy, Target, Cottrell, Phillips, & Kurtz, 2002), 그리고 논의된 바와 같이 관점 취하기(McHugh & Stewart, 2012) 등과 같은 여러 가지 방식으로 기술되어 왔는데, 맥락 중심 행동 개념이다. 우리가 자신의 과정을 자각하고 개방되어 있을 때 다른 사람에게 더 잘 감정이입할 수 있다. 예를 들어, 그 자신의 감정(예컨대, 극심한 분노) 혹은 환상에 겁을 먹고 놀라거나 회피하는 사람은 그러한 상태에서 다른 사람을 이해하거나 감정이입하는 것이 힘겨울 수 있다.

판단하지 않음 : 자비의 마지막 구성요소는 비난, 판결 혹은 부끄러움이 없이 특정한 감정과 정신적 사건들을 경험하도록 하는 능력이다. 판단하지 않음은 무관심이나 냉담을 의미하지 않는다. 오히려 가혹한 평가, 수치심 및 자기 비난이 회피를 야기하고, 정서적 고통의 원인이 되며, 고통을 악화시킬 수 있다는 인식을 말한다. 따라서 CFT에서, 우리의 목표는 '판결하지 않으면서, 다른 사람과 우리 자신의 감정과 삶의 복잡성에 참여하는 것'이다(Gilbert, 2009a, p.205).

완화의 심리학 구성요소

완화의 심리학(예방을 포함한)은 일상의 삶과 심리치료 맥락에서 고통을 완화시키기 위해 할 수 있는 일련의 기술들을 포함하고 있다. 많은 CFT 중재들은 특히 자비로운 마음을 개발하기 위해 이러한 기술들을 훈련한다. 이러한 중재들에는 의자 기법, 심상 유도, 마음챙김 훈련, 자비-초점 노출과 반응 방지 및 치료적 관계 안에서 자비를 가지고 작업하기 등이 포함된다(Gilbert, 2009a; Tirch, 2012). 중요한 것은 자비로운 참여의 속성이 상호의존적인 것과 마찬가지로 자비로운 완화의 기술들도 서로에게 기반을 두고 있다는 점이다. 예컨대, 자비로운 행동은 자비로운 추론의 지혜를 포함하고 있으며 마음챙김, 온정적인 주의에 의해 유도될 수 있다.

주의 : 주의를 조절하고, 특정한 방향으로 이끌고, 집중하는 훈련은 CFT의 중요한 요소이다(Gilbert & Choden, 2013). CFT에서 대부분의 예비적인 주의 훈련에는 마음챙김이 포함되는데, 이러한 집중되고 유연한 주의가 인식을 바꾸고 안내하는 능력과 탈동일시를 가능하게 하기 때문이다. 사실, 마음챙김은 천 년 동안 자비 훈련을 위해 사용되어 왔다(Tirch, 2010). 더욱이, CFT는 어떻게 하면 자비의 경험에 주의를 돌릴 수 있는지에 대한 지침을 제공한다.

예컨대 하루 동안 도움이 되는 경험을 한 사람에게 마음을 집중하는 연습을 할 수도 있다. 다른 형태의 훈련으로 감사에 대한 마음챙김 명상을 할 수도 있다. 마음챙김의 기반 구축, 주의 집중 훈련 및 일관된 호흡 훈련(Brown & Gerbarg, 2012)을 함으로써, CFT는 심리적, 신체적 및 정서적 영역에 주의를 기울이는 지침을 포함하도록 확장된다.

심상화 : 심상화는 인지행동치료에서 점점 더 강력한 치료도구로 인정되어 왔다(Hackmann, Bennett-Levy, & Holmes, 2011). 심상화화는 그 자체로 생리적 체계와 정서적 경험의 영역을 자극할 수 있다. CFT에서는 이러한 통찰을 내담자와 공유하며, 자비 심상화 실습은 관련된 생리적 체계를 자극함으로써 자비에 관한 능력을 구축하도록 고안되었다. CFT는 자기에 대한 자비로운 버전 구성, 자애롭고 안전한 장소 상상하기 및 이상적이고 자비로운 동반자에 대한 심상 형성하기 등을 포함한 다양한 심상 연습을 사용하게 한다 (Gilbert & Choden, 2013).

추론 : 분명한 것은 진정한 자비는 어리석은 선택이 아니라는 점이다. 그러므로 한 발 뒤로 물러서서 상황에 대한 현명하고 균형 잡힌 관점을 취하는 것은 완화의 심리학에서 중요한 기술이다.

자비를 지니고 참여할 때 가능한 한 자유롭고 분명하게 생각하는 것이 중요하다. 왜냐하면 어려운 질문을 통해 생각하는 것과 적응적인 추론을 적용하는 것은 종종 우리가 다른 사람이나 우리 자신이 좋아하지 않는 것에 대해 자비를 개발하는 선택을 하도록 우리를 돕는 것이기 때문이다(Loewenstein & Small, 2007).

우리는 자신의 생각 자체에 자비로운 관점을 취할 수도 있고, 생각이 오래되고 쓸모없는 행동패턴으로 우리를 빠뜨리는 방식을 알아차릴 수도 있다.

행동 : CFT 모형 안에서, 기본적으로 자비로운 행동은 사람들의 고통을 해결하고 완화하고 방지하기 위해 의도적으로 시도하는 행동이다. 이러한 의미에서 행동은 마음에서 일어나는 개인적인 행동이 아니라 외현적인 행동을 말한다. 이는 자비로운 동기와 의도에 의거하여 행동하고 이를 실현하기 위해 우리의 손과 발을 사용하여 행하는 것을 의미한다. 물론, 그러한 행동은 자비의 대상에게 실제로 도움이 되지 않을 수도 있는 반사적인 도움행동이 아니라 현명하고 숙련된 것이다.

일반적으로 자비로운 행동의 육성은 고통을 자각하면서 이에 직면하려는 용기를 포함하고 있다. 예컨대, 광장공포증을 가지고 있는 사람에게 있어서 자기-자비는 집에 앉아 있거나 고통스러운 감정을 피하는 것을 의미하는 것이 아니라 밖으로 나가서 불안에 직면하는 것을 연습하도록 요구한다(Tirch, 2012). 본질적으로 자비로운 행동은 고통의 원인이 되는 것에 참여하는 것을 의미하는데, 당연히 헌신적이고 기꺼이 참여하는 것을 말한다.

감각 체험하기 : 어느 정도, 친화적인 과정으로서 자비를 통해 진정되는 능력은 부교감 신경계를 통해 작동한다(Porges, 2007). 그러므로 내담자가 부교감신경계를 보다 더 촉진시키도록 돕는 것이 유용하다. 이렇게 하기 위해, 우리는 다양한 호흡 기술과 신체 자세가 포함된 훈련을 사용한다. 또한 내담자에게 자비로운 감정을

자극하기 위해 얼굴 표정과 목소리를 어떻게 사용할 것인지를 가르치고, 자비로운 과정에 참여하는 체험을 돕기 위해 메소드 연기 기법을 사용한다. 예컨대, 내담자와 치료자 모두가 자비로운 자기에 대한 내면의 목소리와 심상을 구축하는 것을 먼저 배울 때, CFT 트레이너는 중립적 표현과 정반대로 미소를 지을 때의 신체적 변화에 주의를 기울이도록 한다.

이와 마찬가지로, 중립적인 목소리가 들릴 때와는 정반대로, 따뜻한 목소리로 인사를 받을 때의 신체적 변화에 주의를 기울이도록 한다. 감각 민감성은 자비에 대한 순간순간의 경험을 하게 할 수 있으며, 자비로운 마음과 관련된 정서적 체계를 자극할 수 있다.

느낌 : 대부분의 경우, 자비로운 정서 경험은 결속, 온화함 및 친절과 관련된 감정과 연결되어 있는데, 이것은 부분적으로 행동을 위한 안전 기지를 구축할 수 있는 안전과 만족 경험을 활성화시키는 친화적이고 위로가 되는 감정이기 때문이다. 자비로운 감정은 어려운 일에 직면하기 위한 용기와 의지를 포함할 수도 있다. 더욱이, 분노나 공포를 느낄 때가 자비를 촉발시키는 때일 수도 있다. 한 예는 기아에 대한 무관심을 보고 분노하는 것으로, 1980년대에 밥 겔도프(Bob Gelodf)와 미지 우레(Midge Ure)는 에티오피아(Ethiopia)에서 기근을 줄이기 위한 기금을 모으기 위해 자선 그룹 '밴드 에이드(Band Aid)'를 결성하였다.

이와 마찬가지로, 공포는 자비로운 감정과 행동을 활성화시킬 수 있는데, 이는 어린아이가 불타고 있는 집안에 갇혀 있다는 것을 알고 아이를 구하기 위해 돌진하는 것과 같다. 분명한 것은, 이것은 감정의 질이 아니라 감정의 기능이며, 자비로운 감정의 육성과 구별되는, 고통의 완화와 예방을 위한 동기와 연결되어 있다는 점이다.

ACT 과정, CFT 모형, 그리고 자비로운 유연성

자비의 CFT 모형에 포함된 각각의 과정은 심리적 유연성에 함께 영향을 미치는 ACT 육각형 과정과 관련되어 있을 수 있다. 네프(Neff)의 자기-자비 모형(2003a)과 마찬가지로, 이러한 과정들은 모두 중간 수준의 용어들이며 정확하게 서로에게 연관되어 있지는 않다. 그렇지만, 이러한 방식으로 자비와 심리적 유연성을 개념적이고 기술적으로 통합하는 것은 적응적이고 자비로운 삶을 살아가도록 내담자를 돕기 위한 집중적인 중재를 고안하고자 하는 임상가에게 기회를 제공한다. 이러한 방식으로, 자비로운 유연성 모형을 검증하는 것은 우리에게 적응적이고, 증거기반 과정과 원칙을 가지도록 하기 때문에, 우리는 내담자를 변화시키기 위해 임상적 지혜, 창조성 및 자비를 가져올 수 있다.

자비로운 유연성은 관여하고 있는 심리적 유연성의 특별한 속성을 반영한다. 관련 개념에 대한 이전의 정의로부터(Dahl et al., 2009; Gilbert, 2010; Hayes et al., 2012; Kashdan & Rottenberg,

2010), 우리는 자비로운 유연성을 다음과 같은 자질을 가지고 의식적이고 감정적으로 반응하는 인간으로서, 현재 순간에 완전히 접촉할 수 있는 능력으로 정의하였다.

- 자신과 다른 사람의 고통에 대한 민감성
- 자신과 다른 사람의 고통을 완화시키고 예방하려는 동기
- 자신과 다른 사람의 고통을 완화시키고 예방하는 데 주의와 자원을 돌리기 위해 헌신하고 환경적, 정서적 및 동기적 욕구의 경쟁과 변화에 지속적으로 적응하기
- 감정이입과 동정심의 경험을 포함하여, 자신과 다른 사람에 대한 폭넓은 관점과 입장을 유연하게 전환하는 능력
- 평가적이고 판결적인 사고의 과도한 영향력에서 자신을 해방시키는 능력
- 자신과 다른 사람이 직면한 고통을 견디기 위해 필요하고 충분한 의지를 육성함으로써, 인간 경험 자체에 대한 개방적이고 비난적이지 않은 관점 유지하기

자비로운 유연성의 정교화(〈그림 4〉에서 예시된)는 가장 크게 관련된 육각형 과정을 조명하고 그러한 과정이 어떻게 진료실에서 목표가 될 수 있는지를 보여주는 CFT 이론 안에서 공식화됨으로써 자비의 핵심 요소를 통한 개념적 설명을 제공한다.

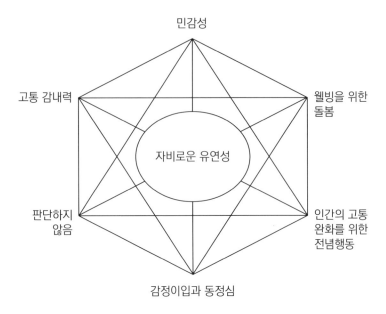

민감성

웰빙을 위한
돌봄

고통 감내력

자비로운 유연성

판단하지
않음

인간의 고통
완화를 위한
전념행동

감정이입과 동정심

그림 4. CFT 과정 및 ACT의 심리적 유연성의 육각형 모형 사이의
관계 일부를 조명하는 자비로운 유연성 모형

웰빙을 위한 돌봄과 가치

ACT에서, 자유롭게 선택한 가치를 지니고 의미 있고 목적과 활력 있는 삶을 사는 것은 심리적 유연성 모형에서 핵심 구동원리이다. 어떤 의미에서, 다른 모든 과정이 함께 모여 개인적으로 의미 있는 행동에 대한 참여를 더욱 증가시키기 위해 작용한다. ACT에서 논의된 바와 같이, 가치는 획득되는 목표도 삶의 규칙도 아니다. 즉, 가치는 본질적으로 보상 행동이다. 가치 작업의 대부분은 세상에서 우리가 어떻게 행동하기를 원하는지에 관한 내포된 의

도로 표현될 수 있는 행동을 분명하게 말하고 기술하는 것이다. 물론, 본질적으로 행동이 강화되는 정도의 일부는 종의 유전적 역사와 관련되어 있을 수 있다. 말하기, 진공청소기 돌리기 혹은 그림 감상하기와 같은 행동보다는 섭식이나 성행동과 같은 적응적인 진화적 기능을 가진 행동이 대부분의 사람들에게 강화될 가능성이 더 많다. 이와 마찬가지로 양육자 본능과 협력에 관한 생래적이며 적응적이고 진화론적인 본성은 유전적으로 강화되고 일생에 걸쳐 대부분의 사람들에게 매우 강력한 가치를 가지고 있는 웰빙을 위한 돌봄으로 동기화되어 왔다.

ACT 문헌은 가치가 자유롭게 선택되었다는 것을 강조한다. 그렇지만 이전에 언급한 바와 같이, 자비는 심리적 유연성 모델에 내포된 하나의 가치일 수 있다(Hayes, 2008c). CFT에서 자비는 우리 자신과 다른 사람 모두의 웰빙을 위한 돌봄에서 발생하는 동기로부터 시작한다. 이것은 우리 종의 생존에서 양육의 중요성을 말한다. CFT는 진화된 동기의 중요성을 강조한다. 즉, 가치는 우리의 깊은 진화적 명령과 진화적으로 체화된 고대의 뇌 구조와 기능에 깊이 박혀 있으며 거기에서 흘러나온 것이다. 웰빙을 위한 돌봄 동기는 육각형 용례에서는 명백하게 가치가 있지만, 이는 이 행성에 있는 복잡한 유기체에 의해 드러나는 가장 오래된 행동 몇 가지와 분명하게 관련되어 있다. 그럼에도 불구하고 개인의 학습이력은 우리가 이러한 동기에 결속하여 행동하는 것을 방해할 수 있다. 사람들이 지지와 온화함의 경험과 관련된 트라우마를 마주하게 될 때, 이러한 트라우마들은 자비로운 동기에 걸림돌이 될 수도 있다.

ACT와 ACT의 심리학적 모형에서 파생한 가치 저술에 관한 여러 기법들은 자비로운 동기를 형성하고 인식을 향상시키는 데 효과적이다. 이러한 기법들은 내담자가 보다 완전하게 자신의 가치를 실현하는 삶을 살아가고 있는 미래의 자기 삶의 하루를 마음속으로 그려보는 체험적 심상화 훈련을 포함하고 있다. 또 다른 잘 알려진 기법으로는, 내담자가 완벽하고 풍요로운 삶을 살고 죽은 후에 사람들이 그 내담자가 어떻게 개인적으로 대단히 의미 있는 삶을 살았는지를 서술하며, 자신에 대해 칭찬하는 것을 상상하는 것이다. 이 기법들과 더불어 이와 유사한 다른 기법들은 내담자가 자신들이 가장 살기 원하는 삶을 살 수 있는 방법에 정서적으로 접근하게 할 수 있다. 그러한 작업이 자비로운 집중을 포함할 경우, 이러한 훈련은 웰빙을 돌보고 사랑받고 사랑하기를 열망하는 동기를 부여할 수 있을 것이다. 더욱이, 이 기법들이 자비를 분명하게 강조하지 않을지라도, 많은 사람들은 사랑의 관계가 그들에게 얼마나 중요한지를 알게 될 가능성이 높다.

완화의 심리학과 전념행동

전념행동은 의미 있는 일상적인 활동의 가치 패턴을 지지하고, 의미와 목적 및 가치의 경험을 창출하는 가치 있는 목표의 실현을 촉진하는 행동에 지속적으로 참여하는 개인의 능력을 말한다(Dahl et al., 2009). 행동 변화가 확고한 방향으로 완벽하게 진행되지 않기 때문에 전념행동은 우리가 자신을 위해 설정한 경로를 벗어난 후 가치 패턴으로 되돌아가는 것도 포함된다(K. G. Wilson & DuFrene, 2009). 예컨대, 13개월 동안 알코올 의존에서 벗어났던 사람이 결혼식장에서 샴페인 한 잔을 마셨다면, 전념행동은 술 마시는 것을 그만 두고 12단계의 모임으로 되돌아가는 것일 수 있다.

노출과 반응 방지에서부터 심상적 재경험까지, 행동 활성화에서부터 주장성 실습에 이르기까지 많은 증거 기반 치료 기법들은 사람들이 자신의 가치 목표를 위해 노력하는 과정에서 어려움에 직면하는 전념행동 단계로 볼 수 있다. CFT에서 완화의 심리학에서 파생된 기법은 모두 자비를 육성하는 데 가치를 제공하는 전념행동이다. 전념행동의 예로는 자비로운 심상화 훈련, 중독 행동 자제하기에 참여, 공포에 대한 자비-초점 노출 및 권위 있으며 비폭력적인 주장 기술 개발하기 등이 포함된다. 이들 기법들은 온화한 부모 되기 혹은 보다 건강한 생활양식으로 살아가기와 같은 다양한 가치를 제공할 수 있는데, 가치는 자신과 다른 사람 모두에게서 발견되는 고통을 완화시키는 상위 가치를 제공할 수 있다.

현재 순간에 민감성을 가지고 접촉하기

CFT에서, 민감성은 현재 순간의 자각을 말하는데, 이는 우리가 세상에서 직면하는 고통에 참여하는 것으로 마음챙김과 분명하게 관련되어 있다. 우리가 더 큰 현재 순간에의 민감성을 육성할 때, 우리는 불안이나 혐오감을 외면하지 않고 우리가 인식한 것을 받아들임으로써 고통이 일어날 때 고통의 존재를 더 쉽고 간단하게 알아차릴 수 있을 것이다. 그러한 민감성은 정서와 정서적 기억의 미묘한 차원에 대한 우리의 인식을 증가시킬 수도 있다. 이러한 방식으로, 반응하기 위한 시간이 증가됨으로써 고통과 감정 변화에 직면하는 능력이 더 향상되고 더 잘 준비될 수도 있다.

완화의 심리학에서, 민감성에 대한 이러한 개념은 현재 순간의 자각이라고 알려진 심리적 유연성 과정과 유사한 방식으로 사용된다(Hayes et al., 2012). 사실, 현재 순간의 자각은 때로 과정으로서의 자기(self-as process)를 말하는데(Blackledge & Drake, 2013), 이는 지금 펼쳐지고 있는 현재 순간의 내용에 대한 목적 있는 직접적인 주의로 정의될 수 있다. 육각형 모형에서, 현재 순간에의 주의는 유연한 자각과도 관련되어 있다. 현재 순간에 접촉한다는 것은 묘사된 내용에서 방향을 상실하거나 고통 혹은 두려움으로 그 순간에서 돌아서는 것이 아니라 그것이 어떤 것이든 그 순간에 우리가 경험하는 것에 향해 있다는 것을 말한다.

마음챙김과 주의 훈련 문헌에서 입증해온 것처럼, 현재 순간에 유연하고 초점적 주의를 기울이는 개인의 능력은 길러지고 향상될 수 있다(Baer, 2003; Garland et al., 2010). 그러한 주의는 심리치료 회기 동안 그리고 숙제를 통해서 현재 순간의 자각에 대한 다양한 연습을 활용하여 훈련될 수 있다. 이러한 연습은 신체 혹은 심지어 주변 환경에서 다른 초점으로 단순히 주의를 이동하는 것으로 시작할 수 있다. 때가 이르면, 이러한 주의 연습들은 마음챙김 명상의 긴 기간 동안 의도적으로 자신의 경험에 대한 수용적 자각을 하는 것으로 확장될 수 있다.

고전적인 마음챙김 훈련에서, 현재 순간의 자각은 자비를 포함해서 건전한 정신 상태를 함양하기 위한 목적에 이바지한다(Rapgay, 2010; Tirch, 2010; Wallace, 2009). 그러한 훈련으로 자비에 초점을 맞출 때, 현재 순간의 자각은 자비로운 동기부여와 자기 및 관점 취하기와 관련된 추가적인 육각형 과정이 포함된 계획적인 자비로운 의도를 통해 자비와 웰빙에 도움이 되는 마음의 상태를 육성하기 위한 맥락으로 사용되는 마음챙김의 기반이다.

동정심, 감정이입 및 맥락으로서의 자기

ACT의 심리적 유연성 모형에서, 웰빙과 삶의 도전에 반응하는 적응력은 우리 자신의 자각에 대한 인식으로서 자신의 경험적 감각과 연결하는 능력과 그 감각에 머무는 능력을 개발함으로써 제공된다는 것을 알고 있다(Hayes et al., 2012). 우리의 삶에서 발생하는 많은 변화와 우리에게 펼쳐질 무수히 많은 맥락들을 통해서, 우리 인간은 자신의 경험에 대해 '나-여기-지금'의 감각을 유지한다. 언급한 바와 같이, 경험의 흐름을 관찰하지만 의식의 내용으로부터 분리된, 자신의 경험에 대한 관찰자로써 자신에 대한 이러한 감각은 심리적 유연성의 육각형 모형에서 맥락으로서의 자기를 말한다. 맥락으로서의 자기를 육성하는 것은 자비를 함양하기 위한 기초를 제공할 수 있는 자기 참조의 경험적 모드를 고려한다. 사실, 자기 참조의 이러한 모드는 별개의 뉴런 신호를 가지고 있으며 훈련될 수 있는 분명한 과정들을 수반한다(Barnes-Holmes, Foody, &

Barnes-Holmes, 2013; Farb et al., 2007).

유연한 관점 취하기는 마음 이론과 정신화(mentalization)의 경우와 같이, 다른 사람의 관점을 취하고 그 사람의 의도와 감정을 추론하는 개인의 능력을 포함할 수 있다. 이러한 능력은 우리의 고통스러운 정신적 사건과 정서적 기억이 우리에게 영향력을 덜 발휘하도록 우리 자신에게서 벗어나서 또 다른 존재의 관점에서 세상을 심리적으로 바라볼 수 있게 한다. 흥미롭게도, 전(前)언어적 수준에서, 유연한 관점 취하기와 관련된 과제들은 이완과 치유에 관여하는 부교감 신경계의 효율적인 개시에 의해 촉진된다(Porges, 2007). 존재에 대한 '나-여기-지금'의 관점으로부터, 우리는 부끄러운 자기 평가 가능성이 있는 이전 학습 경험의 간섭에 의해 지배받지 않고 그 경험의 고통에 맞닥뜨려 다른 사람의 고통을 보듯이 자신의 고통을 바라볼 수 있다(Hayes, 2008a; Vilardaga, 2009). 이러한 경험을 가장 잘 포함할 수 있는 생물학적 맥락은 안정성 혹은 진정됨이라고 할 수 있는 암묵적이거나 명시적 경험과 함께 친화적 정서 반응계의 활성화를 포함한다. 따라서 당신이 자신의 고통 혹은 심지어 다른 사람의 고통을 목격했을 때, 당신은 그 고통을 완화시키는 행동을 취하기 위해 움직일 수 있다. 이렇게 하여, 진정됨은 행동을 하는 방향으로 움직이기 시작한다.

맥락적 행동주의 관점에서, CFT 내담자들은 맥락으로서 유리한 지점에서 자신의 경험을 관찰하는 법과 자기 이야기와 서사 혹은 내용으로서 자기로부터 점진적으로 탈동일시하는 법을 배운다(Hayes et al., 2012). 심지어 때로 '탈개인화'라고 불리는 이러한 탈동일시 과정은 한동안 CFT에서 중요한 정신치료적 움직임이었다. 그렇지만 지금은 상황에 맞는 용어로 개념화되기 시작했다.

중요한 것은, 참여의 심리학의 중요한 두 가지 기여, 즉 자비를 위한 우리의 진보된 능력의 두 가지 중요한 구성요소는 유연한 관점 취하기를 포함하고 있다는 점이다. 이러한 기여는 감정이입과 공감이다. 이들 용어는 둘 모두가 유연한 관점 취하기와 관련 있지만 CFT에서 서로 매우 다르게 사용되어 왔다.

CFT에서, 동정심은 우리가 목격한, 다른 사람이나 심지어 자신의 고통에 대한 반사적이고 정서적인 반응으로 정의된다. 우리가 깊이 공명하는 정서적 수준에서 고통에 의해 움직일 때 정교한 인지적 분석 없이 동정적 반응이 일어난다. 이러한 종류의 정서적 공명은 바이올린 현의 조화로운 떨림과 인간들 간의 정서적 반응 교류를 비교한, 18세기 철학자 데이비드 흄(David Hume)에 의해 포착되었다(2000). 동정적인 반응에서, 우리는 자동적이며 특별한 노력 없이 다른 사람의 정서를 이해하고, 우리가 경험한 고통에 의해 움직이며, 반응하기 위해 무언가를 하도록 강요받는다.

대조적으로, CFT 내에서 감정이입은 그 사람의 경험이 어떠할지를 추론하고 구성하는 능력과 이해 및 견해가 포함된, 다른 사람의 경험에 대한 고조되고 초점화된 자각으로 정의된다.

CFT는 유연한 관점 취하기, 동정심 및 감정이입 훈련을 제공하는데, 회기 내에서의 대인관계 경험뿐만 아니라 심상 및 명상훈련도 제안한다. 다음의 임상 사례들은 이러한 접근들에 대해 예시하고 있다.

임상 사례

관찰하는 자기와 자비로운 의도 함양하기

진(Gene)은 우울과 사회 불안을 드러내는 25세의 내담자이다. 그는 숫기 없는 자신을 싫어하고 개념화된 자기에 대한 경직된 모습을 보이고 있다. 진(Gene)이 수줍음과 자기를 향한 적개심이 있는 상황에서 자비를 경험할 수 있는 조건을 만들기 위해 치료자는 자기-자비 의도를 발생시키고 유연한 관점 취하기를 촉진하기 위해 관계 내에서 작업하였다.

내담자   나는 수줍음이 많아요. 나는 항상 수줍음이 많았어요. 가족들에게 나는 수줍음이 많은 사람, 말하자면 약골로 알려져 있어요. 기본적으로, 나는 아무것도 제대로 할 수 없는 우울한 실패자일 뿐이에요. 심지어 여자 친구도 없어요.

치료자   당신이 스스로를 수줍음이 많고 약골이라고 생각하며 살아왔다는 말을 들으니 슬프군요.

내담자   내가 기억할 수 있는 한 그래요. 이건 단지 생각이 아니에요. 이게 바로 나에요.

치료자   그래서 여태까지 수줍음이 많고 약하다는 생각이 당신이 누구인지를 꽤 많이 요약해주고 있군요.

내담자   그게 바로 나예요. 가족들은 이것을 농담으로 사용해 왔어요. 이제는 더 이상 감히 농담을 하지는 않지만, 가족들이 여전히 그렇게 생각하고 있다는 것을 알아요. 어떤 면에서는 그것 때문에 더 악화되는 것 같아요.

치료자　아이코! 그게 더 아프겠군요.

내담자　그래요. 하지만 그들이 옳아요. 나는 나약하고 수줍음이 많아요.

치료자　'나약하고' '수줍음이 많은'이라는 두 단어가 당신이 누구인지를 나타내고 있는 것인가요?

내담자　그래요. 거의 완전히.(축 처져 보인다.)

치료자　매우 고통스럽게 들리네요. (침묵) 잠시만 이들 두 단어에 대해 생각해 볼 수 있을까요?

내담자　그게 무슨 말이죠?

치료자　(종이에 그 단어를 적고 내담자의 얼굴에서 약간 떨어진 곳에서 종이를 잡고 있다.) 이를테면, 거기에 서서 이걸 볼 수 있나요?

내담자　네.

치료자　이 단어들이 당신이 누구인지 대해 말하는 것을 알 수 있나요?

내담자　네.

치료자　당신의 자기감을 이 두 단어로 축소시키는 것이 어떤 느낌인가요?

내담자　고통스럽고… 그리고 우울해요….

치료자　왜 안 그렇겠어요. 당신이 이러한 단어들과 자신을 얼마나 많이 동일시해 왔는지를 알겠어요. 이것들이 얼마나 많이 당신을 고통스럽게 했는지 알겠어요. 진심으로 이러한 고통이 멈춰지길 바라요. 당신은 어때요?

내담자   나도 그래요.

치료자   당신도 역시 그렇게 자각할 수 있군요. 이러한 단어들이 당신의 일부가 되었다는 것을 알아차리고 그것들이 당신에게 어떤 감정을 가지게 만들었는지 알 수 있나요?

내담자   음… 네, 저도 그렇게 생각해요….

치료자   말하자면, 당신은 거기에 있고, 이 단어들과 그것들이 당신에게 어떤 감정을 가지게 하는 것이 여기에 있다는 걸 알아차릴 수 있나요? (다시 내담자의 얼굴에서 약간 떨어진 곳에서 종이를 잡는다.) 이 단어들은 존재하고 있고, 또 고통스럽죠. 당신은 이 단어들의 존재를 알아차리고, 이 단어들과 함께 오는 고통도 알아차릴 수 있어요.

내담자   네?

치료자   이러한 단어들을 듣고 자각하는 것은 당신의 일부인 '관찰자'예요. 그 단어들과 단어들이 불러일으키는 감정 모두를 인식할 수 있으며 당신의 일부인 '관찰하는 자기'는 나약하고 수줍음이 많다고 스스로를 묘사할까요? (잠시 침묵) 분노나 불안과 같은 표현으로 비난을 받을 때 일어나는 감정으로 '관찰하는 자기'를 묘사할까요? 아니면 다른 표현으로 '관찰하는 자기'를 묘사할까요?

내담자   흠… 참 기이한 질문이군요. 아마도 다를 거 같아요. 어쨌든 상당히 다르게 묘사할 거 같아요. 그렇게 하는 게 덜

아플까요?

치료자 어…. 당신은 고통을 알아차릴 수 있고, 그 고통이 사라지기를 바란다는 것을 알아차릴 수 있으며 당신이 알아차리고 있다는 것을 알아차릴 수 있지요. 우리의 교묘한 뇌에서 많은 일이 일어나고 있는 게 확실해요. 매 순간 당신의 일부가 거기에 있으면서, 고통스러울지라도 무엇이 일어났는지 알아차릴 수 있지 않을까요? 그것은 이 관찰하는 자기가 바로 거기에 있고, 매 순간 그 순간을 알아차리고 경험한다는 것은 아닐까요?

내담자 네, 그게 바로 내가 싫어하는 거예요.

치료자 나는 당신을 살펴보면서, 얼마나 오랫동안 당신이 자신을 나약한 존재로 생각해 왔었는지, '나약함'이라는 단어가 당신에게 얼마나 고통을 가져왔는지 알게 되었어요. (숨을 내쉰다.) 당신이 이런 고통을 보다 더 쉽게 견딜 수 있었던 때가 언제인지 궁금하군요. 당신이 자신의 고통을 판단하고 그 고통과 싸우는 것이 쉬운가요? 아니면 단지 이러한 정서적 고통을 알아차리고 지금 여기에 약간의 의도적인 배려를 허용해서 고통이 다소나마 누그러지기를 바라는 것이 더 쉬운가요?

내담자 판단하는 것을 중지하고 그냥 나 자신에게 내가 원하는 것을 허락할 수 있을 것 같아요. 그렇게 된다면 고통은 서서히 사라지겠죠.

치료자 이제 당신의 목소리에서 따뜻함이 느껴지네요…. 고통을 없애는 것에 초점을 두는 것이 아니라 친절한 의도를 가지고 물러서서 당신 자신을 살펴보는 것 같은 느낌이에요.

내담자   글쎄요…, 어쨌든 더 따뜻하고 더 부드러운 기분이에요.

판단하지 않음과 수용

심리적 유연성에 대한 육각형 모형에서, 수용의 개념은 받아들임, 굴복 혹은 포기와 같은 수용에 대한 기존 생각과는 차이가 있다. 결정적으로, ACT에서 수용은 고통스러운 정신적 사건과 정서적 경험을 자발적으로 선택하는 것이라고 정의되는데, 이는 자발성의 요소가 포함된다. 이러한 형태의 심리학적 수용은 "매 순간의 경험에 의도적으로 개방, 수용, 유연성 및 판단하지 않는 입장을 취하는 것"으로 정의된다(Hayes et al., 2012, p.77). 자비의 관점에서, 이러한 수용의 과정은 고통을 참아내기 어려울 때일지라도, 세상에서 그리고 자신 안에서 고통과 마주할 때 고통을 자각하기로 선택하는 것을 의미한다. 물론, 직면하고 싶지 않은 경험과 마주할 때 회피하거나 통제 전략을 사용하는 것은 쉽지만, 경험상 회피는 우리를 훨씬 고통스럽게 한다(Ruiz, 2010).

내담자들이 두려움, 부끄러움 심지어는 자기 비난에 직면하도록 돕기 위해서, CFT의 목적은 인간에게 내재하는 고통에 대한 민감성, 판단하지 않음 및 자각을 수용하도록 돕는 것이다. 이것은 고통을 좋아해서 고통스러운 상태를 유지하려고 겁에 질리거나 자기를 학대하는 것이 아니다. 자비는 "당신의 느낌을 느낄 수 있도록" 혹은 "수용할 수 있도록" 하기 위해서 인생의 차갑고 더러운 목욕물에 앉아 있는 것이 아니다. 심리적 유연성 모델이 제안하고 있듯이, 자비로운 동기에서 수용은 우리가 고통을 마주할 때 기꺼운 마음으로 만나고(참여의 심리학을 통해), 우리가 마주하는 고통에 대해 무언가를 하고 더 나은 웰빙을 향해 나아가는 행동을 취하기 시작할 때 수반된 고통에 보다 기꺼운 마음을 가지게 되는 것(완화의 심리학을 통해)이다.

임상 사례
수용, 판단하지 않음 및 자비 기르기

자신들의 사고와 정서에서 탈동일시하도록 내담자의 훈련을 돕고, 내부 비평가의 기능적 분석을 통해 내담자의 내적 지혜에 접근하며, 자애로움과 용기를 기꺼이 불러일으키도록 하는 자비로운 치료적 관계를 어떻게 이용할 수 있었는지를 설명하기 위해 진(Gene)의 사례로 되돌아가 보자. 진은 자신의 그림을 화랑에 전시하자는 제안을 받았지만, 전시회 준비를 하기보다는 침대에서 빈둥거리고 마리화나를 피우며 TV를 보고 계속해서 자기 비난을 퍼부으며 지내고 있다. 그는 의미, 목적 및 활력을 주는 활동은 하지 않는 엄청난 경험적 회피를 하며 반응하고 있다. 이 회기는 진의 전시회가 열리기 몇 주 전에 이루어졌는데, 진은 이 회기가 진행되기 이전에는 전적으로 회피하며 지내왔다.

내담자 그래요. 일주일 내내 나 자신을 자책해 왔어요. 침대를 벗어나기가 너무 힘들어요. 거의 매일 그냥 대마초를 피우거나 비디오 게임을 했어요. 난 역겨운 사람이에요.

치료자 음, 이번 달도 다른 때와 아주 비슷하군요. 웅크리고 숨고 있어요. 참 슬픈 일이군요. 정말로요.

내담자 네, 친구들을 만나거나 스튜디오에 가기 위해 밖으로 나가고 싶지만, 더 이상 현실을 직시할 수 없을 것만 같아요. 그림에 대한 생각조차 하지 못하겠어요.

치료자 뭐가 불안하죠?

내담자 불안이요? 흠, 만약 누군가와 마주치면, 내가 형편없고, 모두에게 버림받고 그리고 충분히 일을 열심히 하지 않는다는 걸 떠올리게 될까봐 두려워요. 전시회를 준비하려면 더 많은 그림을 그려야 하는데, 내가 전부 망치고 있어요.

치료자 당신의 그 부분이 "넌 글렀어", "넌 충분하지 않아"라고 말하는군요. 그 부분을 옛날 이야기에서 끌어오면 어떤 감정이 느껴지나요?

내담자 아, 선생님은 이게 어떤지 알아요. 절망, 고통 그리고 완전한 두려움이에요.

치료자 "절망, 고통 그리고 완전한 두려움." 이것은 당신이 지금까지 보여주었던 것 중 상당히 힘든 삼총사네요. 비극적이에요, 정말로. (치료자는 분명히 슬픈 감정을 느끼지만 이러한 감정이 나타나는 것에 희미한 미소를 지었다.) 가끔 인생은 엿같죠, 안 그래요?

내담자 (웃음을 터뜨리고 약간의 눈물을 보인다.) 네, 정말, 그래요. 그게 우리가 얘기하는 이유죠.

치료자 그렇죠. 그게 우리가 말하고 있는 이유죠…. 우리 이 경험을 살짝 파고들어가 봅시다, 괜찮죠? (내담자는 고개를 끄덕인다.) 자, 우리가 영화 〈매트릭스(The Matrix)〉에서처럼 마법의 알약을 가졌다고 상상해 봅시다. 알죠, 이 영화의 모든 것은 컴퓨터에서 일어나는 환상 같았죠? 우리는 이 마법의 알약을 가지고 있고, 당신이 이 알약을 먹는다면, 당신이 역겹다고 말하는 당신의 부분이 영원히 사라질 거예요. 당신은 그 문으로 똑바로 걸어갈 수 있으며 다시는 스스로에게 "역겨워" 혹은 "충분하지 않아"라고 말하는 능력을 절대 갖지 않을 겁니다. 당신이 이 약을 먹었을 때, 일어날 수 있는 일 중 무엇이 가장 두려운가요?

내담자 그거 멋지네요. 나쁜 일은 아무것도 없을 것 같은데요.

치료자 뭐, 좋아요, 아마 그렇겠지요. 당신이 이 알약을 복용하고 당신의 결함을 이야기하는 가혹한 내적 비난 없이 내 사무실을 떠난다면 당신의 불안한 자아는 무엇을 두려워할까요?

내담자 당신이 하려는 게 뭔지 알겠어요. 좋아요, 내 불안한 자아는 내가 게을러져서 침대에서 일어나지 못하거나 잠재력을 발휘하지 못하는 걸 두려워할 거예요.

치료자 좋아요, 그래서 불안한 자아는 그 비평이 당신의 삶을 효과적으로 살아가는 데 필요하다고 믿고 있나요? 정말?

내담자 네.

치료자 그래요, 그 비평이 당신이 잠재력을 발휘하도록 돕고 있나요?

내담자 음, 비평은 실패에서 나를 보호해주려고 해요.

치료자 알겠어요. 이 비평이 당신을 도우려는 의도가 있다고 상상해볼 수 있죠. 그렇지만, 이게 정말로 당신을 도울까요?

내담자 망할! 절대로 아니에요! 이 목소리는 내가 쓰레기라고 말해요. 나는 이 목소리 때문에 너무 지쳐서 그냥 확인하고 울고 싶을 뿐이에요. 이건 모순이죠. 그 비평이 멈춘다면 게을러질까봐 두렵지만, 그 비평 때문에 내가 숨어 있게 된다는 점에서는 기본적으로 같은 것이죠. 나는 이 모든 것에 너무 갇혀 있는 느낌이에요.

치료자 "갇혀 있다." 당신의 마음은 당신이 갇혔다고 하네요, 그게 당신이 침대에서 일어날 수 없게 한 것이고요. 그저 너무 슬프고 너무 무겁네요. 비평 당하고 갇히게 만드는 그 경험에서 최소한 이건 타당하다고 느끼는 부분이 있나요?

내담자 최소한 타당한 것이요? 흠, 글쎄요. 내 생각에는 내가 충분히 열심히 하지 않았다는 부끄러움인 것 같네요. 그건 너무 힘들어요.

치료자 그런 것 같군요. 그 때문에 침대에서 나오지 않고, 마리화나에 취해 몽롱해지고, 대출도 받고 완전히 혼자가 되었군요. 그건 힘든 일이죠. 당신이 진정으로 느끼고 싶지 않은 부분은 충분히 일하지 않았다는 것에 대한 부끄러움이라고 말하는 것으로 들리네요. 당신의 작업에 소홀한 것에 나쁜 감정을 느끼지 않으려면, 무엇에 마음 쓰지 말아야 할까요?

내담자 내가 무엇에 마음 쓰지 말아야 할까요? 좋아요. 그런데, 만약 나의 예술과 작품을 더 이상 부끄러워하지 않게 되면, 나는 예술가가 되는 것에 근본적으로 관심을 가지지 않아야 해요.

치료자 오늘 그렇게 할 수 있나요? 이 사무실을 나간 뒤 당신의 예술과 공예 작업을 할 때 관심을 가지지 않을 수 있나요?

내담자 아뇨. 예술은 나의 전부에요. 정말이에요.

치료자 네, 그렇군요. 그건 아름다운 것이죠. 슬픔과 부끄러움이 당신의 인생을 앞으로 나아가게 하고, 당신이 원하는 사람이 되는 데 필요한 부분이라면, 슬픔과 부끄러움을 기꺼이 받아들일 건가요?

내담자 어쨌든 난 슬픔과 부끄러움을 느끼고 있어요! 하지만, 그래요, 이런 감정들을 마주하는 것이 나의 삶을 살아가고 예술가가 되는 한 부분이라면 그런 기분을 느낄 수 있다고 생각해요.

치료자   진(Gene), 그건 자비로운 용기에요. 그것이 수용과 기꺼이
        경험하기죠. 당신의 일부를 수용하는 것이 어떤 것인지
        느낄 수 있나요?

내담자   그래요. 하지만 이러한 비평과 함께 나타나는 두려움과
        불안을 느끼고 싶지는 않아요. 정말 밥맛이죠.

치료자   어떻게 거기까지 갔나요, 진(Gene). 당신은 "역겨워"에서
        "너무 비평받는 느낌이 짜증나!"로 옮겨갔어요. 당신은
        당신이 나쁘다는 생각을 받아들이지 않으면서 나쁘다
        고 느낄 수 있어요. 그건 큰 진척이에요. 우리는 당신이
        바보 같고 끔찍하다고 계속해서 말하는 내적 비평가가
        어떻게 생겨났는지 그리고 예술가가 되는 것에 얼마나
        마음 써 왔는지를 보았어요. 그리고 그 비평가의 의도를
        살펴보았을 때, 우리는 그 비평가가 당신이 실패하지 않
        도록 보호하려 했다는 것을 알 수 있죠.

내담자   (참여를 열망하며 활기차게 말한다.) 그리고 우리는 그 비평가
        가 내게 "넌 끔찍해"라고 말하면서 내 기분을 더 상하게
        만드는 것을 보았죠. 어떻게 몇 년 동안 내 새어머니가 나
        에게 말했던 것과 똑같은 종류의 비평적인 헛소리로 나
        의 일부가 계속해서 움직여왔는지 재미있네요. 나는 그
        런 욕설에는 반응하지 않았어요. 그건 그저 나를 움직이
        지 못하게 할 뿐이에요.

치료자   그건 놀라운 관련성이네요. 이러한 비평을 듣는 당신의
        일부는 소년이었을 때의 당신과 같군요. 그 부분은 냉혹

한 비평을 들으면서 비평가를 행복하게 만들기 위한 가장 최선의 노력이군요. 소망과 두려움을 함께 가지고 있는 그 소년을 생각할 때, 자비와 강함을 가지고 소년에게 무엇이라고 말할 수 있을까요?

내담자   난 소년에게 그냥 계속해서 그대로 하라고 말하고 싶어요. 그 목소리가 소년에게 엿 같다고 말할 때조차, 일어나서 스튜디오에 가라고 말하고 싶어요. 소년은 굴복하지 않아야 하고, 포기하지 않아야 해요. 비록 비평이 계속되더라도 소년은 해낼 수 있어요.

치료자   무척 감동적이군요. 당신은 당신의 수용과 자비 안에서 어떤 용기를 찾아내고 있어요. 자, 당신은 기꺼이 수용과 자비를 수행하고 깊이 있게 당신의 인생을 살아갈 의지가 있는 것처럼 보이는군요.

내담자   선생님, 행동보다 말이 훨씬 쉽죠, 그렇지 않아요? 그렇지만, 그래요, 난 확실히 그렇게 할 수 있어요.

치료자   이제 마지막 한 가지가 남았어요. 당신의 그 비평적 부분은 당신을 쥐어짜고 놀리는 것이 도움이 된다고 생각하는데, 그 부분이 정말로 당신의 자존심을 무참히 꺾어버리나요? 지혜, 자비와 강인함의 입장에서 그 부분에게 무슨 말을 하고 싶은가요? 만약 할 수 있다면, 자비로운 용기를 지니고 말한다면 무슨 말을 할지 상상해보고, 그 비평가에게 당신이 하고 싶은 말을 해보세요.

내담자   (꼿꼿이 앉는다.) 난 이렇게 말할 거예요. "들어봐, 친구, 너는 이 모든 것을 잘못하고 있어. 난 욕설에 반응하지 않을 거야. 그러니까 만약 네가 날 움직이도록 돕고 싶다면, 넌 나한테 인간처럼 말해야 해. 난 네가 도와주려 한다는 걸 알아, 하지만 조금만 밝게 해주겠니?"

치료자 아주 멋져요, 정말로. 그렇게 말하니 기분이 어때요?

내담자 좀 알 것 같다는 생각이 들어요, 선생님. 비평이 계속된다고 해도 이번 주에는 움직일 수 있겠어요. 휴! 오늘 정말 지치네요.

치료자 네 맞아요. 하지만 당신은 하고 있지요. 당신은 스스로를 보살피고 있어요. 나는 당신이 이 일에 직면하게 되어서 기뻐요.

내담자 전 어떻게든 그것들을 직면해야만 했어요.

고통 감내력과 탈융합

인간의 인지, 상징적 표현 및 파생적 대응관계의 진화된 본질은 우리의 후속 행동에 강하게 영향을 미치는 방식으로 우리 사고의 자극 기능과 문자적 의미에 반응하는 경향을 낳았다(Blackledge & Drake, 2013). 우리는 계속해서 이 과정에 대해 꽤 자세히 파고들 것이다. 지금 우리는 상상 속의 사건이 우리의 생물학적 체계에서부터 외현적 행동에 이르기까지 모든 것을 통제할 수 있음에 주목할 수 있다. 고통을 인내하기 위해서는 자유롭게 선택한 행동에 참여하면서 고통스러운 경험이 남아 있을 수 있는 정신적 사건의 영향으로부터 충분히 자유로워져야 한다. 심리적 유연성의 ACT 모형에서, 탈융합은 정신적 사건의 영향을 방해하거나 변형시킬 수 있는 훈련 가능한 능력을 나타내며, 우리의 진화된 정신에서 발생하는 사건에 의한 지배와 통제에서 약간은 벗어날 수 있게 한다(Hayes et al., 1999). ACT는 CBS 문헌 전반에서 나타나는 탈융합을 촉진시키기 위해 경험적으로 지지되는 많은 기법을 제안하고 있다. 보다 최근에는 이러한 모형이 불안을 다스리기 위한 CFT에 적용되기 시작했다(Tirch, 2012).

고통 감내력에 관한 CFT개념은 여러 면에서 탈융합과 다르다. 사실, 고통 감내력은 수용 및 기꺼이 경험하기와 상당히 많이 연관되어 있다(Gilbert, 2010). 그렇지만, 정신적 사건들이 우리에게 끼칠 수 있는, 역사적으로 결정된 영향으로부터 벗어날 수 있는 능력은 습관적으로 이러한 사건들의 기능에서 탈융합에 관여하는 것과는 다르게 작용한다. 예컨대, 만성적인 부끄러움과 자기 비평을 경험하고 있으면서 직장에서 발표를 해야 하는 내담자를 생각해보자. 만약 그의 마음이 그에게 대중 앞에서 이야기해야 하는 상황에서 불안을 피하기 위해 집에 머물러 있어야 한다고 말한다면, 동료들 앞에 서 있을 때 그가 느끼게 될 고통을 참아내는 능력은 과거 사건의 지배로부터 탈융합하기 위한 그의 능력을 요구할 것이다.

탈융합과 수용의 관계는 매우 밀접하고 상호의존적인데, 이 두 과정이 결합하여 ACT의 개방 반응 양식(open response style)을 만들어 낸다. CFT에서 고통 감내력과 판단하지 않음은 유사한 방식으로 상호작용한다. 우리가 습관적 반응에서 탈융합하고, 자기 비난과 판단적 사고의 통제를 완화하고, 우리가 직면하는 고통스러운 경험을 받아들이고 고통을 인내할 수 있게 됨에 따라 우리는 고통에 더 잘 직면하고 고통을 더 잘 경감시킬 수 있다. 게다가 친화적 정서, 집중성 및 자비로운 동기부여를 위해 우리의 진화된 능력을 활성화하는 것은 수용하고 개방하는 우리의 능력을 향상시킬 수 있다. 이렇게 하여 심리적 유연성 모형과 자비 상호작용의 심리학에서 이러한 평행과정은 각각의 경우에 우리의 경험과 더 나은 자비, 유연성과 웰빙으로 나아가기 위한 다양한 방법 및 우리의 경험과 어떻게 관련되는지에 대한 새로운 관점을 제공한다. 이와 같은 방식으로, 심리적 유연성 모형과 자비의 심리학에서 이러한 약간의 평행 과정은 각각의 경우에 더 큰 자비와 유연성, 웰빙으로 나아가기 위한 다양한 방법 및 우리의 경험과 어떻게 관련되는지에 관한 새로운 관점을 제공하면서 상호작용한다.

임상 사례

자비로운 초점을 가진 수용과 탈융합 훈련

존(John)은 주의 집중에 어려움을 호소하는 65세 남성인데, 의사는 인지적 손상 혹은 주의력 결함에 대한 어떠한 증거도 발견하지 못하였다. 그는 다양한 지역사회 활동을 주최하는 잘 알려진 자연 식품 매장을 관리하였다. 그의 인생은 지역사회 프로젝트와 관련되어 있었으며 다른 사람에게 봉사하는 것을 진정으로 좋아하였다. 그렇지만 그는 종종 자신이 사기꾼 같다고 느끼고 있으며 공공장 소에서 말하는 것에 대한 두려움과 심각한 사회불안을 경험하고 있다. 최근에 그는 "기억 문제"에 심하게 몰두하고 있었다. 그는 다른 사람들이 말하는 것에 주의를 기울이기 어렵다는 것을 알고 그것에 대해서 심한 죄책감을 느끼고 심각하게 우울해졌다.

치료자   그동안 어떻게 지냈어요?

내담자   나빠요. 여기 오는 길에 가게에서 아는 여성을 만나고 싶
         지 않아서 다른 길로 왔어요. 그녀의 이름이나 바로 어제
         그녀가 나에게 무슨 말을 했는지를 기억할 수가 없어요!
         그건 다소 당황스러운 가족문제였지만, 무엇인지 기억할
         수 없어요. 저주받은 기억력! 그래서 그녀를 피하려고 길
         을 건넜어요. 그녀가 나를 보았는지는 확신할 수 없어요.
         보지 않았기를 바라요! 내가 너무나 겁쟁이 같고, 어제 그
         녀에게 '정서적 지지'를 했던 것에 대해서는 사기꾼같이
         느껴져요. 내가 지금 기억할 수 없다면, 그것은 그럴 만한
         가치가 없는 것이 분명해요. (무겁게 한숨 쉰다.)

치료자   다른 사람에게 무슨 말을 했는지 기억하지 못한다는 생
         각에 지나치게 사로잡히고 매우 나쁘다고 느끼는 것은
         정말 힘든 일이죠.

내담자   네, 힘들어요.

치료자   난 당신이 그런 중압감에서 벗어나 평온함을 찾을 수 있

기를 원해요.

내담자 내가 할 수 있을까요?

치료자 당신이 할 수 있기를 원해요. 평온해질 수 있을 거예요. 그걸 겪어나가는 건 당신에게 너무 힘든 일이죠.

내담자 그래요. 난 이게 점점 나빠지는 것만 같아요.

치료자 당신이 이야기를 나누는 사람들과 당신 사이에, 기억하지 못하는 것에 대한 이 고통스러운 생각이 서 있는 걸 상상해보지요. 그 생각은 어디에 서 있죠? (그의 손을 올려서 그의 머리에서 몇 인치 떨어진 곳에 둔다.) 저쪽이요? (그의 손을 그의 머리에 더 가까이 가져간다.) 저쪽이요? (내담자의 시야가 막히도록 그의 눈앞으로 손을 가져온다.) 여기요?

내담자 (자신의 손을 들어 눈앞으로 가져온다.) 이쪽에 더 가까워요.

치료자 오, 이러한 생각이 다른 사람들과 온전하게 함께 하고자 하는 당신을 방해하는 것이 얼마나 고통스러운지 인정하는 것을 잠시 멈추고 싶군요. 당신에게 다른 사람들이 얼마나 중요한지 알겠어요.

내담자 네, 그건 정말 힘들어요.

치료자 당신은 정말 외롭겠군요. 이건 마치 당신이 다른 사람들과 단절된 것과 같아요.

내담자 그래요, 내 아내조차도 내가 어떻게 느끼는지 제대로 이해할 수 없어요.

치료자 어쩌면 당신의 앞길을 방해하고 당신을 너무나 고립시키는 이러한 생각이 얼마나 끔찍하게 고통스러운지에 대해 조금 떨어져서 볼 수 있을 겁니다.

내담자 　내가 어떻게 그렇게 할 수 있죠?

치료자 　글쎄요, 존, 나는 그것 때문에 당신이 사기꾼이 된다고 생각하지 않아요. 단지 그것이 당신의 삶을 매우 힘들게 만들고 있을 뿐이라고 생각해요.

내담자 　그건 정말 그래요.

치료자 　그래요 인생이 정말 힘들 때, 당신 자신을 가장 잘 돕는 게 무엇일까요? 더욱 더 엄격해져서 상황을 판단하는 것일까요? 아니면 보다 더 자비로워지는 것일까요?

내담자 　자비로움인 것 같아요. 하지만 나 자신에게 자비로워지는 건 너무 어려워요.

치료자 　어쩌면 당신이 겪고 있는 어려움과 스스로에게 더 친절해지는 법을 배우게 될 때, 그 문제에서 약간 떨어져 볼 수 있겠군요.

내담자 　(웃으며) 그러고 싶네요.

CBS, 자비 및 불교심리학

　서구의 과학은 자비에 대한 우리의 이해를 계속해서 발전시켜 왔으며, 인간의 심리적 성장, 적응력 있는 행동 기능, 심리적 유연성 및 웰빙에서 중심적 역할을 할 수 있다. 과학적 방법은 우리의 이해를 확장하고 그 적용을 검증하도록 하였다. 그렇지만 수천 년 동안 명상 전통에 의해 수행된, 과학 이전의 현상학적 연구에서 계속해서 지혜를 찾을 수 있다. 불교심리학에서, 자비에 대한 여러 가지 다양한 측면이 논의되어 왔으며 이들 각각은 자비의 경험에 대한 미묘한 차이를 반영하고 있다. 예를 들어 **자비**(慈悲, metta)라는 개념은 자애로움과 모든 존재가 행복해지고 평화로워지는 것에 대한 갈망을 나타낸다. 자비의 또 다른 불교적 측면인 보리심(菩提心, bodhicitta)은 자비에 대한 ACT 공식에서 매우 중요한 것으로, 개인의 자기감이 자비의 경험과 어떻게 직접적으로 관련되어 있는지에 대한 설명을 제공한다.

보리심은 모든 존재를 위한 고통의 종결이라는 이타적 열망을 의미한다. 보리심은 모든 것이 상호 연결되어 있다는 것을 인정하고 경험한 자기감을 인식하고 접하게 된 후 상급 명상가들에게 생겨나는 것으로 알려져 있다. 만약 우리가 과학적 가설을 살펴보듯이 보리심에 대한 과학 이전의 개념을 보게 되면, 우리는 지속적인 마음챙김 수련이 모든 정신적 현상에 실체가 없듯이 자기감도 그렇게 변화시키는 것을 받아들이게 된다. 게다가 이러한 자기감의 변화는 모든 사물과 모든 존재가 상호 연결되어 있음을 인식하게 하며, 모든 개념적 구분과 분리된 존재는 단지 언어적 구성 개념이며 마음속의 상징적 사상들을 관련짓는 행위이다.

이런 식으로, 보리심이 일어나는 것은, 정의상 우리를 다른 사람의 반대 위치에 둠으로써, 평가적 자기 개념에서 벗어나게 하는 것을 포함할 수 있다. 사실, 자기 개념조차도 실제로 무정형, 공(空, sunyata) 혹은 비어있음을 기반으로 한 현실을 경험하는 개념적 과정을 만들어내면서, 서로에 대한 순간순간의 경험과 관련된 지속적인 과정으로 볼 수도 있다. 이러한 관점의 변화는 모든 존재의 모든 고통을 완전히 완화하고자 하는 욕구를 불러일으킨다고 가정한다. 그러므로 불교심리학에서 자비는 관점의 근본적인 변화에서 일어나는데, 그 변화는 내용을 기반으로 한 자기감에서 주의의 순수한 흐름으로서의 자기 경험으로 관점이 바뀌는 것이다. 분명히, 맥락으로서의 자기 경험은 고통에서 벗어나는 데 중요하며, 유연한 관점 취하기에 대한 CBS 개념과 그러한 공식 사이에는 높은 수준의 개념적 연속성이 있다.

내용을 기반으로 한 자기에서 초점을 이동하여 심리적 유연성 관점을 채택함으로써, 높은 자존감에 대한 지속적인 추구(그리고 자기애와 손상된 사회적 비교에 수반되는 단점)를 피할 수 있다. 이것은 자기-자비를 실천하는 것이 자존감을 기르는 것보다 어째서 더 유익한 결과를 가져오는지를 설명하는 데 도움이 된다(Neff, 2009). 심리적 유연성은 자기를 구체화된 실체가 아니라 경험적 과정으로 간주하여, 내용을 기반으로 한 자기를 좋다거나 나쁘다고 판단하거나 평가할 필요를 없앤다. 이는 부끄러움과 비난의 혼잣말을 감소시키고 고통의 맥락에서 자기에게 친절할 수 있는 능력의 증가를 가능하게 한다.

심리적 유연성은 개인이 자신의 핵심 가치에 부합하는 행동 과정을 실행하도록 하며, 아마도 자기-자비가 더 나은 동기부여와 어떻게 연관되는지를 설명하는 데 도움이 된다. 응용심리학에서 자비에 관한 현대적 이론을 탐구하는 경우와 같이, 심리적 유연성과 불교심리학의 자비에 대한 개념화의 관계를 탐구하는 것은 인간 고통의 문제를 다루는 데 있어서 매우 적합한 과학적 발전을 위한 기회가 있음을 보여준다.

3

CFT: 기원, 진화적 맥락 및 실무 개시

CFT는 종종 그 자체로 독립적인 치료 양식으로 사용되지만, 원래는 다른 치료적 모형을 주로 실행하는 실무자가 사용할 수 있는 방식으로 고안되었다. 폴 길버트는 종종 교육 중에 다음과 같이 말했다. "우리는 이것을 자비치료(compassion therapy)가 아니라 자비초점치료(compassion-focused therapy)라고 부릅니다. 왜냐하면 그것은 치료에 자비-초점을 가져 오는 것으로, 당신이 배운 치료법에 자비의 초점을 두기 위한 방법이기 때문입니다."

결과적으로 CBT, ACT 및 여러 형식의 심리치료 실무자들 다수가 다양한 장면에서 기존에 그들이 배웠던 치료법을 버리지 않고도 CFT의 기본 요소와 자비로운 마음 훈련을 통합하여 'CFT 치료자'가 될 수 있다. CFT에서 훈련을 탐색할 때, 그 자체로 확실한 가치가 있다. 사실, 이 책의 저자 두 명은 CFT 이론, 연구 및 실무를 그들의 전문적인 과업으로 삼았다. 그렇지만 자비의 과학에 관한 문헌과 CFT 방법을 접한 것만으로도 자신들의 실무에 이러한 접근을 통합하여 증거 기반과 관련된 자격을 가진 ACT 치료자가 될 수 있으며, CFT의 과정과 절차를 ACT 일관성 중재에 가져와서 자비-초점 ACT를 창출할 수 있는 이론적 및 실제적 가능성을 상기시킨다.

ACT와 CFT의 매우 유사한 발달 과정

ACT와 CFT는 상이한 가설 설정 작업과 서로 다른 문화적 환경 하에서 상당히 다른 과학적 공동체로부터 형성되기 시작했다. 수년 동안 이러한 접근은 서로 독립적으로 발전되어왔다. 예컨대, ACT는 행동 분석적 전통과 CBS 및 기능적 맥락주의의 철학에서 출현한 반면, CFT는 정서적 신경과학과 발달심리학 연구에서 출현했다(Gilbert, 2009a). 그럼에도 불구하고 ACT와 CFT는 모두 그들이 지향하는 방향에서 몇 가지 가정들을 공유하고 있다. 예를 들어 그들은 모두 치료를 전개하는 데 있어서 상향식 접근을 따르고 있으며, 치료 패키지에 증거 기반 과정과 원리의 중요성을 강조하며, 그들의 임상적 가정은 기초 과학에 뿌리를 두고 있다. 게다가 CFT와 ACT는 모두 명상적 전통과 인본주의적 치료를 이용하며 행동치료에 대한 통합적, 경험적 접근을 생성하기 위해 심상과 은유를 사용하고 있다(Gilbert, 2010; Hayes et al., 1999). 매우 유사한 경로로 수년 동안 성장한 후, 많은 요인들이 자비의 과학과 심리적 유연성을 가지고 최근에 함께 합해졌으며, 이들은 새로운 관점과 임상적 기법을 촉진하는 논의를 하게 하였다. CFT와 CBS의 통합에 대해 선행된 많은 업적들은 연구, 적용 및 이론을 포함하고 있으며, 이 장에서는 이러한 모든 요인들을 논의할 것이다.

자비-초점 연구

지난 몇 년 동안, 자비심리학과 CFT에 기반을 둔 연구는 자비를 다루는 다수의 연구 및 임상 출판물의 급격한 증가와 함께 놀라운 비율로 성장해왔다. 예를 들어, 지난 10년간 특히 심상 연습을 통한 자비 함양의 이점에 대한 연구는 급성장을 보여 왔다(Fehr, Sprecher, & Underwood, 2008). 초창기의 한 연구는(Rein, Atkinson, & McCraty, 1995) 자비로운 심상유도를 받은 사람들이 면역 기능 지표(S-IgA)에서 긍정적인 효과를 경험한 반면, 분노 심상유도를 받은 사람들은 부정적인 효과를 보이는 것으로 밝혀지고 있다. 더욱이 신경과학과 심상 연구는 다른 사람을 위해 자비 심상을 연습하는 것은 전두엽 피질, 면역 체계 및 전반적인 웰빙에서 변화를 일으킨다는 것을 보여주었다(Lutz et al., 2008). 특히, 한 연구(Hutcherson, Seppala, & Gross, 2008)는 짧은 자애 명상(loving-kindness meditation)만으로도 낯선 사람에 대한 사회적 유대와 연대감이 증가하는 것을 발견했다. 자비 명상의 이점에 대한 다른 연구(Fedrickson, Cohn, Coffey, Pek, & Finkel, 2008)는 67명의 참가자를 자애 명상 집단에 할당하고 72명은 대기 통제 집단에 할당하였다. 자애 명상 CD을 통한 가정 연습과 함께 한 주에 한 시간씩 6회기 동안의 그룹 세션에 참여한 집단은 질병증상이 감소되었고 긍정적 정서, 마음챙김 및 삶의 목적과 사회적 지지가 증가되었다. 또 다른 연구(Pace et al., 2009)는 6주 이상의 자비 명상이 면역기능과 스트레스에 대한 신경내분비계와 행동적 반응 모두를 향상시키는 것으로 보고하고 있다. 마지막으로 스스로에게 자비로운 편지를 쓰는 것과 같은 간단한 활동이 고통스러운 삶의 사건에 대한 대처를 향상시키고 우울을 감소시키는 것으로 밝혀졌다(Leary, Tate, Adams, Allen, & Hancock, 2007).

이러한 모든 연구는 ACT 실무자들에게 잠재적 가치가 있지만, 이러한 연구의 대부분은 특정한 기계론적 가정에 대한 부담 없이 진행되었으며, 특정한 이론적 지향에 근거를 두지 않은 경우가 많다. 2장에서 살펴본 바와 같이, 응용 자비심리학에 관련된 근본적인 과정과 잠재적인 절차는 대체로 ACT와 일치하는데, 이는 CBS 공동체가 탐구할 수 있는 새로운 길을 제시한다.

관련된 연구를 더 살펴보자면, ACT와 전적으로 일치하는 자비-초점 중재의 몇몇 구성요소들은 심리치료 결과를 향상시키고, 결과에서 매개변인의 역할을 하는 것으로 밝혀졌다. 예를 들어 한 연구(Schanche, Stiles, McCullough, Svartberg, & Nielsen, 2011)는 자기-자비가 주로 불안, 공포 및 회피가 있는 성격장애(군집 C 장애)와 연관된 부정적 정서를 감소시키는 데 중요한 중재자였음을 밝히고 자기-자비를 치료적 중재의 대상으로 권고하였다. 트라우마 경험이 있는 내담자들에게 CBT와 CFT의 병행과 CBT를 비교한 또 다른 연구는(Beaumont, Galpin, & Jenkins, 2012) CBT와 CFT를 병행한 조건에서 유의미한 향상이 없음을 발견하였다. 이 연구에서, CFT는 자기-자비의 유의미한 큰 향상과 관련이 있었는데, 저자는 자비심을 발달시키는 것이 치료에 중요한 부가적 측면이 될 수 있을 것이라고 제안하였다. 마음챙김 기반 인지치료(MBCT)가 우울증에 미치는 효과에 대한 연구에서(Kuyken et al., 2010), 연구자들은 자기-자비가 마음챙김과 회복 사이에서 유의한 매개변인이라는 것을 발견하였다. 사실, 임상 현장과 비임상 현장 모두와 관련된 연구에 대한 메타 분석에서 자비-초점 중재가 유의미하게 효과적인 것으로 밝혀졌다(Hofmann et al., 2011). 자기-자비는 자존감과 구별될 수 있으며, 웰빙에 대한 어떤 측면은 자존감보다 더 잘 예측하는 것으로 밝혀졌다(Neff & Vonk, 2009). 또한, 자기-자비 척도를 이용한 상관 연구에서(Neff, 2003a), 자기 비난을 통제한 경우에도 자기-자비는 불안이나 우울의 보호 요인으로 작용한다는 것이 밝혀졌다. 자기-자비 척도가 높은 사람은 자율성, 유능감 및 정서적 지능과 같은 긍정적인 심리적 특성도 높은 것으로 보고되었다(Neff, 2003a; Neff, Rude et al., 2007).

심리치료와 일상적인 삶에서 자비를 유용한 과정으로 지지하는 연구들이 증가하는 것 이외에, CFT 자체는 결과 연구를 통한 경험적 지지가 증가하는 것으로 보인다. 주간 병원을 이용하는 만성적인 정신건강 문제를 앓고 있는 사람들을 대상으로 한 초기 임상 연구(Gilbert & Procter, 2006)에서 CFT가 자기 비난, 수치심, 열등감, 우울 및 불안을 유의미하게 감소시켰음이 보고되었다. 통제되지 않은 또 다른 연구(Ashworth Gracey, & Gilbert, 2011)는 CFT에 유용한 부가적 측면이 있음을 발견하고 후천적 뇌손상을 입은 사람에게 초점을 맞추었다. 게다가 정신과적 장애를 가진 사람에게 CFT를 사용한, 중요한 무작위 대조군 연구(Braehler Harper, & Gilbert, 2012)에서 일반적인 치료 조건과 비교했을 때 높은 수준의 인내심과 낮은 손상뿐만 아니라 유의미한 임상적 향상과 자비의 증가가 발견되었다. 이와 유사하게, 법의학적 정신건강 환경에서 정신병에서 회복된 환자 표본에 대한 임상 연구(Laithwaite et al., 2009)에서 다른 사람에 비해 우울, 자존감 및 자기감에서 유의미한 향상이 발견되었다. 다른 결과 연구에서, CFT가 성격장애(Lucre & Corten, 2012), 섭식장애(Gale, Gilbert, Read, & Goss, 2012) 및 지역사회 정신건강팀에 소개된 여러 다른 종류의 정신건강 문제(Judge, Cleghorn, McEwanm & Gilbert, 2012)를 치료하는 데 유의미하게 효과적이었음이 보고되었다. CFT가 보다 널리 퍼짐에 따라 보다 많은 수의 임상가와 연구자들이 그 방법과 철학에 대한 이해와 기술을 습득하게 되고, 증가된 결과 연구는 이 모델을 더 깊이 검증하여 혁신과 개선을 가져오게 될 것이다.

CFT와 자비심리학의 과정과 결과 연구가 급속히 확장하고 있는 바로 그 순간에도 ACT와 심리적 유연성에 대한 모형은 기하급수적으로 증가하는 연구, 적용 및 치료적 혁신을 계속해왔다. 행동치료의 맥락적 접근은 증거 기반 치료와 관련된 문화적 논쟁에서 중요한 역할을 하고 있음이 분명하다. 아울러 맥락적 행동과학은 점점 진화론 내에서 언어와 인지 모델을 확립해가고 있다(D. S. Wilson et al., 2012). 『인간 본성과 고통』(*Human Nature and Suffering*;

Gilbert, 1989)에서 CFT 개념을 처음으로 언급하기 시작하였지만, 진화론은 CFT의 개념적 발상지이기 때문에 ACT와 CFT는 공통 기반을 가지고 움직인다. 따라서 CFT와 ACT라는 다소 다른 렌즈를 통해서 인간의 고통 문제를 살펴보더라도, 우리는 두 접근법에 상당한 공통점이 있음을 알게 된다. 두 렌즈에 공통된 초점이 가능한 것으로 보이며 이들 상호보완적인 관점 사이의 마찰에 의해 발생하는 대화와 다양성은 마찰로 인한 열기만큼 많은 빛을 생성할 수 있을 것이다.

맥락적 자비-초점 적용과 CBS 공동체

이 책의 존재에 의해 입증된 바와 같이, CFT의 적용과 CBS 공동체의 발전 모두의 측면에서 자비심리학과 맥락심리학의 통합이 진행되고 있다. 지난 몇 년 동안, 수많은 ACT 심리학자들은 중재와 훈련에 자비심리학의 구성요소를 추가하는 것(Forsyth & Eifert, 2007; Wright & Westrup, in press; Yadavaia, 2013)에서부터 ACT 자기 개발서의 과정변인으로서 자기-자비를 연구하기(Van Da, Sheppard, Forsyth, & Earleywine, 2011)와, 자비가 어떻게 가치 저술 과정과 관련되는지를 조사하기(Dahl et al., 2009)에 이르기까지 자신들의 작업에 자비-초점 기법을 통합해 왔다. 연구와 실무를 포함한 ACT내에서 이루어진 초창기의 많은 자비 관련 작업은 크리스틴 네프(Kristin Neff; 2003a)가 묘사한 것처럼 자기-자비의 개념을 포함하고 있다.

이러한 추세로 인해 자기-자비에 대한 네프 모형이 심리적 유연성 과정으로 전환되었다(Neff & Tirch, 2013). 앞에서 언급한 바와 같이, 두 모형 사이에는 상당한 개념적 연속성이 존재하는데, 특히 웰빙의 핵심으로써 마음챙김과 탈동일시 및 인류 공통적 경험의 중요성을 얼마나 강조하느냐와 관련해서이다.

지난 몇 년 동안, CFT는 ACT 치료 발달을 위한 과학적 기초를 형성한 맥락적 행동과학 운동의 다리를 놓는 것에 점점 더 관여해 왔다. 이는 ACBS(Association of Contextual Behavioral Science) 내의 자비 중심 특별 관심 집단 조직을 비롯하여, CFT 창시자인 폴 길버트와 '맥락적 행동과학 협회(ACBS)'의 많은 구성원이 포함된 훈련계획, 이론적 토론 패널 및 연구 협력을 통해 이루어졌다. 치료 향상의 측면에서, 불안에 관한 최근 CFT 자조 기반 중재는 심리적 유연성 모형의 요소들을 통합하고 있다(Tirch, 2012). 더욱이 정신증 치료에서 CFT의 효과성을 입증하는 첫 번째 무작위 통제 연구(Braehler et al., 2012)에 참여한 연구팀은 현재 ACT 과정이 정신증 이후의 우울 치료에 얼마나 유용하게 작용하는지를 연구하고 있다(White et al., 2011). 분명하게 이 논의의 핵심은 CFT의 두 가지 자비 심리학과 ACT의 심리적 유연성 모형 간의 관계에서 진화해왔다.

수치심에 근거한 장애의 치료에서 CFT 뿌리

CFT는 높은 수준의 수치심과 자기 비난, 정신병리의 취약성에 대한 초진단적인 요소를 가진 사람(Gilbert & Irons, 2005; Zuroff, Santor, & Mongrain, 2005)과 치료적 과정을 심각하게 방해할 수 있는 요소를 가진 사람(Bulmash, Harkness, Stewart, & Bagby, 2009; Rector, Bagby, Segal, Joffe, & Levitt, 2000)을 위해 개발되었다. 자비와 친화적 감정을 기르는 것은 수치심과 자기 비난을 다루기 위한 핵심 과정이다(Gilbert & Irons, 2005). 수치심과 자기 비난은 종종 자기를 폄하하는 생각과 분노(Kolts, 2012), 불안 혹은 혐오(Gilbert & Irons, 2005; Whelton & Greenberg, 2005)와 같은 감정에 융합하거나 몰두하게 한다. 더욱이 여러 진단에 걸쳐 있는 불안과 우울 증상은 높은 수준의 수치심 및 자기 비난(Kannan & Levitt, 2013; Zuroff et al., 2005) 그리고 낮은 수준의 자기-자비와 상관이 있었다(Neff, 2009). 또한 사람들의 경험이 위협에 초점을 둔 생각 및 위협에 기반한 정서에 의해 압도될 때, 그들은 종종 공감능력이 감소될 뿐만 아니라 주의력과 행동 레퍼토리가 좁아지는 경우가 많다.(Fredrickson, 2001; Hayes & Shenk, 2004; Negd, Mallan, & Lipp, 2011; Wachtel, 1967). 이러한 효과는 의미와 목적 있는 삶을 누리지 못하게 하고, 보상의 원천이 줄어들게 만든다(Eifert & Forsyth, 2005). 한 연구(Whelton & Greenberg, 2005)에서 자기 비난의 부정적 효과는 생각의 형태나 내용만이 아니라 부분적으로는 자기 비난을 동반하는 실망, 분노 및 경멸의 감정에 의해서도 야기된다고 밝히고 있다.

폴 길버트는 20년 전 인지행동치료법을 이용하여 사람들이 자신의 우울하거나 불안한 생각을 재평가하고 재조직하는 것을 돕기 위해 초기에 어떻게 자비-초점 접근을 개발하기 시작했는지를 기술하고 있다(Tirch & Gilbert, 언론에서). 길버트는 사람들이 증거 기반 사고를 하려고 할 때, 이들 대안적 사고의 내적 목소리가 여전히 적대적이거나 무섭다는 것을 발견하였다(Gilbert et al., 2012). 자기 적개심과 수치심을 특징으로 하는 내적 대화는 인지적 논쟁뿐만 아니라 온화함, 친절 및 동정어린 정서적 경험을 향한 어조의 변화에도 반응하지 않는 것처럼 보인다. 영국에서 길버트와 그의 동료들은 친근함, 애착, 정서 조절에 대한 기초 심리 과학의 탐험을 이끌었으며, 이 탐험은 오늘날에도 국제적으로 계속되고 있다. 흥미롭게도, 이 초기 개발 기간은 미국의 CBS와 ACT의 초기 혁신과 거의 동시다발적이다.

CFT와 진화론

CFT의 주요 초점은 심리교육을 위한 기초로써 진화론적 통찰을 사용하고 마음의 내용과 과정을 비인격화시켜서 사람들이 수치심과 자기 비난을 이야기하도록 돕는 것이다. 언급한 바와 같이, 이는 ACT 융합 과정과 공명한다. 그 명칭에서 암시하는 바와 같이, 맥락적 행동과학은 정신적 사건이 일어나는 맥락에 초점을 맞춘다. 비슷한 방식으로, CFT는 세 가지 주요 영역에서 정신적 사상과 인간의 고통을 관련지어 설명한다.

- 고통은 우리가 상처받기 쉽고, 악화되어 질병에 걸리고 죽게 되는 생물학적 몸을 지닌 존재로 진화되었기 때문에 일어난다. 더욱이, 우리의 뇌는 부모와 애착 형성하기, 집단에 소속하기, 지위 추구하기, 성적 파트너로 선택받기 혹은 부모로 행동하기 등과 같은 종-적합(원형) 동기 및 행동을 실행하도록 진화되어 왔다. 여기에 갈등하는 동기, 정서 및 사고방식이 뇌에 가득 차 있기 때문에 고통에 관한 잠재력이 풍부한 진화적 맥락 안에 정신적 고통이 자리를 잡고 있다. 따라서 마음에 일어나는 대부분의 것들은 우리의 '잘못'이 아니다. 그렇지만 우리는 도움이 되는 유용한 기술과 접근 방식을 기르는 방법을 학습할 수는 있다.
- 고통은 개인이 가지고 있는 학습 이력 맥락 내에서 일어나는데, 삶의 경험이 생리적 수준뿐만 아니라 안전 전략, 목표, 가치 및 자기 정체성의 수준에서 표현형 발달에 영향을 미치는 방식을 포함한다.
- 고통은 개인의 현재 순간의 맥락 안에서 일어난다. 즉, 여러 요인들이 순간순간의 경험으로 인해 일어날 수 있다.

진화적 맥락

정신건강 문제에 진화적 접근을 사용하면(Gilbert, 1989, 1998; Nesse, 1998) 우리의 마음이 타협과 절충이 가득한 방식으로 구성되어 있다는 것을 인식하기가 쉽다(Brune et al., 2012; Gilbert, 2001). 그래서 CFT는 일반적으로 현재 진화론적 이해에 기초한 심리교육적 모형을 소개하는 것부터 시작한다. 시간이 경과할수록, 이 모형은 보다 정교해지고, 마음의 내용을 자신으로부터 떨어뜨려서 바라보고, 수치심을 감소시키는 과정의 핵심이 되고 있다.

현실성 점검

진화론적 맥락 안에서 내담자들이 자신들의 경험을 다룰 수 있는 다양한 CFT 방법이 있는데, 인간 정서의 진화적 기능을 고려한 협력적 사례 개념화의 개발, 이야기, 심리교육, 은유 등이 포함된다. 치료 초기에, 대부분의 CFT 치료자들은 현실성 점검(Reality Check)으로 알려진 반구조화된 토론을 사용하는데, 이는 내담자에게 진화의 맥락을 소개하고 대부분의 삶의 경험이 그들의 선택 밖의 일이었으며 고통은 인간 삶의 자연스러운 부분임을 알 수 있도록 도와준다.

CFT내에서, 심리교육이 밝히고자 하는 많은 것들은 실제로 치료자와 내담자 간의 토론으로 촉진되는 유도된 발견 과정을 통해 근본적이고 철학적인 인식의 전환을 낳는 방법이다. 많은 다양한 형태의 치료적 이론과 실습이 작업의 개별 측면을 통해 드러날 수 있는 반면 CFT에서 진화적 모형은 자비를 불러일으킬 수 있는 접근인 인간 존재의 본성에 마음챙김 통찰을 기를 수 있는 핵심적인 요소이다. CFT 실무자들은 참여적이고 공개적이며 의도적으로 정서를 자극하는 태도를 취하면서 내담자들이 마음의 본질에 관한 진화 심리학의 통찰력을 경험적으로 적용할 수 있도록 이러한 방식으로 작업을 시작한다.

중재
현실성 점검

현실성 점검은 이야기, 은유, 유도된 발견을 포함하고 있는 협력적 토론이다. 아울러, 내담자와 치료자는 모두 같은 종이며 인류애를 공유하고 있다는 사실을 반영하는 방식으로 인간 고통의 진화적 맥락을 탐구한다. 치료자들은 다음과 같은 설명으로 시작할 것이다. "우리는 모두 유전자에 의해 어느 정도 같은 방식으로 만들어졌으며, 이는 우리에게 매우 까다로운 뇌를 선사하였습니다. 모든 사람의 뇌는 공통적인 감정, 동기 및 사고방식을 가지고 있습니다. 이것은 환경적인 도전에 직면하여 문제를 해결하는 경우와 같은, 몇몇 정신적인 경험에는 크게 도움이 됩니다. 그러나 우리가 통제할 수 없는 꽤 먼 미래에 일어날 사건에 대해 걱정하는 것과 같은 정신적 사건들에는 꽤 고통스러울 수 있습니다." 내담자와 치료자는 삶의 흐름에서 드러나는 역할에 대한 내담자의 반응을 탐구하기 위해 치료자가 소크라테스식 질문법을 사용하는 더 자세하고 안내된 발견을 하는 데 참여할 것이다.

CFT 치료자는 내담자의 반응과 질문을 들으면서, 비언어적 의사소통, 정서적 표현 및 탈병리화된 언어를 통하여 내담자의 정서적 반응을 검증하기 위해 **감정 맞추기**(affect matching)를 한다. 심지어 치료의 초기단계에서 치료자는 내담자의 특정 부분에서 유연한 관점 취하기를 불러일으키기 위하여 의도적으로 치료자 자신의 정서 과정에 대한 마음챙김을 사용하고 대화를 천천히 하는 등의 **공감적 다리**(empathic bridging)를 사용할 수도 있다. 처음부터, CFT 치료자는 자신을 위해서가 아니라 내담자와 함께 생각하면서 내담자의 눈을 통해 세상을 이해하는 것을 목표로 삼는다.

진화론적 모형을 도입한 후에, CFT 치료자는 우리가 생물학적인 존재이기 때문에 삶은 고통으로 가득 차 있다는 사실을 밝힌다. 치료자들은 다음과 같은 예시를 제공한다. "인간을 괴롭힐 수 있는 수백만 가지의 잠정적인 바이러스와 질병들이 있으며, 때로는 장기적인 결과로 인해 쉽게 부상당한다. 우리의 삶은 대략 평균 25,000일에서 30,000일 정도로 상대적으로 짧으며, 이 기간 동안 우리는 잠시 동안은 잘 지낼 수도 있지만, 점차 약해지고 기능을 잃어갈 것이다."

이에 따라, 치료자들은 "그 사람 자신의 특정한 견해는 그 사람의 사회학습 이력에 의해 형성되었다"라는 사회 맥락적 관점을 만든다. CFT 치료자는 다음과 같은 예를 사용하여 종종 그 점을 설명한다. "만일 내가 태어난 지 3일 만에 납치당해서 폭력적인 마약 조직에 의해 양육되었다면, 나는 어떤 사람이 되었을까요? 성장했을 때, 범죄 조직에서 마약상의 아들은 가족 사업의 일환으로 폭력 범죄를 저지릅니다. 내가 그런 종류의 사람이 될 수 있다고 생각하고 싶지 않은 만큼, 그러한 이력을 가지고 있다면 나는 매우 다른 사람이 될 수 있습니다." 치료자는 이를 상세하게 반영하도록 내담자에게 권유한다. 치료자가 공격적이 되거나 혹은 심지어 사람을 죽이려 들거나, 아마도 감옥에 감금되거나 혹은 이미 죽는 등 매우 다른 유형의 사람이 될 수도 있었다는 사실에 대한 통찰을 내담자가 얻었을 때, 우리는 모두가 비슷하다는 것을 인식하는 방향으로 변화를 시작할 수 있다. 사실 생애 초기의 경험도 유전자의 발현과 뇌의 각기 다른 영역의 성숙에 영향을 줄 수 있다. 즉, 사회적 맥락이 얼마나 강력한가 하는 것이다. 그리고 당연하게도 치료자는 다음과 같은 질문을 제시한다. "웰빙에 도움이 되는 방식으로 우리의 마음과 자기에 대한 감각을 구성하도록 자신의 모습을 선택하고 훈련하는 것이 가능한가?

단순한 심리교육과는 다르게, 현실성 검증은 내담자의 수용과 탈융합 연습을 돕는 첫 단계이다. 또한 내담자는 변화 과정에 참여하고 동시에 자신의 웰빙에 도움이 되는 마음상태를 함양할 책임을 느끼기 시작한다.

구뇌와 신뇌의 상호작용

내담자에게 인간의 마음이 깊은 배려와 자비를 보일 수 있을 뿐만 아니라 어떻게 잠재적으로 파괴적일 수 있는지 보여주기 위해, CFT 치료자들은 일반적으로 뇌의 윤곽을 그리고 〈그림 5〉에서 보는 것처럼 이름표를 붙이기 시작한다.

진화 초기의 뇌 기능을 논의할 때, 편리를 위해서 치료자는 이것을 **구뇌**(old-brain) 심리학이라고 부른다. 여기에는 영역을 주장하는 것, 갈등하고 적극적인 상호작용을 하는 것, 집단에 소속되는 것, 동맹을 형성하는 것, 성적 욕망을 갖는 것, 후손을 돌보는 것 그리고 결정적으로 보다 더 침착해짐으로써 애착과 친화에 답하는 것과 같은, 다른 동물과 공유하는 많은 행동과 사회적 동기 및 감정이 포함된다.

이것이 CFT와 ACT 간의 구별점이다. CBS는 맥락 안에 있는 전체 유기체의 행위가 행동의 예측 및 영향을 위한 분석 단위로 합의된다는 일련의 가정에서 진행되는 반면, CFT는 지구상에 있는 생명의 흐름 맥락에서 진화된 능력의 집합적인 세트로 출현한 뇌를 탐구한다. 이는 특정한 맥락주의이지만, CFT는 명백하게 정신적 사건을 종속적 변인으로 보기보다는 정서에 대한 진화론적인 기능적 분석을 위해 유기체 내부를 본다. 조건형성 원리와 체화된 정서 과정 모두는 CFT에서 필수적이다. 이것은 CFT 이론 내에서 정서적 반응의 중요한 부분이며, 이 모형 전반에 걸쳐 정서 조절, 애착 및 친화의 과정에 중점을 둔다. 따라서 이 생각은 이들 동기와 정서 체계가 우리에 의해서가 아니라 우리 안에서 구축되었다

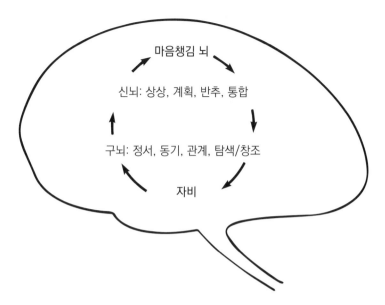

그림 5. 마음챙김, 자비 그리고 구뇌와 신뇌의 기능 사이의
상호작용.(Reprinted from Gilbert & Choden, 2013, with
permission from Constable and Robinson.)

는 사실에 대한 분명한 통찰을 얻도록 돕는다. 한 종으로서 우리는
여기에서 많은 구뇌 기능과 강렬하고 흥미진진하며 정서적으로
추동되는 행동 패턴을 가진 마음을 지니고 있는 우리 자신을 발견
한다(Gilbert, 2009a).

다음으로, CFT 치료자들은 진화된 **신뇌**(new brain) 혹은 생각하
는 뇌와 관련된 인간문제를 탐구한다. 사실, 인간은 영장류(thinking
ape)라고 불려 왔다(Byrne, 1995). 불행하게도, 우리의 진화된 사고 능
력은 문제와 장점을 모두 만들어낸다. 1장에서 언급한 바와 같이,
약 200만 년 전에 인간은 상상, 논리, 반영, 예측 및 자기감의 생성

등을 포함한 모든 범위의 새로운 인지 능력을 발달시키기 시작했다. 논의된 바와 같이, 맥락적 행동이론과 연구에 따르면 이러한 정신적 능력은 인간이 환경에서 자극들 간의 관계를 끌어내기 위해 시작한 방식에 근거하고 있다(Roche, Cassidy, & Stewart, 2013). 인간에게 있어서, "우리의 유전적으로 진화된 능력과 사회적 공동체에 의해 강화 받아온 이력의 조합"(Hayes et al., 2012, p.360)은 CFT가 신뇌 심리학(new-brain psychology)이라고 언급하는 다양한 역량을 갖게 되었다. 즉, 언어 사용, 상징 이해, 문제해결 및 인지를 통한 학습의 정교화가 그것이다.

CFT에서 핵심 원칙 중 하나는 이들 신뇌 역량이 동기와 정서의 구뇌 체계에 연결되고 자극을 주고, 자극을 받는 방식을 이해하는 것이다. 정서는 언어 이전 구뇌의 진화적 반응 패턴에서 나타날 수 있지만, 인간의 정서적 경험은 사회적 맥락에 의해 형성되고 신뇌 역량을 포함하는 인지와 언어 행동으로 표현되고 파생된다. CFT는 신뇌 인지 역량을 갖추고 태어나기 전에 결정된, 이미 고정되어 있는 정서적 및 동기적 반응의 상호작용이 인간의 수많은 고통을 일으키는 원인 중 일부라고 상정한다. 지적인 마음을 가지고 부족의 복수를 획책하면 결국 끔찍한 잔혹 행위를 하게 되고 핵무기를 사용하게 될 것이다. 이와 마찬가지로 신뇌 역량으로 마음을 채우고, 이 역량을 다른 사람을 돌보고 돕는 것과 관련된 동기적 체계와 연결하게 되면, 자비의 근원을 발견하게 될 것이다(Gilbert, 2009b).

CFT 치료자들은 사자에게서 도망치는 얼룩말을 상상하는 것과 같은 은유와 예시를 사용하여 내담자가 구뇌와 신뇌 역량 간의 상호작용을 경험하고 이해하는 것을 돕는다. 일단 얼룩말이 사자에게서 벗어나면, 얼룩말은 신속하게 진정되어 먹이를 먹거나 혹은 다른 활동을 하게 될 것이다. 위협에 근거를 둔 얼룩말의 정서는 몇 분 안에 안정적인 기저선으로 되돌아가지만, 사건을 예상하고 가능한 내적 표상을 만들어내는 인간의 인지능력 때문에 인간에게는 이런 가능성이 거의 없다. 만약 얼룩말이 인간처럼 생각한다면, 얼룩말은 사자에게 잡힌다면 무슨 일이 일어날지 그리고 내일 사자에게 잡힐 수도 있다는 것을 상상하고 반추하기 시작할 것이다. 그러면 이 얼룩말은 산 채로 잡아먹히거나 내일 사자를 만나지 않거나 혹은 심지어 사자 두 마리를 만나는 재앙이 일어나면 어떤 일이 발생할 것인지와 관련된 거슬리는 시뮬레이션이나 상상 혹은 환상을 경험할 것이다! 인간의 뇌는 문제를 해결하고 과학과 문화를 창조할 수도 있는 반면 끔찍한 내적 올가미로 우리를 잡아둘 수도 있는데, 왜냐하면 우리의 사고와 상상은 진화된 동기와 정서를 포함하는 생리적 체계를 자극함으로써 우리의 마음에 수많은 가능성을 시뮬레이션 하도록 하기 때문이다. 이것이 로버트 새폴스키(Robert Sapolsky)의 유명한 책『당신을 병들게 하는 스트레스의 모든 것』(한국어판, 사이언스북스, 2008)(*Why Zebras Don't Get Ulcers*, 2004)의 핵심이다.

CFT에서 정서 조절 과정

CFT는 진화된 정서와 동기 체계 그리고 특정 정서 조절 체계의 자극과 양성에 초점을 맞춘다. 이것은 정서가 진화된 그리고 새롭게 출현하는 동기를 제공하고, 정서가 동기를 만들고 강화한다는 심리학적인 과학적 관점을 따른다. 실반 톰프킨(Silvan Tompkins, 1963)이 몇 년 전에 말한 것처럼, 사람은 감정이 중요할 때 무엇이든 하도록 동기를 부여받을 수 있지만, 감정이 없으면 자극을 받을 수 없다. 그렇지만 정서와 동기는 집단의 구성원 되기, 사회적 지위 얻기, 우정 개발하기, 성적 파트너 구하기, 애착 형성하기 및 후손 양육하기와 같은 중요한 진화적 궤적을 따르며(Gilbert, 1989, 2009a), 우리가 얼마나 잘 하고 있는지 혹은 잘 못하고 있는지에 대한 신호를 보낸다. 이러한 진화적 궤적은 선천적으로 강화된 사회적 행동 및 다른 행동들과 연관되어 있다.

그러므로 정서는 우리의 행동을 실시간으로 파악하기 위해 진화되어 왔으며 정서의 예측은 종종 동기와 정서를 이끈다. 진화적 분석과 정서 신경과학 연구(Depue & Morrone-Strupinsky, 2005)는 최소 세 가지 유형의 정서 체계가 있다고 제안한다(〈그림 6〉). 때로 삼원 모형(three-circle model)이라고도 하는, 인간 정서에 대한 CFT 모형은 인간의 정서 조절을 포함한 복잡한 상호작용 과정을 설명하고 있는데, 이는 임상적으로 적용할 수 있는 방법으로 몇 가지 복잡한 과학에 대한 이해를 목표로 한다. 일반적으로 그렇듯이 이 모형에는 지나친 단순화의 위험이 있다. 그럼에도 불구하고, 우리가 상담

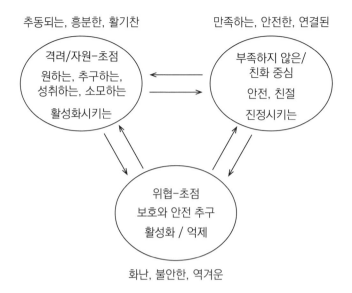

추동되는, 흥분한, 활기찬 　　　　　 만족하는, 안전한, 연결된

격려/자원-초점
원하는, 추구하는,
성취하는, 소모하는
활성화시키는

부족하지 않은/
친화 중심
안전, 친절
진정시키는

위협-초점
보호와 안전 추구
활성화 / 억제

화난, 불안한, 역겨운

그림 6. 세 가지 주요 정서 조절 체계(Reprinted from Gilbert, 2009a, with permission from Constable and Robinson.)

실에서 내담자와 그들이 지닌 자비로운 지혜와 직접 작업할 때, 인간 정서의 진화를 이해할 수 있는 다리를 형성한다.

격려/자원-초점 체계

이 모형의 세 가지 정서 조절 체계 중 첫 번째는 격려/자원-초점 체계(incentive/resource-focused system)인데, 목표 추구하기, 소비하기 및 성취하기에 기여하는 인간 행동을 포함한다(Gilbert, 2007, 2009a). 이는 기쁨, 즐거움 및 흥분의 감정이다. 이 감정들은 성취하기, 승리하기, 성공하기와 관련되어 있으며, 생존과 번식의 성공을 향상시키는 자원을 획득하는 동기를 제공한다. 격려/자원-초점 체계는 다른 정서 조절 체계보다 더 크게 도파민 (보상) 체계를 활성화시키는 것 같다. 목표를 추구하고 흥분을 추구하는 행동을 하고 획득과 성취를 향해 추동될 때, 이러한 정서 체계가 활성화되고 우리가 주변 세계에 반응하고 행동하는 방식에 중심 역할을 수행한다.

중요한 것은, CFT가 특정 정서 체계가 활성화될 때 우리 경험의 많은 차원이 영향 받는다는 것을 인식하는 것이다. 예를 들어, 당신이 엄청난 액수의 복권에 당첨되었다는 것을 알고 은행 계좌에 수백만 달러가 입금될 것이라는 상상을 해보자. 당신의 몸에서 무엇을 느낄까? 당신의 몸에서 무엇을 느끼게 될까? 당신의 마음에서 어떤 생각이 일어날까? 어떤 감정이 일어날까? 당신의 주의는 집중되고 빈틈이 없는가, 아니면 광범위하고 종잡을 수 없는가? 어떤 충동이 일어날까? 당신은 이 새로 생긴 돈과 새로운 가능성을 가지고 무엇을 해야 할 것인지 밤새 궁리하는 당신을 발견할 것인가? 분명하게, 환경적 사건 — 혹은 단지 그러한 사건에 대한 생각만으로도 — 이 격려/자원-초점 체계를 활성화시킬 때, 인간 존재의 많은 차원이 영향을 받고 영향을 미친다.

위협-초점 체계

세 가지 원형 모형에서 두 번째 정서 조절 체계는 매우 민감한 **위협-초점 체계**(threat-focused system)이다. 포식자, 질병 및 자연 재해와 같은 지속적인 위협에 직면했던 우리의 유전적 조상들은 환경에서 빠르게 위협을 탐색하고 신속하게 반응하기 위한 '유비무환' 과정을 가지고 진화했다. 위협-초점 체계는 편도체와 변연계를 포함한 뇌의 오래된 진화적 구조의 일부와 고전적인 투쟁, 도피 또는 동결 반응과 같은 방어 행동을 활성화시키는 세로토닌성 체계(Gilbert, 2010)를 포함한다. 이에 포함된 정서는 분노, 불안 및 혐오와 같은 정서이다(LeDoux, 1998). 우리는 종종 내담자에게 '항상, 24/7(1년 내내 언제나), 유비무환, 위협 탐지 마음' 같은 것으로 이 체계를 설명한다. 과도한 장황함 때문이거나 혹은 과도한 장황함에도 불구하고, 내담자들은 우리가 언급하는 정서적 상태가 어떤 것인지를 곧바로 알게 된다.

부족하지 않은/친화-초점 체계

반면, 세 가지 원형 모형의 세 번째 정서 조절 체계인 **부족하지 않은/친화-초점 체계**(nonwanting/affiliative-focused system)는 만족감과 연계성 경험을 기반으로 한다. 위협을 받지 않거나 생존 욕구와 생식 욕구를 채우려 하지 않을 때, 동물은 잠잠해질 수 있으며 따라서 '휴식과 소화' 기능을 수행하고 안전과 평화의 경험을 제공하는 정서와 상태가 진화될 수 있다. 많은 동물들은 단지 위협을 없애기만 하면 진정될 수 있다. 그러나 포유류의 애착이 진화하는 동안, 휴식과 소화 체계는 진정 반응을 일으킬 수 있는 친화 신호이며 안전 상태라는 신호로 적응해 왔다(Carter, 1998; Porges, 2007). 따라서 유아가 고통스러울 때, 부모의 존재와 신체적 접촉은 위협과정을 하향조절하고 유아를 진정시킬 수 있다. 이는 옥시토신(oxytocin)과 오피오이드(opioid) 체계를 포함하는 양육, 확인 및 공감과 같은 친화지향 경험과 정서를 반영한다(Gilbert, 2007).

이런 식으로, 인간은 불안 체계를 하향조절하고 진정감을 통해 친절과 온화함에 자연스럽게 반응하도록 진화되어왔다. 이는 다른 사람과의 안정적이고 온화하며 공감적인 상호작용으로 안전감과 편안함을 느낄 수 있는 유전적 소인 능력을 포함한다(Gilbert, 2010). 이 친화-초점 안정 체계는 참여적이고 유능한 부모가 그 자녀와 형성하는 안정적이고 양육적인 맥락을 떠올리는 경험에 의해 활성화된다(Bowlby, 1968; Fonagy & Target, 2007; Sloman, Gilbert, & Hasey, 2003). 그러므로 인간에게 있어서 부양과 양육의 진화는 미주신경 구조, 자율신경계의 기능, 감정 조절 및 인간의 사회적 행동에 영향을 미쳤다(Porges, 2003). 여러 면에서, 친화-초점 정서 체계는 자비 경험의 핵심이다.

맥락의 문제

이러한 각각의 세 가지 감정 체계는 환경적 사건이나 심지어 마음의 사건에 의해 활성화될 때, 우리의 활동과 정신적 사건을 정리하게 한다. 우리는 우리의 정서적 세계에서 환경이 무엇을 유발하는가에 따라 물리적 위험으로부터 무서워하며 도망갈 준비를 하거나 큰 게임에서 승리하기 위해 다운필드'로 기쁘게 달려갈 준비를 할 수도 있다. 자비는 항상 분명하지 않은 방법으로 안전, 만족 및 내적 권위의 경험과 관련되어 있으며, 그러한 경험은 지속적인 방식으로 힘을 줄 수 있다. 의도적으로 마음챙김 자각을 사용하고 자비에 대한 우리의 경험을 활성화함으로써, 우리는 의미 있는 삶을 향해 전진하는 과정에서 안정성과 준비의 장소를 발견하게 될 것이다.

CFT에서 애착, 진정 및 친화 정서

현재 포유류가 미숙한 자손을 위해 출산을 진화시켰으며, 애착 체계는 유아와 부모 간의 정서 조절 체계의 핵심이 되었다는 상당한 증거가 있다(Cozolino, 2010; Mikulincer & Shaver, 2007a; Siegel, 2012). 언어와 인지에 관한 인간 능력이 진화함에 따라 인간의 뇌 크기가 커졌는데, 인간은 진화적으로 우리와 가장 가까운 관계에 있는 침팬지에 비해 거의 3배나 큰 약 92입방인치(1,500cc)의 뇌를 가지고 있다. 따라서 인간의 두뇌가 임신 기간에 현재보다 더 충분히 발달하게 되면, 태아가 산도를 통과할 수 없을 정도로 두뇌가 너무 커질 것이다. 그러므로 우리는 말하자면 '불충분하게' 발달한 뇌를 가지고 태어난다. 인간 유아는 매우 취약하고 우리는 낮은 출산율과 우리 종의 생존을 위한 보호, 지원 및 양육 행동이 요구되는 요

---

1 미식축구에서 공격 팀이 공격하고 있는 방향의 경기장.

인들을 가지고 있다. 언급한 바와 같이, 이는 양육, 안전 및 친화를 제공하는 타인의 존재에 진정 반응을 만들어내는 부교감 신경계를 활성화하기 위해 부교감 신경계와 교감 신경계의 중요한 진화적 변화를 가져왔다(Porges, 2007).

이에 더해서, 옥시토신 체계를 포함한 친화 신호를 탐지하고 이에 반응하도록 전문화된 뇌 체계가 진화되었다(Carter, 1998). 옥시토신은 신뢰와 친화 관계 형성을 돕고, 친화 관계를 자극하고 친화 관계에 의해서 자극을 받는다(Uvnäs Moberg, 2013). 게다가 옥시토신은 편도체의 위협과정을 진정시키는 데 직접적인 영향을 미친다(Kirsch et al., 2005). 따라서 친화 행동의 경험이 정서를 높은 수준으로 조절하며, 특히 위협과 관련된 정서를 조절한다는 상당한 증거가 있다(Uvnäs Moberg, 2013). 애착 이론가들은 건강한 애착 유대와 관련된 친화적 정서 경험이 자신의 세계를 탐험하고 도전에 직면할 수 있는 안전 기지 역할을 한다고 제안한다(Bowlby, 1969, 1973; Mikulincer & Shaver, 2007).

CFT는 애착 이론가들의 접근 방식을 기반으로 하며, 타인의 내적 작동 모델이 안전 기지의 근원으로 문제가 될 수 있다는 것을 인식한다. 많은 사람들이 양육자나 양육 행동의 맥락에서 학대나 외상 혹은 방치를 경험해왔다. 이는 고전적 조건형성을 통해 증가된 위협과 관련될 수 있는 진정 체계를 활성화시키는 원인이 될 수 있는데, 진정의 활성화와 함께 자비와 곤란에 대한 두려움을 야기할 수도 있다(Gilbert, 2010). 그러므로 CFT는 점진적이지만 압도되지 않는 방식으로 참조 및 조직화된 과정의 내적 관점으로 친화-초점 정서 체계를 자극하고자 한다. 다음의 장에서 우리는 자비로운 마음을 기르고 자비로운 유연성을 생성할 수 있는 많은 기법과 심상화 및 실습에 대해 서술할 것이다. 그렇지만 CFT에서 자비의 양성은 진정시키는 리듬 호흡(Trich, 2012)과 같은 연습을 통해, 마음챙김과 느긋함, 리드미컬하고 안정된 호흡(Gilbert, 2009a)의 조화를 통해 주의를 효율적으로 사용하고 의도적으로 진정 체계에 참여하기 시작한다.

중재

진정시키는 리듬 호흡

CFT에서, 내담자는 전형적으로 치료 과정 초기에 마음챙김 호흡의 자비-초점 변형인 **진정시키는 리듬 호흡**(Soothing Rhythm Breathing)을 소개받는다. 그 후에, 이 기법은 자비로운 마음 훈련을 포함한 일련의 실습에서 기본이며 첫 단계가 된다. 이러한 실습은 불교의 집중 명상과 마음챙김 명상에서 유래되었는데, 심리치료 맥락에서 사용되는 간단하고 분명하게 이해할 수 있는 형태로 수정되었다. 명상은 호흡을 이용하여 마음의 오고 감을 관찰하면서 고요한 지점을 찾기 위한 것이다. 이 고요함은 모두 일정한 호흡의 결과로, 부교감 신경계의 활성화와 그에 따른 진정과 이완을 수반한다(Browin & Gerbarg, 2012). 이와 유사한 수련은 고전적인 마음챙김(Rapgay & Bystrisky, 2009)의 일부인, 티베트 사마타(*samatha*) 명상과 참선이다.

아래에, 우리는 당신 스스로를 위해서든지 혹은 내담자를 위해서든지 간에, 실습을 안내하고 구조화하는 것을 돕기 위한 **진정시키는 리듬 호흡**(Tirch, 2012에서 게재)을 위한 지침을 제시하였다 (이 실습에 필요한 오디오 자료는 웹사이트 http://www.newharbinger.com/30550에서 다운받으면 된다. 이 책의 뒷부분에 더 많은 정보가 실려 있다.) 이 책에서 전반적으로 설명된 것과 같이, 엄격하게 명상 유도문에 충실하기보다는 당신에게 적절한 표현과 알맞은 속도로 따라하라. 그렇게 하면서 경험을 쌓아 자신에게 적합하게 만들어라. 많은 자비로운 마음 훈련과 같이 이 실습의 핵심은 주의를 기울이고 자비를 경험하는 데 도움이 되는 몸과 마음의 상태를 받아들이는 것이다. 이 실습은 일반적으로 등을 꼿꼿이 펴고 유연하게 앉은 자세로 행한다. 집중을 방해하거나 가로막는 것이 없는 자유롭고 편안한 장소가 가장 좋다.

이 실습을 시작할 때, 당신은 바닥에 두 발이 닿고 등을 똑바로 하지만 유연한 자세를 취할 수 있는 편안한 장소를 찾습니다. 당신이 할 수 있는 만큼, 당신 경험에 기반을 두고 안정감을 느껴봅니다. 준비가 되면, 부드럽거나 이완된 표정으로, 가능하다면 약간의 미소를 지으면서, 눈을 살짝 감아주세요. 당신의 눈을 감습니다. 몸에서 들어오고 나가는 호흡의 부드러운 흐름에 주의를 기울입니다. 당신이 들이쉬고 내쉬는 호흡과 연결되어 있음을 느낍니다. 당신이 할 수 있는 최선으로,

어떤 것도 바꾸거나 고치려 하지 말고 단순히 호흡을 하면서, 부드럽게 수용하는 마음으로 호흡에 주의를 집중합니다.

호흡의 흐름을 깊이 자각하기 시작하면, 배와 가슴이 오르고 내리는 것에 주목하면서 당신의 호흡이 배로 내려가는 것을 느껴봅니다. 할 수 있는 최선을 다해, 공기가 폐의 아랫부분에 닿게 합니다. 숨을 내쉴 때, 배가 들어가거나 부드럽게 수축하는 것에 주목합니다. 숨을 내쉴 때마다 갈비뼈 아래에서 움직이는 근육을 느껴봅니다. 배가 오르고 내리는 것에 주의를 기울일 때, 호흡이 그 자체의 리듬과 속도를 찾게 하고, 순간순간 단지 숨을 쉬며 호흡의 리듬을 따라갑니다. 숨을 들이쉴 때마다, 몸에 주의를 기울이며 호흡하고, 숨을 내쉴 때마다, 온 몸이 풀어지는 것을 느껴봅니다.

이제 숨을 깊이 내쉬면서, 느리고 부드러운 리듬으로 호흡합니다. 3초 동안 숨을 들이쉬고, 잠시 멈춘 다음, 3초 동안 숨을 내쉰 뒤, 다시 잠시 멈춥니다. 당신이 할 수 있는 만큼, 4초 동안 숨을 들이쉬고 4초 동안 숨을 내쉬며 이 리듬을 조금 길게 늘이다가, 이번에는 5초로 늘입니다. 안내와 맥박을 이용하여 리듬을 유지합니다. 당신의 마음이 생각이나 상상에 빠져 산만하게 방황할 때마다, 그것이 마음의 본성이라는 것을 부드럽게 기억합니다. 그런 다음 숨을 들이쉬면서, 이 진정시키는 리듬 호흡에 주의를 기울입니다.

당신이 할 수 있는 만큼 이 진정시키는 리듬 호흡에 주의를 기울이면서, 숨을 들이쉴 때마다 호흡이 폐를 따라 내려가는

것을 느끼고, 배가 오르고 내리는 것을 알아차리면서 숨을 내
쉬는 것을 느낍니다.

몇 분 동안 이 진정시키는 리듬 호흡을 한 후에, 이 수련을
마칠 준비를 합니다. 준비가 되면, 숨을 내쉬고 수련을 완전히
마칩니다. 천천히 주변을 인식하면서, 눈을 뜨고 바로 돌아옵
니다.

진정시키는 리듬 호흡 실습은 CFT가 인생의 도전에 더 깊이 참
여하기 위한 준비로 특정한 신체적 및 정신적 상태를 어떻게 받아
들이는지를 적절하게 설명한다. 이러한 맥락에서, 진정의 개념은
친화 정서의 활성화와 안전한 애착 경험에서 발생되는 집중성, 준
비성 및 마음챙김 자각 경험과 관련된다. ACT 실무자에게 있어서,
현 시점에서 안정성에 대한 이러한 경험은 심리적 유연성의 기초
를 나타내며, 삶을 잘 살아가는 도중에 발생하는 어려움에 대한 적
응적인 반응의 광범위한 목록 개발에 자비의 양성을 연계시킨다.

4

임상 실무에서 자기-자비 훈련

자신들의 이론적 접근 방식과 관계없이, 임상가들은 종종 성공적인 치료가 내면의 깊은 자기 화해를 가져온다는 점에 주목하고 있다. 우리는 과거, 현재 그리고 미래에 자기 자신과 자신의 불가피한 실패에 대한 자비가 그러한 자기 화해의 핵심 요소라고 생각한다.

우리의 임상가 친구 중 한 명인 피에르 코시뉴(Pierre Cousineau)는 만약 자신이 내담자들에게 오직 하나의 기법만 제공할 수 있다면, 자기 자신을 자비롭게 대하는 기법을 제공할 것이라고 즐겨 말한다. 불행하게도, 우리의 평가하고 비교하는 마음은 필연적으로 우리의 경험을 여과하고 겉으로는 우리의 선택들을 제한해서 자기 자신, 이력, 사고방식, 정서, 행동 그리고 자기 개념을 쉽게 두려워하고 싫어하게 한다.

우리가 아직 자기 자신이나 자신의 일부와 투쟁하고 있을 때, 승리할 것처럼 보이는가? 누가 이기고 누가 질 것 같은가? 패자는 어떻게 되며, 승자에게는 무엇이 남을까?

자비로운 관점에서 볼 때, 변화하려는 시도에 완고하게 저항하고 고통을 불러일으키는 우리 자신이나 경험과 전쟁을 해서 얻을 수 있는 것은 아무것도 없다. 두려움, 슬픔 혹은 자기 의심과 같은 혐오적인 경험들을 좋아하지 않는 것은 당연한 일이다. 여기에서, 그러한 경험을 싫어하는 것과 그러한 경험을 담고 있는 그릇을 싫어하는 것은 매우 비슷한 것이다. 그렇게 되면 그런 일을 하거나 그러한 느낌을 가진 사람들을 싫어하게 되는데, 다시 말하면, 자기 자신을 싫어하게 되는 것이다.

우리 문화는 약함과 부정적 경험을 폄하하는데, 흔히 초기 양육자를 통해서 무수히 많은 방법으로 이것을 아주 분명하게 드러낸다. 우리가 초기 양육자에게 개인의 사적 세계와 관련짓는 방법을 배울 때, 곤란한 내적 경험에 대해서는 적개심, 묵살, 회피 혹은 부적절한 태도를 취할 수 있는데, 이는 아마도 우리가 이성적으로 생각하고 좋은 느낌을 가져야 하며 자신감 있고 낙관적이어야 한다는 가정에 근거한다. 우리는 내적인 장애물에 관계없이 "그냥 하라"는 요구를 받는다고 생각할 수 있다. 이러한 메시지는 공개적으로 약점을 드러내는 것이 안전하지 않을 수 있다고 느낄 정도로 만연해 있다.

평가하는 마음이 싸움에 가담할 때, 이러한 사회적 과정은 매우 강력해지고 내적 경험에 대한 투쟁이 본격적으로 시작된다. 만약 우리가 다르게 느꼈다면, 좋은 면만을 볼 수 있었다면, 다른 이력을 가지고 있었다면, 즉 자신에 대한 부정적인 면을 덜 볼 수 있었다면, 자존감이 더 높고, 자기 회의를 덜 하고, 이것은 더 많고, 저것은 더 적고 등등…. 그렇다면 우리는 마침내 완전하고 전체적으로 될 수 있었을 것이다. 언어적 과정은 거의 언제나 실수를 야기하는 끝없는 평가적 프레임의 올가미에 빠지게 한다.

이런 맥락에서, 자기-자비 훈련은 치료에서 대단히 중요한 목표로 보일 수 있다. 우리 모두가 자신의 고통을 마주할 기술과 용기를 가지고 있으며 휘청거리고 때로는 넘어지는 그러한 자신의 한 부분에 우호적이라면, 변화는 너무도 쉽게 일어날 것이다. 자기-자비를 통해, 실수가 자신을 질책하게 하는 것을 그만두고 부끄러움이 사라지면, 자신이 가장 좋은 친구, 코치 혹은 협력자가 되어서 우리에게 정말로 중요한 것을 향해 나가고 헤쳐 나가기 위해 필요한 것은 무엇이든 제공하게 된다.

이 장에서는 우리가 자신을 싫어하게 만드는 임상적으로 연관된 과정과 그 과정의 형태 및 작용 기능을 탐색할 것이다. 자기-자비를 훈련하는 임상가를 도와줄 수 있는 몇 가지 중요한 기술의 개요를 서술하고 학습이론의 관점에서 자기-자비에 대한 심리학적 장애물들에 대해 간략하게 논의할 것이다. 다음으로, 임상 실무 렌즈를 통해서, 자기-자비로부터 발생할 수 있는 심오한 화합의 요소를 탐색할 것이며 내담자가 이 과정에 참여할 수 있도록 도와줄 수 있는 임상적 접근을 제공할 것이다.

자기 화해의 궁극적인 영역

깊은 수준에서 치료가 이루어지면, 내담자는 중대한 화해의 장소로 가게 된다. 과거가 지워지는 것도 고통이 사라지는 것도 아니지만, 자신에 대한 내담자의 공명과 관계가 변화된다. 물론, 개인의 성격적 결함, 과거의 고통, 평가적인 마음의 판단, 무서운 감정이 사라지는 것은 아니지만, 종종 덜 강렬해진다. 그러한 것들이 여전히 사적이고 개인적인 경험의 무대에 있기는 하지만, 내적 전쟁에 불을 붙이는 대신에 이제는 다툼과 그 대가를 전체적으로 측정하여 받아들임으로써 마음속에서 우호적인 성향과 관대함을 이끌어올 수 있다. 내담자들은 이 힘겹고 아름다운 삶에서 중요한 것을 향해 나아가게 하는 지지를 제공하기 위해 그들이 말하고자 하는 방식으로 그들 자신에게 말할 수 있는 새로운 감각을 개발한다.

　우리의 임상 경험에서, 행동에 깊고 지속적인 변화를 가져온 내담자들에게 공통적으로 나타나는 한 가지 특징은 그들이 투쟁하거나 두려워했던 과거나 경험의 일부를 평화롭게 만들어가는 감각이다. 그들의 문제는 절대 마술처럼 풀리지 않았으며 틀림없이 다시 고통을 줄 수 있다는 것을 알게 될 것이다. 그렇지만 그들은 다정함과 화합의 새로운 방식으로 자신의 전체적인 자기에 접근하는 것처럼 보인다. 이 시점에서, 명명과 꼬리표들이 줄어들 것이며 심지어 내담자들이 자신에게 적용된 진단명에 대해 의아해하는 것도 드문 일이 아니다. 왜냐하면 그들은 고통이 인간 경험에서 필수적인 부분이라는 것을 보다 폭넓게 깨닫게 되기 때문이다. 즉,

고통은 우리에게 가장 중요한 것이 무엇인지를 알려주고 우리의 가장 깊은 가치는 친절과 자발적 의지와 함께 유지될 수 있다. 그렇다면, 고통스러워하지 않고, 떨쳐버리고, 피하거나 혹은 어떻게든 고통을 무효화시키려는 시도는 어떤 의미가 있는가?

임상 사례
친절하게 자신을 붙잡아라

아래에 ACT 과정 12회기의 마지막에 나눈 칼(Carl)과의 대화가 있다. 칼이 ACT를 시작했을 때, 그는 42세로 간혹 입원 시설에 있었던 것을 포함해서 20년간 치료를 받아왔다. 그는 우울증, 범불안장애(GAD) 그리고 강박장애(OCD)로 여러 차례 진단을 받아왔다. 그의 관점에서 보면, 주된 문제는 불안과 자존감의 결여였다. 10주간의 회기 후, 그는 치료를 잠시 중단하고 3개월 후에 되돌아왔는데, 그 후 다시 3개월이 지난 뒤에 왔다. 아래는 12회기에서 발췌한 것이다. 지난 6개월 동안 그는 점진적으로 향상되었다.

치료자   그럼, 우리의 작업에 대해서 어떻게 생각하나요? 무엇이 바뀌었죠?

내담자   글쎄요, 이상하게 들리겠지만, 내게 중요한 것은 나 자신에게 너무 가혹하게 대하는 것을 어떻게 멈추느냐하는 것입니다.

치료자 어째서 그런가요?

내담자 나는 끊임없이 나 자신을 판단해 왔고, 불안 때문에 부끄러웠어요. 나는 목록을 만들고, 안심을 얻으려 하고 나만의 의식을 행하기 위해 나 자신을 판단해 왔어요. 물론, 강박증과 우울증이 있는 것 때문에 나 자신을 판단해 왔는데, 이걸 뭐라고 부르죠? DAG, AGD, GAD? 어쨌든 이런 꼬리표에 신경 쓸 사람이 있겠어요? 우리가 함께 작업을 시작한 이후, 나는 나 자신을 판단하는 것으로 인해 스스로를 판단해 왔어요! 나는 기본적으로 이 모든 일을 행해왔던 칼을 증오했어요.

치료자 아이구!

내담자 좋아요. 글쎄, 나는 또 다른 누군가가 되고 싶었어요, 더 나은 누군가, 불안이 없는 누군가 말이에요. 이제는 내가 내 안의 어떤 부분과 전쟁을 하고 있다는 것을 알아요. 내가 어떻게 나 자신을 이길 수 있겠어요? 이제 내게 중요한 것은 내가 원하는 방향으로 움직이는 거예요. 물론, 내가 발을 잘못 디디고 심지어 실패할 수도 있어요. 그리고 힘들 수도 있겠죠. 하지만 괜찮아요. 왜냐하면 내가 실패하더라도 이제는 나 자신을 그렇게 가혹하게 대하지 않을 걸 알기 때문이에요. 모두가 가끔씩 발을 헛디디죠, 그렇죠? 음, 그러니까, 가장 큰 변화는 내가 나 자신과 화해한 것이라고 말할 수 있겠어요.

3년 후 치료자는 칼과 다시 만났다. 그는 파트너와 10년간의 관계를 종결하는 선택을 했다. 그에게 가장 중요한 것은 직업을 바꾼 것인데, 은행을 그만두고 학교에서 힘들어 하고 있는 십대들을 지원하는 곳으로 옮겼다. 그는 담배도 끊고 운동을 시작했다. 아직은 힘들고 재정 상태는 전보다 빠듯해졌지만, 그는 학교에서 일하며 문제아들을 돕는 새로운 직업을 좋아했는데, 그 일을 아주 잘했다. 아래의 대화는 추적회기에서 발췌한 것이다.

치료자   어떻게 이렇게 힘든 변화를 만들어냈나요?

내담자   이렇게 하는 게 때로 어렵고 무서울 거라는 걸 알지만, 그래도 나 자신에게 더 우호적으로 된 덕분에 내 마음을 따를 수 있었어요.

치료자   그리고 그건?

내담자   (웃음) 아 네! 그렇지만 내 마음이 나를 배반하곤 했던 스토리들만큼 나쁜 것은 그 어디에도 없었어요! 지금 내가 하는 일이 힘들 수도 있다는 것을 알지만 그저 앞으로 나아가는 것이에요. 그러면서 나 자신을 부드럽게 격려해요. 내가 어렸을 때 들었으면 좋았을 법한 말 한마디를 나 자신에게 해준다고 생각해요. 그러고 보니, 이와 비슷한 말을 함께 있는 아이들에게도 해주고 있어요.

우리는 이번 장을 쓸 때 다시 칼에게 연락했다. 그가 치료를 마친 지 6년이 지난 뒤였다. 그는 새로운 파트너를 만났고 함께 살 집을 찾고 있었다. 그는 여전히 십대들을 도와주는 자신의 직업을 좋아하고 있다. 기분이 가라앉은 걸 느낄 경우, 그는 관찰자적 관점으로 되돌아가 우호적인 마음으로 자신의 고통을 받아들이는 연습을 했다. 그가 드디어 충만하고 의미 있는 삶을 살고 있다는 점에는 의심의 여지가 없다.

칼의 이야기는 좋은 생각을 떠올리게 한다. 이것은 강박, 충동, 염려 및 낮은 자존감으로 20년 이상 어려움을 겪고 있던 그를 고통에서 벗어날 수 있도록 도왔던 짧은 치료 후 6년이 지났어도, 그가 치료에서 얻은 것을 유지하기 위해 중요한 것으로 3가지 기술을 이야기한 점이 우리에게 특별히 흥미롭다. 그 세 가지는 자신의 경험에 대해 관찰자적 입장을 취하는 능력, 경직된 목표보다는 방향을 선택하기 그리고 변화시킬 수 없는 경험을 우호적인 마음으로 받아들이기이다. 다시 말해서, 칼이 자비에 대해 구체적으로 말하지 않고 그의 치료자가 명시적인 자비 작업에 참여하지 않았을지라도, 칼은 자기-자비를 배웠다.

무엇 때문에 우리는 자신을 싫어하는가?

ACT의 관점에서, 내용으로서의 자기와 융합은 우리가 직면하는 잠재적으로 가장 해로운 과정 중 하나일 수 있다. 실제로, 마음이 전달하는 언어적 처벌에 의해 증폭되는 행동에 대한 수많은 처벌의 오래된 역사는 사람들로 하여금 마음이 실제 자기라고 주장하는 자기비판적 혹은 수치심 구성개념과 융합되는 결과를 초래할 수 있다. 그러므로 내담자(그리고 정직하게 말하면, 우리 대부분)는 자신이 실제로 누구인지 또는 무엇인지에 대한 융합된 개념을 가지고 살아가며, 대개는 그것 때문에 스스로를 미워하거나 수치스럽게 생각하지 않는다. 우울하고, 불안하고, 부끄러워하며, 못생기고, 사회적으로 미숙하며, 사랑스럽지 못하고, 학대를 받았으며, 아무짝에도 쓸모없고, 겁이 많고, 바보, 부적합자, 결점이 있고 기타 등등 이러한 목록은 끝이 없다. 그러나 우리의 개인사에서 엉뚱한 언행의 별칭이 어떤 것이든지 그것은 우리와 융합되는데, 우리들 대부분이 공유하고 있는 한 가지는 우리가 가지고 있는 자기 개념이 무엇이든지간에 우리는 그 자기 개념을 매우 싫어하고 종종 우리 자신을 비난한다는 것이다.

파생된 관계 반응은 이러한 역동성의 원동력이다. 대부분의 이러한 꼬리표들은 개인사에서 고통스러운 순간에 생긴다. 주로 불수의적 과정인 관계 프레임의 중심에 자리 잡고 있는 자극 기능의 변화를 통해 고통과 부끄러움 같은 이러한 사건들은 그 사건의 기억에 들러붙어서 그러한 경우에 받아들인 우리의 행동, 경험 혹은 전체적인 자기에 대한 꼬리표를 불러일으킨다. 다음으로 그 내용이 자기와 같은 프레임에 들어가면, 자기에 대한 그 생각은 혐오적인 것이 되어 어떤 것으로부터 벗어나려고 한다. 이것은 자기 혐오와 수치심을 유발할 수 있으며, 자살 사고, 자해행동, 자기를 혐오하기 혹은 자기를 농담의 대상으로 삼는 수다, 가면을 쓰고 가식적으로 행동하기, 반추하기, 자괴감 및 해리를 포함한 다양한 형태를 취할 수도 있다.

경험의 내용 혹은 꼬리표와 자기감의 융합은 "꼬마 조(Joe)는 너무나 부끄러움이 많은 소년이야." "네가 요구했잖아.", "그것도 보지 못하다니 너는 정말 바보구나." "너는 어떤 것에도 도달할 수 없을 걸." "여기 또 울고 있는 큰 갓난애를 봐." 등등과 같은 진술문을 통해서 종종 양육자나 동료에 의해 촉발되고 강화된다. 다른 사람이 시작한 말은 머지않아 내부로 향할 수 있으며 자신을 폄하하는 혼잣말을 스스로 지속하게 된다. 마음속 깊숙이 자리 잡은 자기 혐오가 그렇게 만연되어 있다는 것이 놀랍지 않은가? 이러한 역동으로 인해, 내담자가 엄격한 자기 개념과 그들이 행동에 부과하는 한계로부터 멀어지는 데 도움이 될 수 있는 보다 유연한 자기감을 촉진하는 것이 임상적으로 중요하다.

자기감의 출현과 학습이력

언급한 바와 같이, 자기 개념은 주로 학습이력의 산물인데, 특히 양육자와 애착 대상과의 관계에서 만들어진다. 기능적 맥락주의 관점에서, 자기는 언어적 행동의 기능이며 언어적으로 유능한 인간이 되는 결과물로 모습을 드러낸다(Hayes, 1984; Kohlenberg & Tsai, 1991). 발달적으로, 언어 행동의 습득은 수많은 단계를 통해 이루어진다. 맨 처음 아동은 사물의 명칭을 학습하고 다음으로 대상과 행동을 학습하는데, 흔히 세 가지 모두를 포함하는 기능적 단위 전체를 배운다. 즉, "아기가 사과를 먹는다.", "아기가 개를 본다.", "아빠가 책을 읽는다." 아동이 보다 세련되고 교양 있는 언어를 사용하게 될 때, 기능적 단위는 점차적으로 작아지고, 사물로부터 대상(사과에서 아동을)을 그리고 행동으로부터 사물(먹는 것에서 사과)을 분리하게 된다. 정상적으로 발달하는 아이들에게 이러한 과정은 공개적으로 관찰 가능한 사물과 행동을 관련짓는 비교적 간단한 것이다. 대부분의 아이들에게는 기능적 언어에 반응하고 사용하도록 너무나도 많은 기회가 주어지고 정확한 사용과 반응에는 상당히 지속적인 강화를 받는다. 이것이 편재해 있는 여러 시범 교육의 한 형태이며 일관성 있는 강화가 성공적인 여러 시범 교육을 위한 핵심 조건이다.

어린 아이들은 자신의 감각 경험에 대해 말하지 않듯이 자신의 내적 경험에 대해서도 말하지 않는다. 감각 경험을 배우는 것은 육체적 생존을 위해 꼭 필요한 반면, 스키너(Skinner, 1974)가 언급한 바와 같이, 내적 경험 세계는 언어적 공동체의 다른 구성원들에게 중요하기 때문에 의미만을 습득한다. 이러한 방식과 사회적 상호작용을 통해, 우리는 우리의 내적 경험과 상호작용하는 방식을 배운다. 이것이 사람들이 흔히 양육자의 목소리를 자신의 혼잣말로 인식하는 이유이다.

사람들은 자신이 관찰할 수 있는 우주의 일부를 인식하고 이름 붙이는 법을 어떻게 배울까? 아무도 그것을 볼 수 없을 때 우리가 느낀 것에 이름 붙이는 법을 어떻게 배울까? 양육자는 관련된(신체적 상태와 감각) 대상이나 행동을 직접 평가할 수 없기 때문에, 흔히 아이의 행동에서 관찰될 수 있는 것을 근거로 일정 부분 추측이 필요하다. 이것은 아무리 최선을 다할지라도, 사적인 사건에 대한 서술은 공개적으로 관찰할 수 있는 대상이나 사건에 대한 서술의 정확성을 가질 수 없다는 것을 의미한다(Skinner, 1974).

일관성 있는 학습 환경은 양육자가 미묘한 단서에 섬세하게 주의를 기울여줄 것과 앞으로의 관찰에서 이용 가능한 새로운 정보에 유연하게 적응할 것을 요구한다. 양육자가 스트레스를 받고 있거나 부재하거나 과로한 상태이거나 정서적으로 회피적이거나 감정에 얽매여 있거나 혹은 그 자신이 비일관적인 학습의 산물인 경우, 양육자는 내적 경험을 정상적인 것으로 받아들이고 그 경험을 인식하고 이름 붙이는 방법을 배워야 하는 아이들에게 가장 도움이 되는 방식으로 반응하지 않을 것이다. 이러한 조건 하에서, 아이들은 실제로는 배가 고픈 상태일 때 화가 난다고 하며, 그들은 시계가 정오를 가리킬 때 배가 고프고, 그들이 슬픔을 느낄 때 슬퍼하지 않으며(혹은 않아야 하며), 사실은 양육자가 아이스크림을 원할 때 자신이 아이스크림을 원한다고 말할 수도 있다.

초기 발달단계에서 반복된 그러한 경험은 아이들로 하여금 자신들이 느끼고 원하는 것을 어떻게 정확하게 명명해야 하는지를 배우기 어렵게 하며 내적 자극에 대한 통제감을 갖는 것을 어렵게 할 수 있다(즉, 아이들이 실제로 무엇을 느끼고 생각하며 원하는지). 대신에 아이들은 '자신의' 생각과 느낌을 알기 위해 다른 사람으로부터 단서를 얻어야 한다. 아이들의 내적 경험은 거의 관심을 받지 못할 수 있는데, 이는 아이들이 내적 경험을 묘사할 수 있는 단어를 모르기 때문이다. 많은 경우에 아이들은 사람들이 날씨의 변화를 알아차리고 받아들이는 것처럼 자신의 내적 경험을 인식하고 수용하기보다는 그 경험을 두려워하고 거부하거나 혹은 판단하는 것을 배울 것이다. 극단적인 경우, 즉 느낌, 생각 및 욕구에 이름 붙이려는 초기의 시도가 지속적으로 혹은 예측할 수 없이 처벌을 받은 경우, 아이들은 자신의 내적 경험을 체험하거나 표현하는 것을 정말로 두려워하게 될 수도 있다.

따라서 내적 경험의 세계는 낯설고, 불안정하며, 위험한 영역이고, 어둠으로 가득 차 있고 위협적이며 결함이 있는 것일 수 있다. 그리고 그것은 자기 혐오, 수치심, 공포 그리고 끊임없는 내적 갈등을 공급하게 될 것이다. 임상적으로, 내담자는 자신이 어떻게 느끼고 생각하는지를 알지 못한다고 말할 것이다. 내담자들은 내적인 느낌을 묘사하거나 자신의 정서에 이름을 붙일 수 없으며 아마도 감정을 머리에 위치시킬 것이다. 그들은 눈을 감고 마음챙김 연습을 통해서 자신이 내적 경험을 하도록 돕는 어떠한 시도에도 부정적으로 반응할 수 있다.

맥락에서 자기-자비와 애착

친애를 향한 아동의 본능적 노력에 대한 양육자의 반응은 친애 행동에 깊은 영향을 줄 수 있다. 그러한 노력이 지속적으로 강화, 무시, 처벌 혹은 비일관적인 반응(어떤 때는 강화 받고 어떤 때는 처벌받거나 무시됨)을 받게 되든지 간에, 아동의 애착 패턴 발달에 영향을 줄 수 있다(Mansfield & Cordova, 2007). 친애를 위한 노력을 일관성 있게 강화하는 것은 안정 애착의 결과를 가져올 수 있다. 그러한 노력이 지속적으로 무시되는 경우에는 회피 애착이 될 수 있다. 그러한 노력이 지속적으로 처벌되는 경우에는 공포 애착을 낳을 수도 있다. 완벽하게 일관적인 학습은 거의 없기 때문에, 강화, 처벌 및 무시의 서로 다른 조합이 체계적이지 못한 애착 유형을 가진 혼합 애착 유형을 낳을 수도 있다. 우리는 주로 애착 유형으로 내적 경험과 자기감과의 관계를 배울 수 있기 때문에, 그러한 양상은 다시 내적 경험에 관한 개인적 양식에 반영될 수 있다. 즉, 안전과 수용, 회피와 부인, 두려움과 비판 혹은 무질서와 무지가 그것이다. 이 중 첫 번째 양상만이 자연스럽게 자기-자비를 향하게 할 것이다. 나머지는 자연스럽게 서로 다른 형태의 자기 혐오, 수치심 및 내적 갈등을 부채질한다.

따라서 자신의 경험과 자기 개념을 수용하고 우호적인 관계, 즉 자신과 다른 사람의 혐오스러운 경험에 대한 자비를 지속적으로 강화하는 관계를 구축하기 위해 특정한 학습 이력과 의도적 인 언어적 맥락 그리고 공동체가 필요하다. 이러한 학습이 없을 때, 치료적 관계와 같은 치유 관계는 6장에서 논의하게 될 친화적 반응과 자기-자비 기술을 양성하고 강화하는 새로운 학습 이력을 구축하기 위한 특권을 가진 맥락을 제공할 것이다. 이러한 방식으로, 치료적 관계는 자기와 자신의 경험에 대한 새로운 접근이 가능해지는 환경을 제공한다. 이는 내담자들이 강인함, 지혜 및 친절함을 가지고 부정적인 자기 개념을 받아들이도록 돕는 것부터 불안정하고 체계화되지 않은 자기감을 수정하도록 돕는 것까지가 될 수 있다. 이러한 맥락 내에서, 내담자는 보다 유연한 자기감을 받아들일 수도 있을 것이다.

언어 과정과 자기-자비

우리는 개인이 사적 경험, 사고 및 정서와 그 자신의 관계를 배우는 데 언어적 공동체가 어떻게 중심적인 역할을 하는지에 대해 논의해 왔다. 이제는 언어 과정이 자기 비난과 자기-자비에 미치는 영향을 간략하게 살펴볼 것이다. 자기 혐오의 원인이며 그것을 강화하는 언어 과정을 이해하게 되면, 임상가들은 자기비판적 행동을 점진적으로 약화시키기 위한 표적 중재를 고안하고 이 세상에서 살아가는 삶의 방식에 보다 자비로운 접근을 양성하도록 도울 수 있다. 이러한 접근은 뿌리 깊고 고통스러운 내적 장애물과 마주할지라도, 인생에서 중요한 것을 향해 나아갈 수 있는 기회를 갖도록 자신을 우호적으로 대하는 것이 중요하다는 것을 강조한다.

앞서 언급한 바와 같이, 자기 경험의 내용과 언어적 구성 개념의 융합은 자기 비난과 자기 혐오를 부채질하는 과정이다. 파생된 관계 반응의 산물과 기능의 변화로 인지적 융합은 아주 흔하고, 정상적인 마음을 구성하고 있다. 파생된 관계 반응을 통해서, 내적 경험은 감각 경험에 대해 혐오적이거나 욕구충족적인 기능을 얻게 된다. 우리의 유용하고, 추상적 사고 능력의 근간임에도 불구하고, 융합은 자신이 경험한 내용을 가지고 스스로를 정의하도록 할 가능성을 높인다. 거기에서 자신의 자기 개념을 평가하고 그 자기 개념을 혐오적인 것으로 분류하는 것은 당연하다. 따라서 내담자는 자신이 경험한 것(예를 들어, 트라우마 등) 혹은 여전히 경험하고 있는 것(불안, 슬픔, 공포, 의심)으로 인해 자신을 나쁘다고 판단할 것이다. 그들은 과거의 행동으로 인해 현재의 자신을 비난할 수 있다. 그들은 침투적인 자아-이질적(ego-dystonic) 사고를 가지고 있는 것에 대해 수치심을 느낄 수도 있다. 그들은 자신의 내적 경험을 두려워할 수도 있고 남들보다 못하다는 증거를 가지고 공허감을 표현할 수도 있다.

자기-자비 대 자존감

전통적인 인지적 접근은 내담자들이 자신에 대한 정의를 보다 합리적으로 재평가하도록 돕는 것을 권고하는 반면, ACT 관점에서 자기 혐오가 가지고 있는 문제는 문제가 되는 내용을 변화시키도록 처방하는 자기 개념의 내용에서 비롯된 것이 아니라 자기 개념과의 과도한 융합 혹은 내용으로서 자기와의 과도한 융합으로 인해 발생하는 것이다. 자기 정의의 내용을 평가하는 방법이 중요한 문제가 아니라면, 자기 존중감과 같은 평가적 구성개념을 바꾸는 것이 가장 도움이 될 수 있다.

ACT 관점에서, 개인의 자기 평가를 직접 수정하려는 시도(예, 자존감을 향상시키기)는 자기 평가를 지나치게 중요한 것으로 만드는 위험을 초래한다. 그래서 파생된 관계 반응을 통해, 부정적인 자기 평가가 증가되거나 강화되는 위험이 발생한다. 자기에 대한 부정적인 느낌을 약화시키는 보안관인 긍정적 평가는 원래의 평가에 대한 혐오적 기능을 제안된 대안적 평가로 변환할 수 있는 조정 프레임에 넣을 수 있게 한다. 따라서 의도된 긍정적 자기 평가는 원래의 부정적 자기 평가로 고통받는 것과 동일한 경험으로 연결된다. 더욱이, 높은 자존감 자체가 보다 나은 사회적 혹은 일반적인 기능과 반드시 연관되어 있는 것은 아니다. 상황에 민감하지 않고 자신의 행동보다는 자아에 중요성을 부여할 때, 긍정적 평가는 높은 정도의 자기애와 낮은 수준의 친사회적 행동으로 이어질 수 있다(Morf & Rhodewalt, 2001). 이에 더해서, 그렇게 인위적으로 팽창된 조건화된 자존감은 깨지기 쉽다.

부정적 자기 평가를 다루는 잠재적으로 보다 유익한 접근과 의도하지 않은 부작용이 거의 없는 방식은 혐오적 자기 개념에 자비를 함양하는 것이다. 이 작업에서 중요한 과정은 탈융합, 수용 및 관찰자 자기 혹은 맥락으로서의 자기와의 경험적 접촉을 기르는 것이다. 핵심적인 것은 관점 취하는 능력을 기르고, 고통과 부정적인 평가가 일어날 때 그것들을 받아들이는 능력을 기르는 것이다.

자기-자비 훈련을 위해 효과적인 맥락 설정하기

우리는 개인의 고통에 보다 자기-자비 접근을 효과적으로 훈련하는 것이 다양하고 필수적인 선행 조건과 핵심 기술들에 의해 크게 향상된다고 믿는다. 맥락적 관점에서는 자비를 양성하는 데 가장 효과적일 수 있는 맥락을 설정하는 것이 중요하다. 그러한 맥락을 설정하기 위한 기본적인 요인에는 치료적 관계에서 수용, 치료자의 기술, 작업에 대한 이론적 근거 제시, 기능적 맥락 관점 설정 및 형식보다는 기능과 실행 가능성을 지향하는 것에 의도적으로 초점을 맞추는 것을 포함하고 있다.

수용적인 관계 설정하기

심리치료에서, 치료적 관계는 변화가 일어나는 일차적 맥락이다. 우리는 수용, 온화, 자비 및 호혜를 기반으로 하는 것이 관계에 중요하다고 생각한다. 기능적 분석 치료의 주창자가 제안한 바와 같이, 치료적 관계는 내담자의 모든 역사와 전 존재를 포함해서 내담자의 생각과 감정 모두를 자비롭게 유지할 수 있는 성스러운 공간으로 설정될 수 있다(Tsai & Kohlenberg, 2012). 코르도바와 스코트(Cordova & Scott, 2001)가 제안한 정의에 따르면, 취약성 공유하기, 자신의 희망과 꿈 공개하기 또는 자신의 여린 면 드러내기와 같은, 사회적으로 처벌 받을 수 있는 행동이 처벌 받지 않을 뿐만 아니라 사실은 강화되는 관계가 진정으로 친밀한 관계의 모형이 될 수도 있다. 그러한 관계는 자기 수용과 자기 연민을 양성하는 지지적인 환경을 제공할 수 있다. 5장에서 우리는 그러한 관계를 증진시키기 위해 기능적 분석 치료의 행동적 도구들을 어떻게 사용하는지 보다 더 자세히 살펴볼 것이다.

치료자 기술 육성하기

ACT는 평범한 기능 모형에 뿌리를 두고 있는데, 평가적 언어 과정이 본질적으로 인지 융합과 경험 회피를 만들어 내며, 현재 순간에 접촉하지 못하도록 하고 불분명한 가치관을 초래할 수도 있다. 이로 인해, 그러한 과정과 상호작용하여 만들어질 수 있는 자기 판단과의 융합은 보편적인 인간 경험이다. ACT 임상가들이 자신의 융합과 가치에 대해 자비로운 유연성을 구현할 때 가장 효과적인 것처럼, 자기-자비를 훈련하는 것은 자신의 투쟁, 자기-판결 및 수치심에 대해 자기-자비를 실천하는 임상가들에 의해 가장 잘 수행된다.

효과적으로 치료적 관계를 육성하기 위해, 임상가는 내담자를 훈련하기 위해 시도하는 기술이나 행동을 포함해서 친밀한 관계를 위한 유연한 레퍼토리를 가지고 있어야만 한다. 직접적인 경험이 중요하다. 이는 이 책에 제시된 임상적 실습을 실행함으로서 혹은 ACT, CFT 및 FAP 체험 훈련 워크숍에 참석하는 것으로 이루어질 수 있다. 임상적 지도 감독이나 마음이 맞는 임상가들과 동료 상담 집단에 참석하는 것도 개인적 및 전문가로서의 삶 모두에서 이러한 기술을 발전시키는 데 도움이 될 수 있다.

진료 외에, 사랑하는 사람과 낯선 사람들에게 의도적으로 친절하게 행동하도록 훈련하기, 대인관계에서의 위험과 자기 돌봄 행동에 자비로움 유지하기, 마음챙김 육성하기 및 자비-초점 심상화 실습에 참여하기는 모두 마음챙김과 자비로운 공간 안에 머무르는 것을 배우는 데 기여할 수 있다. 요가나 태극권과 같은 동적인 마음챙김 훈련도 도움이 될 수 있다.

작업에 대한 전반적인 이론적 근거 제시하기

자비-초점 작업을 위한 맥락을 만들고 내담자의 동기를 향상시키는 핵심적인 측면은 작업에 대한 이론적 근거를 제시하는 것이다. 그렇게 하기 위한 많은 방법이 있지만, 효과적인 근거는 기능적 맥락 관점에 기인하며 여러 가지 핵심 요소를 포함하는 것으로 생각된다. 첫 번째는 새로운 기술을 훈련하고 배우기 위한 선호하는 영역으로 현재 순간에 일어나는 것에 초점을 맞추는 마음 챙김을 확고히 하는 것이다. 그 다음으로, 현재 순간에 소중한 기회를 제공하게 되는 익숙한 어려움이 드러날 수 있거나 드러나게 될 맥락으로 치료적 관계가 나타날 수 있다. 작업의 이러한 차원에 내담자의 주의를 이끌어내는 것은 치료적 관계에서 발생할 수 있는 정서적 및 감정적 문제들을 정상화시키는 데 도움을 줄 수 있다. 이는 또한 임상가가 회기 중에 임상적으로 적절한 행동으로 전환할 수 있는 토대를 제공하기도 한다. FAP에 의해 정의된 바와 같이, 그리고 5장에서 자세히 살펴보겠지만, 임상적으로 적절한 행동은 회기 중에 그리고 치료적 관계에서 발생하는, 문제가 있거나 향상된 행동이며 그리고 회기 외의 장소에서 문제가 있거나 향상된 내담자 행동의 일례이다(Kohlenberg & Tsai, 1991).

자비에 대한 기능적 맥락 관점 설정하기

자비에 대한 기능적 맥락 관점은 불쾌하거나 고통스러운 감정, 사고 또는 자기 판결과 같은 내적 장애물이 존재함에도 불구하고 중요한 것을 할 수 있게 하는 심리적 유연성을 제시하여 설명될 수 있다. 이는 우리가 감정의 파도를 통제할 수는 없지만 파도 타기를 배울 수 있다는 은유와 같은 다양한 방식으로 제시될 수 있다. 자비를 개발하기 위한 기능적 맥락 관점을 제시하는 또 다른 효과적인 다른 방법은 ACT 매트릭스를 통해서이다(Polk & Schoendorff, 2014).

중재

ACT 매트릭스 제시하기

〈그림 7〉에서 보여주는 ACT 매트릭스는 내담자와 치료자가 심리적 유연성과 자비를 증가시킬 수 있도록 돕는 도표이다. 이는 내담자가 일상의 언어에서 기능적 맥락 관점을 설정하도록 돕는 효과적인 방법을 제시할 수도 있다. 매트릭스는 다양한 방법으로 소개될 수 있다.

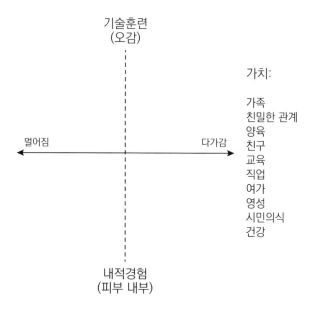

그림 7. ACT 매트릭스(Reprinted from Polk & Schoendorff, 2014, with permission from New Harbinger Publications.)

그것을 제시하는 효과적인 방법은 누가 또는 무엇이 내담자들에게 중요한지를 물어보고 그것을 도표의 오른쪽 아래 사분면에 기록하는 것이다. 일반적인 반응은 가족, 아이, 배우자, 직업 또는 건강이다. 내담자가 명명하는 것은 무엇이든지 그것을 기록한다. 다음으로, 그들이 중요하다고 인정한 누구 또는 무엇을 향해 항상 그들을 움직이도록 하는 것은 무엇인지 묻는다. 다시 말하면, 그들은 언제나 그럴만한 가치를 가지고 있는가? 물론, 우리들 중 어느 누구도 그렇게 하지 않는다. 즉, 거기에는 언제나 장애물이 있다. 외적 장애물(물리적 환경, 다른 사람 혹은 둘 다)과 내적 장애물(사고, 감정, 신체적 감각 및 기억, 외적 장애물로 인해 발생하는 어떤 것)을 구별하기 위해 잠시 시간을 가진 다음 내담자에게 중요한 누구 혹은 무엇인가에 다가가는 것을 방해하는 내적 장애물의 목록을 말하게 하고 그것들을 도표의 왼쪽 아래 사분면에 놓는다. 두려움, 불안, 죄책감, 수치심, 고통, 고통스러운 기억 및 무가치하고 바보 같고 부족한 존재라는 생각 등이 일반적인 장애물이다.

　　다음으로, 이러한 내적 장애물에서 벗어나기 위해 내담자가 할 수 있거나 하는 것을 보여줄 수 있는 일들(허락한다면, 비디오카메라로 그들의 행동을 기록하라), 즉 그들이 이러한 장애물에 대처하기 위한 반응으로 흔히 했던 행동을 물어보고 그것들을 도포의 왼쪽 위 사분면에 놓는다. 이것들은 흔히 저항 혹은 회피 행동이며 보통은 (항상은 아니지만) 정말로 중요한 것을 향해 움직여야 하는 행동의 정반대편에 있다. 전형적으로 멀어지려는 행동은 회피, 음주, 약물 복용, TV나 비디오 게임으로 주의를 돌리기, 쇼핑, 일에 몰두하기,

논쟁하기, 권리 찾기, 비난하기, 강박관념, 운동하기, 청소하기, 안심 추구하기 등이 있다.

마지막으로, 내담자는 자신들에게 중요한 누구 혹은 무언가를 향해 움직이도록 할 수 있거나 혹은 하는 것을 보여줄 수 있는 일들(비디오카메라로 녹화)이 무엇인지 묻고 그것들을 오른쪽 위 사분면에 놓는다. 일반적인 지향 행동은 사랑하는 사람과 시간 보내기, 자녀들과 놀기, 밤에 데이트하러 가기, 휴가 계획하기, 화해하기, 운동하기 및 스포츠 경기하기 등과 같은 것들이다.

나열된 예시들의 사례처럼, 어떤 행동은 지향 행동으로도 혹은 멀어지고자 하는 행동으로도 생각될 수 있는데, 그것은 원하지 않는 내적 경험의 혐오적 통제 하에 있느냐 아니면 가치를 증진시키는 통제 하에 있느냐에 따라 달라진다.

예컨대, 불안에서 벗어나기 위해, 건강을 위해 혹은 어느 정도는 두 가지 모두를 위해서 체육관에 갈 수 있다. 그리고 오직 내담자 자신만이 누가 또는 무엇이 자신에게 중요한지 그리고 생각하거나 느끼기를 원치 않는 것이 무엇인지 알 수 있기 때문에, 내담자만이 특정 행동이 지향 행동인지 아니면 멀어지고자 하는 행동인지에 대해 말할 수 있다.

내담자가 확신이 없을 경우에는 그들에게 지향과 멀어짐에 대한 백분율을 물어보는 것이 유용할 수 있다. 숙련된 질문을 통해서, 내담자가 내적 경험을 알아차리고 어떤 행동이 원치 않는 내적 경험에서 멀어지는 일(혹은 가끔 약물 사용할 때와 같이 원하는 느낌을 향해 움직임)을 수행하는지 아니면 가치 지향적인 행동을 수행하는지에 대해 관찰하는 자기의 관점을 체험하도록 할 수 있다.

매트릭스가 완성되고 내담자가 자기 혹은 '나'가 매트릭스, 즉 치료 과정의 중심에 있다는 것을 알아차리게 되면, 내담자에게 제시된 두 가지 선택사항 중에서 어떤 삶을 살고 싶은지 물어볼 수 있다. 즉, 원하지 않는 느낌과 생각에서 멀어지는 일을 많이 하고 살 것인지 아니면 중요한 사람이나 무엇인가를 향해 나아가는 일을 더 많이 하고 살 것인지. 지금까지, 우리의 내담자들은 모두 삶과 중요한 것을 향해 나아가는 쪽을 선택해왔다. 당신은 내적 장애물이 있을지라도, 치료에서의 작업이 중요한 누구 혹은 무엇인가를 향해 나아가는 것을 더 잘 선택할 수 있게 한다고 설명함으로써 그 과정을 마무리할 수 있는데, 이는 비전문가도 쉽게 접근할 수 있는 심리적 유연성에 대한 정의이다.

매트릭스를 제시하는 것은 분명하게 가치를 증진시키는(예컨대, 지향 행동) 통제 하에 있는 치료를 위한 맥락을 설정한다. 이와 관련해서, 기능적 맥락 접근은 혐오적인 생각이나 느낌의 발생빈도나 심도를 줄임으로써 아니면 혐오스러운 결과를 피하기 위해(알코올과 다른 약물을 절제하도록 할 때와 같은) 행동을 바꾸도록 도움으로써 내담자가 혐오적인 것에서 벗어나도록 돕는 것을 주로 추구하는 다른 접근들과는 근본적으로 다르다. 우리는 혐오스러운 결과가 제거되고 고통이 감소된 이후에도 지속될 수 있는 장기적인 동기를 형성하기 위해서는 가능한 한 명시적으로 욕구의 맥락을 설정하는 것이 중요하다고 생각한다. 나아가서 이는 임상적으로 자비를 훈련하는 데 중요한 요소인 혐오스러운 내적 경험과 자기 개념을 향해 보다 더 많은 접근 행동을 양성하기 위한 이상적인 기초를 제공한다.

기능과 실행가능성 지향

행동은 그 맥락을 벗어나서는 이해될 수 없다. 예를 들어, 다양한 선택을 살펴보는 것이 행동에 참여하기 전에는 유용할 수 있지만, 일단 행동이 취해지면 전혀 유용하지 않으며 과정이나 결과를 변화시킬 가능성도 없다. 다른 인지적 및 행동적 접근이 내담자의 사고 내용에 초점을 두는 경향이 있는 반면, 기능적 맥락 접근은 특정 사고 기능 혹은 주어진 맥락에서 행동 기능에 적응하기 위해 노력한다.

기능에 적응하는 것은 주어진 맥락에서 행동, 사고, 정서 및 기억의 효과를 살펴보는 것이 포함된다. 과거에 받은 아픔에 대한 생각이 새로운 잠재적인 파트너와 만나는 맥락에서 장애물로 작용하는가, 아니면 그들이 마음을 열도록 촉진시키는가? 이러한 사고와 느낌에 대한 행동적 반응이 가치 있는 결말을 향해 움직이는가? 특정한 내적 경험(사고, 정서, 기억 및 심상)에 따라오는 행동은 무엇이며 이러한 행동이 가치 지향적으로 행동하도록 하는지에 대한 두 가지 질문은 기능에 적응하는 것을 돕는다. 기능에 적응하는 것은 임상가와 내담자가 내적 경험의 내용에 갇히게 되는 것을 예방할 수 있으며 종종 그 내용을 바꾸고자 하는 헛된 시도를 막아줄 수 있다.

ACT 관점에서, 특정한 내적 경험의 기능이 작동하지 않는 것을 확인하면, 가치를 향한 지향과 함께 탈융합과 수용 전략이 언어적 맥락을 변화시키고 행동의 실행가능성을 증가시키기 위해 선호되는 수단이다.

투쟁의 타당성 확인

자기-자비는 자신의 혐오스러운 경험과 감정을 무조건적으로 입증하는 것을 의미한다. 그것은 자신의 경험을 전적으로 개방하는 것과 자신의 감정과 사고가 타당하다는 것을 아는 지혜를 가지고 있다는 것을 함축하고 있다. 많은 내담자들은 자기 타당화와 싸우고 있다. 내적 경험, 특히 정서적 경험을 심도 있게 이해하고 아는 것은 아주 비범한 기술이다. 내담자의 경험과 정서를 입증하도록 전문적으로 훈련을 받은 임상가들조차도 이를 내면으로 돌릴 때는 그 과정에 어려움을 겪는다.

투쟁의 실행가능성 분석하기

ACT의 관점에서, 타당성 확인을 향한 효과적인 첫 단계는 원치 않는 내적 경험에서 벗어나기 위한 내담자의 투쟁에 대한 기능적 분석을 하는 것이다. 그러한 분석에서 임상가는 내담자에게 단기적 및 장기적으로 멀어지려는 자신의 행동이 얼마나 효과적이었는지 그리고 중요한 사람 혹은 무언가를 지향하는 행동에 그것이 얼마나 도움이 되었는지를 생각해보도록 한다. 종종 내담자는 멀어지려는 행동이 단기적으로는 효과적이었다고 보고한다. 이는 내담자가 그러한 행동을 해봤다는 사실을 확증한다. 어쨌든 그러한 행동은 효과가 있다. 즉, 그러한 행동은 장기적으로 가장 효과적인 접근이 아님에도 불구하고 타당하다. 사실, 대부분의 내담자들은 부정적인 결과를 초래하거나 심지어는 보다 빈번하고, 보다 강렬하고 전반적으로 자신들의 삶에 있어서 보다 더 중요한 원치 않는 내적 경험을 만들어내는 등 그들의 멀어지려는 행동이 장기적으로는 비효과적이었다고 보고한다. 이는 멀어지려는 행동에 빠져 있는 내담자의 경험을 입증하고자 하는 임상가들에게 더 많은 기회를 제공한다.

마지막으로, 멀어지려는 행동이 내담자들을 중요한 사람 혹은 무언가를 향해 움직이도록 효과적으로 돕고 있었는지에 대한 질문은 그들이 자유롭게 선택한 가치를 향하도록 작업을 다시 정립하도록 돕는다. 언급한 바와 같이, 몇몇 행동들은 맥락에 따라 멀어지는 행동이 될 수도 있고 지향행동이 될 수도 있다. 예를 들어, 내담자들은 외로움이나 불안에서 벗어나기 위해 신체적인 활동에 몰두하거나 친구와 함께 외출할 수도 있다. 우정과 건강이 그들에게 중요한 것이라면, 그들은 가치의 욕구 통제 하에서 동일한 행동을 수행할 수 있다. 이러한 통찰은 멀어지려는 그들의 수많은 행동에 대한 욕구 통제를 증진시키기 위한 잠재력을 이해하도록 내담자를 도울 수 있다. 여기에서, 파생된 관계 반응의 힘이 욕구 통제 하에서 지금까지 혐오적으로 통제된 행동을 점차로 가져오도록 작동하기 시작할 수 있다. 예컨대, OCD를 가진 내담자의 강박적인 멀어지려는 행동은 달리기, 읽기, 가족 및 친구와 전화하기, 요리하기 및 십자말풀이 하기라고 말한다. 내담자가 이 모두가 가치 지향 행동이라는 것을 알게 된다면, 그는 불안과 강박에 대한 혐오적인 통제가 아니라 가치에 대한 욕구 통제 하에서 점진적으로 그러한 행동에 참여하기 시작할 수 있다. 사실, 우리는 치료의 종결 시점에서, 여전히 동일한 행동을 하지만 더 이상 OCD 진단 준거에 맞지 않는 내담자를 만난 적이 있다. 차이가 있다면, 이제는 가치에 대한 욕구 통제 하에서 그렇게 한다는 것이다(Schoendorff, Purcell, Lalonde, & O'Connor, 2014).

내담자가 투쟁해 왔던 방식(ACT에서 창조적 절망감(creative hopelessness)으로 불리는 방식)에 대한 이러한 분석을 통해서 내담자는 멀어지려는 행동이 얼마나 중독적이고 강력하게 될 수 있는지 그리고 그러한 행동이 어떻게 함정에서 빠져나올 수 없을 것 같은, 꼼짝 못하는 느낌을 야기하는지 배울 수 있다. 자유를 향한 첫 단계는 이 정당한 경험을 인정하는 것이다. 다음 단계는 함정 그 자체, 즉 언어와의 엄격한 상호 작용에서 탈융합하는 것이다.

내용으로서 자기로부터 탈융합

부정적 자기 개념과의 융합은 더 나은 자기-자비의 태도를 양성하는 데 있어서 중요한 장애물이다. 내담자가 글자 그대로 자신의 마음이 만들어낸 부정적 자기 개념, 즉 발달과정에서 영향을 준 대상의 말을 반향하는 자기 개념을 취한다면 자기 비난과 자기 무효화는 태만 행동이 될 수 있다. 내적 경험을 통제할 때는 그렇게 유용하지 않지만 오감 경험의 세계와 맞는지의 여부를 판단하는 데는 유용한, 평가하는 기관으로 마음을 묘사함으로서 임상가는 내담자들이 자신의 마음이 스스로에게 말하는 것으로부터 거리를 유지할 수 있는 더 많은 공간을 만들어낼 수 있다.

임상 사례
자기 판결과 비판을 표적삼기

부정적인 자기 평가가 얼마나 일반적인지를 생각한다면, 그것들이 나타나는 순간에 부정적인 자기 판단과 비판에 초점을 맞추는 것은 치료 초반이라도 가능할 수 있다. 내담자에게 도움을 주는 대신, 자기 폄하가 얼마나 효과적이었는지 그리고 자신에게 어떤 태도를 취하고 싶은지를 물어보라. 아래에 있는 대화는 치료의 두 번째 회기에서 이루어진 것으로, 그러한 중재를 분명히 보여주고 있다. 테드(Ted)는 32세의 남자로, 우울, 직업적인 어려움 그리고 높은 수준의 부부 갈등을 겪고 있다.

치료자 그래요, 테드, 지난 주 동안 당신의 매트릭스에서 무엇을 알게 되었나요?

내담자 대부분 멀어지려는 행동을 했던 것 같아요. 난 그냥 그런 패배자예요. 나는 당신이 왜 내게 신경을 쓰는지 모르겠어요.

치료자 아이구! 먼저 멀어지려는 행동을 알아차린 걸 축하해요. 마음은 일반적으로 우리가 그것을 알아차리기 시작하는 것을 좋아하지 않지요. 그리고 마음이 흔히 반응하는 한 가지는 우리가 멀어지려는 행동을 알아차렸다는 사실로 우리의 머리를 휘젓는 것이지요. 이런 일이 일어났나요?

내담자 네. (한숨)

치료자 정말 고통스러웠겠군요. 그것은 새로운 것이었나요? 아니면 당신의 이름을 부르며 가혹하게 판단하는 당신의 마음이 항상 하는 것이었나요?

내담자 아, 나는 그것에 익숙해요. 어쨌든 나는 단지 패배자일 뿐이에요.

치료자 오랜 세월 동안 당신이 유지해왔던 지점을 넘어가지 못하도록 감시한 것은 "나는 패배자야"인 것처럼 들리네요.

내담자 무슨 뜻이죠?

치료자 글쎄요. 여기에서 당신은 무언가 새로운 것을 하고 있어요. 다시 말해서, 지향 행동과 멀어지려는 행동에 주목하고 있죠. 그렇지만 "나는 패배자야"는 당신이 새로운 걸

하도록 허락하지 않지요. 그 말은 당신이 알아차린 멀어지려는 행동을 더 강하게 하고, 멀어지려는 행동을 지휘봉처럼 사용하면서 "나는 패배자야." 코너로 당신을 몰아붙이려고 하는군요.

내담자　네. 그게 정확하네요.

치료자　당신이 필요로 하는 것이 그것인가요? 실제로 더 망가져야 할 필요가 있나요?

내담자　글쎄요. 아니요. 그렇지만 그밖에 내가 무엇을 할 수 있나요?

치료자　당신이 되고 싶어 하는 사람은 이것을 어떻게 다룰까요? 당신을 패배자라고 부르는 것으로? 아니면 어떤 다른 말로 도와줄까요?

내담자　내 생각에 나에게는 더 많은 격려가 필요한 것 같군요.

치료자　훌륭해요! 당신의 마음이 패배자 지휘봉을 집어 들고 그것으로 당신을 통제할 때를 알아차리도록 당신을 격려하는 것부터 시작해보죠. 그것은 두 가지 수준의 알아차림과 같지요.

　내담자는 부정적 자기 개념인 "나는 패배자야"와 융합되었고, 이것은 주어진 맥락에서 그가 할 수 있는 것을 제한하는 기능을 한다. 임상가는 내담자를 코너로 몰아붙이는 부정적인 자기 개념의 기능을 가리킴으로써 내담자가 부정적인 자기 개념으로부터 탈융합하도록 돕고, 자기 판단을 알아차리게 하는 등, 이러한 부정적인 자기 개념과의 융합이 어떻게 그의 행동을 결정하는지를 내담자에게 명백하게 보여주는 작업을 한다. 그 기능을 분명하게 하는 것은 자신을 격려함으로써 선택 가능한 보다 자비로운 행동을 확인할 수 있는 공간을 제공한다.

중재
어미 고양이 연습

내면의 고통에 대한 자기 비난과 가혹한 접근은 우리가 좋아하지 않는 내적 경험의 다른 부분과 자기 판단의 상호작용에 대한 기본적인 방식이 될 수 있다. 혐오적인 내적 경험을 어떻게 받아들이는지를 알아차리는 것은 고통에 대한 보다 자비로운 접근의 토대를 세우는 데 도움이 될 수 있다. 구별되는 다음의 연습은 내담자가 그들의 경험, 행동 혹은 과거를 향해 보다 더 자비로운 태도를 개발하는 데 매우 유용할 수 있다. 이 연습은 자비-초점 작업의 수많은 측면에 기반을 두고 있으며 짧은 이야기로 시작된다.

한 상자 안에 어미 고양이가 함께 태어난 여섯 마리 새끼 고양이들을 돌보는 것을 당신이 관찰하고 있다고 상상해보자. 여섯 마리 중에서 한 마리는 얼룩덜룩하였는데, 작은 눈을 뜬 순간부터, 자신의 형제자매들보다 좀 더 모험적이라는 것을 보여주었다. 어느 날, 어미 고양이가 새끼 고양이들을 돌보고 있을 때, 그 작고 얼룩덜룩한 새끼 고양이가 어미 고양이의 시야에서 멀어지더니 갑자기 고통스러운 비명을 질렀다. 어미 고양이는 얼룩덜룩한 새끼 고양이가 있는 곳으로 곧장 향했고, 새끼 고양이의 목덜미를 물어 다시 상자로 옮겨 놓고 새끼 고양이가 진정될 때까지 핥아주었다. 이 어미의 행동은 고양이에게 특별히 기이한 행동이 아니다. 즉, 이 행동은 많은 종들과 거의 모든 포유류에게 어떤 형태로든 존재한다. 물론, 아마도 모든 종류의 포유류에게 그렇진 않겠지만 말이다.

이런 일이 인간에게 일어났을 때, 우리는 고통스러운 상태에 있는 아이에게 항상 곧장 달려가지 않고, 아마도 "지금은 시간이 없어" 혹은 "아빠가 집에 도착할 때까지 기다려"라고 말할 것이다. 우리는 아이를 안전한 장소로 즉시 데려오지 않고, 그 대신 "왜 또 다시 문제에 빠졌지?"라며 설명을 요구한다. 혹은 "네가 상자 안에서 행동한 것처럼 거기서 행동했다면, 엉망진창이 된 것도 당연해!"라고 말하며 판단할 수도 있다. 또는 "네가 울어야 할 이유는 없어!"라고 말하며 틀렸음을 입증할 수도 있다. 아니면, "흐느끼지 마. 그렇지 않으면 후회할 걸!"라고 하며 위협할 수도 있다. 혹은 "또 울고 있는 저 다른 애기 봐. 이제는 그렇게 용기 있는 모험가가 아니네!"라며 조롱할 수도 있다. 그리고 "박스 근처에는 가지마. 난 행복한 새끼 고양이들만 여기 있기를 원해!"라며 외면할 수도 있다. 요컨대, 어미 고양이와 달리, 우리 인간은 고통에 빠진 어린 새끼들에게 본능적으로 접근하고, 새끼들을 안전한 장소로 옮기고 진정될 때까지 위로하는 것과는 다른 다양한 행동을 보일 수 있다. 우리가 고통에 다가 서고 위로를 주지 못하게 방해하는 것은 무엇인가? 마음이 내리는 판단에 사로잡히는 것이다. 우리는 모두 우리 자신과 다른 사람들이 우리 사이에서 자란 이들 거인에 의해 고통이 어떻게 받아들여 왔는지를 지켜봄으로써 우리 자신의 고통을 어떻게 받아들이고 반응해야 하는지를 배운다.

당신은 어떠한가? 내적 고통에 빠진 새끼 고양이가 저 멀리에서 비명을 지르기 시작하거나 당신의 자기 판단적 사고가 멀리서 울리기 시작할 때, 그 오래전 아이가 다시 상처받기 시작할 때 당신은 무엇을 하는가? 당신은 그 새끼 고양이나 그 아이를 어떻게 받아들이는가? 당신은 고통을 어루만져주기 위한 열린 마음과 의도를 가지고 다가가는가 아니면 자비를 가지고 내면의 고통에 다가가서 받아들이기보다는 외면하기, 밀어내기, 무시하기, 비하하기, 반박하기, 설명 요구하기, 틀렸음을 입증하기, 훑어보기, 조롱하기 혹은 그밖에 수많은 다른 행동을 하고 있는가? 다만 알아차려라. 그러고 나서 당신 자신의 상처받은 부분, 고통스러운 자기 판단, 파멸을 예고하는 예언 혹은 공황상태에 빠진 느낌을 전달하기 위한 공간을 발견할 수 있다면, 어미 고양이 중 일부는 새끼 고양이의 필요에 관심을 가질 것이다.

이 연습은 치료자와 내담자 모두에게 유용할 수 있다. 이 연습은 그러한 경험들이 생각이든, 자기 이야기든, 판결이나 기억 혹은 감정인지에 관계없이, 혐오적인 내적 경험과 관련된 두 가지 방식을 구별하도록 촉진한다. 흔히, 내담자들이 단지 자신들의 내적 경험을 어떻게 받아들이는지를 알아차리게 되면, 그들이 자신들의 고통이 위로받지 않을 수 없음을 점진적으로 알아차리게 할 수 있다.

우리는 내담자들이 불친절한 행동을 배웠을 가능성이 있는 애착 대상을 확인하도록 내담자에게 요구한다. 이를 돕기 위해, 우리는 사소한 실수를 했을 때조차도 큰 소리로 우리의 행동을 인정하지 않는 부모의 목소리를 듣는 것과 같은 우리 자신의 경험을 기꺼이 내놓는다. 우리는 때로 이런 톤의 목소리로 비난하는 말이 너무 빨리 나오기 때문에, 그 말에 걸려들었으며 이런 경험이 얼마나 고통스러운지를 인정하는 것 외에는, 그 말에 대해 거의 아무것도 하지 못하는 것을 관찰한다.

임상 사례
우울한 내담자와 어미 고양이 실습 활용하기

다음은 어미 고양이 실습을 보여주는 테드와의 대화가 제시되어 있다.

치료자 자, 지난 일주일 동안, 내적 고통이 발생할 때, 당신이 그것을 어떻게 받아들였는지 알아차릴 수 있었나요?

내담자 이상하지만, 귀 기울여 들어주지 않은 사람에게 화가 나고 좌절하고 있는 어린 테드를 실제로 볼 수 있었어요.

치료자 그렇다면 어떻게 그를 만났나요? 어미 고양이처럼 아니면 어떤 다른 방식으로?

내담자 나의 첫 번째 반응은 그를 밀어내려는 것이었고… 어떤 점에서는 그를 수치스럽게 생각한 것 같아요. 너를 좀 봐. 작은 아무개 씨, 다시 화가 나 있군. 그냥 멈출 수는 없겠니? 같은 식으로요.

치료자 아이구! 그거 가혹한 거 같군요.

내담자 그래요. 그리고 난 어린 테드에게 말하고 있는 어머니의 목소리를 들을 수 있었어요.

치료자 와우! 당신은 무엇을 했나요?

내담자 이상하게 들리겠지만, 내가 그것을 알아차렸을 때, 나는 어미 고양이 이미지를 생각했고, 분노를 가지고 분노를 만나는 게 아니라 보다 더 친절하게 어린 테드에게 다가갈 수 있었어요.

치료자 정말로 감동적이네요.

내담자 네. 그런데 당신도 알다시피, 지난주에 우리가 이야기했던, 내가 지원한 회사에 전화를 걸지 않았어요, 그리고 아내가 전화하라고 했을 때 그녀를 비난했어요.

치료자 지금 당신에게 무엇이 보이나요?

내담자 나는 쓸모도 없고 그리고 좋은 내담자도 아니라는 거예요. (침묵) 부끄럽고 화가 나요.

치료자 힘들겠네요, 그리고 힘든 당신을 보고 있는 것은 나에게도 힘든 일이에요. 나는 당신이 지금 이 순간 느끼고 생각하고 있는 것을 어떻게 받아들이고 있는지가 궁금해요. 그것은 어미고양이에 더 가까운 것인가요 아니면 어떤 다른 방식인가요?

내담자 (웃음) 다른 방식에 더 가깝다고 생각해요.

치료자 그렇다면 당신이 되고 싶은 테드는 부끄러워하면서 화를 내는 그 작은 아이와 무엇을 할까요?

내담자 어미 고양이와 더 비슷하게 행동할 것 같네요.

치료자 당신의 어미 고양이가 지금 이 순간 무엇을 할지가 궁금하네요.

내담자 내 생각에, 어미 고양이는 이런 방식으로 느끼는 것은 힘든 일이라고 말하면서, 나를 위해 단지 거기에 있어줄 것 같아요.

치료자 그래요, 나도 역시 당신을 위해 거기에 있을 겁니다.

이 대화에서, 내담자가 지난주에 소개받았던 차이 구분하기를 연습하였다고 보고한 후, 치료자는 내담자가 자기 판단과 수치심으로 다시 되돌아간 순간을 회기 중에 포착하였다. 이에 대응하여, 치료자는 바로 그 자리에서 내담자가 차이 구분하기를 연습하도록 하였다. 어미 고양이 은유가 전달하는 바와 같이, 이 연습은 내담자에게 가치에 기반한 차이를 제공하는 것이 내담자의 내적 경험과 관련된, 도움 되지 않는 패턴들을 인식하고 변화시키도록 도울 수 있는가에 대한 예다. 치료 과정에서, 테드가 했던 것처럼, 내담자의 마음이 치료적 도구나 연습을 자기 판단 기제를 만족시키기 위한 방식으로 바꾸는 것은 드문 일이 아니다.

우리의 경험상, 내담자들의 마음이 자신을 공격하는 것을 내담자들이 알아차리도록 하고 오래된 상처와 판단들에 보다 더 자비로운 접근을 조심스럽게 형성하는 것은 커다란 진전을 가속화할 수 있다.

좀 더 직접적으로 자기-자비 훈련하기

마음이 자신을 기소하도록 설득하는 자신과의 전쟁에서 이길 수는 없다. 우리가 자기 자신에 대해 좋아하지 않는 것을 수용하는 것은 깊이 있는 자기 화해를 위한 유일한 토대이다. 임상 경험에 따르면, 자기 자신과 화해하는 것은 심도 깊은 변화를 목적으로 하는 치료의 특징이다. 평화는 고통의 종식이 아니다. 즉, 평화는 고통과 괴로움에 대항해서 싸우지 않는 것이 아니라 우호적인 마음을 가지고 그러한 경험을 그 자체로 받아들이는 것이다. 탈융합과 수용을 촉진하고 내담자가 자신의 가치를 향하게 함으로써, ACT는 이러한 종류의 자비로운 평화를 효과적으로 촉진하는 데 도움이 될 수 있다.

ACT 관점에서, 많은 병리적 과정에서 핵심 역할을 수행하는 인지적 융합은 자기개념에 영향을 미치고 매우 혐오적인 자기 구성개념을 야기할 수도 있다. 자기 판단과 수치심에 대한 결과 행동은 사람들의 삶의 선택을 제한하고 괴로움을 지나치게 증가시키는 언어적 중재의 토대가 된다.

자기감의 출현은 양육자와의 초기 상호작용에 대한 언어적 결과물이다. 이 과정의 핵심은 내적 경험을 알아차리고 명명하는 능력이다. 이러한 학습은 배려하며 일관되고 수용적인 사회적 환경을 필요로 하는데, 가정과 문화적 환경 모두에서 예상 밖의 변화로 인해 이러한 환경은 거의 드물다. 순수한 언어적 과정에 더하여, 친화적 노력에 대한 강화 혹은 처벌에 대한 과거사는 우리가 필요로 하는 위안을 스스로에게 제공하는 능력과 자신의 경험과의 관계에 영향을 미칠 수 있다. 이러한 언어 및 애착사의 맥락 내에서, 사람들은 특별하게 고통스럽고 경직된 형태의 자기 평가와 수치심에 융합될 수 있다. 그러한 평가와 감정의 내용을 변화시키려고 노력하기보다는 오히려 그것들과 보다 더 자비로운 관계를 조성하는 것이 훨씬 유익할 수 있다. 우리가 내적 경험과 맺고 있는 관계는 우리에게 가장 가까운 양육자와의 관계 맥락에서 학습된 것이기 때문에, 가깝고 친밀한 치료적 관계는 내담자가 자신의 내적 경험과 자기 평가에 대해 보다 수용적이고 자비로운 관계를 발전시키는 데 더할 나위 없이 적합한 맥락을 제공할 수 있다.

임상적으로 자비에 관한 작업에서 몇 가지 핵심 요인들은 유효

하고, 수용적이며 친밀한 치료적 관계 형성하기, 설득력 있는 치료의 이론적 근거 제시하기, 기능적 맥락주의 관점 설정하기 및 내적 경험과 행동의 형식보다는 기능에 초점 두기 등을 포함한다. ACT 매트릭스는 기능적 맥락 관점을 확립하는 데 효과적인 도구가 될 수 있다. 이 작업의 통합적인 부분은 내담자의 고통을 감소시킨다는 점에서 그리고 결정적으로 가치 있는 삶을 향해 나아가게 한다는 점 모두에서 자신의 경험에 대항하는 내담자의 투쟁을 입증하는 것이고, 그것이 단기적으로는 종종 효과가 있기도 하지만 장기적으로는 작동하지 않을 수도 있다는 것을 내담자가 알게 하는 것이다.

5

자비 훈련을 위해
치료적 관계 활용하기

당신이 서핑을 배우기 원한다고 생각해보자. 당신은 지난주 서핑을 시도한 것에 대해 이야기하고 다음 주에는 어떻게 다르게 서핑에 도전할 것인지에 대해 이야기하는 수업을 선택할 것인가? 아니면 코치 앞에서 서핑할 기회를 얻고 코치가 당신에게 새로운 동작을 지도할 수 있는 수업을 택할 것인가? 더 나아가 서핑 이론에 대해 주로 이야기하는 수업을 택할 것인가 아니면 실습에 대부분의 시간을 할애하는 수업을 택할 것인가? 마지막으로, 기술적으로 숙달된 서퍼를 코치로 택할 것인가 아니면 수많은 서핑 관련 책을 읽고 주요 경기들을 관전하고 전문 용어를 알고 있지만 보드 위에 서 서핑처럼, 치료에서 최고의 학습은 경험을 통해서 배우는 것이며 가장 효과적인 연습은 가르치는 기술을 가지고 있는 치료자에 의해 그 순간에 관찰될 수 있고 지도 받을 수 있는 것이다. 따라서 본 적이 없는 사람을 코치로 택할 것인가? 보다 자비로워지고 자기-자비를 갖기 위해 내담자를 훈련하기 시작할 때 회기 중 실습은 매우 중요하며, 치료의 일부인 자비와 자기-자비는 반드시 필요한 것이다.

자기 비난과 수치심은 자신과 개인적 경험의 상호작용에서 해로운 것이다. ACT 관점에서, 그것들은 여러 가지 융통성 없는 과정의 기능이다. 혐오적 경험을 용납하지 못하는 것과 자기 판단적 사고와의 융합은 자신의 과거와 현재 경험의 혐오적인 내용에 한정되어 있는 자기감을 제공한다. 가치에 접근하지 못하고, 가치를 두는 행동에 참여하지 못하는 어려움은 또한 자존감을 약화시켜서, 내담자들 자신에게 더욱 확신시키게 되고, 또한 비효과적인 행동, 자기 경시, 그리고 자신들의 개인사에 대한 수치스러운 혐오감의 고통스러운 주기에 계속 갇히게 만든다. 유연성을 향상시킴으로써, 내담자들은 부정적 사고, 혐오적 경험 및 자기를 폄하하는 이야기의 파도를 어떻게 탈 수 있는지를 배우기 시작할 수 있으며 그렇게 함으로써 그들은 가치를 두는 삶의 방향으로 나아갈 수 있다.

대체로, 치료에서 발생하는 것은 치료적 관계의 맥락에서 일어난다. 위의 서핑에 대한 비유에서처럼 비효과적인 행동은 내담자의 재구조화된 언어적 설명의 필터를 통과하기보다는 가장 직접적으로 관찰된다. 이와 마찬가지로, 내담자의 진전을 도울 수 있는 기술은 임상가가 보다 자비롭고 자기-자비적인 자세를 취하도록 내담자를 지도할 수 있는 회기 내에서 가장 잘 연습할 수 있다. 현재 (치료) 순간에 대한 이러한 강조는 그 순간에 결과를 제공하는 데 초점을 맞추는 조작적 학습 원리를 사용하기에 가장 적합하다. 이 장에서는 가치 있는 삶을 향해 움직일 수 있도록 내담자가 자기

비판적 사고와 수치스러운 자기 지시적 감정들의 파도타기에 능숙해지도록 돕기 위해 회기 내에서 조작적 학습 원리가 어떻게 사용될 수 있는지를 서술할 것이다.

자비의 조건으로서 자기-자비

ACT 관점에서, 자비와 자기-자비는 밀접하게 관련되어 있다. 진정으로 자비롭게 된다는 것은 진정으로 자기-자비적으로 된다는 것을 시사하며 그 반대의 경우 또한 같다(Hayes, 2008c). 타인에 대한 자비와 자기-자비는 모두 어려운 감정들을 아우르는 것, 그러한 감정에 얽히지 않고 판단적 사고를 인지하는 것, 관찰하는 자기에 대해 유연한 감각을 가지는 것 및 심오한 가치를 가지고 참여하는 삶으로 개인사를 천천히 가져가는 것을 의미한다. 더욱이, 자비와 자기-자비 모두를 실행하는 것은 치료자의 중요한 기술 중 하나이다. 내담자에 관해서도 마찬가지로 이러한 자질은 자비로운 유연성을 기르고 무엇이 괴로운 경험과 자기 판단을 야기하든 간에 친절과 자기 검증을 확장함으로써 가장 잘 양성된다.

자비 훈련을 위해 정적 강화 사용하기

기능적 맥락 접근은 학습 이론의 원리, 특히 조작적 학습 원리에 그 뿌리를 두고 있다. 수많은 실험들이 정적 강화가 행동 수정에 가장 효과적인 도구라는 것을 입증해왔다.

정적 강화는 한 행동에 뒤따르는 사건이 그 행동의 미래 발생가능성을 증가시키는 두 가지 사건 간의 관계를 나타낸다. 동물 모델들은 강화 사건의 효과가 행동의 시간적 근접성에 의존한다는 것을 보여주었다. 강화와 행동이 가까울수록, 그 행동이 미래에 발생할 가능성을 높이는 데 더 효과적이다.

정적 및 부적 강화가 강화물이 정적 혹은 부적 가치나 느낌을 가지고 있는 것이 아니라 오히려 결과가 환경으로부터 더해지거나 감해지는 것이라는 점에서 산술적인 연산을 나타내는 것임을 기억하는 것이 중요할 수 있다. 예컨대, 때로 부모는 비판받은 행동이 실제로 증가한 것을 발견할 때만 아이의 행동을 비난할 것이다. 그러한 경우, 아이와 부모 모두가 그 비난을 부정적인 것으로 느끼더라도 비난은 아이에게 정적 강화물의 기능을 한다.

정적 강화물은 말을 하지 못하는 동물에게 적용할 때 매우 간단하며, 영상에 보이는 동물이 수행한 놀라울 만큼 정교한 행동은 그 효과성을 입증하였다(Pryor, 2009). 그러한 맥락에서 강화물은 신체적 또는 생리적 사건들로 구성된다. 그렇지만, 언어를 사용하는 인간에게 적용할 때 강화가 만들어내는 파생된 관계 반응의 효과는 훨씬 더 복잡하다. 파생된 관계 반응을 통해서, 내적 경험(신체적 감각, 정서 혹은 심상) 및 상징적 자극(단어 혹은 사고)의 함수는 복잡한 관계 네트워크의 적용을 받는 방식으로 변환되며, 그 자체는 독특하고 복잡한 개인력의 산물이다.

일단 파생된 관계 반응이 활성화되면, 주어진 사건이 강화될 맥락을 식별하기가 어려워진다. 예를 들어, 칭찬이 어떤 내담자에게는 칭찬받는 행동을 증가시키는 데 기여할 수 있지만 다른 내담자에게는 행동을 처벌하는(예컨대, 감소시키는) 효과를 가져올 수 있다. 후자의 경우, 내담자의 언어적 이력은 칭찬의 기능을 처벌하는 결과로 변환시키도록 작용했을 가능성이 있다. 이는 정적 강화의 힘이나 효과성을 부정하는 것이 아니라, 임상가의 과제를 더욱 복잡하게 만든다. 그러므로 자신들의 행동이 내담자에게 영향을 끼칠 수 있는 잠재적인 강화나 처벌의 기능에 임상가가 세심한 주의를 기울이는 것은 특히 중요하다.

기능적 분석 심리치료(FAP)와 자비

FAP(Functional Analytic Psychotherapy)는 내담자의 자비와 자기-자비를 육성시키고 훈련시키고자 하는 임상가가 특히 관심을 가질 수 있다. 이는 치료, 특히 치료적 관계에 조작적 학습 원리를 적용하는 일련의 기법과 모형 모두에 적용될 수 있다. FAP는 회기 내 내담자 행동이 회기 밖의 행동과 기능적으로 유사하다는 것을 의미하는 임상적으로 관련 있는 행동(clinically relevant behavior: CRB)에 관심을 두고 있다. 임상적으로 관련 있는 행동의 두 가지 중요한 분류는 다음과 같다.

- CRB1 : 내담자의 문제 행동 사례를 가리킴
- CRB2 : CRB1과 비교하여 개선된 행동을 가리킴

FAP는 치료자와 내담자 모두가 CRB1을 인식하도록 하고 내담자가 강화 환경, 즉 치료적 관계 내에서 CRB2를 연습하도록 한다.

임상적으로 관련 있는 행동은 개별기술적으로 정의된다. 예를 들어, 비난을 표현하는 것은 자기주장에 어려움을 가지고 있는 내담자에게는 CRB2가 될 수 있으나, 다른 사람을 비난하는 강한 성향이 관계에 부정적으로 영향을 주는 내담자에게는 CRB1이 될 수도 있다. FAP에서, 내담자의 행동에 대한 자각을 기르는 치료자는 임상적으로 관련 있는 행동이 나타날 때 그 행동을 자각하도록 내담자를 격려할 수 있으며 치료자 행동의 강화(혹은 처벌) 기능에 주의를 기울이면서 CRB2를 강화한다. 치료자는 불가침의 공간으로 치료적 관계를 제공하는데(Tsai & Kohlenberg, 2012), 안전한 상황에 있는 내담자는 처벌의 결과나 관계의 붕괴에 대한 과도한 두려움 없이 새로운 행동을 시도할 수 있다. 이러한 애정 어린 강화가 제공되는 상황은 자비와 자기-자비 연습을 하면서 수치심과 자기혐오를 다루는 내담자를 돕는 데 적합하다.

FAP는 CRB2를 촉진하기 위해 행동 수정을 사용한다. 가장 중요한 것 중 하나는 점진적 접근을 통한 조성이다. 조성은 먼저 아쉬운 대로 행동 레퍼토리를 관찰하고 원하는 방향의 행동으로 조금씩 강화한다. 행동이 완전히 조성될 때까지, 추가 단계가 수행되는 경우 새로운 단계는 이전 단계보다 먼저 강화된다. CRB2로써

비판적 사고를 표현하는 경우, 치료자는 먼저 자신의 행동에 대한 부정적 반응의 신호는 무엇이든 강화하고, 그 다음에는 비판적 형태의 말을 무엇이든 강화하고, 그런 다음, 다른 사람에 의해 잘 받아들여질 수 있을 만한 비판적인 발언(예를 들어, 비판 받는 사람에 대한 공감적 타당성)만을 강화할 것이다. 일단 행동이 '활동을 개시할' 준비가 되었다면, 치료자는 치료적 관계를 넘어서 내담자의 삶에 향상된 행동이 일반화되도록 격려하고 촉진한다.

기능적 분석 심리치료(FAP)의 다섯 가지 규칙

콜버그와 차이(Kohlenberg & Tsai, 1991)는 FAP의 실무를 안내하는 다섯 가지 임상적인 규칙들을 제안했다. 보다 최근에 그들은 FAP가 자각, 용기 그리고 사랑에 기반을 둔 것으로 묘사했다(Tsai et al., 2008). 그리고 앞으로 보게 되겠지만, 이러한 자질들은 FAP의 다섯 가지 규칙과 밀접하게 관련되어 있다.

규칙 1 : CRB를 인식하라. FAP는 치료자와 내담자 모두가 CRB를 확인하도록 한다. CRB를 알아차리는 것은 내담자의 행동에 대한 자각을 의미한다. 이러한 자각은 현존, 마음챙김, 그리고 정서적 교감을 의미한다.

규칙 2 : CRB를 불러일으켜라. FAP는 작업을 하기 위해서 CRB가 있어야 한다. CRB를 불러일으키는 것은 치료자와 내담자 모두에게 **용기**를 필요로 한다. 치료자와 내담자 모두에게 정직하고 진정성 있고, 위기를 감수하고, 취약성을 보여주고, 대담한 질문을 하고, 회피에 부드럽게 맞설 것을 요구한다.

규칙 3 : CRB에 반응하라. 치료자는 CRB1에 적절하게 반응하면서 CRB2를 강화하려고 한다. 이것이 본질적으로 자비로운 것이며, 사랑의 입증이다. 내담자를 진정으로 배려하고 부드럽게 돌보며, 끊임없이 지지하고, 진정으로 인정하고, 내담자의 어려움과 항상 모두에 깊이 감사하고 존중함으로써, 치료자들은 개선된 행동을 가장 효과적으로 강화하고 내담자가 문제 행동을 수정하도록 도울 수 있다.

규칙 4 : 행동의 강화 효과를 인식하라. 이것은 치료자가 자신의 중재가 강화되었는지의 여부를 관찰하고자 할 때 더 많은 자각을 요구한다. 여기에서, 부드럽게 해석하고 치료자의 행동이 내담자를 돕는 데 어떤 영향을 미쳤는지 그들에게 기꺼이 물어보라.

규칙 5 : 개선된 행동의 일반화를 촉진하라. 이 마지막 규칙은 자각, 용기 그리고 사랑을 의미하는데, 치료자는 내담자들에게 외부 생활에서 행동의 기능과 CRB 기능에서의 유사성을 알아차리도록 돕고 회기 밖에서 유사한 상황에 있을 때 적절한 위험을 감수하도록 장려한다.

이러한 규칙을 적용하는 것은 내담자들이 그 순간 자신들의 행동에 보다 더 마음챙김하는 것을 격려하고 자신들의 쓸모없는 행동이 자기 비난과 수치심을 초래한다는 것을 알아차리는 임상적으로 어려운 순간에 CRB1을 확인하도록 내담자들을 도울 수 있다. 그러한 행동에 대한 마음챙김을 촉진하고 가르칠 수 있는 순간으로 내담자들을 개념화하는 것은 자비와 자기-자비를 촉진하는 강력한 방법이 될 수 있다.

마지막으로, 이러한 규칙들은 경직된 처방을 뜻하는 것이 아니라 새로운 행동을 시도하기 위한 부드러운 초대이다. 당신이 보다 더 심오하고 보다 효과적인 치료적 관계의 형태로 당신 자신의 강화물을 만나게 된다면, 그 강화물을 규칙적으로 사용하는 당신 자신을 발견하게 될 것이다.

임상 사례
행동에서 자기 비난적인 마음을 알아차리고 그로부터 탈융합하기

자기 비난적인 마음은 때로 지나치게 과잉 반응하여 모든 것을 자기 혐오라는 불의 연료로 사용한다. 아래의 사례에서 샘(Sam)은 회기 사이에 그에게 중요한 누구 또는 무언가를 향해 나아가도록 자신이 취한 행동과 생각하거나 느끼기를 원하지 않는 것에서 멀어지기 위해 취한 행동을 자각하도록 요청받았다.

치료자   그래서 당신은 무엇을 알아차렸나요?

내담자   내가 멀어지려는 행동을 얼마나 많이 했는지 전혀 몰랐어요. 정말 한심해요[CRBl].

치료자   당신은 스스로를 깎아내리고 있군요. 당신은 다른 사람과 함께 있을 때 스스로를 깎아내리나요? (FAP 규칙 1 적용: CRB를 인식하고 회기 중과 회기 밖에서 내담자 행동이 같다는 것을 알림)

내담자   네, 나는 자신감이 부족하기 때문에 언제나 나 자신을 깎아내리죠. (CRB1 확인)

치료자   스스로를 가혹하게 대하는 것은 지향하는 행동인가요? 아니면 멀어지려는 행동인가요? (FAP 규칙 1 적용: CRB를 인식하라)

내담자   내 생각에는 멀어지려는 행동 같군요. … 봐요, 또 그랬어요! [CRB1]

치료자   아! 심하네요. 지향하는 행동과 멀어지려는 행동을 인식하는 것은 지향하는 행동인가요 아니면 멀어지려는 행동인가요? (규칙 2와 3 적용: CRB를 불러일으키고 경우에 따라 CRB에 반응하라)

내담자   지향하기? [CTB2]

치료자   당신이 비난하는 마음에 얼마나 사로잡히기 쉬운지가 보이는군요. 그리고 그건 마치 방망이를 움켜쥐고 당신 자신을 치는 것과 같아요. (규칙 1 적용, 규칙 3을 적용할 기회를 놓침: CRB2를 강화하라)

내담자 네. 당신도 알죠? 내가 말했잖아요. [CRB1]

치료자 (그녀의 의자 뒤로 가서 가상의 야구 방망이를 잡는 제스처를 취한다.) 여기 또 있어요! (규칙 3 적용: 경우에 따라 CRB에 반응하라).

내담자 (웃음.) 알았어요. 나도 이제 보이네요. [CRB2]

치료자 그렇다면, 당신의 마음이 당신에게 방망이를 건네줄 때를 알아차리고 우리에게 알려줄래요? (규칙 2 적용: CRB를 불러일으켜라)

내담자 그렇게 할 수 있을 거 같아요. [CRB2]

치료자 자, 지난주에 있었던 당신의 지향하는 행동에 대해서 말해주세요. (규칙 2와 3 적용: CRB를 불러일으키고 CRB2를 강화하라)

내담자 나는 부모님에게 전화했고, 아들을 데리고 산책했고, 아내에게 같이 저녁 먹으러 가자고 말했어요. [CRB2] 하지만 실제로는 많지 않았어요…. [CRB1] 오, 여기 방망이가 있네요! [CRB2] (웃음)

치료자 만약 당신이 방망이를 잡지 않는다면, 무엇이라고 말하겠어요? (규칙 2와 3 적용: CRB를 불러일으키고 CRB2를 강화하라)

내담자 그렇게 했다는 것이 기쁘고, 자랑스러워요. [CRB2]

치료자 잘 했어요, 샘(Sam). 이 전체적인 나눔이 어땠나요? (규칙 4 적용: 치료자 행동의 강화효과를 인식하라)

내담자 처음에는 힘들었어요. 하지만 나는 그걸 막아서 방망이로 손이 가기 전에 나 자신을 잡을 수 있을 거 같아요. 그리고 그게 차이를 만들어낸다는 건 사실이죠.

치료자 지향하는 행동을 알아차릴 수 있어서 나도 기뻐요. (규칙 3 적용: CRB2를 강화하라). 당신의 마음이 당신을 괴롭히려고 할지라도, 당신이 이러한 것들을 다음 주에도 계속할 수 있겠어요? (규칙 5 적용: 회기 밖의 삶에 CRB2를 일반화하도록 증진시키기)

이 나눔에서, 치료자는 현재 순간의 과정에 집중하고 내담자에게도 그렇게 하도록 요청했다. 치료자는 회기 내 행동과 치료실 밖에서 잠정적으로 문제가 되는 행동이 아주 유사하다는 것을 알렸다. 내담자가 설명(자신감 부족)을 했을 때, 치료자는 그 내용에 들어가지 않고 대신에 계속해서 CRB에 집중하고, 자신에게 가혹한 CRB1를 알아차리도록 점진적으로 CRB2를 조성하고, 그에 이어 그들의 가치를 떨어뜨리지 않고 지향하는 행동을 지칭하는 CRB2를 강화했다.

회기 중에 자비를 조성하기

FAP 치료자의 태도는 내담자와 내담자의 고통 및 학습 이력에 깊은 자비를 가지는 것이다. 행동을 학습력의 결과로 보는 것은, 치료자가 내담자의 고통, 사고 혹은 감정에 대한 책임을 내담자에게 돌리지 않고 그들의 고통을 통해 실행 가능한 행동을 향하여 그들과 함께 갈 준비를 하는 것이다. 행동을 학습력의 결과로 보는 것은 내담자에게 안전한 학습 환경(치료적 관계)이 제공된다면 그들이 회기 밖에서 보다 더 효과적인 행동을 선택할 수 있으며, 그들의 관계와 삶에서 새로운 과정을 설정할 수 있다는 것을 치료자가 인정하는 것이다.

FAP는 본질적으로 치료자가 내담자를 강화하도록 하는 것인데, 치료자의 마음이 내담자의 개선된 행동에 어떻게 반응하는지 인식하고 내담자에게 치료자가 진정으로 어떻게 생각하는지 알게 하는 것이다. ACT에서와 같이, FAP 치료자는 고통이 경감되는 것을 보려는 소망과 내담자와 그들의 고통을 보호하려는 용기 있는 의지를 가지고 내담자의 고통에 자신의 마음을 연다. FAP 치료자는 내담자와 함께 아픔의 눈물을 흘리면서 내담자에게 진정성 있고 다정하게 반응하기 위해 노력한다.

임상 사례
자비를 증진시키기 위해 FAP 원리 활용하기

아래에서, 우리는 깊은 수치감으로 시달리는 교사이자 지역사회 운동가인 조(Joe)와 함께 한 세션에서 치료자가 내담자의 자비를 증진시키기 위해 어떻게 FAP 원리를 사용할 수 있는지를 예시하였다. 조는 박사 학위를 취득하고 지역사회에서 존경받는 사람임에도 불구하고, 그 자신이 사기꾼이고 다른 사람의 존경을 받을만한 자격이 없는 사람이라는 확고한 생각을 가지고 일생을 살아왔다. 그의 사회 참여는 자신에 대한 평가에 기여했지만, 그는 항상 동료들보다 지적으로 부족하고, 잘생기지 않았으며 박식하지 못하다는 등의 열등감을 가지고 있었다. 지금까지도 그는 대학원에 있는 동료들 중에서 자신이 가장 미련한 사람이었다고 생각하며, 요행으로 박사 학위를 받았다고 여기고 있다. 이제 60대가 된 그는 자신의 인지적 능력이 감소되고 있다고 생각하며 주의력 결핍과 손상된 기억에 대해 불평하고 있다.

내담자   사람은 열심히 일해야 한다고 생각해요. [CRB1]

치료자   당신은 평생 동안 가르치는 것만이 아니라 지역사회 활동가로서도 열심히 일해 왔어요. (규칙2를 적용하라: CRB 불러일으키기)

내담자   (언짢은 기분으로 쳐다보며) 나는 그렇게 열심히 일하지 않았어요, 사실 나는 오직 제 종교적 신념 때문에 지역사회에 참여했을 뿐이에요. [CRB1과 개연성 있음, 엄격하게 그 자신과 다른 사람들을 판단함]

치료자   당신의 마음이 당신 자신과 다른 사람들 모두에게 엄격하게 작용한다는 것을 알고 있어요. 그런 생각이 여기서만 일어나는 건가요 아니면 다른 곳에서도 나타나나요? (규칙 1을 적용하라: CRB를 인식하고 세션 안과 밖의 행동 간에

유사성이 있다는 것을 제안하기)

내담자 글쎄요, 아시다시피 그것은 내가 교육받아온 방식이에요. 우리는 열심히 해왔죠. 하지만 그렇다 하더라도, 저는 무리에서 가장 게으른 사람이에요. [CRB1] 하지만, 예, 아내는 항상 내가 딸에게 너무 엄격하다고 말해요. 뭐랄까, 난 손녀에게는 몹시 잘 해주려고 노력해요. 손녀들은 너무 귀엽거든요! [CRB2를 조성]

치료자 당신이 손녀들을 귀여워한다는 말은 너무 반가운 이야기네요. 그리고 당신이 그러한 비판적인 마음의 굴레 속에서 살아야만 했다는 것이 슬프군요. 내심 당신이 자신의 마음이 찾아낸 가장 비판적인 생각에 목소리를 주기 원하는 그런 사람인지 알고 싶군요. 무슨 말인가 하면, 나는 종교가 당신에게 큰 의미가 있다는 것을 알아요. 그리고 당신이 선택한다면, 엄격한 사람으로 알려지는 것을 선택할지 아니면 보다 더 자비로운 사람으로 알려지기를 선택할지 궁금하군요. (규칙3을 적용하라: CRB2를 강화하고, 더 나은 CRB2를 조성하기 위해 노력하기)

내담자 자비로운 사람으로 알려지고 싶어요. [CRB2를 조성]

치료자 만약 아무도 모르거나 혹은 평판의 문제가 아니라 다른 사람들에게 실제로 끼친 영향에 대한 질문이라면, 당신의 엄격한 마음에 맞추는 것을 선택했을까요 아니면 보다 더 자비로운 자세를 선택했을까요? (규칙3을 적용하라: 더 나은 CRB2를 조성하는 데 초점을 맞추라.)

내담자 똑같아요. 자비로워지려고 할 거예요. [CRB2]

치료자 당신의 마음이 언제든지 당신을 공격하려고 대기하고 있
       다는 것을 아는데 당신이 이렇게 말하는 것을 들으니 감
       동이에요. (규칙3을 적용하라: 자연스럽게 CRB2를 강화하기).
       당신이 원하는 바대로, 보다 더 자비로운 방식으로 행동
       하도록 돕기 위해 여기에서 시간을 보내는 것에 대해 어
       떻게 생각하나요, 변화를 만들 수 있을까요? (규칙 2와 3을
       적용하기: CRB2를 불러일으키고 강화해라.)

내담자 당신은 내가 할 수 있다고 생각하나요? [CRB2와 개연성 있음]

치료자 난 당신이 할 수 있다고 확신해요. 그리고 난 당신을 돕기
       위해 여기에 있죠. (규칙3 적용하기: CRB2 강화하기)

이 대화에서, 치료자는 내담자의 치료실 밖에서의 삶에 대한 이
야기보다는 치료실 내에서 보이는 임상적으로 관련 있는 행동에
초점을 맞추었다. 내담자가 어떻게 진전을 보이는지에 더 주의를
기울이고 가치를 소개함으로써, 치료자는 내담자가 더 자비로운
태도 쪽으로 움직이도록 할 수 있었고, 가치 있는 방향으로 자비를
선택하게 할 수 있었다.

내담자가 다른 사람의 자비를 받아들이도록 돕기

치료적 관계는 여러 가지 면에서 독특하다. '평범한' 관계와 비교하면, 치료적 관계는 그 자체를 위해 존재하지 않는다. 이것은 전문적인 관계이다. 그러나 다른 직업적 관계와는 달리 그리고 그 본성 때문에 (내담자가 가장 어려운 개인적인 문제와 취약성을 드러내는 공간이기 때문에) 전문가로서의 임상가는 거리 두기의 겉치레 뒤에 숨어 있는 피상적 관계에 국한될 수 없다. FAP는 임상가가 자신의 내담자에게 마음을 열고 외부 세계에서의 관계만큼 깊은 관계를 형성하고 더 깊이 열어 줄 것을 요청한다. 그러나 치료적 관계는 내담자의 치료적 목표와 최고의 관심사를 위해 노력해 왔다는 점에서 다른 관계와 유의미하게 다르다. 그러한 관계 내에서, 임상가는 자신의 반응을 내담자들에게 보다 더 자비로운 행동을 조성하는 데 사용할 수 있다.

아동기 트라우마의 결과로, 자기 비난과 수치심의 뿌리 깊은 역사를 가진 내담자는 흔히 가장 고통스러운 형태의 자기 혐오, 수치심 및 죄책감에 융합되어 있다. 신체적 혹은 성적 학대의 이력은 흔히 일부 희생자에게 죄책감을 불러일으킨다. 양육자에 의한 신체적 혹은 성적 학대를 받는 경우, 피해자가 자신이 학대를 받을 만했다고 여기며 죄책감과 수치심의 짐을 떠맡는 것은 드문 일이 아니다. 그런 수치심과 죄책감은 다른 사람의 진정한 배려와 동정심을 받아들이는 것을 매우 어렵게 만들 수 있다. 이러한 경우, 깊은 치료적 관계를 형성하는 것은 내담자가 점진적으로 자비와 배려에 마음을 열수 있는 맥락을 제공할 수 있다. 먼저는 치료자에게 자비를 받고 다음으로는 그들 자신에게서 자비를 불러일으켜서 자비가 자신에게 향하도록 한다.

임상 사례
수용과 자비를 조성하기 위해 치료적 관계 활용하기

아래의 발췌문에서 치료자는 수치심이 발생한 과거 상황과 소통할 것을 내담자에게 요청한다. 어릴 때, 클레어(Clare)는 몇 년 동안 아버지에게 성적 및 정서적으로 학대받았다. 그녀는 학대와 관련된 죄책감과 수치심으로 심한 부담을 가지고 있었다. 그녀가 가족 내의 다른 사람에게 자신의 학대에 대해 말하고 오래 전부터 부모님과 거리를 두어왔지만, 그녀가 겪었던 것과 관련된 복잡한 감정에 접촉하는 것은 여전히 힘들어하고 있다. 클레어와 치료자는 6개월이 넘도록 대인관계 문제를 다루어오고 있으며, 그녀는 이제 학대에 대해 이야기할 준비가 되었다.

내담자   내가 내 몸을 부당하게 이용한 것 같아서 심한 죄책감을 느껴요. 그때 이후로 나 자신을 증오해왔어요.

치료자   그 말을 들으니 무척 슬프군요. 눈을 감고 당신이 수치스러워하는 어린 시절의 한 장면을 떠올릴 수 있을까요?

내담자 노력해볼게요.

치료자 당신은 어디에 있고, 몇 살인가요?

내담자 저는 12살이고 부모님 집의 거실에 있어요. 아버지가 거기 있어요.

치료자 당신 주변에서 어떤 것들을 볼 수 있나요?

내담자 소파를 볼 수 있어요. 벽에 있는 사진들을 볼 수 있고, 창문을 통해 들어오는 햇살이 보여요. 아버지가 안락의자에 앉아 있는 것이 보여요. 그는 신문을 읽고 있는 있어요. 그는 내게 관심을 기울이지 않아요.

치료자 당신이 무엇을 느끼는지 알아차릴 수 있나요? (잠시 멈춤) 무슨 생각을 하고 있나요? (잠시 멈춤) 무엇을 하나요?

내담자 지루해요. 난… (잠시 멈춤) 나는 눈에 띄게 도발적인 자세예요, (조심스럽게 흐느껴 울기 시작한다.) 너무나 수치스러워요! 이건 정말로 힘들어요!

치료자 잠시 여기서 멈출까요? 나는 당신이 12살의 클레어로 머물러 있길 원해요. 그녀와 함께 있을까요? 그녀는 어떤 기분인가요?

내담자 (차분하게 말한다.) 알겠어요….

치료자 우리가 함께 가서 그녀를 만난다고 상상해보세요. 당신은 그녀가 보는 것을 볼 수 있고 그녀가 듣는 것을 들을 수 있고, 그녀가 느끼는 것을 느낄 수 있어요. (잠시 멈춤) 그녀에게 "넌 지금 당장 뭘 원하니?" 하고 물어볼 수 있을까요?

내담자	(어린 소녀 목소리로 말한다.) 난 지금 놀고 싶어요. 밖에 나가서 놀고 싶어요. 사람들을 만나고 재미있고 싶어요!(흐느낌)
치료자	그래, 넌 단지 밖에 나가서 놀고 싶구나. 넌 사람들을 보고 싶어 하는구나. 이런 것들은 12살 소녀에게 지극히 정상적인 욕구들이야. 넌 관심이 필요해. 그리고 이것도 12살 소녀에겐 지극히 정상적인 욕구야. (잠시 멈춤) 그리고 어떻게 관심을 얻는지 네가 알고 있는 유일한 방법은 네가 하고 있는 것을 하는 거야.
내담자	(흐느끼며) 네.
치료자	클레어, 당신은 우리가 이 어린 소녀를 그런 것 때문에 비난해야 한다고 생각하나요?
내담자	아니요, 물론 아니죠…. 그녀는 조금이라도 더 나은 방법을 알지 못해요.
치료자	그녀를 돕기 위해 무엇을 할 수 있을까요?
내담자	그냥 그녀를 안아주고 내가 그녀를 사랑한다고 말해줘도 될까요?
치료자	함께 해봅시다. 그녀를 안아주고, 그녀에게 당신이 그녀를 사랑한다고 말해요. (그의 눈에 눈물이 가득 고인 채, 내담자의 고통에 완전히 몰입되어서) 그녀는 단지 지켜보고 사랑받고 안전하다고 느끼는 것이 필요해요. 그녀에게 해줄 또 다른 말이 있을까요?
내담자	그냥 내가 그녀를 사랑하고 이건 그녀의 잘못이 아니라

는 거요.(흐느낌.)

치료자   네, 이건 그녀의 잘못이 아니에요. 어떻게 해야 할지 그녀는 다 알고 있어요.(잠시 멈춤) 클레어, 잠시 시간을 가지고 당신이 준비가 되었다고 느낄 때, 나와 함께 이 방으로 돌아올 수 있어요. 그리고 눈을 떠요.

내담자   (눈을 뜬다.)

치료자   당신이 나와 함께 그곳에 갈 용기를 낸 것에 너무 감동했어요. 지금 기분이 어때요?

내담자   난 당신을 믿어요. 내 생각에 당신은 좋은 사람 같아요. 무슨 일이 있었고, 내가 무엇을 했는지에 대해 나 자신을 혐오할 필요가 없다는 걸 깨닫게 된 것은 이번이 처음이에요. 난 조금이라도 더 나은 방법을 몰랐어요. 생각으로는 이러한 것들을 알고 있었지만, 실제로 느껴본 것은 이번이 처음이었어요.

치료자   당신이 어떻게 더 나은 방법을 알게 되었나요? 당신이 겪었던 것들을 통해서 누군가에게 더 나은 방법을 말해줄 수 있을까요?

내담자   그래요.

치료자   이제 죄책감이 떠오를 때, 예전으로 돌아가서 어린 소녀에게 그녀가 원하는 지지와 사랑을 줄 수 있을 거라는 생각이 드나요?

내담자   노력해볼게요. 이제는 적어도 나 자신과 내 몸을 혐오할 필요가 없다는 것을 알아요.

이 대화에서, 치료자는 클레어에게 학대의 순간이 아니라 그녀에게 가장 수치심을 불러일으켰던 사건으로 돌아갈 것을 요청하였다. 아버지와 학대자에게 관심을 받기 위한 그녀의 도발적인 노력은 그녀가 갈망하는 관심을 얻을 수 있는 유일한 방법이었다. 그러한 기억과의 접촉을 통하여, 치료자는 클레어에게 어린 소녀의 관점에서 보도록 하여, 그때 그녀에게는 다른 선택이 없었다는 것을 알아차리게 했다. 치료자의 친절한 코칭과 이러한 경험적인 깨달음을 통해서, 클레어는 그녀가 경험했던 것이 비난받을 일이 아니었으며, 자신의 몸과 성에 대해 그녀에게 깊은 증오를 안겨주고 수년 동안 그녀에게 가장 수치스러움을 안겨주었던 행동도 비난받을 일이 아니라는 것을 알게 되었다. 그러한 깨달음은 지적 토론이나 논쟁을 통해서는 얻을 수 없다. 경험적 요소가 작업의 핵심이며, 치료자는 그 힘을 사용하여 이러한 매우 어려운 경험에 클레어가 친숙해질 수 있도록 신뢰감과 관계의 신성한 공간을 사용한다.

자비로운 관점 취하기를 훈련하기 위해 치료적인 관계 활용하기

자비에 초점을 맞춘 ACT와 FAP의 결합은 내담자들이 관점 취하기, 자비 및 궁극적으로는 자기-자비를 통해 직접적으로 경험할 수 있는 매우 강력한 중재를 이끌 수 있다. 내담자가 회기 중에 보다 더 자비롭고 자기-자비를 가지게 되었을 때 무엇을 할 수 있는지 보다 더 잘 알아차릴 수 있게 된다면, 치료적 관계 밖에서도 그렇게 할 가능성이 더 높다. ACT에서 관점 취하기는 내담자가 지금 여기 경험의 관점에서부터 다른 공간과 시간적 관점으로 가능한 한 완벽하게 이동할 것을 요청하며, 그때 거기에서 그 자신의 경험 혹은 다른 사람의 경험과 가능한 한 충분히 접촉하는 것을 포함한다. 누군가 다른 사람의 관점 취하기는 공감에 대한 정의의 한 부분이다. 따라서 다른 시간과 장소에서 누군가의 관점 취하기는 다른 상황에 있는 사람들에 대한 공감과 자비를 촉진시키도록 도울 수 있다. 관점 취하기의 다른 측면을 결합하는 것은 자비와 자기-자비를 훈련하는 강력한 수단을 임상가에게 제공할 수 있다.

임상 사례
관점 취하기를 불러일으키기 위해 치료자의 경험 활용하기

다음 사례에서, 우리는 인지적 쇠퇴와 집중력 결핍에 대해 걱정하는 교사이자 지역사회 활동가인 조(Joe)의 사례를 다시 보게 된다. 이 대화를 보면, 조의 이전 회기 이후로 두 주가 지났고, 조의 치료자는 이 회기에 15분 늦었다. 그는 조와 약속시간을 기록하는 데 실수를 저질렀는데, 그에게는 일상적으로 발생하는 일이었다. 아래의 대화에서, 그들은 조의 대인관계 위험 일지를 논의하였는데, 이것은 내담자가 의도적으로 적어도 하나의 대인관계 위험을 선택하고 매일 기록하도록 하는 FAP의 영감을 받은 훈련이다.

치료자 대인관계 위험 일지를 작성하는 것은 어떻게 되어가고 있나요?

내담자 한 주 동안은 매우 잘 되었고, 다른 사람들과 관계를 잘 할 수 있을 것이라고 생각했어요. 그런데 이 모든 것이 피상적이라는 것을 깨달았어요. 왜냐하면 내가 아는 여자분의 이름을 잘못 불렀거든요. 나는 계속 사람 이름을 잊어버리는 것과 같은 동일한 실수를 저질러요. 내 견해로는 그건 용납할 수 없는 일이에요. 나는 절대로 다른 사람들과 관계를 잘 할 수 없을 거예요.

치료자 오, 그래요, 우리가 한 그 실수… 5분 전에 나는 15분 늦게 왔어요. 그건 정말로 내가 바보 같다고 느끼는 상황이고 실제로 나 자신을 비판하게 되는 상황이에요. 그렇지만 내가 여기에 왔을 때 당신은 그것에 대해 정말로 관대했고 즉시 나를 마음 편하게 만들어줬어요.

내담자 (웃으며) 사실, 작은 실수를 가지고 내가 당신을 엄격하게 판단하지 않았던 것은 단지 나에게 보여주기 위해 당신이 그렇게 했다는 생각이 들었기 때문이에요.

치료자 아니에요, 그건 진짜 실수였어요. 내가 바보 같은 실수를 한 거죠. 아시다시피, 그것은 내가 빈번하게 저지르는 실수에요. 하지만 당신이 즉각 수용해주었다고 느낀 것은 사실이에요. 너무 자주 저지르는 실수 때문에 정말 고통스러워요.

내담자 글쎄요, 모든 사람이 실수를 할 수 있고, 당신은 여러 가지 많은 장점이 있어요.

치료자 맞아요. 이것은 내가 자주 저지르는 실수 중 하나일 뿐인 걸요. 그래서 몇 차례 그것을 당하는 사람의 입장이 되었던 당신이 여전히 너무나도 친절하게 나를 받아 주었던 것은 나에게 특별하게 의미가 있어요. (잠시 멈춤) 조, 내가 바보 같은 실수를 저질렀을 때 당신이 나를 바라보는 눈을 통해 보이는 모습에 대해 물어보고 싶군요. 하지만 지금은, 당신이 여성의 이름을 다르게 부른 상황으로 되돌아가서 상상해주면 좋겠어요. 그렇게 하면서 조금 멀리 떨어져서 그 장면을 바라보고 있는 당신 자신을 지켜보세요. 시간을 가지세요. … (잠시 멈춤) 무엇이 보이나요?

내담자 (잠시 멈춤) 글쎄요, 친절한 남자가 보여요. 그는 도와주고 싶은데 이름을 잘못 알고 있어요…. 약점이 있는 한 남자. 쉽지는 않지만… 내가 좋아하는 한 남자가 보여요. (잠시 멈춤. 그의 표정이 부드럽고 슬퍼 보인다.)

치료자 그래요, 조. 그 남자는 내가 아는 조에요. 약점이 있지만 또한 가치 있는 삶을 살고 있는 따뜻한 남자죠. 내가 감동받은 사람….

내담자 맞아요. 그것은 사실이에요.

치료자 내가 지금 울고 있다는 것을 당신에게 말해야겠어요. 당신이 다른 사람에게 가지고 있는 자비를 당신 자신에게 보여준 것은 우리가 함께 작업을 시작한 이후 처음이에요. 그것은 마침내 다른 사람과 같은 인간으로써 당신 자신을 보게 되었다는 것과 같아요.

내담자 맞아요. 그것은 사실이에요. (잠시 멈추고 웃음) 그러나 당신은 나의 마음이 동의하지 않는다는 것을 알아요. 나는 여전히 실수를 용서받을 자격이 없다고 말하고 있어요.

치료자 물론, 그것은 마음이 하는 일이죠. 당신이 보다 더 자비로운 관점을 가지고 스스로를 볼 때 바로 지금 무엇을 했었는지 그리고 어떻게 느꼈는지를 설명할 수 있나요?

내담자 음, 어깨는 이완되었고, 가슴은 편안하고 마음은 아주 조금 열려 있다고 생각해요… (잠시 멈춤) 말하기가 쉽지는 않군요. 내가 지금 그것을 재구성하지 않는다면 어떨지….

치료자 말하는 것은 쉽지 않을지라도 당신은 어떻게 그걸 하는지 알고 있어요. 다시 한 번 할 수 있는지 보죠. 당신은 그 여인 앞에 서 있고 그녀의 이름을 잘못 불렀어요. 좋아요. 어깨와 가슴의 긴장을 푸세요….

내담자 (잠시 멈춤) 좋아요, 알겠어요. (잠시 멈추고 웃음)

치료자 노력해주어서 고마워요. 나는 다음 주에 당신 스스로 그 중 일부를 하는지 알아차릴 수 있었는지를 확인하기 위해서, 그리고 말하자면 단지 지금 당신 자신이 취하는 대인관계 위험으로써 대인관계 위험 일지에 그것이 포함되어 있는지를 알아보기 위해서 당신을 초대하고 싶군요.

내담자　좋아요. 비록 내가 그것을 어떻게 할지 장담할 수는 없지만, 나도 그렇게 하고 싶어요.

　　이 대화는 그가 전적으로 자신에게 자비로운 방식을 가지고 행동한 첫 번째 시도로, 조의 치료에서 전환점이 되었다. 그는 자신과 자신의 기억력 쇠퇴에 대해 그냥 자비로운 말을 한 것이 아니다. 그는 느낌으로 그렇게 했다. 치료자가 분명하게 완화되었다고 볼 수 있었을 때, 그는 감동했고 그 감동을 표현했다.

　　이러한 변화에서, 치료자는 조에게 그가 치료자의 실수를 바라보았던 것과 같은 관점을 가지고 수치심과 자기 비난이 발생하는 상황에서 자신을 바라볼 때도 부드러운 관점으로 볼 것을 요청했다. 또 다시, 이러한 중재의 핵심은 인지적인 측면이 아니라 경험적인 측면으로 관점을 전환하라는 것이다. 그 후 치료자는 조의 자기-자비 행동이 그에게 어떠한 영향을 주었는지 개방적으로 공유함으로써 조의 새로운 행동을 강화했으며(CRB2), 자신에게 자비를 돌렸을 때 그에게 무슨 일이 일어났는지 확인하도록 조에게 요청함으로써 치료적 관계 이외의 상황에서 일반화가 촉진되었다(FAP 규칙 5).

　　논의된 바와 같이, ACT 모형 내에서 유연한 관점 취하기는 심리적 유연성의 핵심 요소이다. 우리의 경험에서, 관점 취하기 훈련은 종종 내담자에게 자기-자비를 이끌어낸다. 예를 들어, 클레어와의 대화에서 예시된 바와 같이, 경험적인 사건 특히 상처 받은 아동기의 사건으로 되돌아가서 그녀가 그 아이를 만나고 상처입거나 겁먹은 아이에게 무엇을 주거나 말하도록 요청하는 것은 전형적으로 그 아이와 그녀의 고통에 보다 더 자비어린 행동을 불러일으킨다.

임상 사례
보다 더 자기-자비로운 자세를 훈련하기 위해
맥락으로서의 자기 활용하기

강한 수치심과 자기 경멸이 동반된 심한 OCD를 치료받는 마이크(Mike)와의 대화에서 예시된 바와 같이, 관점 취하기에 대한 다른 접근도 자신의 현재 삶의 어려움에 보다 공감적이고 자기-자비로운 태도를 가지고 접근하도록 내담자를 훈련하는 데 유용할 수 있다. 마이크는 특히 ACT 모형으로 놀라운 진전을 보여 왔으며 매트릭스를 이용해서 자신의 경험을 분류하는 데 상당히 숙달되어 있었다. 경험을 매트릭스의 서로 다른 사분면으로 분류하는 것은 그것을 융합된 것으로 보기보다는 하나의 경험으로 볼 수 있다는 것을 암시하기 때문에, 이 작업을 수행할 수 있는 능력은 관찰자 관점을 취할 수 있는 능력을 나타낸다.

치료자 당신이 지향하는 행동과 멀어지려는 행동을 인식하고,

오감의 경험과 내적 및 정신적 경험 사이의 차이를 알아차린다는 점에서 당신이 보여준 진전에 완전히 감동받았어요.

내담자 그래요. 하지만 나는 여전히 밤에 자기 전 가스레인지를 확인하는 것에 매여 있어요.

치료자 그럼 이제 살펴보죠. 당신이 지금 내 맞은편에 앉아 있는 것처럼, 어떻게든 당신을 만나기 위해 순간이동 할 수 있어서 오늘 밤 당신의 부엌에 있는 것처럼 상상해 보세요. 그 강박 사고와 강박 행동을 돕기 위해 당신 자신에게 무슨 말을 할 수 있나요? 시간을 가지고 일단 당신이 할 말을 찾아보세요. 당신이 당신의 부엌에 있다면 확인하려는 강박과 충동을 가지고 있는 당신 자신과 만나서 말을 하세요.

내담자 좋아요. "바보 같은 짓 하지 마! 너는 그게 아무 소용없다는 것을 알고 있어."

치료자 어때요, 부엌에서는 당신이 방금 한 말을 어떻게 받아들이나요?

내담자 별로에요.

치료자 작동하나요?

내담자 아니요.

치료자 당신은 어떤 어조로 말했나요?

내담자 거칠게 말한 것 같아요.

치료자 당신이 부엌에 얽매여 있을 때면 어떻게 말해줘야 할까요?

내담자 　더 친절하게 말할 필요가 있어요.

치료자 　지금 여기에 나와 함께 있는 동안, 당신은 부엌에서 강박에 얽매여 있는 당신에게 보다 더 친절하게 말할 수 있나요? 뭐라고 얘기할 수 있을까요?

내담자 　(잠시 멈춤) "이런 생각을 하는 것이 힘들고 너무나 불안하다는 것을 알아"라고 말할 수 있어요.

치료자 　부엌에 있는 당신은 이것을 어떻게 받아들이나요?

내담자 　조금 나아요. 들어본 느낌이에요. 뭔가 조금 완화된 것 같아요.

치료자 　여기 나와 함께 있는 당신은 부엌에 있는 당신에게 무슨 다른 말을 할 수 있나요?

내담자 　내가 확인해야 할 것보다 중요한 무언가를 하도록 나 자신을 격려하겠어요.

치료자 　부엌에 있는 당신은 그것에 대해 어떻게 생각하나요?

내담자 　그것을 들을 수 있어요. 내가 그걸 할 수 있을 것처럼 느껴져요.

치료자 　당신은 그밖에 다른 무엇을 할 수 있나요?

내담자 　고양이를 기르고 파트너와 시간을 보낼 수 있어요.

치료자 　그것이 당신에게 중요한가요?

내담자 　네, 가스레인지를 확인하기 때문에 나 때문에 집에 불이 나서 파트너와 고양이가 죽지 않는다는 것을 확신하게 만들죠.

치료자　그거 좋은데요. 지금 이 순간으로 되돌아올 수 있나요? 부엌에서 그때 그곳에 있는 당신과 지금 현재의 당신이 나눈 대화를 보고 감동했어요. 나는 대화가 계속되는 동안에 당신이 스스로에게 얼마나 친절해지는지 그리고 당신에게 중요한 것이 무엇인지를 향해 방향을 전환하는 것에 특히 감동받았어요. 나에게 드러난 것은 상황이 어려우면 어려울수록 보다 더 친절하게 말할 필요가 있다는 것이며 당신의 힘든 감정을 확인해야 한다는 것입니다. 그것을 이해하시겠어요?

내담자　네, 나도 그렇다고 생각해요. 나 자신을 가혹하게 대하는 경향이 있었어요.

치료자　그럼 우리가 여기서 해온 방법대로 자신을 보다 더 친절하게 대하는 연습을 계속해 보는 것이 어때요?

내담자　좋아요.

치료자　당신이 당신의 부엌에 있을 때 했던 것과 같은 방식으로 스스로에게 말할 가능성이 얼마나 되는지 평가할 수 있을까요.

내담자　아마도 70% 정도.

치료자　나는 당신이 무언가를 깨닫게 될 것이라고 기대하고 있어요.

이전 회기에서 보다 더 자비로운 관계의 경험적 모형으로 치료적 관계를 형성하고, 이 회기에서 치료자는 마이크에게 관점 취하기 작업을 통해 이러한 능력을 일반화하도록 요구한다. 지금 여기의 관점과 그때 거기의 관점을 오가면서 조심스럽게 마이크를 안내하면서, 치료자는 자신에게 말하는 서로 다른 방법의 기능, 특히 가혹하고 비판적인 태도 대 친절하고 상냥한 태도를 그가 알아차리도록 돕는다. 대화가 끝나갈 무렵, 마이크는 친절한 태도를 실행할 수 있었으며(CRB2), 친절한 태도의 강화기능을 알아차릴 수 있었다. 그런 다음 치료자는 마이크에게 이후에 강박관념으로 시달릴 때 유사한 관점 취하기를 실행해볼 수 있는 가능성을 평가하도록 요청하는 것으로 대화를 종결했다. 내담자가 제공한 추정치가 무엇이든 간에, 내담자가 목표행동에 참여하는지의 여부에 치료자가 주의를 집중하는 것만으로도 목표행동을 행할 가능성이 증가한다.

치료적 상호관계에서 자비

요약하면, 이번 장은 임상가가 어떻게 치료적 관계의 이익을 최대화할 수 있는지, 자기비판적 사고와 수치스러운 자기 지향적 정서에 대한 내담자의 반응을 바꾸고 자비를 함양하도록 내담자를 돕기 위해 조작적 학습 원리를 어떻게 사용하는지를 다루고 있다. 우리는 자비에 대한 하나의 조건으로 자기-자비를 탐색했으며, 연관된 행동 원리를 강조했다. 이 중에서, 우리는 자비와 자기-자비 함양을 위해 정적 강화를 시험했으며, 자비를 함양하기 위해 FAP 원리를 적용하고 수치심에 기반한 자기 비난에 탈융합 사용하기 및 회기 중 상호작용을 통해 자비 조성하기 등을 검토하였다. 우리는 또한 다른 사람으로부터 자비를 받아들이고 궁극적으로는 자신에게 자비로워지도록 내담자를 돕는 치료적 과정을 개괄적으로 살펴보았다.

FAP 원리를 활용해서 치료적 관계는 그 순간에 자기 비난과 수치심을 알아차리고 자신과 다른 사람을 향한 친절행동을 부드럽게 조성하는 이상적으로 적합한 맥락을 제공할 수 있다. ACT 관점에서 자기와 자기-자비는 매우 높게 관련되어 있으며, 이 둘은 매우 유용하다. 이 장에서 우리는 치료적 관계가 자신과 다른 사람을 향해 보다 더 자비로운 행동을 촉진하는 데 사용될 수 있는 여러 가지 방법을 보여주었다. FAP에서 강조한 구성요소와 과정은 그 순간에서 내담자의 자각을 확장하고 자기와 자기-자비를 조성한다. 또한 일상생활에서 이러한 자질과 행동을 통합하기 위해 내담자를 격려한다. 이것은 수치심을 유발하는 상황이나 자극에 직면했을 때 자신과 다른 사람에게 자비를 확장하는 것을 포함해서 유연한 관점 취하기 훈련을 통해 이루어진다.

6

자비-초점 ACT의 첫 요소

자비-초점으로 치료를 실행하는 것은 고통을 완화시키기 위해 특별히 친절하거나 마음챙김을 하는 것 이상을 의미한다. 더욱이, ACT 프로토콜에 자기-자비 명상을 추가하는 것이 잠정적으로는 유익하지만, 진화된 인간 능력과 활동적이고 상호작용하는 일련의 심리적 과정으로서 자비를 이해할 때 가능한 것이 무엇인지를 쉽게 포착할 수는 없다. 이 장에서, 우리는 자비로운 유연성을 생성하고 확장하는 데 특별히 초점을 맞춘 ACT 접근의 요소를 예시하기 위해 CFT 이론과 실제 및 자비의 과학을 보다 더 광범위하게 이용한다.

자비는 언어적 중재, 유연한 관점 취하기를 촉진하는 체화된 주의, 정서 및 각성 그리고 우리가 세상에서 만나는 고통에 직면하기 위한 준비성과 이완된 각성을 포함하고 있다. 이는 안전과 돌봄의 사회적 유대감에 대한 현재와 과거의 경험을 통해 유발되며, 우리는 친화 정서를 통해 이 상태를 알게 된다. 치료자로서 우리의 작업에 자비-초점을 가져오는 것은 우리 자신의 공감, 마음챙김 및 개방성이 요구된다. ACT 치료자로서 자비로운 마음을 이용할 수 있게 됨으로써, 경험적으로 이러한 과정을 치료적 관계로 만드는 우리의 능력은 향상된다.

심리치료가 진행되는 동안 흔히 치료 속도의 차분한 감소, 현재 순간에 입각해서 의도적으로 초점 맞추기 및 마음챙김 대화와 진정한 정서적 교류 내에서 깊이 배려하는 것 등을 볼 수 있다. 마음챙김이 오늘날 설명되고 있는 것과는 달리, 자비는 단순한 주의가 아니며 중립적인 것도 아니다. 명상과 심상화는 내담자와 치료자 모두를 위한 자기 훈련과 특정한 형태의 신경행동 운동을 제공하는 자비로운 마음 훈련과 관련되어 있다. 마음챙김 훈련이 치료 회기에 보다 더 집중하고 주의의 유연성을 갖도록 돕는 것과 같이, 자비로운 마음을 육성하는 연습은 ACT 실행과 우리의 삶에서 자비를 심화시키기 위한 기초를 제공하고 쉽게 활용할 수 있게 한다.

자비와 자유롭게 선택한 가치

우리는 자비가 인간에게 있어서 새로 출현한 자질이라는 것을 지속적으로 강조해왔다. 중요하지만, 자비는 의사결정을 포함한다. 우리는 세상에서 그리고 우리 자신 안에서 겪는 고통을 향해 나아가기로 결정하고 고통에 대해 무엇인가를 하기 위해 노력한다. 이러한 결정은 우리의 현재 상태와 우리가 주변 세계로 확장하는 것을 알려주는데, 이는 치료적 관계의 맥락에 포함된다. 이런 식으로, 자비를 향한 우리의 움직임은 우리가 만나는 모든 것에 문자적 및 실질적인 확장을 하게 하는 선택이다. 세상은 비극, 손실, 질병 심지어는 죽음으로 가득 차 있지만, 자비를 불러일으키고 구현하기 위한 선택은 당신의 것이고 당신 혼자만이 할 수 있다. 당신은 이 결정을 당신과 함께 할 수 있으며, 이는 당신이 살아가는 동안 당신의 행동을 이끌 것이다. 당신은 치료적 관계에 이러한 자비로운 입장을 가져올 수 있으며, 그렇게 하기로 선택한 당신의 내담자는 자신의 삶에 자비로운 행동을 가져올 수 있다. 당신의 사례와 지침을 가지고, 내담자들은 자신의 자비로운 마음을 키울 수 있다.

인생을 통해 우리의 삶이 얼마나 고통스럽고 어떻게 형성되었는지에 대한 마음챙김 자각과 감사로부터 우리가 할 수 있는 만큼 우리들 각자는 자신이 원하면 자비로운 사람이 되는 것을 선택할 수 있다. 그러한 소망을 가지도록 우리 스스로에게 허용한다면 가능하다. 루미(Rumi)의 비유에 따르면, 소유, 관계, 건강 및 심지어 인생 자체는 우리 집에 있는 가구를 청소하듯 슬픔의 무리처럼 휩쓸려갈 수 있다. 그럼에도 불구하고, 바로 이 순간에 깨어 있고 의식적으로 우리 자신과 다른 사람이 경험하는 고통에 민감하고 예민하게 반응하는 것을 선택하는 것, 이것이 진정 우리의 것이다.

내담자들에게 이것은 경험적 회피의 오래된 패턴을 의식적으로 알아차리고 바꾸는 것을 의미한다. 자비로운 행동을 선택하는 것은 자신들의 삶에서 파괴적인 양식의 현실에 직면하고 자신들의 현재 상태를 발견하기 위해 필요한 마음의 용기와 고요함을 평가

할 것을 요구한다. 그것은 일상화된 자기 비난과 수치심이 암묵적으로 안전행동으로써 역할을 해왔다는 것을 인정하는 것을 의미할 수 있다. 그러한 패턴이 직관에 어긋나는 것처럼 들리겠지만, 수치심을 쌓아가고 사회적으로 승인된 통제와 회피의 거짓된 안전 담요로 자신을 포장함으로써 내담자는 극심한 불안 회피, 불필요한 투쟁과 가능성을 지속적으로 축소시키는 상태를 유지할 수 있다.

임상 사례
우울과 불안으로 평생 투쟁하는 내담자 소개하기

조쉬(Josh)는 그가 명문 대학에서 연극 전공으로 학사 학위를 받았을 때인 24살, 대학 마지막 학기에 저자들 중 한 명과 치료를 시작했다. 그 당시에 그는 공황발작과 만연된 걱정을 자주 경험하고 있었다. 심각한 불안 증상에도 불구하고, 공황발작과 만연된 걱정은 그의 문제 목록의 상위에 있지 않았다. 회기 초기에 조쉬는 자신을 일을 망치는 사람으로 가혹하게 묘사한 것에 대해 우울했다고 말했다. 학사 학위를 받을 무렵, 그의 자기 공격적 사고는 격렬해지고, 종종 하루 종일 침대에 누워 있었으며, 하루를 시작하는 것이 두렵고, 자신이 비겁하다며 스스로를 증오하였다.

몇 년 동안, 조쉬의 친구들과 동료들은 자주 그의 잘생긴 얼굴,

예리한 유머 감각 및 뛰어난 사회적 유능함에 대해 그를 칭찬했었다. 많은 관찰자들에 의하면, 조쉬는 모든 사교 파티에 참석하고 그것을 즐기는 '상류 인사들' 중 한 명인 것처럼 보였다. 이것은 외부에서 보는 모습이었지만, 세상을 보는 조쉬의 경험은 매우 달랐다.

5살 때, 크게 성공하고 사회적 지위를 의식하는 조쉬의 부모들은 그에게 주의력 결핍 장애에 관한 검사를 받게 했으며 그는 각성제를 처방받았다. 그럼에도 불구하고 그의 관심은 여전히 학업에 집중되지 않았다. 조쉬는 숙제를 끝마치는 것이 자신에게 거의 불가능했던 이유는 아버지의 지속적인 분노 폭발과 악담 때문이었으며, 그의 어머니는 그러한 학대를 막기 위한 중재를 하지 못했던 가족 환경 때문이라고 했다. 오랜 세월에 걸쳐, 조쉬의 어머니는 가정에서의 고통에 대처하기 위해 마약류와 알코올에 의존하게 되었다. 초등학교를 마칠 무렵, 조쉬는 군사 기숙학교로 보내졌고 그가 대학에 가기 전까지 계속 기숙학교에 있었다.

조쉬가 처음 우울증 진단을 받았을 때는 겨우 11살이었는데, 가족과 멀리 떨어져 있었고 사랑하는 사람과 거의 접촉할 수 없었다. 치료를 시작했을 때, 조쉬는 기숙학교를 '가장 추운 환경'으로 묘사하였다. 그는 동료와 때로는 격분한 교사에게 정기적으로 언어적 학대와 구타당한 것을 기억했다. 그는 자신을 비난했으며 매우 적대적으로 혼잣말하는 습관을 가지게 되었다. 종종 자신을 멍청하고 게으르다고 말했기 때문에, 학업에 대해 심한 불안을 느끼고 우울해했다. 점점 더 조쉬는 학업에 무관심하게 되었고 패션, 인기 및 무대에 설 수 있는 기회에 초점을 맞추었다. 어린 시절부터 항우울제와 각성제를 비교적 고용량으로 복용하고 있었지만, 그는 치료자에게 그 약물들 중 어느 것도 도움이 되지 않았다고 말했다.

조쉬는 자신이 편안함을 느꼈던 유일한 시간은 무대 위에서 배역의 역할을 하면서 자신을 잊어버렸을 때, 친구들과 파티를 할 때 (코카인과 다른 약물을 사용하면서 심한 폭음을 하면서) 혹은 거의 모르는 매력적인 여성과 성관계를 할 때라고 말했다. 그는 종종 지나치게 술을 마셔서 기억을 잃곤 했다. 이러한 회피와 중독 행동의 패턴은 12살이라는 매우 이른 나이에 시작되었으며 대학을 다닐 때는 물론이고 성인이 되어서까지 지속되었다. 조쉬는 밤에 약물을 남용한 뒤에는 으레 공황발작과 심한 공포를 느꼈다.

그는 부모와의 관계가 어린 시절부터 청소년기까지 정말로 변하지 않았다고 말했다. 부모님은 그에게 금전적인 지원을 계속했고, 그는 자신이 쓰고 싶은 만큼 썼는데, 그의 표현에 따르면 '구멍을 채우고 공포를 멀리 하는' 것이었다.

어린 시절 이후 간헐적으로 치료를 받으면서 조쉬는 실제로 자신이 정서적으로 학대를 받았거나 방치되었다는 것을 생각해본 적이 없었다. 조쉬는 자신은 단지 응석받이였다고 했다. 첫 번째 회기에서 치료자에게 말한 것처럼, 치료과정 중에도 반복적으로 "나는 단지 내가 원할 때 원하는 것을 해요. 나는 아무짝에도 쓸모없는 이기적인 사람이에요. 나는 어떤 것도 불평할 권리가 없어요. 나는 버릇없는 응석받이에요"라고 말했다.

지금쯤, 당신은 이미 이 내담자에 대한 사례 개념화를 형성하고 당신이 그를 어떻게 도울 것인지를 상상하기 시작했을 것이다. 우리는 이 책의 나머지 부분에 걸쳐 자비-초점 ACT 실무자가 그의 사례를 개념화하고 보다 큰 의미와 활력 그리고 즐거움이 있는 삶으로 나아가면서 자신의 수치심과 정서적 고통을 받아들이려고 애쓰는 그를 도울 수 있는 방법을 설명하기 위해 조쉬를 다시 살펴볼 것이다.

창조적 절망과 비난하지 않는 지혜

개인의 독특한 경험과 삶의 맥락에 대한 검증은 우리를 서로 연결시켜주는 상처받기 쉽고 고통받는 보편적인 인간의 상태를 이해하는 것과 같이 자비 중심의 ACT에서 핵심이다. ACT 치료자는, 정서적으로 거리를 두고 우수한 '전문가'의 역할을 적용하기보다, 삶의 도전에 직면해서 우리 모두가 공유하는 인간 고통의 보편성과 내재적 평등을 인정한다. 자비-초점 ACT 치료자는, 내담자의 '부정적' 사고와 감정을 직접적으로 변화시키는 것을 표적으로 삼기보다는, 마음챙김, 수용 및 자비로운 경험에 도움이 되는 조건을 만들고자 한다. 치료자와 내담자가 함께 작업하면서 이러한 맥락을 만들고, 더 큰 의미와 목적 및 활력이 넘치는 생활을 하면서 내적 및 외적 경험을 보는 새로운 방법을 발견하도록 내담자를 촉진한다. ACT에 자비로운 초점을 가져옴으로써, 우리는 내담자들의 모든 측면을, 심지어는 그들이 불편해하는 자신의 이력, 행동 혹은 감정의 측면을 확인하고 자비로워지도록 내담자를 가르칠 수 있게 되었다.

창조적 절망

초창기 ACT에서 자주 사용된 접근은 **창조적 절망**으로 알려진 기법이다. 당연히, '절망'이라는 용어는 일반적으로 자포자기 혹은 삶을 포기하는 것과 연관되어 있다. 희망이 없을 때, 우리는 앞으로 나갈 방법이 없으며 우리가 간단하게 시도하는 것조차도 효과적이지 않다는 것을 알아차린다. 그렇지만 창조적 절망의 개념은 다른 방향으로 이것을 받아들이도록 하는데, 이는 회피나 과도한 통제를 통해 불편한 감정으로부터 달아나려고 시도하는 전략과 행동을 명확하고 있는 그대로 받아들이도록 하는 것과 관련되어 있다. ACT 초기에, 우리는 종종 통제와 회피 체계를 끌어내는 데 목표를 두었으며 내담자들이 실행 불가능한 패턴들에 사로잡혀 있거나 빠져들어 있는 지점에 주의를 기울였다. 이는 아래 질문들에 주의를 기울이는 것이다(Hayes et al., 2012).

1. 내담자가 가치를 둔 목표는 무엇인가?
2. 이러한 목표를 실현시키기 위해 내담자가 이미 시도해 본 것은 무엇인가?
3. 이러한 전략들은 얼마나 성공적이었나?

4. 이러한 전략을 추구하면서 내담자는 어떠한 비용을 지불해 왔는가? 이러한 노력들은 내담자의 삶을 더 크게 성장시켰 나 혹은 더 위축되게 하였나?

계속되는 열린 질문을 통해, 만약 지금까지 해왔던 것처럼 계속해서 그 전략을 구사한다면, 내담자들은 자신들의 목표를 실현할 수 없는 상태에 이르게 될 수 있다. 이러한 자각이 창조적 절망의 핵심이며, 변화의 가능성이 가득한, 혼란과 절망의 공간으로 내담자를 이끌 수 있다. 이러한 질문에 자비로운 초점을 맞추는 것은, 대화를 통해 다양한 육각형 과정을 의식적으로 활성화시킬 뿐만 아니라, 치료적 논의를 통해 자비로운 마음의 속성을 의도적으로 활성화시키는 것과 관련된다.

극단적으로 비난하지 않음과 친화적 정서

자비-초점 ACT에 참여하는 것은 인간 조건의 확장된 현실에 내담자를 위치시킴으로써 개방적이고 건설적인 혼란의 지점에서 확장의 기회를 만들어준다. 이러한 방식으로, 치료자는 내담자의 삶의 환경이 그들의 점진적인 성장과 개인적 학습력에 의해 어떻게 결정되어 왔는지를 탐색한다. 내담자들이 그러한 요소들 중 어느 한쪽을 선택하지 않았을지라도 내담자들은 그 요소들의 영향을 받아왔다. 그들은 자신의 고통 대부분이 자기가 만든 것이 아니며 자신의 잘못이 아니라는 점을 깨닫지 못한 것 같다.

논의한 바와 같이, ACT는 사람들이 회피나 과도한 통제를 시도함으로써 혐오적 정서 경험이나 고통스러운 정신적 사건에 종종 반응하는 것으로 받아들인다. 실제로 통제할 수 없는 상황에서 사람들이 경험을 통제하는 가장 흔한 방식 중 하나는 자신들이 나쁘지 않고 무가치하지 않으며 몇 가지 방식에서 불충분하지 않았다면 무언가를 할 수 있었다고 상상하며 자신을 비난하는 것이다.

진화론적 관점에서, 이러한 자기 비난 경향성은 많은 반복을 통해 선택된 것으로 이해된다. 우리의 진화론적 조상들이 맹렬한 속도로 수평선 너머에서 갑자기 천둥처럼 몰려드는 버팔로 무리들을 사냥하는 사바나에 있었다면, 그 장소에서 얼어붙은 듯이 있으면서 '나는 결코 버팔로를 앞지를 수 없을 거야.'라고 생각한 초기 인간은 박살이 났을 것이다. 반면, 죽어라 도망치면서 나는 '이 녀석들을 이길 수 있어.'라고 '비합리적' 생각을 하는 초기 인간은 생존 가능성이 훨씬 높았을 것이다. 또 다른 예를 들면, 일부 고대 문명이 매우 어려운 농업 환경에 직면했을 때, 그들은 신을 위로해야만 한다고 생각했다. 그들의 신이 인간의 욕망과 비슷한 욕망을 가졌다고 상상하면서, 그러한 사회의 제사장들은 신에 대한 선물과 복종 행위로써 그들의 어린아이를 죽이고 젊은 처녀를 제물로 바쳤다. 수확이 여전히 좋지 않으면, 제사장들은 그들의 희생이 불충분하다고 믿으면서 신을 비난하기보다는 자신을 비난할 가능성이 높았다.

우리 인간은 생존을 위해 서로에게 의지하며, 사회적 고립은 심각한 위협이며 심지어는 매우 공포스러운 것이다(Gilbert, 2000; Solomon, Greenberg, & Pyszczynski, 1991). 우리의 진화적 역사에서, 가족과 지역사회에서 버려진다는 것은 거의 확실히 죽음을 초래할 것이다. 예를 들어, 우리는 사회적 위협을 피하거나 통제하려는 강렬한 시도를 가지고 그 위협에 반응하도록 발달되어 왔다. 가슴 아프게도, 특히 어린 시절에 학대받고, 트라우마를 경험하거나 성폭행을 경험한 사람은 종종 그들 자신이 자기 비난과 뿌리 깊은 치욕의 장소에 있는 것을 발견한다(Bennett, Sullivan, & Lewis, 2005). 우리는 부모로부터 학대받은 경험이 아이에게 얼마나 강하고 위협적일 수 있을지 상상할 수 있다. 대부분의 경우, 아이의 삶은 부모에게 있으며, 부모는 신체적으로 거인 같고, 아이를 먹이고 보호하고 생존시킬 책임이 있다. 학대를 경험한 많은 아이들은 자신이 충분히 착한 아이라면 위협이나 정서적 고통으로부터 벗어나게 될 것이라고 바라면서, 스스로를 수치스럽게 여기고 수치에 기반을 둔 통제에 빠지는 것을 배우는 것은 당연하다.

언급했던 바와 같이, CFT는 그들이 겪는 많은 고통은 그들이 선택한 것이 아니며 그들의 잘못이 아니라는 것을 인식하면서, 자신의 진화적 및 개인적 이력에 보다 더 폭넓은 관점을 취하도록 내담자를 돕는다는 것을 매우 강조한다. 이는 단지 개념적인 것이 아니라 심리적 유연성을 촉진할 수 있는 마음챙김 자비의 활성화를 위한 공간을 만들고자 하는 시도이다. 자기 초점적 수치심에 몰두하고 융합되는 동안 내담자는 자신들의 행동과 방향을 결정하는 그 렌즈를 통해서만 삶을 경험할 수 있다. CFT 치료자가 비난하지 않는 지혜라는 관점을 수용하고 회피와 통제 아젠다를 지속적으로 고수하는 패턴에서 창조적 절망을 인식함으로써, 내담자는 의미 있는 행동 변화를 하면서 어려운 경험에 직면할 수 있는 의지를 기르기 시작할 수 있다. 그들이 안전행동으로 수치심을 고집하는 것을 내려놓고 실행 불가능한 패턴의 무익함을 인식함으로써, 그들은 삶의 방향을 책임지고 가치 있는 목표를 위해 살아가는 행동에 전념하기 시작할 수 있다.

임상 사례
창조적 절망과 비난하지 않는 지혜 활용하기

아래의 임상적 사례는 조쉬의 7회기에서 가져온 것으로, 그와 치료자가 회기 내에서 창조적 절망, 비난하지 않는 지혜 및 심리적 유연성 과정들을 어떻게 발생시키고 참여하고 있는지를 설명하고 있다.

창조적 절망을 탐색하라

내담자   내 인생은 그야말로 엉망진창이었어요, 아시죠? 나는 오후 늦게까지 침대에서 빠져나오지 못했고, 잠이 깨면 몹시 두렵고 불안해요. 그리고 늦게까지 집에 들어오지 않고 엉망이죠. 나는 정상적인 사람처럼 기능하고 있지 않아요.

치료자 조쉬, 정말 끔찍하군요. 하루도 빠짐없이 당신이 그러한 패턴에 빠져 있다는 것을 생각하니 슬프군요. 대부분의 시간이 그런가요?

내담자 네, 거의 대부분. 내 삶을 정리할 수가 없어요.

치료자 아침에 침대에서 일어나지 못하게 하는 것이 무엇이라고 생각하세요? 파티 때문에 지쳤나요? 숙취인가요?

내담자 그것도 일부라고 생각해요. 하지만 가장 중요한 이유는 아니에요. 나는 너무나 우울하고, 일어나서 하루를 시작하고 싶지 않을 정도로 내 삶이 부끄러워요.

치료자 그래서, 당신은 우울함을 느끼고 지치는군요. 당신이 그것을 처리해왔던 한 가지 방법은 아예 침대에서 나오지 않는 것인가요?

(치료자는 내담자의 패턴에 내재된 회피 기능을 강조하면서, 정서를 대하는 현재 순간에 주의를 끌어왔다.)

내담자 네, 말도 안 되는 소리라는 거 알아요. 역겹죠.

치료자 (잠시 멈추고 눈을 마주치면서 온화하게 웃는다) 글쎄요, 아마도 우리는 순간을 위해 당신이 얼마나 '미쳤는지' 혹은 '역겨운지'에 대한 모든 것을 천천히 이야기할 수 있겠죠. (보다 부드럽게 말한다.) 우리 조금 뒤로 돌아갈 수 있을까요? 그래도 되죠? (공책을 집어 들고 그들 사이에 있는 탁자 위에 놓는다) 당신의 자기 비난에 대한 모든 것이 우리들과 함께 앉아 있는 바로 지금 여기 탁자 위에 있다고 상상해

봅시다. 우리가 그것과 싸울 필요는 없지만, 우리의 마음은 잠시 다른 일에 집중할 수 있지요, 그렇지 않나요?

(치료자는 보다 더 마음챙김, 공감적 대화를 위해 느려진다. 내담자의 자기 비난을 드러내기 위해 노트라는 물리적 은유를 사용하여 치료자는 혼동, 자발성 및 유연한 주의를 설명하였다.)

내담자　예, 나는 그것이 좋아요. 비난은 어쨌든 어디에도 없어요.

(둘이 함께 그것에 대해 웃는다.)

치료자　그것은 당신이 그냥 침대에 머물면서 일을 회피하고 불편한 감정을 처리하기 위해 사용하는 하나의 전술처럼 들리네요. 그것이 지금까지 잘 작동하고 있나요?

내담자　절대적으로 아니에요! 그랬다면, 우리는 이러한 대화를 할 수 없었을 거예요.

치료자　물론! 그건 많은 의미가 있지요. 그렇게 침대에 머물면서 숨어 있는 것이 당신에게는 효과가 없지요….

내담자　사실, 그것 때문에 일을 그르쳐요. 나는 나 자신을 멈출 수가 없어요. 그래서 난 단지 거기에 누워 있지만 지옥 같아요.

치료자　글쎄요, 끔찍한 소리네요. 당신은 침대에 갇혀 있다고 느끼고 있고, 그것은 실제로 일을 점점 더 망치고 있어요.

(치료자는 다시 그 시스템을 끌어와 요약하면서 현재 패턴이 잘 작동하지 않는다는 점을 지적하면서 공감을 사용하여 유연한 관점 취하기를 보여준다.)

내담자　예.

가치 창출을 향한 첫 걸음

치료자 침대에 갇혀 있지 않다면, 아침에 일찍 일어나 당신을 위해 무엇인가를 한다면, 무엇을 할 수 있을까요?

내담자 아…, 그럴 수 있다면, 오디션에 갈 수 있고, 체육관에도 갈 수 있고, 친구들이나 에이전트와 약속을 할 수도 있고… 내 삶이 완전히 달라질 거예요.

치료자 맞아요, 그러면 당신 인생의 많은 부분에서 당신에게 중요하고 당신 인생을 보다 더 의미 있게 만들어줄 것이 즉시 드러날 거예요. 당신은 당신의 인생이 어떠해야 하는지를 알고 있고 바로 그것이 중요하죠. 침대에 머물러 있는 것이 당신의 인생을 점점 더 위축시키고 있다는 사실에 초점을 맞추고 싶어요. 그래도 될까요?

(치료자와 내담자는 가치 있는 목표를 확인하기 시작하고 자신의 웰빙을 위해 스스로를 돌보도록 내담자의 잠재적 동기를 자극하기 시작한다.)

내담자 바로 그거에요. 무언가 바꿔야 해요. 나는 그러한 재앙을 멈춰야만 해요.

치료자 나에게 이것에 대해 얘기하는 동안, 당신은 "나는 정상이 아니에요", "나는 재앙이에요" 그리고 "내가 미친 소리라는 것을 알아요"라고 말했어요. 그래서 자신을 비난하고 자신의 행동에 대해 스스로 힘든 시간을 보내는 것이 당신의 고통을 다루는 또 다른 전략인가요?

내담자 나를 바로잡기 위해서 누군가가 내 엉덩이를 걷어차야만 해요.

치료자   좋아요, 당신의 마음은 누군가가 그렇게 해야만 한다고 당신에게 말하고 있어요. 그렇지만 그것은 어떻게 작동합니까? 일을 더 잘하기 위해 스스로를 비난하는 건가요? (치료자와 내담자는 내담자의 삶에서 회피의 패턴이 작동하지 않는 것을 계속해서 탐색한다. 생각으로 생각을 검토하여, 치료자는 의도하지 않은 결과를 가져오는 안전 행동으로써 비판 기능을 탐색한다.)

내담자   세상에, 그게 가장 나쁜 부분일지도 몰라요. 나는 나 자신이 역겨워요.

치료자   "역겹다고요." (천천히 부드럽고 배려하며 말하지만 권위적인 어조로) 당신 자신에게 구역질이 난다는 건 매우 강력한 느낌이죠. 믿기 힘들군요. 조쉬⋯. 당신이 그런 투쟁을 하는 것은 당연한 일이죠. 누가 그것과 싸우려 하지 않겠어요? 나는 당신의 목소리에서 넌더리가 난다는 것을 느꼈고, 당신에게 이 모든 것이 얼마나 버거운지 실제로 알 수 있었어요. 나는 정말로 당신을 위한 어떤 일이 일어나기를 원해요, 알죠? 나는 당신이 숨 쉴 공간이 있었으면 해요.

내담자   (웃으며 눈에 약간의 눈물이 고인다.) 고마워요. 휴식이 조금 필요한 것 같아요.

치료자   당신은 자신의 고통을 극복하기 위해 정말로 열심히 노력해 왔고, 완전히 소진되었어요. 지금까지 우리는 침대에 누워서 삶을 포기하는 것이 어떻게 작동하는지를 살펴보았죠. 그리고 단지 자신을 잔인하게 비판하는 결과를 보았고, 어느 것도 도움이 되지 않았어요. 당신은 매일 밤 밖에 나가 술을 잔뜩 마시고 약에 취해 놀았어요. 이것이 당신을 위해 하는 것은 뭐죠?

내담자 하! 아무것도요. 쉬지 않고 계속 되었어요. 처음에는, 좋은 시간을 보낼 수 있었고, 클럽에서 내가 특별하다고 느끼고 그런 것처럼 보였는데, 기본적으로 나는 많은 관심을 받았고 완전히 흐트러졌기 때문에 약간은 행복했어요. 그렇지만 이제는 솔직히 감각이 없어진 느낌이에요. 아침은 공포스러워요.

치료자 나는 여기에 당신이 실망한 또 다른 접근법이 있다고 생각해요. 흠… 파티에 가는 것은 일하러 가는 것이 아니에요. 파티는 끝났어요. 그것은 당신에게 불안과 외로움만 남기죠. 좋아요, 나는 당신이 많은 치료를 받아왔다는 것을 알고 있어요. 치료나 약물이 얼마나 도움을 주었나요?

내담자 내가 많은 치료자들을 경험했고 아무것도 변하지 않았다는 것을 당신은 알고 있어요. 나는 여전히 내가 똥 덩어리 같다고 느끼고 있어요. 누구든지 진짜 나를 본다면 알거에요.

치료자 치료에 실패한 경험에도 불구하고, 어쨌든 당신이 여기에 온 것이 놀랍고 내가 영광으로 생각한다는 것을 알죠? 그렇다면, 치료는 아무런 효과가 없었군요… 음… 약물은 도움이 되었나요?

내담자 평생 이런저런 약을 복용해보았는데, 도움이 되는 약물은 전혀 없었던 것 같아요. 프로작(Prozac), 졸로프트 (Zoloft), 에더럴(Adderall)… 당신도 아는 약이죠. 어떤 것도 도움이 되지 않았어요.

치료자   당신이 생각할 수 있는 것은 무엇이라도 시도해 본적이 있나요….

내담자   오, 당신은 요가, 역도, 야생 탐험, 배낭여행 등등을 말하는 거죠.

치료자   맞아요, 당신은 불안과 수치심을 느끼지 않기 위해, 사람들이 당신의 깊은 내면이 얼마나 나쁜지를 알게 될 것이라는 것을 믿지 않으려고 어떤 것이라도 시도해 본 적이 있나요?

내담자   전혀. 아무것도.

(내담자와 치료자는 함께 눈을 피하거나, 회피하거나 억압할 수 없는 기본적인 인간 경험을 회피하고자 하는 내담자의 투쟁에 내재된 문제를 확인하였다.)

자비로운 탈융합과 관점 취하기 가져오기

치료자   아무런 효과가 없었어요. 그리고 그게 우리에게 무엇을 말해주죠?

내담자   그건 엉망이고 더 잘 해야만 할 필요가 있다는 거죠.

치료자   (내담자의 자기 비난에 관한 신체적 은유를 전달하는 공책을 집어든다.) 그리고 모든 가혹한 교정과 모욕적인 비판이 당신에게 더 잘, 더 열심히 하라고 말할 때, 어떤 일이 일어났나요? 보다 더 나은 삶을 살았나요? 아침에 침대에서 일어날 수 있었나요?

(이전의 신체적 은유는 탈융합을 촉진하고 명민한 기능적 분석이 가능하다는 것을 보여주었다.)

내담자 아니요, 아무것도 효과가 없어요. 희망이 없어요.

치료자 맞아요, 이건 어떤 의미로는 희망이 없다는 거죠. 시작이 아주 좋아요.

내담자 뭐라고요? 저는 이해가 잘 안 되는데요. 아무것도 효과가 없는데 이게 어떻게 좋다는 거죠? 음, 왜 그래요….

치료자 잠깐 시간을 가지고 함께 이 아이디어를 생각해 봅시다. 우리가 무엇을 잃어야 하나요? 지금까지는 아무런 책략도 사용하지 않았어요. 사실, 당신이 지금까지 행해온 오래된 방식들은 희망이 없어요. 그건 좋은 거예요. 왜냐하면 우리가 지금 여기에서 시작할 수 있도록 하기 때문이죠. 무엇이 도움이 될지 이해하지 못한다는 것을 인정하는 것이 시작하기에 좋은 지점이죠. 우리의 고통을 어떻게 다루어야 될지에 대해 배워왔던 모든 것이 절망적이라는 인식, 그것이 솔직한 것이죠. 이것이 우리 자신을 찾을 수 있는 장소에요, 조쉬.

내담자 알겠어요. 그래도 두려워요. 나는 아직 뭘 해야 할지 모르겠어요, 선생님.

(내담자는 치료적 관계에서 자기-자비를 위해 자신의 능력을 활성

화하기 위한 잠재력을 구축하여, 그에게 이용 가능한 자비를 시작하기로 하였다.)

치료자 진심으로 고마워요. 그리고 그 상황을 명민하게 바라보려는 당신의 용기에 감사해요. 당신이 나의 눈을 통해서 당신 자신을 보고 나의 귀를 통해서 당신의 이야기를 들을 수 있다면, 당신은 많은 고통을 경험하고 너무나 많은 힘든 치료를 받아왔던 한 젊은이를 보고 들을 수 있을 겁니다. 그는 그러한 고통에서 벗어나려고 몸부림치며 이 과정에서 죽어라고 노력하고 있어요. 당신이 궁지에 몰려 있을 때가 멈춰야 할 때라고 그들은 말하죠. 이제 새로운 것을 향해 나아갈 준비가 되었다고 생각하시나요? 그동안 경험했던 힘들었던 시도를 멈출 수 있나요?

(내담자의 부드러운 반응에 대한 응답으로, 치료자는 자비를 위한 맥락을 만들기 위해 사회적 강화인자로 자신의 친화적인 정서를 사용했다. 유연한 조망 수용이 사용되었다.)

내담자 그게 내가 여기에 있는 이유죠. 나는 새로운 무언가를 간절히 원해요.

치료자 우리가 함께 작업하는 데 있어서 그건 좋은 거예요. 무슨 말인가 하면, 당신은 당신 자신이 기꺼이 이 모든 것에서 매우 다른 시각을 취할 수 있을 거라고 생각하나요? 심지어 그것이 당신 자신과 해왔던 싸움을 멈출 수 있다는 것을 의미한다는 것을 알고 있죠? 그것들과 맞붙어 싸우기보다는 이러한 어려운 감정들 중 일부를 다루어야만 한다는 것을 의미할 수도 있어요.

내담자   나는 아직도 선생님이 말하는 것에 확신이 없어요. 하지만 나는 기꺼이 할 생각이에요. 예를 하나 들어주실래요?

치료자   물론이죠. 처음 만났을 때 당신이 원한다고 말했던 그 삶을 상상해 보세요. 당신은 대중 앞에 서기를 원하고 당신의 능력을 연마하고 싶다고 말했죠. 당신은 아침에 침대에서 일어나고, 강한 유대관계를 만들고 운동을 시작하고 당신 자신을 더 잘 관리할 수 있기를 원한다고 말했어요. 당신과 친밀한 사람들에게 사랑받고 더 많이 사랑하는 사람이 되기를 원했어요. 자, 약간의 불안을 느끼면서 마음의 비판을 듣는 것이 그 삶의 여정에서 꼭 필요한 일부라면, 그러한 감정과 생각을 기꺼이 다룰 수 있겠어요?

내담자   내가 정말로 할 수 있으면… 내가 이 단계를 정말로 넘길 수 있다면, 그렇다면 할 수 있어요. 네, 나는 이 느낌을 이겨낼 수 있어요.

치료자   그럼 당신이 느끼는 것을 느끼며 앞으로 나가겠어요?

내담자   예, 그렇지만…. 나는 내가 나 자신에게 그렇게 해온 걸 믿을 수 없어요!

비난하지 않는 지혜

치료자   음, 잠깐 그것에 대해 생각해보고 싶군요. 우리가 여기 함께 앉아서 당신이 당신의 삶에서 선택한 것과 선택하지 않은 것을 알아봤으면 해요.

내담자 나는 잘못된 선택들을 많이 해왔어요.

치료자 아마도 그랬을 수 있지만 나는 잘 몰라요. 하지만 조쉬, 어떻게 그런 선택들을 했죠? 무엇이 지금 당신을 여기에 앉아 있게 했죠?

내담자 그게 무슨 말이죠?

치료자 당신이 조부모님이나 조상을 선택했나요?

내담자 아니요. 저는 만화처럼 어디에서 태어날 것인지를 선택하는 구름에 앉아 있지 않았어요.

치료자 정확해요. 당신은 세상에 무슨 자질을 가지고 태어날 것인지를 결정하는 유전자 추첨하는 곳에서 선발된 게 아니에요. 당신은 부모를 선택하지 않았고, 당신이 자랄 세상의 어떤 부분도 선택하지 않았어요, 그렇죠?

내담자 네, 그 모든 것은 내가 할 수 있는 게 아니에요. (불안과 공격성이 거의 없어지고 울먹이는 것으로 보임.)

(치료자는 소크라테스식 질문을 사용하고 그러한 상황에서 자신의 선택을 늘어놓는 동안 내담자의 자기 이야기에서 새로운 관점을 취할 수 있도록 돕기 위해 그 자신이 아니라 내담자를 위해 생각했다.)

치료자 우리가 몇 번 만나지 않았지만, 당신이 했던 끔찍한 일들을 나를 믿고 충분히 이야기해줬어요. 나와 함께 이러한 이야기를 할 수 있는 용기를 냈다는 것이 중요해요. 우리는 당신이 어떻게 폭력적인 학대, 방치 및 따돌림을 받아왔는지 이야기했어요. 이러한 것들은 슬픈 일이에요. 이것들 중 어느 것이라도 당신이 선택한 것이 있나요?

내담자   물론 아니에요. 끔찍해요. (치료자와 내담자 모두 아무런 방어 없이 눈을 마주치며 아직은 슬프지만 편안해 보인다.)

(공감적 연결과 감정적 조화는 논의에 대한 정서적 자각의 이해를 불러일으키고 상호간 공감을 활성화시켜서 치료적 양식으로 혼합된다.)

치료자   당신은 일주일에 7일, 하루에 24시간 항상 언제나 끊임없이 위험 탐지 체계가 작동하는 뇌를 가지기로 선택해서, 아주 희미하고 약한 위험 신호에도 불안과 수치심으로 반응하게 되었나요? 아니에요, 당연히 당신은 그렇지 않아요.

내담자   그 모든 것이 너무나 아프고, 그 어느 것도 나에 관한 건 아니에요.

치료자   바로 그거에요. 우리가 누구인지 그리고 우리가 무엇을 해야 하는지는 완전히 우리가 배운 것과 생물학적인 면에 의해 설정되죠. 우리 모두는 고통받고 있고, 우리는 살아남고 행복해지기 위해 이 미친 세상에서 우리가 할 수 있는 수준에서 최선을 다하죠. 조쉬, 당신이 직면하고 있는 모든 어려움은 당신 잘못이 아니에요.

내담자   네, 알아요.

치료자   나는 당신이 논리적으로는 그것을 알고 있다고 장담하지만, 잠시 그것과 함께 그냥 있어 봐요. (치료자와 내담자는 잠시 동안 침묵을 유지하고, 치료자는 편안하지만 곧은 자세로 눈을 맞추면서 따뜻하고 관대하게 말한다.) 그건 당신의 잘못이 아니에요, 조쉬.

내담자 (평온해지며 약간 울먹인다.) 정말 알았다고 생각해요. 다가가는 것만으로도 힘들어요. 나의 통제 밖에 있으며 나의 선택이거나 실수가 아닌 이 모든 것들이 머릿속을 맴돌아요. 왜 그런지 모르겠지만, 조금은 안심이 되요. 그럼에도 나는 이 상태에 머물러 있고 싶지 않아요. 뭐라도 하고 싶어요.

치료자 음, 그것이 지금 우리가 이 방에 함께 있는 이유라고 생각되는데, 그렇지 않나요? 당신과 함께 작업을 하고, 약간 다른 시각에서 바라볼 수 있어서 영광이에요.

내담자 감사합니다, 선생님. 오늘 여기에 와서 좋았어요. 나는 별로 한 게 없어요, 아시죠?

요약

위의 예는 임상가로서 치료적 작업에 CFT 및 ACT의 기본적인 가정과 기술이 어떻게 자비로운 환경을 형성할 수 있는지를 예시하고 있다. 대부분의 예들은 실천 의지, 폭넓은 관점 채택, 맥락으로부터 탈융합 및 통제와 회피의 매듭에 주목하고 벗어나기 등과 같은 방식을 통해 내담자가 자신의 상황을 이해하는 새로운 방식을 발견하도록 내담자를 돕는 것들이다. 그렇지만 본 회기에서 새로운 학습을 초래한 핵심 요소는 자비롭고, 따뜻하며 판단하지 않는 맥락으로 치료적 관계를 형성하는 것이었다.

언어적 지시를 통해 자비로운 마음을 훈련하기보다는 치료자가 경험적으로 관련된 심리적 과정으로 이동하는 것이다. 이러한 접근은 치료자로써 우리가 자신의 자비로운 마음 훈련을 해야 하고 자신과 다른 사람에게 점점 더 자비로워질 것을 요구한다.

자비-초점 탈융합 기법

지금까지 우리는 다양한 이론적 및 응용적 차원에서 자비의 탈융합 역할을 살펴보았다. 아래에는 ACT에서 적용한 몇 가지 구체적인 기술들이 제시되어 있다. ACT나 CFT나 치료에 대해 판에 박힌 듯 천편일률적인 접근이지만, 다음에 소개되는 예들은 탈융합으로 자비 호흡을 시작할 수 있는 출발점을 제공한다. 이러한 접근들은 모두 회기 내에서 내담자와 함께 사용할 수도 있고 아니면 집에서 해올 과제로 내줄 수도 있다. 또한 당신 자신의 자비와 심리적 유연성을 높이기 위해서 스스로에게 사용할 수도 있다.

중재
마음을 표면화하고 감사하기

다음에 기록된 글은 탈동일시되는 과정으로서 생각을 심상화하는 연습과 마음의 작동을 소개하고 있다. 유연한 관점 취하기와 혼잣말로 하는 탈융합은 단지 그들의 마음속에 흘러들어가는 생각 그 이상을 깨닫도록 한다. 이러한 연습은 그들의 마음을 외적 대상으로 보도록 하고 그것을 새로운 방식으로 연관 짓도록 하는 통찰을 강조한다. 이러한 연습을 위한 다양한 형태와 또 다른 탈융합 기법들이 있는데, 인터넷과 각종 출판물도 활용할 수 있다. 그렇지만, 우리는 탈융합에 자비-초점적 작업의 시작점으로 마음을 표현하고 감사하는 이 조합을 선택했다(Hayes, 2005). 당신이 주목한 바와 같이, 본문에는 꽤 구체적인 예들이 포함되었다. 내담자와 이러한 접근을 사용할 때, 내담자와 관련된 예를 포함해서 언제나 그 특정 순간에 그 특별한 내담자의 상황에 민감해지는 것이 중요하다. (이 연습의 오디오 파일을 다운받기 위해서 http://www.newharbinger.com/ 30550을 방문하시오.)

당신의 발은 당신의 일부이지만, 당신의 전부는 아닙니다. 당신은 꿈이 있지만, 당신의 마음속에 펼쳐지지 않은 꿈은 당신의 것이 아닙니다. 이와 비슷하게, 우리의 생각과 언어적 사고는 우리의 일부이지만, 그것들이 우리의 전부는 아닙니다. 이 연습에서, 당신의 마음이 당신과 분리되어 당신 밖에 있는 어떤 것이라고 상상해 보세요. 예를 들어, 당신은 "내 마음이 나에게 오늘은 외출하지 말라고 말해요" 또는 "아, 내 마음이 은퇴에 대해 걱정하는 친숙한 패턴으로 작동하고 있어요"라고 생각할 수 있습니다.

당신의 정서적 반응을 큰소리로 말하거나 혼잣말을 하는 것이 도움이 될 수도 있습니다. 예를 들어, "내 마음은 시험에 떨어질 거라고 내게 말하는데 그래서 불안해요. 이건 내 몸이 지각된 위협을 감지했다는 뜻이에요. 지금 긴장되는 것이 느껴져요. 잠시 동안 이러한 경험을 위한 공간을 만들 수 있는지 보자. 나는 이러한 생각들이 얼마나 나의 감정들을 잡아당기는지를 알아차릴 수 있지만, 곧 내가 어디에 있고 무엇을 하는지에 초점을 맞출 수 있어요."

비판단적인 관찰을 사용하여 당신의 경험에서 물러서는 것을 배움으로써, 생각, 상상 및 감정의 흐름에 당신의 삶을 맡기고 그것들과 지나치게 동일시하기보다는 점진적으로 정신적 사건의 흐름으로부터 탈융합하는 것을 배웁니다.

이제 자기-친절에서 생기는 힘과 지혜 및 따뜻함의 신체적 감각을 불러냅니다. 당신은 마음에서 흘러나오는 단순한 생각이 아니라는 점을 알아차립니다. 당신은 훨씬 더 크고 훨씬 더 중요한 존재입니다. 당신은 이러한 경험을 계속할 수 있습니다. 당신 자신에게 친절하고, 생각의 흐름으로부터 이러한 탈융합을 연습하고 무엇이 일어났는지 탐색해봅니다.

다음으로, 우리가 이 순간 마음의 활동에 자비로운 관점을 취할 수 있는지 살펴봅니다. 우리의 마음은 잠정적인 위험과 문제에 대해 우리에게 경고하도록 진화되어 왔으며 우리의 마음은 가만히 있는 것을 싫어한다는 것을 기억합니다. 우리의 심장이 계속 움직이거나 우리의 폐가 계속해서 호흡하는 것이 놀라운 일이 아니라면, 우리의 마음이 계속해서 생각하고, 끊임없이 왔다 갔다 하면서 걱정하고 반추하는 것이 왜 놀라운 일인가요? 당신의 이러한 마음은 어떻게 해야 하는지 알고 있는 것을 하고 있으며 당신 대신에 그것을 한다고 생각합니다. 이 순간 마음의 활동으로부터 거리를 둠으로써 당신은 끊임없이 그 일을 수행하고 있는 당신의 마음에 감사할 수도 있습니다. 길게 천천히 호흡하며 중심을 잡고 당신은 다음과 같이 말할 수 있습니다. "고마워, 마음아. 너는 나의 안전을 유지하고 일을 잘하기 위해 최선을 다해 왔어. 하지만 친구야, 너는 일을 다소 너무 심각하게 받아들이고 있다고 생각해. 휴식할 시간을 갖고 나 자신과 시간을 잘 보낼 수 있도록 하는 건 어떨까? 네가 주변을 서성거릴 순 있지만, 나는 내 삶을 너에게 양보하지는 않을 거야. 그래도 나는 고맙다고 느껴."

중재

버스에 탄 아이들

이 사례(Tirch, 2012에서 채택)를 기술하기 전에, 우리는 이러한 탈융합 기법이 ACT 저자의 죄책감을 동반한 쾌락(guilty pleasure)[2]과 동등하다는 것을 인정해야 한다. 고전적인 ACT 은유인 버스 안의

---

[2] 죄책감을 느끼면 안 된다는 것을 알지만 자신에게 만족감을 가져다주는 것 또는 그러한 행위.

승객(Hayes et al., 1999)을 변형한 것으로, ACT는 충분한 이유들로 이 은유가 굉장한 인기를 얻도록 했다. 임상적 작업에서, 다음의 탈융합 기법은 내담자와 함께 있는 방식으로 사람들이 자신들의 근본적인 가치들과 다시 연결되도록 도와줄 수 있다. 이러한 기법은 자주 육각형 과정에서 많은 부분을 가져오고 매끄러운 방식으로 그것들을 조화시키기 때문일 수 있다. 다른 변형에서는 종종 이를 '버스에 탄 괴물(Monsters on the Bus)'이라고 부르지만, 우리는 괴물이라기보다는 아이라고 부르는 것을 선호하는데, 그 이유는 우리가 좋아하지 않는 우리 자신의 일부일지라도 그 부분에 자비로워질 수 있다는 것을 상기시키도록 치료자와 내담자 모두를 돕기 때문이다. (이 연습 오디오 파일을 다운받으려면 http://www.newharbinger. com/30550을 방문하면 된다.)

　　당신이 버스 운전사라고 상상하며 이 연습을 시작해봅니다. 당신은 기사 복장을 하고, 반짝반짝 빛나는 계기판과 편안한 의자, 자유롭게 운전할 수 있는 튼튼한 버스가 있습니다. 이 버스는 당신의 삶을 의미합니다. 당신의 모든 경험, 도전 그리고 강점이 이 역할을 하도록 당신을 데려왔습니다. 당신은 당신이 선택한 목적지로 이 버스를 운전할 것입니다. 목적지는 당신이 추구하기를 원하고 기꺼이 추구하고자 하는 가치 있는 목표를 의미합니다. 당신이 목적지에 도착하는 것은 당신에게 매우 소중하고, 가치 있는 목표를 향해 나아가는 모든 여정은 당신이 올바른 방향으로 살아 왔다는 것을 말해 줄니다. 운전하는 동안, 당신이 선택한 경로를 따라가고 유지하는 것이 필요합니다.

다른 버스 운전사처럼, 당신은 승객을 태우기 위해 길을 가다가 멈추어야 할 의무가 있습니다. 그렇지만 이 승객들 중 일부는 대하기가 어렵습니다. 즉, 그들은 당신이 만난 적 있는 매우 거칠고 공격적인 아이입니다. 각자는 당신의 삶의 과정을 통해 함께 싸워야 했던 힘겨운, 불안을 유발하는 생각이나 느낌을 나타냅니다. 아이들 중 몇몇은 자기비판일 수 있고 다른 이는 공포와 무서움일 수 있지만 또 다른 이는 걱정과 두려움을 말합니다. 삶의 풍부한 가능성에서 당신을 떼어 놓고 힘들게 하는 것은 무엇이든지 이제 잔인하고 무례해 보이는 행동을 하는 거친 아이들이 되어 당신의 버스에 껑충 올라탔습니다. 그들은 당신에게 모욕적으로 고함을 지르고 사방에서 쓰레기를 던집니다. 당신은 "너는 실패자야! 왜 포기하지 않는 거야? 희망이 없어, 우린 거기 없을 거야!"라는 말을 들을 수 있습니다. 심지어는 "버스를 멈춰! 이건 절대 안 될 거야!"라고 소리칩니다.

당신은 아이들을 꾸짖고, 혼내거나 버스에서 내쫓기 위해서 버스를 멈출까 생각해보지만, 버스를 멈추면, 더 이상 당신이 중요하게 생각하는 방향으로 움직일 수 없게 됩니다. 만약 왼쪽으로 꺾어 험한 길을 가게 되면, 아이들이 누그러져 조용해질 수 있을 거라고 생각합니다. 그렇지만, 이 또한 당신이 자유롭게 선택한 가치 있는 목표를 실현하는 쪽에서 삶의 방향을 우회하는 것입니다.

그런 다음, 당신은 버스에 탄 무례한 아이들을 다루기 위해 논쟁을 하고 전략을 궁리하는 데 몰두하는 동안 몇 번이나 방향을 놓치고 시간도 허비했음을 갑자기 알아차립니다. 당신은 삶에서 당신이 선택한 방향을 유지하고 원하는 곳에 도착하기 위해서는 가는 동안 줄곧 아이들이 야유하고, 놀리고, 괴롭히도록 내버려두고 계속해서 운전해야 한다는 것을 알게 됩니다.

당신은 아이들이 만들어내는 모든 소음을 위한 장소를 만들어 둔 채 당신이 선택한 방향으로 삶을 주도할 수 있습니다. 결국 당신은 그들을 쫓아낼 수도 없고 조용히 만들 수도 없습니다. 왜냐하면, 각각의 아이는 매우 까다로운 뇌의 일부를 나타내는데, 뇌는 복잡한 환경에서 불안, 분노 또는 혼란스러워하며 당황하는 식으로 반응하도록 수만 년에 걸쳐 진화해왔기 때문입니다.

따라서 당신은 그 길에 주의를 집중하고 호흡의 리듬에 따라 잠시 쉬기로 결정합니다. 이렇게 할 때, 고통스러운 생각, 감정 및 경험이 나타나는 것은 당신의 잘못이 아니라는 것을 깨닫게 될 수 있습니다. 버스를 운전하는 당신의 자비로운 자기는 이 모두를 위한 공간을 만들 수 있습니다. 불안한 자기, 분노하는 자기, 잔인한 자기, 질투하는 자기 및 당신이 경험한 다양한 측면의 모든 영역은 가만히 있지 못하고 짓궂은 말썽꾸러기 아이처럼 당신의 주의를 끌기 위해 경쟁하고 투덜댑니다. 이 모든 것은 당신의 가치 있는 목표를 향해 나아가는 동안 일어날 수 있습니다. 중요한 것은, 당신이 도로에서 눈을 떼면 안 되는 것처럼, 자신에게 친절해지고 비판단적이 되어야 한다는 것입니다.

ACT 과정으로서의 자기 작업을 위한 CFT 두 의자 기법

내담자의 서로 다른 자기 과정에 대한 역할 연기를 돕기 위해 두 의자 기법을 사용하는 것은 게슈탈트와 경험적 치료에 뿌리를 두고 있고 다른 양식들 중에서 정서 초점 치료와 과정 체험 치료에서 주로 나타난다. 이러한 방법들은 CFT와 다른 자비에 기반한 분야로 통합되었는데, 이들은 자비로운 마음이 다른 자기 경험과 상호작용하고 친화적이고 따뜻한 자기에 대한 관계를 자극할 수 있는 상황을 제공한다.

CFT에서, 우리가 다루고 있는 작업은 내담자가 상이한 정서 체계를 활성화시켜서 마음을 조직화하고 자신의 경험에 영향을 미칠 수 있는 방식으로 마음챙김 자각을 할 수 있도록 돕는 것이다. 정서적 반응을 유발하기 위해 치료자는 행동화 기법을 사용하는데, CFT 치료자는 대화에 참여하고 자기의 서로 다른 부분의 역할을 연기하기 위해 서로 다른 의자를 사용하면서 분노하는 자기, 비판적인 자기 및 서로 다른 과정의 자기와 같은 상이한 정서적 자기를 구체화하고 연기하도록 내담자를 격려한다. 7장 자비로운 마음 훈련에서는 그들이 서로 다른 자기인 것처럼 마음의 서로 다른 측면들과 작업하고 탈융합하고 알아차리기 위한 더 많은 예들을 제공할 것이다.

중재

내적 비평가와 자비로운 자기를 위한 두 의자 기법

이 기법은(Tirch, 2012에서 각색, Gilbert, 2009a에 영감 받음) 치료자가 내용으로서의 자기와 탈융합을 촉진하게 하며 내담자가 현재의 순간에 근거를 두고 다른 정서를 경험할 기회를 제공한다. 내담자 측에서 자비로운 민감성, 연민 및 감정이입 반응은 내담자가 과정으로서 자기의 서로 다른 측면들에 융통성을 가지게 하는 훈련을 하게 된다. 이러한 예는 자비로운 마음과 자기비판적 마음 간의 대화를 사용한다. 늘 그렇듯이 그러한 예는 특정한 내담자가 고통받고 갈등하는 상황에 적용된다.

앞으로 소개할 많은 예들과 마찬가지로, 이들 중 하나는 현재 순간에 주의를 집중하고 전통적인 마음챙김을 불러오는 핵심 요인으로 3장에서 제시한 **진정시키는 리듬 호흡**(Soothing Rhythm Breathing) 실습을 활용한다. 다음의 각본은 회기에서 의자 기법을 안내하기 위해서 활용될 수 있으며 또는 집에서 할 과제로 제공되기도 한다. 이는 치료자의 자기 반영과 자기 작업을 위해 도움을 줄 수도 있다.

이 연습은 자기비판적인 마음과 자비로운 마음 사이의 역할 연기를 통해 우리의 서로 다른 부분들에 주의를 가지게 한 후 둘 사이의 대비를 이끌어냅니다. 이러한 역할 연기를 사용함으로써, 당신은 불안하거나 화가 난 내적 비평가로 말할 때와 당신의 자비로운 자기로 말할 때가 얼마나 극적으로 다른지를 느낄 수 있습니다. 게다가 이것은 당신이 도전과 고통에 직면할 때 자비로운 유연성이 작동하는 것을 도울 것입니다.

여기에 서로 마주보고 있는 두 개의 의자가 있습니다. 우선, 한 의자에 앉고 맞은편 의자에는 당신 자신의 거울상이 있다고 상상해 봅니다. 이 의자에 앉으면, 당신은 내적 비평가 역할을 하고 반대편 의자에는 당신의 자비로운 자기가 있는 것입니다. 당신이 그 내적 비평가로써 스스로를 생각하는 순간에는 내적 비평가로서 말하는 것입니다. 당신의 감각으로 호흡하고, 떠오르는 어떠한 감정이든지 신체적 당신이 생리적 감각으로 숨을 내쉬고, 떠오르는 어떤 감정이든지 피하지 말고 마주하고 자기비판적인 사고가 형성되는 것을 관찰하세요.

자신이 공격적이고, 자기비판적인 부분의 화신인 것처럼 다른 의자에 앉아 있는 자비로운 자기에게 직접 말을 걸어보세요. 당신의 말은 수치스럽고 당신 자신을 괴롭히며 걱정을 초래할 것입니다. 당신은 이와 비슷한 생각을 해본 적이 있어서 이런 대화가 익숙할 수 있습니다. 당신이 준비되었을 때, 당신 자신을 마주보고 있다고 계속해서 상상하며 빈 의자에게 말을 건넵니다. 오직 자기비판적인 마음으로만 말을 하고, 당신의 위협에 기반을 둔 정서적 자기에게 발언권을 줍니다. 당신의 두려움, 자기비판, 걱정들을 큰 소리로 말합니다. 당신은 일반적으로 편안하게 말하지 않을 수 있습니다. 당신이 할 수 있는 만큼 불안, 수치심 및 자기비판에 대해 마음 놓고 말로 표현합니다. 잠시 동안 계속 합니다.

준비가 되면, 말하기를 멈출 수 있습니다. 잠시 자리를 정리하고 당신이 말을 한 뒤에 침묵의 시간을 가집니다.

다음으로, 다시 준비가 되면, 일어나서 반대편 의자에 앉습니다. 눈을 감고 부드러운 리듬 호흡으로 마음챙김 호흡을 합니다. 당신의 자비로운 자기에 대한 이미지를 마음속에 떠올리며 당신의 얼굴에 잔잔한 미소를 짓습니다. 흔들리지 않고 기품 있는 자세로 앉았는지 확인하고 나서 마음에 수용, 용서, 개방, 온화함 및 친절한 생각을 떠올립니다. 이러한 생각은 아마 당신의 심장을 감싸는 온화한 느낌이나 미소가 퍼지는 것과 같은 신체적 감각을 가져오게 될 것입니다. 이 방법이 도움이 된다면, 당신은 마음속에 자비로운 자기에 대한 이미지를 유지하고 호흡을 따라가기 위해 잠시 동안 당신의 가슴에 손을 올려놓을 수도 있습니다.

이제 눈을 뜨고 반대편 의자를 봅니다. 그리고 자비로운 마음챙김 자기와는 완전히 다른 당신의 내적 비평가에게 말하기 시작합니다. 내적 비평가와 말하면서, 당신은 책망하고 괴롭히거나 비판하는 것이 아니라 당신 반대편에 앉아 있는 자기의 두려움을 알아차리고 수용합니다. 당신은 비판적 자기의 고통을 인내하는 능력과 지혜, 정서적 강점, 친절함을 이야기합니다. 예를 들어, 당신은 이렇게 말할 수 있습니다. "나는 이 경험이 너에게 얼마나 고통스러운지 이해해. 너는 너무나 괴롭고, 이런 경험이 그럴만한 가치가 있는 것인지 확신할 수도 없어. 너는 나를 가혹하게 대할 필요가 있다고 생각하고 내가 더 나은 수행을 하도록 통제하고 있어. 아마도 너는 나를 보호하거나 앞으로 나아가도록 노력하고 있을 수 있고 혹은 그냥 잔인한 것일 수 있어.

나는 정말로 모르지만, 그건 문제가 아니야. 네가 괴롭고 위협을 느끼고 있다는 것을 알겠어. 하지만, 그것은 네 잘못이 아니라는 것을 제발 기억해줘. 너의 비판에도 불구하고, 나는 친절함을 유지하고 너의 행복과 웰빙을 진심으로 원해. 이런 식으로 생각하는 것은 괜찮아. 네가 할 수 있다면, 우리의 다른 모든 부분에 이러한 비판을 할 수 있다는 것을 기억해. 네가 하려는 것은 효과가 없어. 네가 휴식을 취하고 좀 더 나아질 수 있었으면 해. 우리가 함께 하는 순간에도 나는 이러한 삶을 향해 나아갈 거야. 아마도 이러한 다툼에서 벗어날 수 있을 거야. 네가 잘 지내고 행복했으면 좋겠어." 잠시 이 자비로운 목소리와 함께 합니다.

그게 옳다고 느껴진다면, 눈을 감고 자연스럽게 숨을 쉬고 함께 다음 연습을 시작합니다. 눈을 떴을 때, 당신의 주의를 그 방으로 가져오고 용감하게 이 연습에 참여한 당신 자신을 칭찬합니다.

이 연습이 처음에는 약간 이상하거나 까다로워 보이지만, 약간의 연습으로 당신은 당신의 내면에서 두려움, 불안 그리고 자기비판이 일어나는 것을 느낄 때, 의도적으로 자비로운 마음을 활성화하고 자비와 자기 수정에 반응하는 것을 배우기 시작할 수 있습니다. 규칙적으로 연습하면, 자비로운 자기 수정은 자동적으로 작동할 수 있습니다.

자기비판에 대응할 수 있는 범위는 더 넓어질 것이고, 안전, 용기 그리고 지혜의 장소에서 당신의 불안과 자기비판에 직면할 때 당신은 현재 순간에 자기-자비를 가지고 새로운 자유를 찾을 수 있습니다.

현재 순간과 접촉할 때 고통받는 내담자에 대한 민감성

마음챙김은 마치 지금 여기에서 만나는 고통에 대한 민감성으로부터 자비가 발생하는 것처럼 현재 순간과 접촉하면서 시작한다. 우리가 명상과 치료적 관계를 통해 마음챙김을 육성하도록 내담자를 도울 때, 그들에게 세상에 대해 마음챙김 자비를 하도록 하고 동시에 고통에 대한 그들의 경험에 현재 순간의 민감성을 확장하기 시작하는 것이 중요하다. 다음의 작업지는 자비와 심리적 유연성 활동 목록을 확장하여 삶의 경험에 마음챙김 자비를 가져오도록 하는 규칙적인 연습을 제공함으로써 내담자를 도울 수 있다. 실습에서 이것을 사용하기 위해 작업지의 형식을 따르면 된다. 또한 공란으로 된 활동지를 http://www.newharbinger.com/30550에서 다운받을 수 있다 (웹페이지를 이용하는 방법에 대한 정보는 책의 마지막 페이지에 있다).

자비 작업지에 관한 ABC

내담자를 위한 설명: 하루 종일 마음챙김 자비의 순간을 기록하기 위해서 공식적인 수련이든 비공식적인 수련이든 혹은 갑자기 행한 것이든 무엇이라도 날마다 자비에 대한 ABC를 채워라. 지침서로 제공된 주석이 달린 버전을 사용해라.

예시를 위해 작성된 보기도 있다. 당신이 알아차릴 때마다 이 기록지 사용을 기억하고 스트레스가 있거나 혹은 도전이 되는 상황에서는 마음챙김과 자비를 적용하는 기회를 경험하도록 노력하라. 그러면 다음 만남에서 치료자와 함께 이러한 관찰과 당신에게 있을 수 있는 질문을 논의할 수 있다.

A. 순간을 자각하라 (Awareness of the moment)	B. 반응에 주의를 기울여라 (Bring attention to responses)	C. 자비를 함양하라 (Cultivate compassion)
누가? 나와 함께 있는 사람은 누구인가? 혹은 이 경험과 관련 있는 사람은 누구인가?	**감각**: 오감을 이용해서, 이 순간에 나는 무엇을 경험하고 있는가? 내 몸에서 어떤 변화가 일어나고 있는가?	이 순간 나의 육체적 존재에 대한 자비를 어떻게 가져올 수 있는가? 내 몸은 지금 무엇을 원하는가?
무엇? 이 순간에 무슨 일이 일어났는가? 무엇이 내 마음을 활성화시키는가?	**사고**: 나는 무슨 생각을 하고 있는가? 이 생각이 행동에 어떻게 영향을 미치는가?	이 생각이 나를 가치 있는 방향으로 이끄는가? 어떻게 하면 지금 여기 있는 내 생각에 더 많은 자비를 가져올 수 있을까?
어디에? 나는 지금 어디에 있는가?	**정서**: 나는 지금 어떤 정서를 느끼고 있는가? 어떤 정서적 공간에 내가 들어가 있는가?	현재 다른 느낌 혹은 나의 다른 부분이 있는가? 어떻게 하면 이러한 느낌에 자비를 가져올 수 있을까?
언제? 언제 일어났는가?(지금?)	**주의**: 나는 무엇에 집중을 하고 있는가? 나의 주의는 현재, 과거 혹은 미래 중 어디에 초점을 두고 있는가?	가능한 한 현재에 존재하면서 어떻게 이 순간에 다른 사람과 나 자신에게 친절할 수 있을까? 지금 내가 할 수 있는 것은 무엇일까?
어떻게? 어떻게 이 일이 일어났는가?	**행동과 논쟁들**: 나는 어떻게 반응하는가? 나는 어떻게 반응하기를 원하는가?	가치 있는 목표를 실현하기 위해 어떻게 하면 능숙하게 행동할 수 있을까? 내가 취할 수 있는 자비로운 행동은 무엇일까?

자비 작업지에 관한 ABC 샘플

A. 순간을 자각하라 (Awareness of the moment)	B. 반응에 주의를 기울여라 (Bring attention to responses)	C. 자비를 함양하라 (Cultivate compassion)
누가? 나와 함께 있는 사람은 누구인가? 혹은 이 경험과 관련 있는 사람은 누구인가? 나의 딸	**감각**: 오감을 이용해서, 이 순간에 나는 무엇을 경험하고 있는가? 내 몸에서 어떤 변화가 일어나고 있는가? 심장이 마구 뛰고, 뱃속이 요동치고 불안과 안절부절 못함을 느낌.	이 순간 나의 육체적 존재에 대한 자비를 어떻게 가져올 수 있는가? 내 몸은 지금 무엇을 원하는가? 나는 진정시키는 리듬 호흡을 실행하는 것과 따뜻한 민트 차 한 잔과 좋은 향이 필요하다.
무엇? 이 순간에 무슨 일이 일어났는가? 무엇이 내 마음을 활성화시키는가? 딸은 전화를 받지 않고 귀가가 매우 늦어지고 있다.	**사고**: 나는 무슨 생각을 하고 있는가? 이 생각이 행동에 어떻게 영향을 미치는가? 사고가 있었고 딸이 다쳤거나 엉망이 되었다. 딸에게 다시 전화를 해야 한다. 나는 딸이 어디에 있는지 모른다는 것을 참을 수 없다.	이 생각이 나를 가치 있는 방향으로 이끄는가? 어떻게 하면 지금 여기 있는 내 생각에 더 많은 자비를 가져올 수 있을까? 물론 나는 걱정하고 있다. 나는 엄마고 딸을 사랑하고 돌보고 있다. 단지 딸과 나를 보호하려는 내 마음이 어떤 나쁜 일이 일어났다는 것을 뜻하는 것은 아니다. 나는 그것을 해결하기 전에 문제가 되는 것을 기다릴 수 있다.

어디에? 나는 지금 어디에 있는가? 집. 전화를 기다리며 앉아 있다.	**정서**: 나는 지금 어떤 정서를 느끼고 있는가? 어떤 정서적 공간에 내가 들어가 있는가? 두려움. 나는 걱정스럽고 전전긍긍하고 있다.	현재 다른 느낌 혹은 나의 다른 부분이 있는가? 어떻게 하면 이러한 느낌에 자비를 가져올 수 있을까? 딸이 전화를 받지 않을 때 너무 불안하고 화가 나고 슬프다. 나는 엄마가 되는 것이 중요하고 따라서 가족에게 가장 도움이 되는 것을 포함해서 내가 원하는 엄마로 살아가는 것은 이러한 상황을 잘 처리하는 것이라고 생각한다.
언제? 언제 일어났는가?(지금?) 토요일 밤	**주의**: 나는 무엇에 집중을 하고 있는가? 나의 주의는 현재, 과거 혹은 미래 중 어디에 초점을 두고 있는가? 미래. 나는 병원에 입원해 있는 딸 아니면 딸의 장례식에 있는 나를 상상한다.	가능한 한 현재에 존재하면서 어떻게 이 순간에 다른 사람과 나 자신에게 친절할 수 있을까? 지금 내가 할 수 있는 것은 무엇일까? 나는 세 개의 마음챙김 호흡을 시작할 수 있다. 나는 강아지를 산책시키거나 화분을 돌보는 것처럼 가족과 가정을 돌보는 다른 방법들에 초점을 둘 수 있다.

어떻게? 어떻게 이 일이 일어났는가?	행동과 논쟁들: 나는 어떻게 반응하는가?	가치 있는 목표를 실현하기 위해 어떻게 하면 능숙하게 행동할 수 있을까? 내가 취할 수 있는 자비로운 행동은 무엇일까?
나는 전화기 옆에 앉아서 딸에게 계속해서 전화를 걸고 있다.	충동적으로 딸, 병원, 경찰서 그리고 딸의 친구 집에 전화를 하고 있다. 나는 어떻게 반응하기를 원하는가? 일단 전화를 해보고 나서 다시 전화가 오기까지 30분 동안 참을성 있게 기다려본다. 다른 사람에게 도움을 청하고 나 스스로에게 자비롭게 하며 현재 순간에 유념하며 집중한다.	호흡하기. 나는 인내할 수 있고 딸에 대한 걱정보다 더 큰 걱정을 하는 사랑이 넘치는 엄마라는 것을 스스로 기억한다. 나는 내 딸이 도착하는 것을 참을성 있게 기다리는 동안 차를 마시고 나의 가정, 애완동물 및 식물을 돌보는 데에 집중할 것이다. 만약 필요하다면, 나는 여동생과 이야기를 하거나 그녀에게 메일을 쓸 수도 있다. 나는 자비로운 자기 시각화에 대해 녹음된 것을 들을 수 있고 나를 위해 지금 당장 여기에서 실행해 볼 수도 있다. 나는 괜찮다.

자비롭게 기꺼이하기를 기르기

ACT의 수많은 지혜와 방법들은 경험 회피에 대한 연구에서 파생되었다(Hayes et al, 2012). 우리의 임상적 경험과 행동과학 저술의 비판적인 독서는 고통스러운 사적 경험을 회피하거나 억압하려는 시도는 단지 고통을 낳을 뿐이라는 견해를 지지한다. 그러므로 어떤 의미에서 수용은 ACT의 처음이자 마지막이다. 게다가, 고통의 존재를 참아내고 여전히 유지하고자 하는 의지와 고통스러운 정서를 개방하도록 하는 것은 자비의 핵심적인 특징이다.

오래전 붓다는 "연꽃은 진흙에서 피어난다"고 말하였다. 자기-자비의 측면에서, 이는 고통과의 싸움에서 스스로를 해방시키고자 할 때 우리가 반감을 갖거나 수치심을 갖는 부분조차도 비난하지 않고 수용하는 힘을 기르라는 의미이다. 자비를 발생시키는 것은 원하지 않는 경험을 억압하거나 자신의 일부와 싸우는 것이 아니다. 자비로운 마음을 훈련하는 동안, 우리는 수치심과 자기비판 같은 원치 않는 생각과 감정에 관여하게 된다. 논의된 바와 같이 이러한 관여는 싸움이 아니다. 그것은 우리의 타고난 지혜, 이해 및 자애와의 조화이며 확장이다.

이러한 방식으로, 자비는 불필요한 방어 없이 그 자체로 삶을 체험하는 기꺼이하기(willingness)의 증진을 위한 맥락이 된다. 고통에 대한 마음챙김 자각은 자비의 꽃을 자라게 하는 토양으로 볼 수도 있다. 자비는 마음속에 울림의 공간을 만들고 지속적인 수용과 용기를 함양하게 한다.

분명히, 사람들이 위협에 근거한 정서와 극단적인 혐오 통제의 영향 아래에 있을 때, 그들의 행동 목록과 주의는 모두 협소해진다. 반대로, 마음챙김 자비, 감정이입 및 자발성을 가지고 있을 때는 삶의 도전에 보다 더 광범위하고 유연한 양식을 가지고 접근할 수 있다.

다음 두 가지 실습은 모두 내담자들이 자신의 어려운 경험과 마주하고 자신의 경험에 대항하여 싸우는 데 있어서 자비와 자발성을 가져오도록 내담자를 돕는 탁월한 기법들이다.

중재
자비롭게 내려놓기, 혹은 밧줄 놓아버리기

이러한 중재는 고전적인 신체화된 ACT 은유인 밧줄 놓아버리기(Hayes et al., 1999)를 내담자의 수치스럽고 자기 비난적인 경험에 자비를 가져오는 것을 강조하여 재구성하였다. 내담자가 소규모의 줄다리기(다툼)를 하고 있다면, 원하지 않는 정신적 경험을 피하거나 통제하고자 하는 싸움이 헛된 것임을 예시하기 위해 실제로 사용한다. 이러한 싸움의 한가운데에 자비로운 마음을 활성화시키는 것은 정서를 이해하고 수치심 및 자기 비난과의 싸움을 내려놓는 것으로 그들의 초점을 자연스럽게 이동시키는 방법을 구현하도록 내담자를 돕는 것이다.

이를 준비하기 위해서, 당신은 줄다리기를 신체적 혹은 경험적으로 설명하기 위해 사용할 강하고 부드러운 밧줄이나 수건이 필요하다. 시작하기 위해서 내담자와 치료자는 내담자가 수치심과 자기비판의 패턴을 없애려고 시도했던 다양한 방법에 대해 논의할 수 있다. 이러한 방식으로, 치료자는 감정이입적이고 참여적인 대화의 맥락에서 경험적으로 마주하는 것을 치료자와 내담자 모두가 허락하는 원치 않는 재료들을 끌어낼 수 있다.

다음으로, 치료자는 내담자에게 그와 줄다리기를 할 생명체 혹은 동물로서 그의 내적 비평가를 상상하도록 요청한다. 내담자와 치료자가 함께 그 존재의 외모와 표현의 세부사항을 포함해서 크기와 형태를 묘사할 수 있다. 다음의 예는 내적 비평가를 악마 원숭이로 상상한 조쉬(Josh)가 사용한 흐름을 예시하였다.

치료자   자, 우리는 한쪽 끝에는 당신이 있고 다른 쪽에는 악마 원숭이가 있는 줄다리기에서 당신이 내적 비평가와 싸우는 것을 상상할 겁니다. 당신이 내적 비평가와 논쟁과 투쟁을 하면 할수록 악마 원숭이와의 싸움은 더 커질 것입니다. (말려진 수건의 한쪽 끝을 잡고, 그것을 단단하게 쥐고, 내담자에게 다른 쪽 끝을 준다.) 지금부터, 당신은 잔인하고 포악한 자기 비난의 대상인 일상생활의 자아가 되고 나는 악마 원숭이가 될 거예요. 우리가 앞뒤로 미는 것은 가능하지만 실제로 어딘가로 가는 것은 아닙니다. (둘이서 짧게 부드럽지만 단단하게 수건을 당긴다.)

내담자   알겠어요. 내가 매일 아침 일어날 때 이렇게 나 자신과 밀고 당기기를 한다는 말이죠.

치료자 그래요. 당신이 부끄러워하는 모든 것들, 당신 자신에 대해 증오하고 있는 모든 것들을 당신에게 말할 수 있고, 당신에게 맞서 줄을 당기는 악마 원숭이와 줄다리기하는 당신이 있다고 상상하는 거예요. 다른 생각과 감정들처럼, 악마 원숭이는 당신을 직접 건드릴 수 없어요. 그렇지만 그 원숭이는 이러한 갈등에서 당신을 만날 수 있어요. 당신은 이러한 비판과 싸우고 있지만, 악마 원숭이는 당신이 하는 만큼 열심히 하고 있어서 당신이 힘차게 당기면 당길수록 원숭이도 더 힘차게 당기고 있어요. 어느 정도 겉으로 보기에는 아무것도 하지 않는 끝없는 싸움이지만 물러서지 않아요. 당신과 비평가 모두 발로 땅을 파며 밧줄을 단단히 잡고 긴장 속에서 갈수록 힘겹게 당기고 있어요. 내적 비평가는 절대 지치지 않는 것처럼 보이며 악마 원숭이처럼 아주 커요. 이것은 진 빠지는 작업이 될 것 같아요, 그렇지 않나요?

내담자 고단하네요.

치료자 이제 당신이 이러한 경험을 어떻게 느끼고 있는지에 대해 당신의 주의를 기울여 봅시다. 이러한 다툼에서 실제로 무엇이 일어날 것처럼 느껴지나요. 근육의 긴장, 호흡의 변화, 신체 온도 및 얼굴 표정에 주목하세요. "너는 모든 것을 망쳐 왔어"와 같은 말을 내내 들으며 이 다툼에서 무엇이 느끼고 있나요? 당신이 주의를 기울이는 곳은 어디인가요? 어떤 생각이 드나요? 아마도 이번에는 당신이 이길 수도 있다고 생각할 수도 있어요. 혹은 비평가가 이길 수 있거나 이 다툼이 영원이 끝나지 않고 지속될 수 있을 것이라고 생각할 수도 있어요. (잠시 멈춤) 당신은 어떻게 생각하나요?

내담자 나는 더 열심히 잡아당길 수 있었어요. (내담자가 때때로 그 자신이 줄을 내려놓는 것에 대한 아이디어를 생각해 낸다는 점에 주목하라.)

치료자 그래요. 당신은 더 열심히 수 있어요. 당신은 더 강하게 반격할 수 있어요. 다른 사람이 당신의 뒤에서 줄을 당겨주는 도움을 받을 수도 있지요. 그 비평가를 영원히 제거하는 데 성공해 본 적이 있나요? 그리고 그 문제에 대해서, 당신은 아주 오랫동안 길을 잃은 적이 있나요?

내담자 내 관심은 모두 이것에 쏠려 있었어요. 나는 바로 여기 있는 이 빌어먹을 수건에 전적으로 집중했어요. 나는 이길 수 없었고 멈출 수도 없었어요. 그리고 나 자신을 증오해요. 네, 이건 여느 평범한 아침과 같아요.

치료자 다른 선택은 없나요? 당신은 이 줄다리기에서 이겨야만 하나요? 만약 당신이 그 원숭이와 싸우는 것을 멈춘다면 무슨 일이 일어날까요? 줄다리기에서 항복하고 밧줄을 내려놓기로 결심하면 어떻게 될까요? 그리고 어쨌든 이 원숭이가 하고 있는 것에 대해 생각해 보겠어요? 그 원숭이는 선택의 여지가 있나요? 당신의 내적 비평가는 당신을 손가락질하고 비난하는 것 외에 다른 것을 한 적 있나요? 이 다툼은 슬프죠, 그렇지 않나요? 당신은 싸우는 것 외에는 아무것도 할 수 없는 당신의 일부에 파고들어 싸우고 있어요. 하지만 당신은 이런 긴장과 싸움 이상의 존재이죠. 당신이 밀어낸다면 영원히 당신을 당기게 될, 실제로는 적이 아닌 적과 다투고 싸울 필요가 없을 때, 이것이 당신을 흡수해버리는 것은 슬픈 일이죠.

(적절한 지점에서, 거의 모든 내담자들은 밧줄을 내려놓는 것과 같은 느낌을 표현한다. 내담자들이 밧줄을 내려놓을 때, 그들은 밧줄을 물리적으로 놓아버리는 경험에 마음챙김 자각을 하면서 밧줄을 완전히 내려놓는 것을 확인하라.)

치료자　밧줄을 내려놓아요. 밧줄이 사라지는 걸 느낄 때, 숨을 길게 내쉬면서 천천히 호흡해 봐요. 깊이 숨을 쉬어요… 편안하게 호흡하면서 부드럽게 자신을 받아들여요. 투쟁의 경험, 즉 보편적인 투쟁을 했다는 것을 당신이 인식하고 직접적인 따뜻함과 수용을 마음속으로 원해 봐요. 당신에게 심지어 당신의 원숭이에게 친절하게 대해줘요.

당신은 무엇을 알아차렸나요? 이제 무엇이 달라졌나요? 이런 경험을 어떻게 느꼈는지 스스로 알아차려 봐요. 그 밧줄을 내려놓는 기분은 어떨까요? 당신의 근육, 호흡, 몸의 자세 및 얼굴 표정에서의 변화에 주목하세요. 손과 발의 감각은 어떤가요? 당신의 손과 발은 그 전쟁에서 벗어났다는 걸 알아차릴 수도 있어요. 이제 당신의 손과 발은 자유로워졌어요. 당신은 이제 더 이상 불가능한 다툼에 빠져 있지 않고 당신의 몸과 마음을 어떻게 사용할지를 자유롭게 선택할 수 있어요.

당신이 밧줄을 내려놓았을 때, 그건 원숭이가 풀려났다는 뜻도 아니고 당신이 승리했다는 뜻도 아니에요. 원숭이는 여전히 당신을 비웃고 있을 수 있지요. 심지어 처음에는 밧줄을 내려놓았다고 당신을 심판할 수도 있지요. 그렇지만 이제 당신은 하고 싶은 걸 선택할 수 있어요. 당신은 싸우지 않는 것, 밧줄을 집어 들지 않는 것, 그리고 아마도 당신에게 보다 더 중요한 어떤 일을 하는 것을 선택할 수 있어요. 그리고 이런 생각을 한번 해보세요. 그러한 선택을 하면 무엇이 가능해질까요? 당신 삶의 얼마나 많은 부분이 당신의 것이 될까요?

중재
싸움 멈추기

잭 콘필드(Jack Kornfield, 1993)에 의해 대중화된 아주 오래된 불교명상에서 영감을 받은 이 실습은 자비-초점 ACT와 완전히 일치하는 방법으로 마음챙김, 맥락으로서의 자기와 자비를 혼합하였다. (이 연습을 위해 다운로드 할 수 있는 오디오 녹음은, http://www.newharbinger.

안전하고 안정적인 자세로 앉아서 잠시 동안 당신 자신을 편안하게 합니다. 좀 더 편안하게 앉을 수 있도록 자세를 조정해봅니다. 이제 눈을 감으세요…. 의도적으로 호흡을 변화시키지 말고 몸의 안과 밖에서 느껴지는 호흡의 흐름에 조심스럽게 주의를 기울입니다. 이제 발바닥에 주의를 기울입니다…. 다음으로 정수리에 주의를 기울입니다…. 그리고 이제 발바닥과 정수리 사이에 있는 모든 것에 주의를 기울입니다…. 이제 호흡에 주의를 기울이면서 들이쉬고 내쉬는 호흡을 따라갑니다. 당신이 숨을 들이쉴 때 숨을 들이쉰다는 것을 알고, 숨을 내쉴 때 당신이 숨을 내쉰다는 것을 알아차립니다.

당신의 몸에서 느껴지는 감각을 알아차립니다. 긴장이나 압력 혹은 불편함이 느껴지면 거기에도 역시 주의를 기울입니다. 당신이 할 수 있는 한, 이러한 경험을 기꺼이 받아들여봅니다. 당신이 숨을 들이쉴 때, 특히 불편함이나 긴장 혹은 저항이 느껴지는 몸의 부분에 호흡을 집중합니다. 당신은 이러한 경험을 위한 공간을 만들 수 있습니까? 이러한 감각의 주위에서 경험하는 어떤 투쟁이나 저항의 느낌에 당신의 주의를 기울입니다. 순간순간 이러한 싸움의 경험과 관련된 긴장을 알아차립니다. 이러한 각각의 감각이 몸의 여러 곳에서 느껴질 때, 그 경험을 받아들입니다. 다툼에서 벗어납니다. 호흡에 부드럽게 주의를 기울입니다. 이 순간의 당신 자신이 되어 봅니다.

숨을 내쉬면서 몸의 느낌에서 주의를 거두어들입니다. 그런 다음 자연스럽게 숨을 들이 마시면서 당신의 생각과 감정에 주의를 기울입니다. 무슨 생각이 당신의 마음에 떠오르나요? 어떤 느낌이 당신의 가슴에 일어나는가요? 당신이 그동안 싸워온 그 생각과 감정에 특별히 주의를 기울입니다. 할 수 있는 한, 이 순간에 이러한 생각과 감정을 부드럽게 대합니다. 당신의 마음과 가슴에 이러한 사건들을 위한 공간을 마련할 수 있나요? 지금 바로 이 순간에 당신의 내면에서 벌어지는 이 싸움에서 물러설 수 있나요?

이제 호흡의 흐름에 주의를 기울이고, 땅에 닿은 발에 주의를 기울이고, 당신이 앉아 있는 자리에 주의를 기울이고, 곧게 세워 지탱하고 있는 등에 주의를 기울입니다. 숨을 들이쉴 때, 당신의 삶에 있는 다툼에 주의를 기울입니다. 당신은 어떤 전쟁을 계속하고 있나요? 이런 전쟁이 있다는 걸 느낄 수 있는지 살펴봅니다. 만약 당신의 몸과 싸우고 있다면, 그것에 주의를 기울입니다. 만약 당신의 감정과 싸우고 있다면 지금 이 순간 그걸 알아차립니다. 만약 당신이 싸우고 있는 생각이 밀고 들어온다면 그 싸움에 주의를 기울입니다. 잠시 동안, 이러한 모든 다툼과 전쟁의 무게를 느껴봅니다. 당신의 내면에서 이러한 적들은 얼마나 오랫동안 싸워왔나요?

이러한 경험에 유연하게 당신 자신을 개방하고 그 다툼에 자비로운 주의를 기울입니다. 이러한 전쟁에서 물러납니다.

숨을 내쉬면서, 바로 지금 여기에서 온전한 당신 자신이 되어 봅니다. 이 순간에, 삶이 당신에게 가져다 준 모든 것과 당신이 삶에 가져온 모든 것을 수용합니다. 당신 자신 안에서 벌어져 왔던 전쟁을 멈출 시간이 되지 않았나요? 다시 이 전쟁에서 물러납니다. 용기와 책임감을 가지고, 바로 지금 여기에서 당신이 누구인지를 완전히 받아들입니다.

이제 당신의 발바닥에 주의를 기울입니다…. 다음으로 당신의 정수리에 주의를 기울입니다…. 그리고 이제 발바닥과 정수리 사이에 있는 모든 것에 주의를 기울입니다…. 이제 호흡에 주의를 기울이면서 들이쉬고 내쉬는 호흡을 따라갑니다. 당신이 숨을 들이쉴 때 숨을 들이쉰다는 것을 알고, 숨을 내쉴 때 당신이 숨을 내쉰다는 것을 알아차립니다.

준비가 되면 눈을 뜨고 이 연습을 마칩니다. 이제 당신의 하루를 다시 시작합니다.

몸을 준비하고 실습을 존중하기

CFT 워크숍과 훈련에서 폴 길버트는 명상이나 심상화 실습의 시작을 의미하는 마음챙김 벨과 같은 것을 사용하여 "몸을 준비하고 실습을 존중하라"고 종종 말한다. 이 문구는 자비-초점 실습을 유지하는 핵심을 말하는데, 그것은 참여하는 자세이다. 인지와 정서의 경험은 뇌에서 단독으로 존재하지 않는다. 우리는 수백만 년 전의 과거의 조상으로부터 내려온 요인에 의해 정보를 받고 영향을 받아 온 행동으로, 현재 순간의 맥락과 끊임없이 상호작용하며 움직이는 몸을 가지고 있다.

자비-초점 ACT의 요소들은 이 장에서 설명하였는데, 기초적인 준비와 자비와 심리적 유연성의 상호작용하는 과정이다. 이러한 과정은 치료적 관계의 맥락에서 만들어질 수 있으며, 구조화되어 상호작용하는 체험적 활동을 통해 형성될 수 있다. 집에서 하는 과제는 마음챙김, 자비 및 가치 있는 목표에 전념하는 것을 함양하는 데 유용하게 활용될 수 있다. 이 연습은 수용과 자비를 가지고 그들의 현재 순간을 체험하기 위해 되돌아갈 것을 기억하는 내담자에게는 자기 관찰 활동지만큼 간단할 수 있다. 혹은 확장된 명상이나 시각화만큼 복잡할 수도 있다. 그들이 취하는 형식이 어떻든 간에, 자비-초점 ACT의 요소들은 모두 내담자가 그들의 삶과 세상에 보다 더 자비로워지도록 심리적 유연성을 촉진하기 위해 고안되었다.

7장

자비로운 마음 훈련하기

자비로운 마음을 훈련하는 것은 실행 가능한 것이 무엇인지에 초점을 두고, 자비의 특성을 함양하는 것과 기술을 개발하는 것의 상호작용을 말한다. 자비는 특별한 형태의 마음 훈련을 통해서 기를 수 있으며 정서적 치유에서 중요한 역할을 수행할 수 있다는 것이 증명되어 왔다(Harrington, 2001; Gilbert, 2010). 우리는 ACT, FAP, CFT를 통해 자비를 다양한 측면에서 논의해 왔으며 심리적 유연성의 발달은 사람들이 경험하는 방식과 고통 및 괴로움에 대한 반응을 바꾸도록 도와줄 수 있다. 이 장에서 우리는 자비로운 마음을 개발하도록 내담자를 돕기 위해 심리치료 회기 동안에 사용될 수 있는 체험과 일련의 경험적 명상 실습을 제공할 것이다. 이러한 것은 치료자와 내담자 모두가 사용할 수 있으며, 모든 활동은 개인적 자비-초점 실습에 필수적인 역할을 할 수 있다.

기능적 맥락 틀에서 자비로운 마음 훈련하기

이 장에 있는 활동은 주로 자비로운 마음 훈련하기에서 파생된 것 (Gilbert & Irons,2005)으로, CFT의 보다 정교하고 포괄적인 발달에 선행하는 것으로 자비를 체계적으로 훈련하는 방법이다. 이 책에 서는 ACT 실무자에게 자비를 소개하기 위해서 그들의 전체적인 임상적 접근을 다시 만들 필요 없이 기능적 맥락 틀 내에서 잘 작 동할 수 있는 훈련 방법을 찾아왔다. 이전 장들에서 살펴본 바와 같이, CFT는 이론과 실천의 깊이가 있고, 우리는 CFT 문헌, 공동 체 및 전통을 깊이 있게 보도록 당신을 고무할 것이며, 당신이 자 비로운 마음 훈련을 이 장에서 배우기를 바라고 있다. (그리고 우리 는 책의 말미에 있는 참고자료원 부분에서 CFT 추가 교육을 위한 방법을 자세하 게 제공하였다.) 아래에는 주의와 심상 기반 연습을 넘어서, 더 나은 CFT 교육, 지도 감독 및 훈련이 맥락적 관점에서 결국 다양한 문 제에 적용될 수 있는 정서, 사고 및 외현 행동과 작업하기 위한 많 은 기법들이 있다. 그럼에도 불구하고, 자비의 과학에 대한 이러한 입장은 거의 모듈처럼 ACT-지속적 중재에 적합하게 고안되었으 며 각각의 연습은 심리적 유연성 모델에 있는 목표 과정과 잘 맞는다.

이 장에서 소개하고 있는 실습은 내적 및 외적 공격, 무시, 학대, 회피 및 고통에 대한 대안을 만들어서, 고통을 회피하거나 저항하 려는 충동과 고통에 반응하는 새롭고 자비로운 방법을 육성하는 것을 목표로 하고 있다. 개인적으로 하거나 내담자와 함께 하거나 에 관계없이 이러한 실습에 참여할 때, 우리가 좋아하는 사람들이

나 혹은 좋아하는 자신의 일부에 자비를 불러일으키는 것이 쉽다는 점을 명심하는 것이 중요하다. 그러므로 자비로운 마음을 훈련하는 데 있어서 가장 중요한 작업 중 일부는 우리가 몹시 싫어하는 자신의 일부와 사람들에게 자비를 개발하고 경험하는 것이다. 자비는 우리가 긍정적인 정서를 가지고 있는 대상이나 자신에게만 해당되는 것이 아니라 모든 살아있는 대상에게 확장되어야 한다.

이 장에 있는 모든 활동은 명상 안내나 심상이 포함되어 있다. 여기에 안내된 많은 기법들이 포함된 사례에서와 같이, 당신이 경험적 실습을 이끌게 되면 당신도 내담자와 함께 명상활동에 참여하게 될 것이다. 이러한 이유로 가급적이면 교사, 치료자 혹은 집단으로 당신 자신의 마음챙김과 자비를 지속적으로 실행하는 것이 다른 사람들에게 그들 자신의 자비로운 마음을 훈련하도록 돕기 위한 기술을 효과적으로 개발하기 위해서는 아주 중요하다. 게다가 이러한 실습은 단순한 지침을 넘어서는 것이다. 즉, 이러한 실습은 특별한 상태의 주의를 활성화시키기 위한 단서다. 그러므로 지침은 심도 깊은 참여를 촉진하기 위해서 차분한 분위기에서 천천히 전달되어야 한다. 이상적으로는 실습한 각각의 활동을 충분히 내면화하고 어느 정도는 기억해야 한다. 이 실습이 녹음된 오디오는 http://www.newharbinger.com/30550에서 다운로드할 수 있고, 이 녹음을 사용하여 작업하는 것은 당신 자신의 자비로운 마음을 훈련하는 데 적절한 출발점을 제공할 수 있다. (다운로드 가능한 녹음 방법은 책 뒤의 지침을 참고하면 된다.)

또한, 많은 치료자들은 모바일 기기와 노트북 컴퓨터의 응용 프로그램을 사용하여 개별 내담자와의 각각의 회기들을 쉽게 기록할 수 있다는 것을 알게 되었다. 이러한 방법으로, 자비로운 치료적 관계의 맥락 내에서 치료자와 내담자 간의 실시간 상호작용의 자극 속성과 자극 기능 모두는 회기 밖에서도 사용할 수 있게 된다. 우리는 많은 내담자를 만나왔으며 그들은 우리와 함께 하는 작업과 자비로운 여행의 기록이 가치 있다고 말하곤 했다. 우리의 내담자들은 종종 회기 내에서 협력하여 고안된 과정으로 점차 실습에 참여하면서, 기본적인 활동에서 시작하여 보다 더 복잡한 심상으로 진행하는 자비를 육성하기 위해 그들의 일상 활동의 일부로써 안내된 오디오 명상과 심상 훈련을 사용한다.

실습의 중요성

자비로운 마음을 훈련하는 것은 2장에서 자세히 설명한 자비의 속성과 기술을 목표로 하고 있다. 점진적인 실습을 통해서 이러한 과정과 기술은 지속적인 특성이 될 수 있으며, 사람들의 일상적인 활동을 확장시키고 가치 있는 생활을 향상시킬 수 있다. 임상 장면에서, 우리는 종종 과정과 기술 모두를 훈련하는 것을 은유적으로 악기 연주를 배우는 것에 비유한다. 예를 들어 뛰어난 기타 연주자가 되기 위해서는 손가락 유연성 연습, 음계를 연주하는 방법 그리고 다양한 많은 곡을 기억하고 연주하는 방법과 같은 많은 기술을 배워야만 한다. 이러한 기술은 무엇을 연주하는지를 말한다. 더 깊은 수준에서, 뛰어난 음악가는 음악 이론, 음정과 아르페지오의 관계, 곡의 화음 구조 안에서 즉흥 연주하는 방법, 관련된 음악에 맞게 작곡하는 방법, 연주하는 음악의 곡조에 맞는 몸짓과 감정, 청음을 훈련하는 방법 등을 배운다. 이러한 과정은 음악이 어떻게 연주되는지를 말한다.

이와 마찬가지로, 자비로운 마음을 훈련하는 것은 특정 기술을 개발하는 것만이 아니라 광범위하고 적응 가능한 행동 과정의 개발을 포함한다. 이와 유사한 것으로, 어떤 사람이 오랜 시간 동안 악기를 연습하고 기술을 연마할 때, 새로운 뉴런 연결이 형성된다는 증거가 있다. 즉, 신경가소성과 신경발생이 그 증거인데, 결과적으로 그 사람의 뇌와 몸이 숙련된 음악가의 뇌와 몸과 비슷하게 닮아가고 기능하게 된다는 것이다(Munte, Altenmiller, & Jancke, 2002). 사실, 우리가 자비로운 마음을 훈련할 때, 신경활동과 그 구조에 변화가 일어난다(Lutz 등, 2008). 그러므로 자비에 대한 속성과 기술을 함양하는 것은 설명가능하고 지속적인 방식으로 마음과 뇌를 변화시킬 수 있다. 이제 시작해 보자!

자비로운 주의

CFT에서 자비로운 주의를 훈련할 때, 대부분의 작업은 마음챙김과 함께 시작된다. 이러한 초점은 내담자가 수용과 자기-자비를 가지고 현재 순간에 집중하는 능력을 의도적으로 개발하도록 한다.

본질적으로 완화된 관점에서, 그들은 의도적으로 자신들의 경험의 구조, 즉 인식 자체에 자비로운 분위기를 가져올 수 있다. 자비로운 마음 훈련의 초기 단계는 종종 자비에 주의를 모으고, 이끌고, 조절하는 방식을 숙련시키고 지원하고 도움이 되도록 연습하는 데 전념한다(Gilbert, 2009a). 이러한 실습은 감사, 마음챙김, 주의집중, 관심 및 이완훈련을 혼합한 것이며 자비로운 마음을 훈련하는 다음 단계의 기초를 제공한다(Gilbert, 2009a).

몸과 마음을 진정시키기 위해서 다른 활동과 마음챙김 실습으로 주의 훈련을 시작하는 것은 도움이 된다. CFT에서 우리는 일반적으로 3장에서 다룬 '진정시키는 리듬 호흡'으로 시작하였다. (상기시키기 위해 말하자면, 실습을 위한 오디오 녹음은 http://www.newharbinger.com/ 30550에서 다운받을 수 있다.) 진정시키는 리듬 호흡은 CFT에서 기본적인 마음챙김 훈련이며, 자비로운 마음 훈련에서 사용된 다른 많은 실습들은 이러한 형식의 마음챙김 호흡으로 시작한다.

이 장의 나머지 부분을 읽으면서, 당신은 자신이나 다른 사람을 향해 의도적으로 자비를 지향하게 하는 시각화나 실습을 진행하기 전에 진정시키는 리듬 호흡에 참여한다는 것을 바로 알아차릴 것이다. 그러므로 자비로운 마음 훈련은 내담자가 치료의 첫 번째나 두 번째 회기 중에 진정시키는 리듬 호흡을 배우는 것으로 시작하며 그 후 매일 앉아서 연습하는 것으로 사용한다. 자비로운 관심과 중심성에 참여하고 위협 반응이 일어나는 것에 반응하는 부교감신경의 '배려와 친교' 체계를 활성화시키는 것이 중요한 접근이다. 게다가 마음챙김은 행동치료의 제 3 물결인 ACT에 기반을 두고 있으며, 불교 전통은 자비 함양을 위해 필요한 주의를 끌어올리도록 도울 수 있다.

공식적인 마음챙김 훈련을 시작하기 전에, 우리는 종종 오른쪽 발 그 다음에는 오른쪽 손과 같이 몸의 한 부분에 단순히 주의를 집중하게 하여 그것이 어떠한지를 탐색하도록 내담자를 돕는 것으로 주의 훈련을 준비한다. 유도된 발견과 소크라테스식 질문을 통해서, 내담자는 자신의 몸과 여러 감각 경험에 주의를 돌릴 수 있는 방법을 알아차리도록 하였다. 이러한 방식으로, 그들은 마치 스포트라이트를 비추듯, 다른 경험들은 어둠 속에 몰아넣고 특정한 경험을 조명하며 그들의 주의를 사용할 수 있는 방식을 관찰할 수 있다. 그런 다음 우리는 주의 집중의 범위를 부드럽게 넓혔는데, 내담자에게 눈을 감고 여러 기억을 떠올리도록 요청하면서 주의 집중의 범위를 부드럽게 넓혔다. 먼저 논쟁이나 힘들었던 때의 기억에서 시작해서, 사랑하는 사람과의 행복했던 때로 옮겨간 뒤 휴가를 가서 해변에서 휴식하는 것과 같은 매우 편안한 기억을 떠올리는 것으로 일련의 관찰을 마무리하였다.

이러한 방식으로 내담자는 단순히 신체의 물리적 공간 내에서 주의를 이동하는 것보다 잠정적으로 더 흥미롭고 의미 있는 방식으로 자신의 주의를 어떻게 유도할 수 있는지를 경험한다. 우리의 주의는 시공간적 세상에서 물리적으로 이동할 수 없지만, 심리적으로는 우리의 관심을 공간, 시간 및 정서적 풍경으로 자유롭게 움직일 수 있다. 우리는 과거의 경험에 주의를 집중하여 그때 거기에 있었던 자신의 감정을 불어올 수 있다. 이것이 행복한 기억이라면,

우리는 행복과 관련된 신체적 감각, 정서 및 사고를 촉발시킬 수 있다. 이와 유사하게, 우리가 괴롭고 고통스러운 기억으로 방향을 돌리면, 과거의 자신이 그때 거기에서 힘들게 싸웠던 정서를 불러 일으키게 된다. 마음챙김 자비를 가지고 이러한 방식으로 사고, 신체적 감각 및 정서에 대해 작업하는 것은 고통스러운 기억과 투쟁의 관계를 보다 더 새롭고 수용 가능한 관계로 받아들이는 기회를 만들 수 있다.

자비-초점 ACT 중재의 일부로서 자비로운 관심을 가지도록 내담자를 훈련할 때, 유도된 발견과 예시를 사용하여 관심, 자비, 마음챙김의 본질에 대해 심리교육적으로 시작하는 것이 가장 좋다. **진정시키는 리듬 호흡** 훈련이 이상적인 다음 단계이며 더 깊은 정서적 경험을 향한 마음챙김과 자비로운 주의집중을 이끄는 토대를 만든다. 이것은 두 가지 목적을 가지고 있는데 감정 자체의 기능을 어떻게 예시하는지 그리고 자율성, 개방성, 현재 순간에 접촉 및 유연한 관점 취하기를 향상시키는지 하는 것이다. 다음의 실습은 내담자가 다음 단계인 정서를 향해 마음챙김 주의를 돌리는 데 도움을 준다.

중재
정서에 대한 자비로운 마음챙김

마음챙김의 네 가지 토대에 불교 수련을 기반으로 한, 이런 중재는 자비로운 마음 훈련과 안내된 명상을 조합한 것으로, 현재 순간에 개인의 정서에 자비로운 관심을 돌리도록 하는 것이다. 이는 주의와 정서를 다루는 유용한 소개를 제공하며 장기간에 걸쳐 매일 연습할 수도 있다. 이것은 사람들이 고통스러운 경험을 위한 공간을 마련하기 위해 어떻게 마음챙김을 사용할 것인지 그리고 괴로운 감정을 참아내고 씨름하는 그들을 돕기 위해 자비로운 관심을 어떻게 사용할 수 있을지에 대해 알 수 있도록 돕는 것이 목적이다. 이러한 실습은 스트레스와 불편함에 저항하거나 피하고자 하는 본능적인 정신적 및 신체적 충동을 관리하도록 도울 수 있다. 중요하게, 모든 자비로운 마음 훈련과 같이, 이 실습은 온화한 친화적 정서 경험에 직접적으로 관심을 돌리는 것을 포함하고 있다. 어떤 의미에서, 자비를 가지고 하는 우리의 모든 작업은 고통을 경감시키고 예방하며 웰빙을 증진시키는 가치 있는 목표를 향해 주의를 돌리는 것을 포함한다. (이 연습을 위해 다운로드할 수 있는 오디오 녹음은 http://newharbinger.com/30550으로 접속하면 된다.)

쿠션이나 의자에 편안하게 앉은 후, '진정시키는 리듬 호흡'을 통하여 자연스럽게 천천히 호흡합니다. 준비가 되었다면, 이러한 방식으로 세 가지 마음챙김 호흡을 하며 숨을 내쉬면서 긴장이 이완되는 것을 느껴봅니다…. 다음으로 자연스럽게 숨을 들이쉬면서 당신의 몸에서 느껴지는 감각에 주의를 기울입니다. 당신이 주목하는 것이 무엇이든지 간에, 당신 배의 움직임을 느끼면서 마음 중심에 있는 호흡에 개방적이고 판단하지 않는 주의를 기울이며 편안하게 호흡합니다.

숨을 들이쉬며 당신의 몸에 자비로운 주의를 기울입니다. 그리고 숨을 내쉬며 긴장을 내려놓고 당신 몸에서 느껴지는 정서적 경험을 알아차립니다. 이 순간 당신의 정서적 경험과 관련하여 어떤 신체적 감각을 느꼈나요? 아마도 당신은 우리의 삶에 흔히 있는 고통을 경험해 왔을 것입니다. 당신의 정서적 경험이 무엇이든 간에, 이 순간 어느 곳에서 정서적 경험이 당신에게 신체적 감각으로 나타났는지 느껴봅니다. 예를 들어, 당신의 가슴이나 목의 긴장으로 고통을 느낄 수 있을 것입니다. 당신이 무엇을 느끼고 그 느낌이 어디에서 느껴지는지 주목하고, 숨을 들이쉬면서 그 부분에 마음챙김과 자비로운 주의를 기울입니다.

일단 당신의 몸에서 이러한 정서가 느껴지는 부분을 찾아 냈다면, 그 부분에서 긴장을 내려놓습니다. 아무것도 요구하지 않고, 당신의 근육을 이러한 경험에서 이완시킵니다. 당신 스스로 기꺼이 감정을 위한 공간을 만들고 몸에 있는 정서에 대한 신체적 경험에 자비로운 주의를 기울이는 것을 상상합니다. 신체적으로 전혀 아무것도 하지 않고, 감정 단어를 사용하여 그 정서에 이름을 붙입니다. 예를 들어, 당신이 슬픔을 느낀다면 마음속 내면의 목소리로 '슬픔'이라고 부드럽게 말합니다. 당신의 몸에 자신을 위한 자비로운 호흡을 하고 불필요한 긴장을 내려놓음으로써 이러한 경험을 위한 공간을 만듭니다. 당신의 정서적 삶에 이르는 것이 무엇인지 기억합니다. 그것을 경험하는 것이 좋습니다.

현재 순간, 자비로운 주의에 대한 당신의 의도는 경험을 완화시키도록 몸과 마음을 안내하는 것입니다. 당신은 여기에서 경험하는 것을 억압하거나 피하는 것을 목표로 하지 않습니다. 단지 바로 지금 여기에서 정서적 및 신체적 경험에 마음챙김으로 주의를 집중하는 것입니다. 잠시 동안 이러한 과정을 유지합니다.

이제 당신의 경험에 의도적이며 신중하게 부드러운 주의를 기울입니다. 당신이 원한다면, 당신의 가슴 한가운데, 바로 심장 위에 한 손을 올려놓습니다. 심장 가까이 있는 손의 온기를 느끼고 의도적으로 당신의 경험에 친절함과 위로를 보냅니다. 발바닥에 주의를 기울입니다… 의자에 닿는 뼈에… 그리고 정수리에 주의를 기울입니다. 당신의 신체적 및 정서적 존재의 중심에서 자비로운 주의를 기울이면서 당신의 자세에서 품위와 집중을 느껴봅니다. 이 순간 당신은 깨어 있고, 정신이 맑으며 생동감이 넘칩니다.

당신이 직면한 다툼이나 고통을 알아차리고 당신의 경험을 부드럽고 따뜻하게 받아들입니다. 이 순간 당신의 정서를 마주하고 마음챙김과 자비를 보냅니다. 숨을 들이쉬면서 당신이 숨을 들이쉰다는 것을 알아차리고, 숨을 내쉬면서 당신이 숨을 내쉰다는 것을 알아차립니다. 잠시 동안 이러한 과정을 유지합니다.

할 수 있는 한, 당신의 정서적 경험을 없애버리려는 충동을 내려놓습니다. 숨을 내쉬면서 정서를 회피하거나 억압하려는 노력을 내려놓습니다. 필요하거나 원하는 만큼 오랫동안 호흡에 머물면서, 호흡의 부드러운 리듬을 유지하고 당신의 정서에 마음챙김과 자비로운 주의를 기울입니다.

이제 매일의 경험에서 마음챙김과 자비를 향상시키는 당신의 용기와 자기-친절을 인정하고 감사하며 이 실습을 내려놓습니다. 이 실습에 참여한 당신 자신에게 감사하고 점차적으로 완전히 실습을 내려놓고 숨을 내쉬며 일상의 흐름으로 당신의 주의를 돌립니다.

심상의 힘

주의를 집중하여 마음챙김과 자비를 함양하는 것에서 시작하여 자비로운 마음 훈련이 전개되며, 심상을 사용하는 것으로 이어진다. 이러한 방식으로 우리는 온정과 정신력에 젖어드는 자비, 차분함 및 용기 있는 수용 능력을 활성화시키기 위한 마음을 직접적으로 훈련할 수 있다. 이것은 시간이 걸리는 작업이며, 한 개인의 고통스러운 경험을 직접 다루는 것이다.

사실상, 인간의 심상 능력은 다른 정서와 신체적 감각의 활성화를 도울 수 있기 때문에, 자비로운 마음을 함양하는 가장 강력한 도구 중 하나이다. 우리의 주의가 무엇에 초점이 맞추어져 있는가하는 것은 어떻게 느끼는지에 영향을 미칠 수 있다. 우리의 마음이 어떤 것을 상상하기 시작할 때, 우리 전 존재는 이 정신적 사건이 실제로 일어나고 있는 것처럼 반응할 수 있다. 배가 고파서 음식을 상상한다면, 침샘을 자극할 수 있다. 이와 마찬가지로, 성적인 장면을 상상한다면 흥분을 느낄 수 있다. 심상의 힘은 종종 정서적 회피와 혼동을 통해서 우리를 어려움에 빠트리기도 한다. 예를 들어, 잠정적인 재난을 상상하여 두려움에 빠지게 되고 그렇게 되면 걱정하는 상황을 피하게 될 수도 있다. 우리 뇌와 몸에서 자극체계를 심상화하기 위한 기본적인 인간의 능력은 자비로운 마음과 우리의 이완체계를 자극하는 데 이용될 수 있다. 결정적으로, 우리가 자비로운 심상을 사용하게 된다면, 고통스러운 경험을 인내하거나 대처할 수 있도록 도와주는 뇌 체계를 활성화시킬 수 있다.

심상화 기술에서 지각된 결점을 극복하도록 내담자 돕기

내담자와의 심상 작업은 종종 그들이 가지고 있다고 믿고 있는 심상화 기술의 결점을 조사하는 것으로 시작된다. 심상화에 관여할 수 있는 장애물은 자신이 심상을 잘 할 수 없다거나 좋은 심상을 떠올릴 수 없다는 내담자의 신념이다. 이 부분이 마음챙김과 주의집중 훈련이 유용한 곳이다.

우리는 내담자가 심상 훈련을 시작하기 전에 마음챙김 기술을 개발하도록 돕고 그 후 심상 경험에 판단하지 않으면서 개방적인 자세를 유지할 것을 권고한다. 또한 심상은 불완전하며, 정해진 훈련 과정이 바뀌거나 변경될 수도 있다는 것을 설명할 수 있다. 이것은 특정 훈련에서 그리고 서로 다른 훈련 사이에서 심상의 어떤 자연적인 변화에 개방적인 태도를 유지하도록 내담자를 격려하는 것이다.

심상화 기술에서 결함을 알아차릴 때, 물론 어떤 사람들은 심상을 더 잘 하기도 하고 혹은 잘 못하기도 한다. 그렇지만, 다음의 임상 사례에 제시된 것처럼, 자신의 상상에 접근하는 내담자를 돕기 위해 사용할 수 있는 몇 가지 중재와 질문이 있다.

임상 사례
심상화 기술에 내담자가 접근하도록 돕기

다음의 대화는 심상 연습을 할 수 없다는 조쉬(Josh)의 초기 신념을 극복할 수 있도록 치료자가 그를 어떻게 도왔는지 보여준다.

내담자 나는 심상을 할 수가 없어요. 나의 뇌는 그냥 심상을 하지 않아요. 나는 재주가 없는 것 같아요.

치료자 그래요, 당신은 심상을 할 수 없다고 느끼는군요. 그것이 드문 신념은 아니에요. 그렇지만 심상은 기술이고, 다른 많은 기술과 마찬가지로 연습을 하면 더 잘 할 수 있지요. 혹시 헬스장에 간 적 있나요?

내담자 물론이죠. 내가 좋아하는 만큼 자주 가지는 않지만, 요즘은 헬스장에서 시간을 많이 보내요.

치료자 훌륭해요! 심상 훈련은 헬스장에 가는 것과 같아요. 계속 하면 당신은 더 강해질 수 있고 더 잘하게 되죠.

내담자 좋아요. 알겠어요.

치료자 그리고 우리가 연습을 시작하기 전에는 그 기술을 얼마나 잘 할 수 있을지 모르죠. 그래서 나는 당신에게 여러 가지 질문을 하려고 해요. 그리고 당신에게 보이는 것을 당신이 그냥 알아차리길 바라요. 좋아요, 시작하죠. 연필은 어떻게 생겼나요? (멈춤) 당신 집에서 냉장고는 어디에 있나요? (멈춤) 당신의 열쇠는 어디에 두나요? (멈춤) 오늘 아침은 무엇을 먹었나요? (멈춤) 자, 당신은 무엇을 알게 되었죠? 당신의 마음은 이 질문에 어떻게 반응했나요?

내담자 내가 열쇠를 둔 곳을 보았고요. 그리고 내가 아침 식사를 하는 모습과 다른 물건의 모습을 보았어요.

치료자 아, 그럼 그런 모습이 그림처럼 그려졌나요?

내담자 네.

치료자 이것이 심상이고, 당신이 이미 하고 있던 거지요.

내담자 멋지네요. 쉽네요. 당신은 이게 이렇게 쉽다는 것을 왜 말하지 않았나요?

치료자 나는 했다고 생각하는데, 안 그랬나요?

내담자   네, 선생님. 말했어요. (웃음.)

　이것은 심상과 관련된 내담자의 지각된 어려움을 해결하기 위한 매우 간단한 방법처럼 보일 수 있지만, 실제로 간단한 연습을 통해, 회기에서 내담자가 가지고 있는 이 문제를 해결하기 위한 매우 직접적이고 효율적인 방법이다. 그런 다음 개인적 자비-초점 연습을 개발하도록 내담자를 돕는 중심 요소로써 그리고 핵심 개념의 회기 내 사례로써 여러 회기에 걸쳐 사용할 수 있는 일련의 자비 심상 연습을 진행할 수 있다.

안전한 장소 시각화

치료의 다양한 유형에서 폭넓게 사용되고 있는 안전한 장소 시각화는 두 가지 주요 기능을 가지고 있다. 첫째, 안전감을 느끼는 방향으로 내담자가 주의를 돌리도록 돕는다. 때로 사람들이 스트레스를 받고 있다고 느끼는 경우, 그들에게 쉼을 제공할 수 있는 안전한 장소를 상상하는 시간을 가진다. 둘째, 안전한 장소를 만드는 것은 그들에게 즐거움을 주는 어딘가를 상상하는 데에 도움이 된다.

중재

안전한 장소 만들기

이 구체적인 안전한 장소 시각화(Tirch, 2012의 허락으로 채택되었고, Gilbert, 2009a에 의해 영감을 받았다)는 CFT 명상과 시각화에서 일반적인 것으로, 진정시키는 리듬 호흡과 함께 시작되었다. 각 내담자의 안전한 장소는 개인의 상상 속에서 개별적으로 만들어지고 생성되기 때문에, 내담자가 반기며 고마워하는 장소이다. 자신만의 장소를 만드는 것이 중요하고 그 장소에 대해 생각하는 자신만의 방법을 찾는 것이 중요하다고 내담자에게 강조한다. 그들이 만든 장소는 자비로운 온화함과 안전을 구체화시킨 것임을 설명한다. 이 연습에서, 그들은 자신들의 웰빙에 대한 확신이 있고 편안하고 평화로운 곳에 그들이 있으며, 지금 여기에서 스스로가 이미 안전하다는 것을 경험하도록 한다. 그들이 고통스러움을 느끼는 경우, 만족감과 안전은 상당히 멀리 있는 것처럼 느껴진다. 필요하다면, 우리의 마음은 상상이 만들어낸 것이 마치 실제인 것처럼 상상에 반응하며, 우리의 마음에는 안전감을 기르고 자기 위안 체계를 활성화시키는 타고난 능력이 있다는 것을 설명한다. (이 실습 오디오 녹음은 http://www.newharbinger.com/30550에서 다운로드하면 된다.)

명상 쿠션이나 의자에 편안하고 안전한 자세로 앉거나 매트에 편안하게 누워서 진정시키는 리듬 호흡을 시작하는 것처럼 이 연습을 시작합니다. 마음챙김 호흡이 당신의 몸과 밖으로 움직이도록 하는 데는 약간의 시간이 필요합니다.

자 이제 당신의 상상에 주의를 돌리고 당신을 둘러싼 행복하고 안전한 장소에 대해 생각하기 시작합니다. 아마도 그곳은 당신이 이전에 방문했던 장소이거나 혹은 방문하려고 생각만 했던 장소일 수도 있습니다. 중요한 것은 이곳이 시원한 그늘이 있는 소풍 장소나 해변가의 발코니 혹은 겨울철 벽난로 옆에 있는 안락의자와 같이 차분한 곳이라는 점입니다. 그곳이 어디든 간에, 이 장소는 당신만을 위한 곳이고 어떤 곳을 상상하든 그것은 당신의 자유입니다.

당신이 잔잔하고 평화로운 모래 해변을 상상하고 있다면, 당신의 발밑에서 매끄럽고 부드러운 모래와 햇볕의 따뜻함을 느낍니다. 바닷가에서 철썩거리는 파도 소리가 들리나요? 갈매기 울음소리가 들리나요? 만약 당신이 벽난로 옆에 안락의자와 같이 안전하고 안락하고 따뜻한 실내를 상상하고 있다면, 당신을 따뜻하게 데우는 열기가 느껴지나요? 어떤 냄새가 나는가요? 타닥타닥 장작이 타는 소리가 들리나요?

당신은 아주 오래된 나무 사이나 푸른 숲을 걸었던 것을 기억할 수도 있고, 좋은 추억이 간직되어 있는 어떤 곳을 기억할 수도 있습니다. 그 장소는 당신이 지지받고 사랑받았다고 느끼는 곳이며 장난스러운 즐거움을 경험할 수 있었던 곳입니다. 그러한 장소에 대한 심상을 생생하게 불러일으키기 위해서는 당신이 바로 지금 그곳에 실제로 있다면 그곳이 무엇과 같은지 혹은 그곳이 무엇과 같을지를 떠올립니다. 빛의 밝기, 모래의 감촉, 의자의 천이나 나무의 껍질에 주의를 기울입니다. 소리와 냄새, 온도에 주의를 기울입니다.

몇 분 동안 이 상상을 하면서, 때때로 호흡의 자연스러운 리듬에 주의를 기울이고 호흡할 때마다 횡격막의 팽창과 배의 오르내림을 느껴봅니다. 마음이 방황할 때마다, 당신이 숨을 들이마실 때 안전한 공간에 대한 심상으로 주의를 되돌립니다.

준비가 되면, 상상에서 서서히 벗어납니다. 숨을 들이마시면서 실습을 완전히 마치고 현실로 주의를 되돌립니다.

자비를 함양하기 위해 개인적 경험에 심상 사용하기

다음의 두 가지 연습(Tirch, 2012의 허락으로 각색되었고, Gilbert, 2009a에 의해 영감을 받았다)은 내담자가 온화함과 친밀감에 대한 경험을 불러일으키는 기억과 개인적 심상에 의도적으로 초점을 맞춤으로써 자비로운 마음을 이용하도록 할 수 있다. 치료자들은 내담자의 학습 이력을 인정하고 내담자와 나눈 논의에 근거하여, 흘러들어오는(다른 사람에게서 받는) 자비로운 경험이거나 흘러나가는(다른 사람에게 확장하는) 자비로운 경험 중 하나를 가지고 시작하기로 선택할 수 있다. 자비로운 마음 훈련하기는 압도적인 것이 아니라 도전적인 것이며, 개별 내담자에게 요구하는 것이 적은 접근으로 시작해서 거기에서부터 구축한다. 본질적으로, 이것은 안정 애착과 관련된 정서에 점진적으로 노출하는 형태이다. 예를 들어, 이 연습은 자기 위로를 싫어하고 고통을 견디는 데 어려움을 초래하는 경험, 잠재적 외상 및 애착 기억을 가진 사람에게 특히 유용하다.

중재
흘러들어오는 자비 경험하기

이 실습을 시작하기 전에, 이 연습은 자비를 받아들이는 경험에 대한 심상을 사용함으로써 친화적 정서를 활성화하는 데 도움이 되며, 마음챙김과 자비로운 주의집중에 대한 실습을 하게 될 것이라고 내담자에게 설명한다. 이 연습을 집에서 하게 될 경우에는 실습에 방해되지 않는 조용한 공간을 찾아서 10분에서 20분 정도의 시간을 확보하면 된다. (이 훈련의 오디오 녹음은 http://www.newharbinger. com/30550 에서 다운로드하면 된다.)

편안한 의자나 명상 쿠션에 똑바로 허리를 세우고 앉습니다. 먼저 호흡에 주의를 기울이면서, 그 흐름과 리듬을 관찰하고 자신의 속도를 찾을 수 있게 합니다. 진정시키는 리듬 호흡을 하면서 몇 분 동안 이 흐름을 관찰하고 유지합니다.
이제 당신의 몸에 주의를 기울이면서, 당신이 앉은 자세에서 당신에게 가능한 힘과 자비를 느껴봅니다. 발에 닿는 바닥의 감촉, 쿠션이나 의자에 닿아 있는 뼈의 느낌 그리고 바르게 서 있는 척추를 느껴봅니다. 당신의 자세는 안정되고 위엄 있으며, 평온과 자기-자비를 드러냅니다. 얼굴에 부드러운 미소를 지어 봅니다.

이제, 호흡의 흐름에 주의를 기울이면서 한편으로, 과거에 누군가가 당신에게 자비와 지지를 보였던 유쾌했던 날을 떠올리기 시작합니다. 그 사람은 당신을 판단하지도 않고 비난하지도 않습니다. 오히려 그 사람은 당신과 당신의 행복에 관심을 가지고 공감하고 있습니다. 당신이 할 수 있는 만큼, 이 경험을 자세히 떠올려봅니다. 그때 당신은 무슨 옷을 입고 있었나요? 그곳은 어디였나요? 추웠나요 아니면 더웠나요? 비가 왔나요 아니면 나무 사이로 시원한 바람이 불었나요? 혹시 라디오 소리가 들렸나요?

이제, 잠시 동안 자비를 받아들이는 경험에 대한 이러한 심상에 머물면서, 숨을 들이쉬고 마시는 호흡의 흐름에 주의를 기울입니다. 그러한 도움과 친절을 받은 것을 기억함으로써, 당신 자신을 포함해서 모두에게 친절하고 도움이 되려는 당신의 바람에 주의를 기울이며 그 바람을 키워갈 수 있습니다.

당신의 마음이 이 기억에서 멀리 떨어져 방황하고 산만해질 때마다, 들이마시는 숨에 주의를 기울이면서 떠오르는 기억을 위한 공간을 만듭니다. 숨을 내쉬면서 호흡과 이 자비로운 사람의 모습에 주의를 기울입니다. 숨을 들이마시면서 과거에 만났던 그 사람의 얼굴을 떠올려 봅니다. 당신이 할 수 있는 한, 그 사람의 몸짓과 움직임을 떠올려 봅니다. 그는 당신에게 무슨 말을 했나요? 왜 그렇게 말했나요? 특히 그의 목소리는 어땠는지 떠올려 봅니다. 잠시 동안 이 경험에 머물러 있으면서 숨을 들이쉬고 내쉽니다.

다음으로, 그 사람이 당신에게 보여주었던 정서에 주의를 기울입니다. 그 사람은 당신에게 어떤 감정을 보였나요? 그리고 당신은 그것을 어떻게 느꼈나요? 그러면서 당신의 몸에서 무엇이 느껴졌나요? 잠시 동안 그러한 정서에 머물러 있습니다. 당신은 안전하고 보호받는다고 느낄 수도 있고 아니면 당신의 몸이 안정되고 더 강해진 것처럼 느낄 수도 있습니다. 그렇지만 그 정서는, 당신이 그 정서를 환영할 수 있을 때, 마음 챙김 자비로 확인할 때, 그 정서를 위한 공간을 확보할 때, 당신에게 나타납니다. 당신에게 흘러들어오는 자비의 경험에 주의를 기울일 시간입니다.

이제 부드럽게 숨을 내쉬고 들이쉬며 호흡의 흐름에 주의를 기울이면서, 잠시 동안 이 경험이 느끼는 방식을 유지합니다. 당신이 할 수 있는 한, 그 사람의 돌봄에 감사하고 고마워하며 행복해 하는 감정을 느낍니다. 당신이 원하는 만큼, 아마도 몇 분 더 이 기억과 느낌에 머물러 있습니다.

그 정서를 느끼는 그때, 내쉬는 숨을 따라 그 기억과 심상이 사라지도록 그 경험을 내려놓습니다. 몇 번 더 고요하고 천천히 호흡을 한 뒤 숨을 내쉬면서 이 연습에서 완전히 벗어납니다. 눈을 뜨기 전에, 잠시 시간을 내어, 당신이 자신의 고통을 덜고 스스로를 돌보기 위해 의식적인 결정을 내렸음을 인정하고, 자기-자비의 실습에 참여했음을 확인합니다.

중재
흘러나가는 자비 경험하기

다시, 이 실습을 시작하기 전에, 이 연습은 다른 사람에게 자비를 확장하는 심상을 사용하여 자기-자비를 활성화하는 데 도움이 되며 마음챙김과 자비로운 주의집중 대한 실습을 하게 될 것이라고 내담자에게 설명한다. 이 연습을 집에서 하게 될 경우에는 실습에 방해되지 않는 조용한 공간을 찾아서 10분에서 20분 정도의 시간을 확보하면 된다. (이 훈련의 오디오 녹음은 http://www.newharbinger.com/30550 에서 다운로드하면 된다.)

발을 바닥에 내려놓고 등을 곧게 펴고 위엄 있는 명상 자세로 의자나 쿠션 위에 앉습니다. 당신의 몸에서 숨이 들어오고 나가는 흐름을 따라가면서, 바로 그 순간 있는 그대로 존재하는 당신의 몸을 알아차립니다. 호흡이 자신의 리듬과 속도를 찾도록 합니다. 당신의 주의가 방황할 때마다, 부드럽고 지속적으로 다시 한 번 호흡에 초점을 맞추며 이 순간에 주의를 기울입니다.

잠시 후, 마음챙김과 자비로운 방식으로 당신의 주의가 집중되면, 당신이 도움의 손길을 필요로 했던 누군가에게 자비를 느꼈던 때로 당신의 주의를 기울입니다. 아니면, 애완동물에게 당신이 느꼈던 자비에 주의를 기울여도 좋습니다. 비교적 평화롭고 행복했던 때를 충분히 떠올립니다. 힘들 때 우리는 종종 사랑하는 사람에게 자비를 일으키지만, 이 연습은 힘든 감정과 분리된 느낌을 불러일으키기 위해 심상을 사용하는 것입니다.

당신이 다른 사람이나 어떤 대상에게 친절함과 자비를 느끼는 상상을 할 때, 당신의 의도에 대한 온화함과 보살핌이 커짐에 따라 당신 자신이 확장되는 것을 상상할 수 있는지 봅니다. 숨을 들이쉬고 내쉴 때마다 당신이 보다 더 지혜롭고, 정서적으로 강인해지며 온화해지는 것을 상상합니다. 당신이 숨을 쉴 때마다 보다 더 조율되고 탄력적으로 변함에 따라, 숨을 쉴 때마다 베풀 것이 더 많아지고, 매 순간마다 더 도움이 되고 개방적이며 현명해지고 있음을 알아차립니다. 어떤 느낌이 드나요? 당신의 몸에서 어떤 감각이 느껴지나요?

이제 당신의 주의를 호흡의 흐름으로 돌리고, 잠시 동안, 다른 사람에게 자비를 확장하는 경험과 관련된 느낌과 심상에 집중합니다. 그러는 동안, 자비, 평화, 편안함 그리고 만족스러움으로 가득 찬 당신의 바람, 그 사람이나 대상을 행복하게 하려는 당신의 바람을 관찰합니다. 당신은 어떤 목소리로 말하고 있나요? 어떤 표정을 짓고 있나요? 당신의 감정과 다른 사람의 감정에 반응하면서 당신은 어떻게 움직이고 있나요? 그를 보살피고 그에게 도움이 되어서 당신이 느끼게 되는 기쁨을 잠시 즐겨봅니다.

상냥하게 웃으며, 숨을 들이쉬고 내쉴 때마다 당신이 깊은 관심을 가지고 있는 사람이나 어떤 존재에 도달하기 위해 당신에게서 흘러나오는 자비를 알아차립니다. 그 사람의 마음을 어루만지는 당신의 자비를 상상합니다. 숨을 쉴 때마다 그 사람이 지고 있는 고통의 짐이 조금씩 가벼워진다고 상상합니다. 숨을 내쉬면서, 당신에게서 흘러나온 자비가 즐거움과 평화와 함께 당신이 친절을 베풀고 있는 그 사람에게 흘러들어가는 것을 다시 한 번 느껴봅니다.

숨을 내쉬면서 다른 사람이나 대상에 대한 표현을 내려놓고 당신 자신에 대한 자비로 주의를 돌립니다. 당신 몸에서 친절과 유익함을 나누고자 하는 솔직하고 진심어린 바람이 나오는 곳을 알아차립니다. 다른 사람을 위한 자비가 당신을 통해 흐르는 것을 느끼면서, 그 자애의 느낌 안에서 편안하게 휴식합니다. 잠시 동안 이 느낌에 머물러 있습니다.

당신의 주의가 머물지 못하고 방황한다면, 그 주의가 어디로 가는지 단지 알아차리고 나서 숨을 들이마시면서 다시 주의를 되돌립니다. 몇 분 동안 이러한 온화함과 친절함에 머물러 있습니다.

시각화를 끝낼 준비가 되면, 바닥에 내려놓은 발에 주의를 기울이고… 앉아 있는 당신의 자세… 곧게 지지하고 있는 등…

그리고 마지막으로 정수리에 주의를 기울입니다. 준비가 되었다고 느껴지면, 숨을 내쉬면서 이 연습에서 완전히 빠져나옵니다. 눈을 뜨기 전에, 잠시 시간을 내어, 당신이 자신의 고통을 덜고 스스로를 돌보기 위해 의식적인 결정을 내렸음을 인정하고, 이 연습에 참여했음을 확인합니다.

시각화를 통해 자비로운 자기 정체성 성장시키기

자비로운 자기를 시각화하는 연습은 자비로운 반응을 기르기 위해 심상의 힘을 이용하는 기본적인 CFT 실습이다. 먼저 개인화된 자비로운 자기 심상을 발달시키는 상상을 활용하고, 그 다음 시각화 실습에서 이 심상을 활용한다. 특히 이 장에는 시각화가 있는데, 이 책에 있는 맥락적 자비 작업에 대한 대부분의 사례와 마찬가지로, 이 중 하나는 내담자를 위한 매일의 명상이나 대처 도구로 사용될 수 있거나 당신 자신의 자기 성찰과 실무의 일환으로 활용될 수도 있다.

중재

자비로운 자기 시각화하기

평소와 같이, 다음의 유도문을 자신의 치료적 스타일과 고유성에 맞게 적용하고, 개별 내담자의 욕구를 충족하기 위해 유도문을 조절하는 것이 필요하다. 그렇지만, 다음의 안내된 심상(Tirch, 2012가 각색하였으며, Gilbert, 2009a와 Gilbert & Choden, 2013에 영감을 받음)은 이 연습에 필수불가결한 방식으로 진행된다. 그러므로 최대한 가깝게 그 정신과 의도를 따라야 한다. (이 훈련에 대한 음성 파일은 http://www.newharbinger.com/30550 에서 다운로드하면 된다.)

당신이 아는 바와 같이, 유도문의 첫 부분은 시각화 자체가 아니다. 오히려 처음에 내담자는 시각화의 기초를 제공하며, 그들이 되고자 하는 자비로운 자질을 확인하는 것으로 안내된다.

이 연습은 당신이 익숙한 방식과는 매우 다른 방식으로 당신 자신을 상상하도록 도와줍니다. 이것은 연극이나 영화에서 배우가 자신의 역할을 연습하는 것과 같습니다. 이것은 당신이 만날 자비로운 자신의 인격이자, 당신을 만나서 기뻐할, 자비로운 자신의 인격을 만드는 것입니다.

잠시 당신의 자비로운 자기가 가져야 할 자질을 생각해 보고, 만약 당신이 차분하고, 자신감 있으며 자비롭다면 이상적으로 가지고 싶은 자질을 기록해 봅니다. 당신은 현명한가요?

당신은 강하고 불편한 것을 참아낼 수 있나요? 당신은 다른 사람과 당신 자신에게 따뜻한 감정을 가지고 있나요? 다른 사람의 고통에 공감하며 그들의 행동을 잘 통찰할 수 있나요? 다른 사람의 실수와 약점을 이해하고 판단하지 않으며 수용하고 친절과 용서를 보일 수 있나요? 당신은 용기가 있나요? 가장 자비로운 자기를 어떻게 묘사할 것인지 스스로에게 질문합니다. 아마도 당신은 스스로를 보다 더 나이 들고 지혜로운 사람으로 상상하거나 아니면 보다 젊고 순수한 사람을 상상할 수도 있습니다. 이것은 당신의 개인적 탐색입니다. 그러므로 당신의 자비로운 자기에 대한 심상을 자유롭게 만들어보고 당신이 원하는 대로 꾸밀 수 있습니다.

이제 우리는 당신이 확인하고 서술한 자비로운 자기를 시각화하려고 합니다. 눈을 감고 당신의 주의를 바닥에 닿은 발바닥과 의자나 쿠션에 닿은 뼈에 집중합니다. 등을 곧게 세웁니다. 다음으로, 들고 나는 호흡의 흐름에 주의를 기울이면서 한편으로 진정시키는 리듬과 속도를 천천히 찾아갑니다. 들이쉬고 내쉬는 당신의 호흡을 느껴봅니다. 당신의 주의가 모여 현재 순간에 집중될 때까지 이런 방식으로 계속 호흡합니다.

이제 당신이 기록했던 자비로운 자기의 자질을 떠올리고, 당신은 이미 그러한 자질을 가지고 있다고 상상합니다. 지혜로워진 당신을 느끼면서 숨을 들이마시고, 당신이 고안하거나 선택하지 않았던 두뇌와 삶의 역사를 가지고 지구에 있는 생명 흐름의 일부임을 알면서 숨을 내쉽니다. 숨을 들이마시면서 두려움에 직면했을 때 고통을 참아낼 수 있는 강인한 당신을 상상하고 나서, 숨을 내쉽니다. 숨을 들이마실 때마다 당신이 기록한 그런 자질을 가지고 있는 당신 자신을 느낍니다. 당신이 마주한 고통을 덜기 위해 차분하고 헌신적인 노력으로 최선을 다해 당신 자신을 경험합니다.

들이쉬고 내쉬는 호흡을 따라가면서 대지에 뿌리를 내리고 의자에 무겁게 앉아 있는 당신을 느껴봅니다. 당신의 지혜와 강인함 그리고 헌신이 모두 여기에 있습니다. 자신의 잘못에 관해 자신이나 다른 사람을 비난하지 않는, 완전히 판단하지 않는 사람으로 당신 자신을 상상합니다. 당신을 자비로운 자기로 느낄 수 있는 세부적인 모습을 떠올려 봅니다. 어떤 옷을 입고 있나요? 당신의 몸은 이완되어 있고 수용적인가요? 열린 마음과 친절이 느껴지는 몸짓을 하나요? 미소 짓고 있나요? 그렇지 않다면, 이제 미소를 지으면서 어린 시절 당신이 보살핌을 받으며 느꼈던 온화함을 상상해봅니다. 숨을 들이마시면서 몸에 주의를 돌리고 당신 자신이 확장되는 것을 상상하고 지혜롭고, 온화하며 탄력적으로 되는 당신의 능력을 환영합니다.

잠깐 동안, 숨을 들이쉬고 내쉬면서, 당신이 서술했던 자비로운 자기가 되는 상상을 계속 합니다. 당신의 자비는 어떻게 표현될까요? 당신이 이러한 자비로운 자기라면 어떤 목소리로 말할까요? 어떻게 행동할까요? 얼굴에 어떤 표정을 지을까요? 당신 자신과 당신의 주위에 있는 사람들에게 친절과 돌봄을 주는 당신의 능력을 즐거워합니다. 우리 대부분이 종종 그러는 것처럼 당신의 마음이 방황한다면, 호흡을 이용해서 자비로운 자기에 대한 상상으로 부드럽게 주의를 되돌립니다. 몇 분 동안, 필요할 때마다 되돌아가고 다시 초점을 맞추며, 자비로운 자기에게 마음챙김 주의를 계속 기울입니다.

이제 준비가 되면, 자연스럽게 숨을 내쉬면서 이 연습에서 천천히 벗어납니다. 다시 숨을 들이쉬었다가 내쉬면서, 다시 한 번 당신의 주변을 자각합니다. 이 연습에 기울인 당신의 노력을 인식하고 인정하는 시간을 잠시 가집니다. 그런 다음 당신의 주변 환경으로 완전하게 주의를 되돌립니다.

자기의 많은 부분과 자비로운 접촉하기

다음 두 가지 연습은 다양한 정서적 경험을 보다 더 잘 이해하고 그들이 어떻게 행동에 영향을 미치는가를 알기 위한 방법으로 자기의 다양한 측면에 접근하는 것이다. 6장에서 기술된 두개의 의자 기법처럼, 이러한 접근은 유연한 관점 취하기, 자기 이야기에서 탈융합하며 고통에 기꺼이 참여하고 견뎌내도록 도와준다.

중재
많은 다양한 자기들과 접촉하기

다음의 시각화를 내담자와 실행하기 전에, 잠깐 시간을 내서 우리에게는 자비로운 자기, 화난 자기, 불안한 자기, 즐거운 자기와 같은 다른 많은 부분이 있다는 것을 설명한다. 아래 유도문에서(Tich, 2012를 각색하였으며, Gilbert & Choden, 2013에서 자극을 받음), 우리는 화난 자기와 불안한 자기를 만나 그들이 어떻게 상호작용하는지에 초점을 맞추었다. 당신은 개별 내담자가 직면하는 어려움에 따라 자기의 서로 다른 측면에 집중하기를 바랄 수 있다. 자기의 어떤 측면이 표적이 되든지 간에, 그 측면을 불러내서 접촉한 뒤에, 자기의 다른 부분에 대한 자비를 기르기 위해 이전에 시각화했던 자비로운 자기를 불러낸다. (이 훈련에 대한 음성 파일은 http://www.newharbinger.com/30550에서 다운로드하면 된다).

편안하고 안정적인 자세를 취한 후, 눈을 감습니다. 당신의 몸과 호흡에 기초를 두고 시작합니다. 호흡에 주의를 집중하고 자각을 안정시킨 후, 진정시키는 리듬 호흡을 간단히 하면서 천천히 호흡합니다.

준비되면, 숨을 들이마시며, 당신이 거칠고 비평적인 사람이라고 알고 있는 어떤 사람과 논쟁하는 것을 상상합니다. 당신 성격에서 분노를 담당하는 부분은 이러한 상황에 대해 어떻게 생각하나요? 당신이 비난받거나 공격당했다고 느꼈을 때 몸에서는 어떤 느낌이 느껴지나요? 당신 자신의 화난 부분은 어떤 행동을 하고 싶다는 충동을 느끼고 있나요? 그리고 만일 당신 성격에서 분노가 통제권을 가지게 되면, 무슨 일이 일어날까요? 한 발 뒤로 물러나 당신의 이런 좌절하고 화난 부분을 관찰하고 어떻게 되는지를 살펴봅니다.

이제 호흡의 흐름에 다시 주의를 기울입니다. 숨을 내쉬면서 분노한 자기에 대한 상상을 내려놓습니다. 그런 다음 숨을 들이쉬면서, 불안한 자기에 초점을 맞추고 동일한 논쟁에 어떻게 대처할 것인지에 집중합니다. 당신의 불안한 부분은 어떻게 생각하나요? 몸에서 어떤 느낌이 느껴지나요? 성격 가운데 불안한 부분이 당신의 행동을 장악하고 있다면 무엇을 하게 될까요? 당신 앞에 있는 불안한 자기를 묘사할 수 있는지 혹은 불안한 자기의 앞에 있으면서 느껴지는 느낌을 살펴봅니다.

다시 호흡의 흐름에 주의를 기울입니다. 숨을 내쉬면서 불안한 자기에 대한 상상을 내려놓습니다. 그런 다음 숨을 들이쉬면서 화난 자기와 불안한 자기 사이의 상호작용에 집중합니다. 그들은 서로를 좋아하나요? 화난 자기는 불안한 자기를 인정하나요? 그리고 어떻게 행동하나요? 화난 자기는 불안한 자기에게 위협받는다고 느끼나요? 아니면 숨이 막힌다고 느끼나요? 그리고 불안한 자기는 화난 자기에 대해 어떻게 생각하나요? 두려워하나요? 불안한 자기는 화난 자기가 자신을 보호한다고 느끼나요?

이제 호흡의 흐름으로 주의를 기울입니다. 다시 한 번, 숨을 내쉬면서 두 부분의 성격에 대한 심상을 내려놓습니다. 이 두 부분과 당신 성격의 다른 부분들은 모두 일어난 사건을 다루는 방법일 뿐입니다. 때때로 이 다른 부분들은 서로 충돌하며 갈등을 느끼게 만들기도 합니다. 그렇지만 자비로운 자기를 활성화하고 연결되면 이 역동적인 면을 매우 극적으로 변화시킬 수 있습니다. 자 이제, 불안하거나 화난 자신의 부분에 초점을 맞추는 대신, 자비로운 자기를 시각화하는 실습에서 만났던, 당신의 현명하고 편안하며 위엄 있는 자비로운 부분에 초점을 돌려 봅니다.

호흡의 흐름에 편안히 머물면서, 잠시 동안 자비로운 자기에 집중합니다. 외부에서 당신 자신을 바라봅니다. 얼굴에 부드러운 미소를 짓고, 차분하고 친절하며 현명한 사람이 되어 당신과 관련된 다른 사람을 봅니다. 당신의 자비로운 부분을 느끼게 되었다면, 이 연습을 시작할 때 시각화했던 그 논쟁에 대처하는 당신의 자비로운 자기를 상상합니다. 이제 그 논쟁에 대해 당신은 어떻게 생각하나요? 당신의 차분하고 지혜로우며 자비로운 자기는 어떻게 느끼나요? 자비로운 자기가 당신의 행동을 장악하고 있을 때 어떻게 행동할까요? 이것은 화가 나고 불안한 자기가 행동하는 것과 어떻게 다른가요?

이제 호흡의 흐름에 주의를 기울입니다. 숨을 내쉬면서 이러한 심상과 연습에서 완전히 빠져나옵니다. 주의를 당신이 있는 주변으로 돌리고 눈을 뜹니다.

중재

불안한 자기와 화난 자기를 위해 자비 함양하기

이 연습은 자신의 자비로운 자기와 만나기를 원하고, 불안한 자기
와 화난 자기에 대해 자비를 육성하고자 하는 내담자의 요청에 따
라 이전의 실습을 토대로 만들어졌다. 다시, 개별 내담자의 필요에
따라 자기의 서로 다른 측면을 가지고 작업하는 것이 적절할 수 있
으며 따라서 이 연습은 그에 맞추어서 조정된다. (이 훈련에 대한 음성
파일은 http://www.newharbinger.com/30550 에서 다운로드하면 된다.)

　편안하고 안정적인 자세를 취한 후, 눈을 감습니다. 당신의
몸과 호흡에 기초를 두고 시작합니다. 호흡에 주의를 집중하
고 자각을 안정시킨 후, 진정시키는 리듬 호흡을 간단히 하면
서 천천히 호흡합니다.
　준비되었다면, 자비로운 자기의 심상을 떠올립니다. 자비
로운 따뜻함, 지혜로움, 강인함과 연결된 자신의 자질에 초점
을 맞춥니다. 자비로운 자비의 특징을 상상하면서, 얼굴에 미
소를 띕니다. 당신이 원한다면, 가슴에 한 손이나 두 손 모두
를 올려놓고 다음의 시각화를 하는 동안 계속해서 이 자세를

유지합니다. 자비로운 자기의 심상을 떠올리는 동안 이러한 자세에 대한 신체적 감각과 따뜻함에 마음챙김하며 주의를 기울입니다.

당신이 자비로운 자기와 연결되었다고 느껴질 때 그리고 준비가 되면, 이전 연습에서 상상했던 논쟁에서 떠올린 불안한 자기를 기억합니다. 자비로운 자기의 자질에 토대를 두고 불안한 경험과 연결하면서, 불안한 자기에 대한 긴장과 두려움을 위한 공간을 만들고, 자비로운 자기의 관점에서 당신 자신의 이러한 부분을 볼 수 있는지 살펴봅니다. 괴롭고 무섭고 불확실한 불안한 자기를 지지하기 위해 자비로운 강인함을 가지도록 합니다. 당신의 지혜가 불안이 영원하지 않음과 불안이 사고와 기억에 어떻게 영향 받는지를 살펴보게 합니다.

다음으로, 두려워하고 불안한 당신의 부분을 따뜻하고 부드럽게 돌봅니다. 불안한 자기에게 도움이 되고 그런 자기를 돌보기를 바랄 때, 두려움과 불안으로 버둥거리는 이 불안한 자기에게 무엇이 가장 필요한지를 생각합니다. 당신의 자비로운 자기는 이 불안한 자기와 함께하고 싶어 하나요? 자비로운 자기는 당신의 이 불안한 부분을 어떻게 인정하고 지지할 수 있을까요? 당신의 자비로운 자기는 자신의 이러한 부분에 무엇을 주고 싶어 하나요?

불안한 자기에 대해 이러한 자비로운 의도를 천천히 느껴본 다음, 이 상상을 내려놓습니다. 그리고 나서 당신의 자각을 호흡과 가슴 위에 있는 손의 느낌으로 확장합니다.

이제, 호흡의 흐름으로 당신의 주의를 돌립니다. 자연스럽게 숨을 내쉬면서, 자비로운 자기와 연결되어 있는 상태에서 이전 연습에서 상상했던 그 논쟁에서 당신의 화난 자기를 떠올립니다. 한 걸음 물러나서 자신의 좌절하고 화난 부분을 지켜봅니다. 화난 자기가 무엇을 하는지 관찰합니다. 어떤 표정을 짓고 있나요? 어떤 목소리로 말하고 있나요? 몹시 화가 난 화난 자기는 누구인가요? 화난 자기가 가장 신경에 거슬려하는 것은 무엇인가요? 화난 자기가 가장 필요로 하는 것은 무엇인가요? 평화를 찾는 데 도움이 되는 것은 무엇인가요? 자비로운 자기는 어떻게 자신의 화난 자기와 함께 있기를 원하나요? 이 부분을 어떻게 인정하고 지지할 수 있나요? 자비로운 자기는 화난 자기에게 무엇을 주려고 하나요?

당신의 화난 자기를 위한 이러한 의도를 천천히 느껴본 다음, 이 심상을 내려놓습니다. 당신의 자각을 호흡과 가슴 위에 있는 손의 느낌에 둡니다. 이 상태에 머물면서, 시각화를 하는 동안 일어난 다른 느낌이나 체험을 알아차립니다. 당신의 신체적이고 정신적인 느낌이 어떠한지 혹은 특히 중요하거나 의미가 있는 무엇인가에 관심을 기울입니다.

이제 다시 한 번 호흡의 흐름에 주의를 기울입니다. 자연스럽게 숨을 내쉬면서 손을 편안하게 무릎 위에 올려놓습니다. 그런 다음 숨을 내쉬면서 이 실습에서 완전히 빠져나옵니다. 당신의 주의를 당신 주변의 방으로 돌리고 눈을 뜨고 자세를 조정하고 필요하다면 천천히 스트레칭을 합니다.

실습의 중요성 되돌아보기

앞에서 우리는 실습의 중요성을 언급했다. 이 장에 있는 모든 시각화와 이 책에 있는 다른 많은 연습들은 내담자가 집에서 실습하기에 적합하다. 마지막 두 가지 연습처럼 어떤 것은 실습이 진행되면서 보다 적합하게 되도록 수정할 수도 있다. 이에 대한 논의에 내담자가 참여하여 그의 필요에 따라 적절하게 바꾸도록 권고할 수 있다. 계속해서 실습에 참여하는 것을 돕기 위해서, 다음에 있는 **자비 실습 일지**를 작성하도록 내담자에게 요청할 수도 있다. 실습에 사용하기 위해 일지를 자유롭게 복사하면 된다. 다운로드 가능한 버전은 http://www.newharbinger.com/30550로 방문하면 된다. (어떻게 접근하는지에 대한 더 많은 정보는 이 책 마지막에 있다).

자비 실습 일지

내담자에게 주는 지시문: 자비 실습을 기록하기 위해 매일 자비 실습 일지를 기록합니다. 실습할 때마다 이 양식을 사용하는 것을 기억합니다. 날짜, 시작한 시간, 끝낸 시간, 실습 유형, 관찰한 것, 특정 실습 경험에 관해서 기억나는 어떤 것도 기록합니다. 그런 다음, 이러한 관찰과 어떤 질문이라도 다음 회기에서 치료자와 함께 논의할 수 있습니다.

요일, 날짜	시작한 시간	끝난 시간	실습 (안내된 것인가? 공식적인 것인가? 비공식적인 것인가?)	관찰 (무엇을 알아차렸나?)	학습 (무엇이 기억나는가?)
월요일 / /					
화요일 / /					
수요일 / /					
목요일 / /					
금요일 / /					
토요일 / /					
일요일 / /					

자비로운 마음 훈련 강조

CFT, FAP 및 ACT에서 자비를 함양하기 위해서는 매우 방대한 다양한 연습들이 있는데, 이 장의 시각화 연습은 자비로운 마음을 훈련하기 위한 기초를 제공하기에 충분하다. 자비-초점 ACT 중재의 과정을 진행할 때, 심상과 주의를 가지고 작업하는 이러한 접근은 심리적 유연성을 포함한 기술과 능력을 표적으로 삼는다. 중요한 점은 각각의 치료자와 내담자는 이러한 연습에 개별적인 직관적 지혜를 가져다주고, 자비로운 자기와 깊은 개인적 관계를 형성하기 위해 독특한 길을 여행한다는 것이다.

자비로운 자기를 언급할 때, 우리는 구현된 인간 경험의 필수적인 구성요소를 언급하며 은유적으로 말한다. 물론, 자기를 견고하고, 안정적이며, 영속적인 구조적 실체로 간주할 때, 자기의 어떤 측면에 대한 구체화는 일반적으로 ACT 중재와 맞지 않다. 이것은 결코 새로운 접근이 아니다. 수천 년 동안, 세계의 지혜 전통 대부분은 우리가 자기로서 경험하는 것이 더 넓은 세계에 참여하는 행동이라는 것을 인식해왔다.

따라서 자비로운 자기를 포함한 자기감의 경험에 대해 말할 때, 우리는 '자기가 되는 것(selfing)'에 대한 경험이나 자질을 보다 더 정확하게 언급한다. 이런 식으로 자비로운 자기는 은유적이다. 그렇지만, 자비로운 자기의 경험은 인간의 특징이다. 이것은 몸 전반에 퍼져 있는 독특한 신경 신호 및 활성화 패턴과 관련되어 있으며, 인간이라는 종이 그 자체로 어떻게 유지되고 번성했는지에 대한 중요한 부분이다. 우리 존재의 이러한 부분에 대한 의식적인 자각에 접근하는 것은 신중하고, 치유적이며 심지어는 성스러운 작업이다.

8장

사례 공식화, 평가 및 치료 계획

역사적으로, 불교철학은 고통에서 벗어나기 위한 핵심 요소인 건강한 마음 상태를 나타내는 네 가지 측정할 수 없는 마음[四無量心], 즉 자애[慈, metta], 자비[悲, karuna], 공감적 즐거움[喜, mudita] 및 평정[捨, upekkha] 중 하나로 자비를 설명해왔다. 과학 이전의 전통은 그러한 경험을 수량적 분석의 영역 밖에 있다고 보는 것이 충분하다는 것을 알고 있었던 것 같다. 그렇지만, 서양 심리학은 측정할 수 없다는 것을 불편하게 생각하며 인간의 기능적 차원에 대한 증거 기반 개념화와 평가를 강조하였다. 하지만 '측정할 수 없는'이라는 용어에서 추측할 수 있듯이, 자비는 현대의 심리측정 도구를 사용하여 측정하기에는 상당히 어려운 것으로 판명되었다.

자비에 대한 다양한 증거 기반 평가가 있음에도 불구하고(이 장에 여러 가지가 설명되어 있다), 맥락적 자비-초점 치료에서 이해된 것처럼 각각은 자비로운 마음에 대한 묘사의 일부만을 드러낼 뿐이다. 그럼에도 불구하고, 증거 기반 원칙과 과정을 기반으로 한 철저한 사례 개념화가 가능하며, 철저한 사례 개념화는 내담자가 자비의 역량을 함양하는 데 있어서 아주 중요하다.

이 장은 자비로운 초점을 가진 사례 공식화, 평가 및 치료 계획에 관한 심도 깊은 안내를 제공한다. 우리가 검토하는 기법과 개념은 ACT, CFT 혹은 FAP에서만이 아니라 어떤 양상으로든 실무자가 사용할 수 있다. 내담자의 목표와 개인력을 자세하기 알게 되면 그 상황에 자비를 끌어들여서 치료적 관계를 향상시키고 중요한 퍼즐 조각을 알아낼 수 있다. 자비는 격한 감정에 직면했을 때 차분함, 부드러움 및 안정감을 위한 맥락을 만들며 우리가 주창하는 치료 계획을 위한 맥락을 만들어 준다. 게다가 여기에서 간단하게 서술된 사례개념화 접근과 평가 도구는 보다 나은 심리적 유연성을 함양하는 데 분명한 이점을 제공한다.

이 장에서 그 개념과 기법을 가장 잘 예시하기 위해서, 우리는 조쉬(Josh)의 사례로 되돌아가서 그의 이력, 안전 행동 및 경험적 회피 노력이 주요 애착 관계에서의 외상적이고 위협적인 경험과 어떻게 관련되어 있는지를 살펴볼 것이다. 또한 우리는 자비의 속성과 기술을 내담자에게 사용할 수 있는 정도를 평가하기 위해 고안된 반구조화된 임상적 면담을 제공할 것인데, 이 면접의 사용을 예시하기 위해 다시금 조쉬(Josh)의 사례를 사용할 것이다. 이것이 경험적으로 검증된 평가도구는 아니지만, 내담자와 치료자가 협력하여 치료 목표를 세우고 무엇이 자기-자비를 가로막는지를 확인하기 위한 로드맵을 제공할 수 있다.

자기-자비 마음 면담

두 가지의 자비 심리학(참여와 완화)과 관련된 과정은 자비로운 마음 훈련, CFT 및 자비-초점 ACT의 핵심 목표이다. 예를 들어 자비의 이러한 측면들을 내담자에게 어떻게 적용할 수 있는지 확인하는 것이 중요하다. 치료 과정에서 이러한 특성과 기술들을 조성하기 시작할 때, 우리가 어디에서 시작하는지를 아는 것이 좋다. 게다가 가치 있는 목표에 대한 수용, 용기 및 전념을 증가시키고 자기-자비를 위한 역량에 접근하는 내담자의 능력을 방해하거나 저해할 수 있는 회피, 통제 혹은 불필요한 방어 패턴을 이해하는 것이 중요하다.

현재 여러 연구자들이 자기 보고 형식으로 자비의 다양한 차원에 대한 측정치를 개발하고 있다. 이러한 작업이 진행되고 있는 동안, 우리는 내담자가 자비와 관련된 잠재적인 성장 영역과 자신의 강점에 대한 통찰력을 가지도록 돕는 것을 목적으로 하는 반구조화된 면접을 개발하기 위해 CFT 연구자들과 협력해왔다. 이 면접은 중재를 위한 목표를 공식화하고 치료 계획을 알리는 것을 돕기 위해 고안되었으며 치료의 초기 회기 중 하나의 과정으로 사용될 것으로 보인다. 가장 좋은 시간은 아마도 내담자가 치료자와의 관계를 형성하고 참여하며 치료를 위한 몇 가지 예비 목표를 세우는 순간일 수 있으며, 창조적 절망감을 불러일으키고, 3장에서의 현실성 점검에 참여하고, 비난 없는 지혜를 탐구하는 것과 같은 방법을 통해 자비-초점 ACT의 가정 중 일부를 소개하는 시간이다. 이 모두는 내담자가 면접에서 제기된 질문에 보다 더 효과적으로 참여할 수 있는 이해의 토대가 될 것이다. 이상적인 것은, 내담자가 두 가지 자비의 심리학에 대한 이해를 가질 수 있을 것이며 혹은 자비가 어떻게 훈련될 수 있는지 그리고 보다 더 나은 의미와 목적이 있는 삶을 살아가는 데 있어서 힘든 경험들을 버티도록 어떻게 도움을 줄 수 있는지에 대한 몇 가지 기본적인 것을 배울 수 있을 것이다. 이 면담은 또한 2장에서 기술한 바와 같이, 자비의 측면과 육각형 과정 간의 자연스러운 관계로 인해 심리적 유연성 과정을 평가할 수 있게 한다.

면담의 가이드라인은 치료자가 자신의 내담자에게 무엇을 말할 것인지에 대해 제안하지만, 면담이 내담자의 본성과 투쟁의 맥락 내에서 마음챙김과 자비로운 대화로 진행되는 것이 가장 중요하다. 게다가 4장에서 6장에 걸쳐서 논의되고 예시되었던 타당성과 유대감을 가진 어조는 내담자의 현 상태와 만나고, 내담자가 지금까지 치료에서 드러낸 대화 양식, 라포 및 공감적 연결을 토대로 당신의 치료적 자세를 알려준다.

임상 사례

회기에서 자기-자비 마음 면담 활용하기

이 장의 뒷부분에, 자기-자비 마음 면담을 실행할 수 있도록 빈칸

넣기를 만들어 놓았다. 그렇지만, 그 과정을 시각화하고 제대로 느낄 수 있도록, 우선 우리는 조쉬(Josh)의 사례를 제시하였다.

치료자 이제 우리는 '자비'의 의미가 무엇인지를 염두에 두고 당신의 자기비판이 얼마나 강한지 보았으므로, 우리가 어떻게 당신이 새로운 반응 방식을 구축하도록 돕는지 면밀하게 살펴볼 수 있기를 희망해요.

내담자 이것에 대처하는 새로운 대응 방법이요? 좋아요, 나도 이런 느낌이 싫어요.

치료자 음, 우리가 그렇게 할 겁니다. 솔직히, 우리는 당신이 겪어왔던 것을 가장 잘 없애는 방법을 찾는 것이 아닙니다. 우리는 힘든 일을 견디고 계속해서 나아갈 수 있게 하는 당신의 강점을 찾을 겁니다. 우리는 당신이 아침에 침대에서 나와 스스로를 잘 돌보고 친절함과 강인함을 가지고 움직일 수 있는 방법을 살펴볼 겁니다. 그게 당신에게 좋겠죠?

내담자 당신의 말은 숙취에 찌든 채 침대에 누워 케이블 뉴스를 보는 것 보다 좋게 들리네요.

치료자 나도 그렇게 생각되는군요.

내담자 그래서 언제 시작하죠?

치료자 준비가 되었다는 말로 들리는데, 그럼 지금 시작하죠. 나는 당신이 특정 유형의 자비로운 행동에 얼마나 기꺼이 참여할 수 있다고 믿는지 묻고 싶습니다. 우리의 자비로운 마음은 우리 삶에서의 특정한 단계를 수행하도록 안내할 수 있으며, 나는 당신이 자비로운 마음의 이러한 측면에 얼마나 참여할 수 있다고 믿는지 알고 싶어요.

내담자   어떤 측면을 말하는 건가요?

치료자   우리가 마음챙김 자비를 증진시키기 위해 작업할 수 있는 다양한 역량들을 어떻게 살펴보았는지 기억하나요?

내담자   일을 시작하기 위해 현재에 있기 그리고 보다 능력 있게 하기?

치료자   정확해요. 요점을 잘 짚었어요.

내담자   무슨 말인지 알겠네요. 시작하죠.

그리고 나서 치료자는 조쉬(Josh)에게 자기-자비 마음 면담을 진행하였는데, 조쉬(Josh)의 반응 기록은 아래에 있다. 이 형식은 치료자가 0-6점 척도에 해당되는 경험이나 능력을 평가하도록 내담자에게 요청하는 많은 문항으로 구성되어 있으며, 0은 없거나 완전히 결여되어 있는 것이고 6은 매우 높음을 의미한다. (그리고 조쉬(Josh)의 사례에서 당신이 주목해야 할 점은, 치료자가 대화의 초반에 이 구조화된 면담의 첫 단계를 실제로 시작했다는 점이다.)

자기-자비 마음 면담 기록지

이제 나는 당신이 특정 유형의 자비로운 행동에 얼마나 기꺼이 참여할 수 있다고 믿는지 물을 것입니다. 우리의 자비로운 마음은 우리 삶의 특정한 단계를 수행하도록 안내할 수 있으며, 나는 당신이 자비로운 마음의 이러한 측면에 얼마나 참여할 수 있다고 믿는지 알고 싶습니다.

참여 심리학의 속성

1. 민감성

당신은 현재 순간, 고통이 일어날 때 당신의 고통스러운 경험을 얼마나 민감하게 느끼는가? 당신 안에서 고통이 일어날 때 당신의 고통스러운 경험을 알아차릴 수 있는가? 0에서 6까지의 척도로 평가한다. 0은 당신이 그 경험에 전혀 민감하지 않다는 것을 의미하고, 6은 당신이 그 경험에 매우 민감하다는 것을 의미한다.

0 없음	1	2	3	4	5	6 매우 높음
			×			

당신 자신의 고통에 대한 자비로운 민감성을 차단하거나 숨기는 경험이나 정서는 무엇인가?

— 나는 내가 술에 취하지 않을 때나 약에 취하지 않을 때 내가 얼마나 고통스러워하는지 알아차릴 수 있다. 불안 때문에

나는 밖에 나가고 싶어지고 엉망이 되고 싶어진다. 그리고 나는 나 자신이 싫다!

우리가 차단막이나 장애물을 함께 처리할 수 있는 한 가지 방법을 생각할 수 있을까?

— 우리가 이야기해 왔던 것을 기반으로, 나는 더 이상 숨기지 않고 이러한 감정을 처리할 수 있어야 한다고 생각한다.

2. 웰빙을 돌보고자 하는 동기

0-6점 척도를 사용하여, 당신은 자신을 돌보고 자신의 웰빙을 보장하기 위해 얼마나 동기화되었나? 당신은 자신의 내면에서 목격한 고통을 완화하거나 예방하기 위해 어느 정도 동기화되었나?

0 없음	1	2	3	4	5	6 매우 높음
				×		

당신의 웰빙을 돌보고자 하는 당신의 동기를 차단하거나 숨기는 경험이나 정서는 무엇인가?

— 내가 실패했던 모든 방법에 매달리거나 여자에게 이야기하는 것을 너무 두려워할 때, 나는 더 이상 아무것도 아니라는 느낌이야. 나는 너무 많이 미루는 순간 포기하기 시작해.

우리가 차단막이나 장애물을 함께 처리할 수 있는 한 가지 방법을 생각할 수 있을까?

— 나는 커피를 만드는 것처럼 관심 있는 일을 하는 방식으로, 매일 한 가지 마음챙김 행동을 할 계획을 세울 수 있다. 이상하게 들리겠지만 나는 한 가지를 할 수 있다. 이것은 다른 일이지만, 나는 오스틴(Austin)에서 12단계 작업을 한 오랜 후원자에게 전화할 수 있다.

3. 동정심

0-6점 척도를 사용하여, 당신은 고통스러운 경험을 하는 동안 당신 자신을 향한 감정이입을 얼마나 많이 확장할 수 있는가? 당신이 자신의 고통을 알아차리는 순간, 어느 정도까지 자발적으로 감정이입적으로 움직인다고 느끼는가?

0 없음	1	2	3	4	5	6 매우 높음
×						

당신 자신을 향한 감정이입을 차단하거나 숨기는 경험이나 정서는 무엇인가?

— 나는 이것이 잘못된 것임을 알고 있지만, 나 자신의 고통에 상당히 무감각하다. 때로 나는 너무 늦을 때까지 심지어는 고통을 보지도 못했다.

우리가 차단막이나 장애물을 함께 처리할 수 있는 한 가지 방법을 생각할 수 있을까?

— 중독에 빠져 의식을 잃었다가 깨어나는 엄마를 생각할 때,
나는 울고 싶어진다. 나에 대해도 이렇게 느낄 수 있다면, 더
좋을 것이다.

4. 감정이입

0-6점 척도를 사용하여, 어느 정도 당신 자신의 고통을 숙고하고
당신의 경험을 이해할 수 있다고 느끼는가? 당신은 어려움에 처한
다른 사람에게 느끼는 감정이입으로 당신 자신의 경험을 얼마나
볼 수 있다고 말할 수 있는가?

0 없음	1	2	3	4	5	6 매우 높음
					×	

당신 자신을 향한 감정이입을 차단하거나 숨기는 경험이나 정
서는 무엇인가?

— 나는 그것을 지적으로 생각한다. 나는 큰 그림을 볼 수 있
으며 내가 어떻게 망쳐놓고 있는지를 알 수 있다. 나는 그 패
턴들이 나를 죽이고 있다는 것을 알고 있지만 나 자신을 너무
도 미워하기 때문에 돌볼 수 없는 것처럼 보인다.

우리가 차단막이나 장애물을 함께 처리할 수 있는 한 가지 방법
을 생각할 수 있을까?

— 자기 증오에 대한 모든 말이 내 머릿속에 있는 이야기라는

것을 알아차리는 것이 지난주에 도움이 되기 시작했다. 나는 그런 생각을 멈출 수 없을지도 모른다. 유감이다! 하지만 나는 그것이 오래된 이야기라는 것을 알 수 있다.

5. 판단하지 않음

0-6점 척도를 사용하여, 당신이 자신의 고통에 대해 판단하지 않는 입장을 취할 수 있다고 얼마나 믿는가? 당신은 판결의 영향력과 비난하는 사고와 태도로부터 얼마나 많이 벗어날 수 있다고 생각하는가?

0 없음	1	2	3	4	5	6 매우 높음
	×					

당신 자신에 대해 판단하지 않게 되는 것을 차단하거나 숨기는 경험이나 정서는 무엇인가?

— 당신이 농담을 하는 게 틀림없다는 생각이 든다. 실제로, 내가 계속 달리는 것도 멈추고 몰두하는 것도 멈춘다면, 잠시 쉴 수 있을 거다. 내가 며칠간 절주를 한다면, 어쩌면 어떤 일이 일어났을 것이다.

우리가 차단막이나 장애물을 함께 처리할 수 있는 한 가지 방법을 생각할 수 있을까?

— 나는 다시 회의에 갈 수 있다. 내가 회의에 참석하러 간다

면, 아마도 짧게나마 쉴 수 있을 것이다.

6. 고통 감내력

0-6점 척도를 사용하여, 당신이 고통스러운 정서를 경험할 때, 당신은 얼마나 고통을 참아낼 수 있다고 생각하는가? 당신은 얼마나 자신의 고통을 받아들이고 개방적인 태도를 취할 수 있는가?

0 없음	1	2	3	4	5	6 매우 높음
	×					

자신의 고통을 참아내는 데 있어서 당신이 차단하거나 숨기는 경험이나 정서는 무엇인가?

— 이건 웃기는 질문이다. 내가 누구인지에 대해 혐오감을 느끼는 것을 제외하고는 많은 아픔과 고통을 겪을 수 있기 때문이다. 내가 좋아 보이거나 뭔가를 제대로 하지 못하고 있다는 느낌이 들 때, 나는 정상이라고 느낀다. 나는 대부분의 고통을 다룰 수 있지만, 내가 얼마나 화가 났고 두려워했는지를 생각하면 싫다.

우리가 차단막이나 장애물을 함께 처리할 수 있는 한 가지 방법을 생각할 수 있을까?

— 나 자신을 너무 진지하게 생각하지 말아야 하는 것처럼 들리기 시작한다. 어쩌면 한두 시간 정도 가볍게 할 수 있을까?

완화 심리학의 속성 또는 자비로운 마음 기술

이제, 다양한 자비로운 마음 기술에 참여한다고 믿고 있는 당신의
능력이 어느 정도인지를 질문할 것이다. 이러한 모든 질문에 대해
우리가 사용해왔던 0에서 6점 척도를 사용하라.

1. 자기-자비 생각이나 추리에 참여하는 당신의 능력을 어떻게 평가하는가?

0 없음	1	2	3	4	5	6 매우 높음
	×					

2. 당신의 현재 순간의 체험에 대해서 자기-자비 주의를 기울이는 당신의 능력을 어떻게 평가하는가?

0 없음	1	2	3	4	5	6 매우 높음
				×		

3. 당신의 웰빙을 위해 따뜻함, 지혜, 힘 그리고 전념을 불러일으키는 심상을 사용하는 당신의 능력을 어떻게 평가하는가?

0 없음	1	2	3	4	5	6 매우 높음
				×		

4. 당신을 진정시키는 감각 경험에 대한 개방성을 유지하기 위한 당신의 능력을 어떻게 평가하는가?

0 없음	1	2	3	4	5	6 매우 높음
						×

5. 만족감, 연결감, 안전감 같은 자기-자비 느낌에 접근하거나 접촉하는 당신의 능력을 어떻게 평가하는가?

0 없음	1	2	3	4	5	6 매우 높음
	×					

6. 당신의 웰빙을 돌보고 보호하기 위해 자기-자비 방식으로 행동하는 당신의 능력을 어떻게 평정하는가?

0 없음	1	2	3	4	5	6 매우 높음
	×					

임상 사례

조쉬(Josh)의 자기-자비 마음 면담 내용 요약

조쉬의 전반적으로 만연된 부끄러워하는 혼잣말의 어조와 양식을 보면, 자기-자비에 대한 역량이 거의 없다는 점은 그리 놀랄 만한 일이 아니다. 그렇지만, 그가 제공한 몇 가지 세부적인 것들은 치료에서 그의 치료자가 강조하고 싶어 했던 부분이다. 이러한 반응들은 가설로 다루어져 가볍게 나타날 수도 있지만, 조쉬가 스스로를 어떻게 경험했는지에 대한 보다 더 정확한 정보를 알려준다.

- 조쉬는 술에 취하지 않았거나 반 정도 해리되지 않았을 때는 고통으로 인한 민감성으로 인해 현재 순간과 접촉할 수 있다고 말했다. 그는 자신의 경험에 대한 민감성을 확인함으로써 불안에 대응하고 있다고 생각했다.
- 그는 우리가 생각했던 것보다 가치 있는 목표로써 자신을 돌보는 데 훨씬 더 동기화되었지만, 부끄러운 자기 이야기에 융합됨으로써 그러한 동기에 따라 행동하는 것을 막고 있다.
- 조쉬는 자신의 고통에 무감각해져서 그 자신에 대한 공감이 완전히 결여되어 있다. 그렇지만 인지적으로 자신에 대한 공감을 경험할 수 있으며 자신의 경험을 이해할 수 있다. 어머니의 중독이 어머니에게 해를 입힌 방식으로 그의 고통이 연관되었을 때 그는 더 많은 괴로움을 느꼈다.
- 조쉬는 자신에게 매우 판단적이었으며, 쉴 수 있기를 원했으며 자신을 지나치게 진지하게 받아들이지는 않았다.
- 그는 자신이 강인하고 많은 고통과 어려움을 다룰 수 있다고 생각했다. 그렇지만, 사회적 위협, 수치심 및 두려움은 그가 받아들이기 매우 어려웠다.
- 그는 자비로운 마음 기술을 사용하는 능력이 매우 제한되

어 있다고 보고했다. 그렇지만 감각 경험을 통해 스스로를 진정시킬 수 있다고 보고했다.

- 조쉬는 술에 취하지 않는 상태를 추구함으로써 이익을 얻을 수 있으며 이것이 자신을 향한 친절 행동이 될 수 있다는 것을 이미 알고 있다.

이러한 모든 정보는 몇 차례의 정기적인 회기 과정에서 얻을 수 있지만, 구조화된 면담을 통해 단 한 번의 회기에서 수집되었다. 그 과정에서, 내담자의 자기-자비 수용력을 개발하기 위한 몇 가지 방안들이 명백하게 밝혀졌다.

자기·자비 마음 면담 기록지

이 기록 용지는 내담자가 완성할 수 있도록 하기 위해 치료자들이 사용하는 것이다. 구조화된 면담과 평정 척도는 자비의 특성과 기술을 평가하기 위한 형식으로 준비되었다. 우리는 두 가지 자비의 심리학의 특성과 기술을 중심으로 내담자들이 참여하려고 할 때 당신에게 질문하는 사전 질문을 제공했다. 그렇지만 평가를 통해 당신을 안내할 당신 자신의 자비로운 지혜를 받아들여라. 면담을 실행할 때, 함께 각 질문을 간단하게 돌이켜본 후 0-6점 척도를 사용하여 내담자에게 자비의 기술과 특성을 평정하게 하라. 0은 기술이나 특성이 없는 것을 의미하고 6은 매우 높은 정도로 가지고 있다는 것을 말한다. 이러한 면담 과정에서 모아진 모든 정보는 자비-초점 중재의 과정과 방향을 결정하도록 도와주는 사례 공식화와 치료 계획으로 안내할 수 있다. 연습에 사용할 기록 용지는 무료로 복사할 수 있다. 다운로드는 http://www.newharbinger.com/30550 에서 하면 된다(책의 마지막 쪽에 접근 방법에 대한 정보가 있다).

다음과 같은 질문으로 내담자가 과정에 참여하게 함으로써 시작한다. 즉, "이제 나는 특정한 유형의 자비로운 행동에 참여할 수 있는 능력과 얼마나 기꺼이 참여할 수 있는지를 당신에게 질문할 것이다. 우리의 자비로운 마음은 우리 삶의 특정한 단계에 도달하도록 우리를 안내할 수 있으며, 당신이 자비로운 마음의 이러한 측면에 참여할 수 있는 능력이 얼마나 되는지 알고 싶다"라고 질문한다.

참여 심리학의 속성

1. 민감성

당신은 현재 순간, 고통이 일어날 때 당신의 고통스러운 경험을 얼마나 민감하게 느끼는가? 당신 안에서 고통이 일어날 때 당신의 고통스러운 경험을 알아차릴 수 있는가? 0에서 6까지의 척도로 평가한다. 0은 당신이 그 경험에 전혀 민감하지 않다는 것을 의미하며, 6은 당신이 그 경험에 매우 민감하다는 것을 의미한다.

0 없음	1	2	3	4	5	6 매우 높음

당신 자신의 고통에 대한 자비로운 민감성을 차단하거나 숨기는 경험이나 정서는 무엇인가?

_____

_____

_____

우리가 차단막이나 장애물을 함께 처리할 수 있는 한 가지 방법을 생각할 수 있을까?

_____

_____

_____

2. 웰빙을 돌보고자 하는 동기

0-6점 척도를 사용하여, 당신은 자신을 돌보고 자신의 웰빙을 보장하기 위해 얼마나 동기화되었나? 당신은 자신의 내면에서 목격한 고통을 완화하거나 예방하기 위해 어느 정도 동기화되었나?

0 없음	1	2	3	4	5	6 매우 높음

당신의 웰빙을 돌보고자 하는 당신의 동기를 차단하거나 숨기는 경험이나 정서는 무엇인가?

_____

_____

_____

우리가 차단막이나 장애물을 함께 처리할 수 있는 한 가지 방법을 생각할 수 있을까?

_____

_____

_____

3. 동정심

0-6점 척도를 사용하여, 당신은 고통스러운 경험을 하는 동안 당신 자신을 향한 감정이입을 얼마나 많이 확장할 수 있는가? 당신이 자신의 고통을 알아차리는 순간, 어느 정도까지 자발적으로 감정이입적으로 움직인다고 느끼는가?

0 없음	1	2	3	4	5	6 매우 높음
×						

당신 자신을 향한 감정이입을 차단하거나 숨기는 경험이나 정서는 무엇인가?

_____

_____

_____

우리가 차단막이나 장애물을 함께 처리할 수 있는 한 가지 방법을 생각할 수 있을까?

_____

_____

_____

4. 감정이입

0-6점 척도를 사용하여, 어느 정도 당신 자신의 고통을 숙고하고 당신의 경험을 이해할 수 있다고 느끼는가? 당신은 어려움에 처한 다른 사람에게 느끼는 감정이입으로 당신 자신의 경험을 얼마나 볼 수 있다고 말할 수 있는가?

0 없음	1	2	3	4	5	6 매우 높음
					×	

당신 자신을 향한 공감을 차단하거나 숨기는 경험이나 정서는 무엇인가?

_____

_____

_____

우리가 차단막이나 장애물을 함께 처리할 수 있는 한 가지 방법을 생각할 수 있을까?

_____

_____

_____

5. 판단하지 않음

0-6점 척도를 사용하여, 당신이 자신의 고통에 대해 판단하지 않는 입장을 취할 수 있다고 얼마나 믿는가? 당신은 판단의 영향력과 비난하는 사고와 태도로부터 얼마나 많이 벗어날 수 있다고 생각하는가?

0 없음	1	2	3	4	5	6 매우 높음
	×					

당신 자신에 대해 판단하지 않게 되는 것을 차단하거나 숨기는 경험이나 정서는 무엇인가?

_____

_____

_____

우리가 차단막이나 장애물을 함께 처리할 수 있는 한 가지 방법을 생각할 수 있을까?

_____

_____

_____

6. 고통 감내력

0-6점 척도를 사용하여, 당신이 고통스러운 정서를 경험할 때, 당신은 얼마나 고통을 참아낼 수 있다고 생각하는가? 당신은 얼마나 자신의 고통을 받아들이고 개방적인 태도를 취할 수 있는가?

0 없음	1	2	3	4	5	6 매우 높음
	×					

자신의 고통을 참아내는 데 있어서 당신이 차단하거나 숨기는 경험이나 정서는 무엇인가?

_____

_____

_____

우리가 차단막이나 장애물을 함께 처리할 수 있는 한 가지 방법을 생각할 수 있을까?

＿＿＿＿＿＿＿＿＿＿＿＿＿＿＿＿＿＿＿＿＿＿＿

＿＿＿＿＿＿＿＿＿＿＿＿＿＿＿＿＿＿＿＿＿＿＿

＿＿＿＿＿＿＿＿＿＿＿＿＿＿＿＿＿＿＿＿＿＿＿

완화 심리학의 속성 또는 자비로운 마음 기술

이제 다양한 자비로운 마음 기술에 참여한다고 믿고 있는 당신의 능력이 어느 정도인지를 질문할 것이다. 이러한 모든 질문에 대해 우리가 사용해왔던 0에서 6점 척도를 사용하라.

1. 자기-자비 생각이나 추리에 참여하는 당신의 능력을 어떻게 평가하는가?

0 없음	1	2	3	4	5	6 매우 높음

2. 당신의 현재 순간의 경험에 대해서 자기-자비 주의를 기울이는 당신의 능력을 어떻게 평가하는가?

0 없음	1	2	3	4	5	6 매우 높음

3. 당신의 웰빙을 위해 따뜻함, 지혜, 힘, 그리고 전념을 불러일으키는 심상을 사용하는 당신의 능력을 어떻게 평가하는가?

0 없음	1	2	3	4	5	6 매우 높음

4. 당신을 진정시키는 감각 경험에 대한 개방성을 유지하기 위한 당신의 능력을 어떻게 평가하는가?

0 없음	1	2	3	4	5	6 매우 높음

5. 만족감, 소속관계, 안전감 같은 자기-자비 느낌에 접근하거나 접촉하는 당신의 능력을 어떻게 평가하는가?

0 없음	1	2	3	4	5	6 매우 높음

6. 당신의 웰빙을 돌보고 보호하기 위해 자기-자비 방식으로 행동하는 당신의 능력을 어떻게 평가하는가?

0 없음	1	2	3	4	5	6 매우 높음

자비-초점 사례 공식화

자비-초점 사례 공식화는 내담자 삶의 특별한 본성, 이력 및 맥락에 대한 이해를 제공하기 위해 고안되었다. 이러한 매우 개인적인 이력과 강화, 회피 및 정서 조절 패턴 간의 기능적 관계를 이해함으로써 우리는 내담자가 심리치료를 찾게 만든 고통과 갈등을 보다 더 효과적으로 다룰 수 있다. 그러므로 사례 공식화에서는 내담자의 사고, 감정 및 행동의 의도된 것과 우연적인 기능을 구별하는 것이 중요하다. 공식화를 위한 자비-초점적 접근의 목적은 개별적인 사례 공식화를 제공하고 치료 목표와 대상을 설정하고, 타당성을 제공하고 내담자가 자유롭게 선택한 가치를 끌어내는 것이다 (Gilbert, 2007; Tirch, 2012). 이러한 자비-초점 공식화는 다음의 4가지 기본적인 요소들이 포함되어야만 한다.

- 과거와 현재 모두에서, 내담자의 생리적 및 환경적 맥락은 내담자의 행동과 대처 패턴을 형성한 선행사건, 행동 및 결과에 비추어 이해되어야만 한다.
- 내담자가 가장 두려워하는 것이 무엇이며 포기, 거부, 수치심, 학대 혹은 손상에 대한 두려움과 같은 것을 기꺼이 경험한다.
- 포기, 거부, 수치심, 학대 혹은 손상에 대한 두려움과 같이 내담자가 경험할 의도가 거의 없는 것과 내담자가 가장 두

려워하는 것

- 내담자의 내적 및 외적 '보호' 안전 전략과 행동에 초점
- 우울과 불안을 포함한 내담자 자신의 고통에 대한 견해, 수치심을 기반으로 한 자기 비난 및 대처에 대한 신념과 같이, 내담자에게 이러한 안전 전략(공적 및 사적 모두)의 의도된 결과와 의도되지 않은 결과

자비-초점 공식화의 과정을 안내하기 위해, 우리는 사례 공식화 기록 용지를 만들었는데(Gilbert의 원리에 영감을 받음, 2009b), 이를 간단하게 제공할 것이다. 물론, 그러한 공식화는 치료자가 내담자와 면담하고 현재의 어려움, 증상 및 문제에 관한 정보를 수집하는 초기 평가와 공식화에서부터 시작하여 단계적으로 진행되는 지속적인 노력이다. 치료자는 내담자의 고통과 현재의 대처방식에 관한 타당성과 심리교육을 제공한다. 이는 협동적 관점 취하기와 자비에 대한 보편적인 필요를 인정함으로써 이루어진다. 치료자는 지금까지 내담자의 상황과 경험을 고려할 때 자신의 문제에 대한 내담자의 접근이 비록 기능적이지 않을지라도 이해할 수 있다는 것을 내담자가 인식하도록 도와준다. 자비에 기반한 공식화의 첫 번째 단계의 또 다른 초점은 라포를 형성하고 치료적 관계를 맺는 것이다. 감정이입, 자비로운 경청 및 반영을 사용하면서 치료자는 자비를 방해하는 것을 포함해서 그러한 관계를 형성하는 데 있어서 잠재적인 어려움이 있는지를 탐색한다.

다음으로, 치료자와 내담자는 전반적인 것만이 아니라 자비와

관련된 과정에 대한 경험과 관련해서 내담자의 문화적 맥락과 학습 이력을 조사한다. 이것은 내담자가 자신의 인생 이야기를 공유하게 하며 치료자가 자신과 다른 사람에 대한 내담자의 정서적 기억에 대한 통찰력을 얻게 한다. 보살핌을 받거나 혹은 소홀히 여겨지거나 필요를 충족시키지 못했던 내담자의 초기 경험에 대해 치료자는 질문할 수 있다. 게다가 치료자는 초기 발달, 애착 및 안전이나 두려움을 느끼는 중요한 경험을 탐색하고 언제나 그렇듯이 중요한 외상이나 학대 이력을 평가한다. 이러한 초기 경험은 종종 특정 정서적 기억과 관련되어 있는데, 이는 자신에 대한 내담자의 경험에서 핵심이 될 수 있으며 현재의 상황과 경험에 의해 활성화될 수도 있다. 치료자는 자기와 다른 사람의 인상과 중요한 정서적 기억을 둘러싼 내담자의 느낌을 확인하기 위해서 내담자가 하는 말의 내용뿐만 아니라 어조와 다른 비언어적 의사소통에 귀를 기울인다. 예를 들어, 속상해하거나 울음을 터뜨릴 때 혼자 방으로 보내지는 반복된 초기 경험은 내담자가 그 감정과 고통의 경험을 연합시키거나 혹은 혼자라는 느낌과 고통의 경험을 연합시킬 수 있다.

안전하지 않거나 보살핌을 받지 못했던, 반복된 초기 경험은 생애 초기 사건이나 외상 관련된 사건 기억하기, 관점 취하기, 자비 경험하기에 대한 개인의 능력을 쉽게 위협하거나 손상시킬 수 있다(Gilbert, 2009b; Mikulincer & Shaver, 2007a). 따라서 자신의 이야기를 다시 할 때 위협 반응 체계의 활성화를 포함하여, 자신의 이력을 회상하는 데 있을 수 있는 어려움을 인식하고 내담자에게 민감해지는 것이 중요하다. 이러한 공식화 과정 동안 내담자들은 각기 다른 속도와 단계를 보인다. 그러므로 치료자는 역량과 의지가 있는 모든 내담자를 만날 것을 권장한다. 어쨌든, 초기 경험과 학습에 대한 포괄적인 자비-초점 평가는 치료자가 내담자의 과거와 현재의 투쟁 모두에 관한 자비로운 공감과 타당성을 활용하게 하며, 배려하고 판단하지 않으며 공감적이고 안전감과 온화함을 가진 사람 앞에서 자신의 이야기를 할 수 있는 기회(아마도 처음)를 제공한다(Gilbert, 2009b).

다음으로, 치료자는 두려움과 지각된 위협에 반응하게 하는 특별히 문제가 있는 행동이나 전략을 확인하도록 내담자를 돕는다. 이러한 개인적으로 중요한 위협은 종종 내담자가 가장 두려워하고 경험하기를 꺼려하는 공적 및 사적인 사건과 관련된다. 따라서 내담자는 안전감을 갖고 궁극적으로 자신을 보호하기 위해 이러한 일을 회피하거나 통제하려고 시도한다. 이러한 것들은 자연스러운 방어 반응 혹은 전략이며, 또한 종종 사람들마다 다르고, 내적 위협이냐 외적 위협이냐에 따라 서로 달라진다(Gilbert, 2007). 이러한 '보호' 혹은 대처 전략의 예에는 회피, 반추, 물질 남용 및 안전 추구가 포함된다. 치료자와 내담자는 함께 이러한 안전 행동에 대한 비용과 이득을 검토할 수 있다. 게다가, 치료자는 행동적 강화의 본질과 원칙에 관한 정보와 이러한 전략의 다양한 기능과 그런 전략을 왜 사용하는지 이해할 수 있는 정보를 제공한다. 그렇지만 치료자는 이러한 보호하는 것처럼 보이는 안전 행동의 특정 형태가 종종 문제를 해결하기보다는 더 많은 어려움을 낳을 수 있다는 것을 보여줄 수도 있다. 이러한 반응의 의도하지 않은 결과의 예는 새로운 학습을 방해하고, 위협에 대한 신념의 실행가능성을 검증할 기회를 제거하고 내담자의 행동 범위를 축소시킨다(Tirch, 2012). 따라서 치료자는 내담자가 의도하지 않은 어려움이나 결과와 관련된 행동에 대한 인식을 형성하고 자신에 대한 자비를 확장하도록 돕는다. 이 점을 설명하기 위해 회기 중에 은유, 항목표 및 경험적 실행을 이용할 수도 있다.

위에서 설명한 모든 것을 토대로, 치료자는 위에 열거된 네 가지 영역(역사적 영향, 심각한 위협과 두려움, 안전 전략 및 의도하지 않은 결과)을 다루는 구조화된 자비-초점 공식화를 완성하기 위해 필요한 정보와 통찰을 가진다. 이러한 공식화는 치료자가 개방적이고 안전한 맥락을 제공하고 '왜곡'이나 '부적응'과 같은 판단적 언어나 용어를 사용하지 않고 수치심을 없애는 것을 강조한다(Gilbert, 2007, 2009b). 치료자는 이러한 공식화를 통해 내담자를 이끌어 그들의 투쟁과 어려움은 그들의 잘못이 아니고 그들이 선택한 것도 아니라는 점을 이해할 수 있도록 한다. 이러한 신중한 평가와 공식화에 참여하는 것은 내담자가 새로운 관점을 택하고 책임을 갖는 새로운 방법을 발견하고 지각된 그리고 실제 위협 모두에 대응하기 원하는 방법을 자유롭게 선택할 수 있도록 한다.

당신이 보는 바와 같이, 이러한 공식화는 기능 분석과 사색적 경청의 유동적이고 협력적인 과정을 포함한다(Gilbert, 2009a). 치료자는 내담자가 치료를 하는 동안 계속해서 접근하는 자신의 공식화를 개발하도록 내담자를 지지한다. 필요에 따라, 치료자와 내담자는 새로운 치료적 표적, 목표 및 중재나 오래된 것들의 수정을 확인할 수 있다. 치료자는 내담자와 치료를 진행하는 동안 이러한 공식화를 염두에 두고 진전과 발달을 계속적으로 추적하고, 기능적 및 해결적 분석을 사용하며 기술의 결함, 통합 및 일반화를 평가한다. 진행 상황에 따라 이전의 공식화를 주기적으로 살펴보고 재검토하는 것 외에도, 치료자는 가능한 한 포괄적이고 최신의 정보로 공식화를 유지하기 위해 치료를 방해하는 새롭거나 이전에 간과한 자비의 장애물 또는 다른 사건이나 행동을 지속적으로 살핀다.

임상 사례
자비-초점 사례 공식화하기

이 장에서는 이전의 자기-자비 마음 면담 기록 용지를 가지고, 사용의 예시를 돕기 위해 조쉬(Josh)와 함께 한 임상 실습에서 사용한 자비-초점 사례 공식화 기록 용지를 제공하였다.

자비-초점 사례 공식화 기록지

1. 증상과 문제 표현하기
— 폭음 그리고 만성적 수치심, 불안, 우울, 그리고 행동적 회

피. "나는 나 자신이 싫고 오로지 파티하고, 멋져 보이고, 관심의 중심일 때만 행복해요. 그런 것이 나를 나쁜 사람으로 만들지는 않죠?"

2. 현재의 문제 맥락

— 내담자는 대학에서 연극으로 학위를 받았고 배우로 경력을 쌓기 시작한다. 그는 가족 재산으로 살고 있으며, 자신의 필요와 책임을 무시하며 갈수록 회피하고 있다. 물질 남용과 '추락' 그리고 '세상으로부터 숨기'의 순환은 심리학적 비유연성, 제약된 삶 및 중독의 짧은 기간을 제외하고는 낮은 수준의 자기-자비와 낮은 수준의 긍정 정서를 초래한다.

3. 배경과 이력의 영향

당신은 내담자가 현재 경험하고 있는 어려움에 대한 중요한 배경 경험이 무엇이라고 보는가?

— 내담자는 아버지로부터 어린 시절 오랫동안 계속되는 언어적 및 신체적 학대를 경험해왔으며 기숙학교에서 학생과 교사들로부터 심각한 괴롭힘과 정서적 학대를 경험했다. 그는 보살핌이 부족하고 때로 적개심을 드러내는, 사랑하는 사람에 의해 사회적으로 방치되었다.

다른 사람들은 애정이나 보살핌을 어떻게 표현했는가?

— 내담자의 애착 관계에는 상당히 심한 적개심, 학대 및 방치

가 포함되어 있다. 위협에 기반한 감정과 정서적 기억은 친화적인 정서와 대인관계에 관련되어 있다.

내담자가 고통을 받았을 때, 양육자는 어떻게 위로하고 위안했는가?
— 내담자는 위로와 의사소통이 없었다고 기술했다.

양육자와 중요한 타인들은 내담자의 성과에 어떻게 반응하였는가?
— 조쉬(Josh)는 자신의 외모와 연기력으로 칭찬을 받기 시작하기 전까지는 자신의 업적이 무시되어왔다고 보고했다. 그는 '파티의 삶'에 대해 칭찬받았다.

중요한 생물학적 사건들 또는 발달적 사건들
— 학업적 어려움, ADHD와 우울증 진단 그리고 지속적인 '과도한 약물 사용.' 신체적으로 성숙될 때까지 고립과 사회적 투쟁.

중요한 감정적 기억들
— 거부, 수치심, 슬픔, 혼자되는 것에 대한 두려움.

〔내담자용 질문〕
이러한 사건과 기억에 대해 생각할 때, 당신은 어떻게 느끼는가? 어떤 감정이 드러나는가?

— "나는 그것들에 대해 생각하는 게 싫어요. 나는 나 자신이 혐오스러워요."

당신의 주의가 끌리는 곳은 어디인가?
— "나는 자러 가고 싶어요. 여기서 나가고 싶어요."

성장할 때 당신의 감정적 경험은 무엇인가?
— "소리치고, 멍들 때까지 맞고, 거절당하고, 그리고 혼자 남겨지는 것. 나는 죽은 채로 내버려졌을 수도 있어요."

성장하면서 정서적으로 가까운 다른 사람들이나 양육자의 감정에 대한 경험은 어떠했는가?
— "격노, 분노 그리고 광기."

당신 자신에 대한 당신의 느낌은 어떤가?
— "나는 내가 매우 열등하다고 느끼고 있어요. 나는 세상의 모든 기회와 돈을 받았고 나를 망쳐왔어요."

다른 사람에 대한 당신의 느낌은 어떤가?
— "다른 사람들은 나보다 더 나빠요. 나는 괴롭힘을 당했고 주정뱅이 아버지가 있어요. 그래서 뭐 어쩌라는 건지. 나는 불평할 것이 아무것도 없어요. 다른 사람들도 역시 나를 두려워해요"

4. 핵심 위협과 그에 따른 두려움

〔내담자용 질문〕

심각한 두려움과 걱정이 당신에게 어떤 영향을 미쳤다고 생각하는가?

— "사람들이 진짜로 깊은 감명을 받았거나 내가 진짜로 취하지 않으면, 나는 사람들이 보는 것을 견딜 수가 없어요."

다른 사람들이 할 수 있는 일이나 당신의 환경에서 일어날 수 있는 일에 대해 당신이 가지고 있는 두려움은 무엇인가?

— "거부! 그 이상의 처벌."

당신이 할 수 있는 것에 대해 당신이 가지고 있는 중대한 두려움이나 걱정은 무엇인가?

— "사람들에게 내가 얼마나 약해지고 엉망인지 보여주는 것."

거절, 단념, 수치심 또는 육체적 손상과 같은 이러한 두려움에 특별한 주제나 연관성이 있는가?

— "위에서 말한 모든 것!"

〔내담자의 외적 위협에 대한 치료자 요약〕

— 사회적 거부, 약물과 알코올로 인한 죽음, 실패

〔내담자의 내적 위협에 대한 치료자 요약〕

— 지속적인 수치심과 고립의 상태에서 살고 있다. 분노와 두려움에 의해 압도된 느낌.

5. 안전 전략

〔내담자용 질문〕

이러한 위협과 두려움에 직면했을 때, 어떻게 대처하는가?

— "침대에 누워 있거나 술 마시는 데 몰두해요. 모두의 비위를 맞춰요."

돌이켜보면, 이러한 위협과 두려움으로부터 당신을 보호하기 위한 노력을 어떻게 생각하는가?

— "빌어먹을 록 스타가 되는 것."

다른 사람의 공격과 같은 외적 위협에서 당신을 보호하기 위해 어떻게 했는가?

— "모든 사람에게서 숨기. 매우 멋지게 보이기."

강렬한 감정이나 육체적 감각과 같은 내적인 위협에서 당신을 보호하기 위해 어떤 노력을 했는가?

— "무감각해지기, 나가기 그리고 취하기"

〔외적 안전 행동에 대한 치료자 요약〕

— 약물복용, 음주, '꾸미기,' 그리고 하루 동안 고립되기

〔내적 안전 행동에 대한 치료자 요약〕

— "자신을 공격해서 엉덩이를 차 버릴 수 있다."

6. 의도하지 않은 결과

〔내담자용 질문〕

이러한 전략에 의도하지 않은 비용이나 단점이 있는가?

— "난처한 장면을 만드는 것, 돈을 낭비하는 것, 관계를 잃는 것, 좋은 사람들을 다치게 하는 것, 바보처럼 보이는 것, 역할을 잃는 것, 나쁜 학업 수행, 끔찍한 공황발작 그리고 참담한 우울 그리고 지속적인 자기 혐오. 그걸로 충분한가요, 선생님?"

이러한 두려움, 행동 또는 결과들이 떠오를 때 당신 자신에 대해 어떻게 생각하는가?

— "내가 말한 것처럼, 나는 자기 혐오로 가득 차 있어요."

〔외적 결과에 대한 치료자 요약〕

— 많은 영역에서 기능 손상, 분명한 가치화된 방향의 부족, 책임과 '중요한 것'에 대한 헌신의 어려움, 보상 감소, 동료와 점점 더 소원해짐.

〔내적 결과에 대한 치료자 요약〕

— 우울, 불안, 만연된 수치심과 두려움, 중독에 대한 '맹렬한' 갈망, 높은 수준의 보고된 스트레스, 재발하는 정서적 학대의

재경험, 기쁨의 부재, 그리고 적대적 자기비판과의 융합.

당신이 보는 바와 같이, 만연된 외상 이력에 대한 반응으로 회피, 통제 및 자기 파괴적 행동의 반복적인 주제가 이 사례에 있다. 중요한 애착 관계, 자신의 안전 전략의 맥락에서 학대와 방치와 스트레스 상황에서 정서적 위안을 경험하지 못했다는 사실에 대한 조쉬(Josh)의 이력은 아주 적은 마음챙김, 수용, 자비 혹은 전념행동으로 엄격하고 유연하지 못한 반응 패턴의 원인이다. 이 사례 공식화는 고통스러운 이력과 커다란 수치를 경험한 젊은이를 보여준다.

CFT의 관점에서 볼 때, 치료자는 조쉬(Josh)의 고통이 그의 선택이나 잘못으로 인한 것이 아니라는 점을 인식할 수 있으며, 그를 붙잡고 있는 패턴에 대한 정확하고 미묘한 이해를 바탕으로 조쉬(Josh)의 고통에 민감해질 수 있다. 이러한 자비-초점 사례 개념화를 구축함으로써, 치료자는 조쉬(Josh)가 자신을 돌보고 자유, 선택 및 기쁨으로 나아가는 내재적 가치를 경험하도록 도울 수 있다. 조쉬(Josh)는 치료, 회복 및 그의 삶에서 앞으로 가야 할 길이 멀다. CFT에서, 자비가 수용되기 위한 토대가 될 수 있으며 아마 그의 생애에서 처음으로 독립할 수 있도록 도울 수 있다는 것이 희망이다.

당신의 내담자에게 사례 공식화를 용이하게 할 수 있도록, 우리는 아래에 빈 기록 용지를 제공하였다. 연습에 사용할 기록 용지는 무료로 복사할 수 있다. 다운로드를 하기 위해서는 http://www.newharbinger.com/30550을 방문하면 된다 (책의 마지막에 어떻게 접근하는지에 대한 정보가 있다).

자비-초점 사례 공식화 기록지

1. 증상과 문제 표현하기

---

2. 문제의 현재 맥락

---

3. 배경과 이력의 영향

당신은 내담자가 현재 겪고 있는 어려움에 대한 중요한 배경
경험이 무엇이라고 보는가?

다른 사람들은 어떻게 애정이나 보살핌을 드러냈는가?

_____

_____

_____

내담자가 고통받을 때, 양육자는 어떻게 위안하고 위로했는가?

_____

_____

_____

양육자와 중요한 타인들이 내담자의 성과에 어떻게 반응하였는가?

_____

_____

_____

중요한 생리적 사건들 또는 발달적 사건들 :

_____

_____

_____

중요한 감정적 기억들 :

_____

_____

_____

〔내담자용 질문〕

이러한 사건과 기억에 대해 생각할 때, 당신은 어떻게 느끼는
가? 어떤 감정이 드러나는가?

_____

_____

_____

당신의 주의가 끌리는 곳은 어디인가?

_____

_____

_____

성장할 때 당신의 감정적 경험은 무엇인가?

_____

_____

_____

자라면서 정서적으로 가까운 다른 사람들이나 양육자의 감정
에 대한 경험은 어떠했는가?

_____

_____

_____

당신 자신에 대한 당신의 느낌은 어떤가?

_____

_____

_____

다른 사람에 대한 당신의 느낌은 어떤가?

_____

_____

_____

4. 핵심 위협과 그에 따른 두려움

〔내담자용 질문〕

심각한 두려움과 걱정이 당신에게 어떤 영향을 미쳤다고 생
각하는가?

_____

_____

_____

다른 사람들이 할 수 있는 일이나 당신의 환경에서 일어날 수
있는 일에 대해 당신이 가지고 있는 두려움은 무엇인가?

_____

_____

_____

당신이 할 수 있는 것에 대해 당신이 가지고 있는 중대한 두려움이나 걱정은 무엇인가?

_____

_____

_____

거절, 단념, 수치심 또는 육체적 손상과 같은 이러한 두려움에 특별한 주제나 연관성이 있는가?

_____

_____

_____

〔내담자의 외적 위협에 대한 치료자 요약〕

_____

_____

_____

〔내담자의 내적 위협에 대한 치료자 요약〕

_____

_____

_____

5. 안전 전략

〔내담자용 질문〕

이러한 위협과 두려움에 직면했을 때, 어떻게 대처하는가?

_____

_____

_____

돌이켜보면, 이러한 위협과 두려움으로부터 당신을 보호하기
위한 노력을 어떻게 생각하는가?

_____

_____

_____

다른 사람의 공격과 같은 외적 위협에서 당신을 보호하기 위
해 어떻게 했는가?

_____

_____

_____

강렬한 감정이나 육체적 감각과 같은 내적인 위협에서 당신을 보호하기 위해 어떤 노력을 했는가?

_____

_____

_____

〔외적 안전 행동에 대한 치료자 요약〕

_____

_____

_____

〔내적 안전 행동에 대한 치료자 요약〕

_____

_____

_____

6. 의도하지 않은 결과

〔내담자용 질문〕

이러한 전략에 의도하지 않은 비용이나 단점이 있는가?

_____

_____

_____

이러한 두려움, 행동 또는 결과들이 떠오를 때 당신 자신에 대
해 어떻게 생각하는가?

_____

_____

_____

〔외적 결과에 대한 치료자 요약〕

_____

_____

_____

〔내적 결과에 대한 치료자 요약〕

_____

_____

_____

자비-초점 평가 도구

인간의 다른 많은 경험과 마찬가지로, 자비는 과학적으로 측정하
기 매우 어려운 과정이다. 바로 그 정의와 훈련에 대한 복합적인
접근 방식을 통해, 자비는 역동적인 본질을 보다 면밀하게 조정할

수 있는 평가 도구를 필요로 한다(MacBeth & Gumley, 2012). 지금까지, 경험적 과학과 연구는 대부분 자비와 자기-자비에 대한 자기 보고 측정에 의존해왔다. 자비를 평가하고 측정하기 위한 보다 나은 도구의 개발과 조사가 필요하다. 자비에 대한 서구의 과학은 그리 길지 않고, 자기 보고 측정은 제한되어 있다. 그렇지만, 당신의 작업에 자비-초점 기법을 구현하기 시작할 때 당신에게 소개하고 싶은 몇 가지 척도가 있다.

자비에 대한 자기 보고 척도

자기-자비 척도(Self-Compassion Scale; SCS)는 자비로운 자기 반응에 대한 신념과 태도에 대한 자기 보고 척도이다(Neff, 2003a). 26개 항목의 자기 보고 질문지는 총 점수에 반영된 전반적인 자기-자비와 네프(Neff, 2003a)가 간략하게 설명한 자기-자비 각 요소의 점수를 평가하는 것을 목표로 한다.

- 자기-친절(Self-kindness; SCS-SK)
- 보편적 인간성(Common humanity; SCS-CH)
- 마음챙김(Mindfulness; SCS-M)

이 척도의 개발에서, 요인 분석은 각 측면의 긍정적이고 부정적인 측면을 나타내는 6개의 하위 척도를 제안했다(Neff, 2003b). 따라서 SCS는 구성요소들의 반대 쌍을 반영하는 6개의 하위 척도를 가지고 있다. 즉, 자기-친절(self-kindness; SK) 대 자기 판단(self-judgment; SJ), 보편적 인간성(common humanity; CM) 대 고립(isolation; I) 및 마음챙김(mindfulness; M) 대 과동일시(over-identification; OI)(Neff, 2003a, 2003b). 1점(거의 없음)에서 5점(거의 항상)까지 범위를 갖는 5점 리커트(Likert) 척도를 사용하여, 참가자들은 어려운 시기에 스스로를 향한 그들의 반응을 어떻게 지각하는지를 반영하는 항목에 응답한다. 각 구성요소의 부정적인 측면은 역채점된다. 여기에 몇 가지 항목이 예시되어 있다.

- **자기-친절** ("내가 좋아하지 않는 성격의 측면을 이해하고 참아내려고 노력한다.") 대 **자기-판단** (역채점; "나는 나 자신의 결점과 부적절함에 대해 비판하고 판단하고 있다.")

- **보편적 인류애** ("나는 실패를 인간 조건의 일부로 보려고 노력한다.") 대 **고립** (역채점; "나의 부적절성에 대해 생각할 때, 나는 세상의 나머지 부분과 훨씬 더 분리되고 차단된 것 같은 느낌을 갖는 경향이 있다.")

- **마음챙김**("고통스러운 일이 일어날 때, 상황의 균형적인 관점을 취하려고 노력한다.") 대 **과동일시**(역채점; 우울해질 때, 나는 잘못된 것에 사로잡혀 연연해하는 경향이 있다)

SCS는 높은 신뢰도와 비교 타당도를 갖고 있는 것으로 보고되었다(Neff, 2003b; Neff, Pisitsungkagarn, & Hsieh, 2008). 이 연구는 하위 척도들 간의 강한 상호관련성을 설명하는 자기-자비의 단일한 고차 요인으로, SCS의 적절한 요인 구조를 지지한다(Neff, 2003a). 하위척도의 내적 일관성 신뢰도는 0.78(자기-친절), 0.77(자기 판단), 0.80(보편적 인간성), 0.79(고립), 0.75(마음챙김), 0.81(과도한 동일시)로 보고되었다. 이 척도는 수렴 타당도(즉, 치료자 평가와 상관), 변별 타당도(즉, 사회적 바람직성과 상관이 없음), 검사재검사 신뢰도(α=0.93 ; Neff, 2003a, Neff, Kirkpatrick, et al., 2007)를 보여준다.

SCS의 심리 측정적 속성은 대학생과 대학원생 표본(Neff, 2003a) 뿐만 아니라 명상을 수행한 성인, 명확하지 않은 지역 사회 성인 표본 및 마음챙김 기반 인지치료에 참가하기 위해 모집된 재발된 우울 장애에서 차도를 보이는 성인(Kuyken et al., 2010; Van Dam et al., 2011)을 대상으로 조사하였다. 종합적인 SCS 점수는 자기비판, 우울, 불안 및 반추와 부적으로 상관되어 있으며, 사회적 관계와 정서적 지능과는 부적 상관을 보인다(Neff, 2003a). 자기-자비와 정신병리 간의 관련성에 대한 메타분석에서, MacBeth와 Gumley(2012)는 그들의 분석에서 전체 점수만 사용해서 SCS를 사용한 연구를 조사하였다. 그들은 높은 자기-자비와 낮은 정신병리, 정서적 고통 간의 유의미한 관계를 발견하였고 유의미한 효과 크기를 보고하였다. 그렇지만, 이 책의 저자들은 이 자기 보고 척도의 한계에 주목하고 이러한 분석의 결과가 높은 수준의 자기-자비로 인한 것인지 아니면 낮은 수준의 자기 판단과 자기 고립에 기인한 것인지를 구분할 수 없다고 주장한다.

자비에 대한 두려움 척도

Gilbert, McEwan, Matos 및 Rivis(2011)는 세 가지 개별 과정을 조사하며 자비에 대한 두려움을 측정하는 일련의 척도를 개발했다. 첫 번째는 자비가 흘러 나가거나 다른 사람에게 자비를 느끼거나 표현하는 것에 대한 두려움을 조사한다. 두 번째는 자비가 흘러 들어오거나 다른 사람으로부터 자비를 받는 것에 대한 두려움을 조사한다. 세 번째는 자기-자비를 경험하거나 자신을 위한 자비에 대한 두려움을 평가한다(Gilbert et al., 2011). 세 가지 척도 모두에서, 응답자는 4점 리커트(Likert) 척도를 사용하여 각 진술문에 얼마나 동의하는지를 평가한다. 학생 표본에서, 다른 사람을 위해 자비를 표현하는 두려움은 크론바흐 알파(Cronbach α) 0.72, 다른 사람에게 자비를 받는 것에 대한 두려움은 0.80, 스스로를 위한 자비의 두려움은 0.83이었다(Gilbert et al., 2011). 치료자 표본에서, 다른 사람을 위한 자비의 두려움은 크론바흐 알파(Cronbach α) 0.76, 다른 사람에게 자비를 받는 것에 대한 두려움은 0.85, 스스로를 위한 자비의 두려움은 0.86이었다(Gilbert et al., 2011). 임상적으로, 이러한 세 개의 척도는 다양한 자비의 흐름에 대한 내담자의 수용력을 구별하는 데 꽤 유용하고 자비로운 경험이나 행동에 참여하는 두려움과 적극적인 저항에 대한 내담자의 경험을 탐색하게 한다. 그들은 일반적으로 친화적 정서와 관련된 가능한 두려움에 관한 정보를 제공한다(Gilbert et al., 2011). 이것은 두려움과 위협 경험을 효과적으로 다루는 데 있어서 친화적 감정의 중요한 역할에 기인한 자비-초점 중재와 치료적 관계에 중요한 영향을 미친다. 이 측정은 http://

www.compassionatemind.co.uk/downloads/scales/Fear_of_Comp assion_Scale.pdf에서 찾을 수 있다.

자비로운 사랑 척도

자비로운 사랑 척도(Compassionate Love Scale; CLS)는 다양한 대상을 향해 자비롭거나 이타적인 사랑에 참여하려는 기질적 경향성을 측정하기 위해 Sprecher와 Fehr(2005)가 개발하였다. 특정 표적의 명칭을 포함하는 이후 버전의 각 항목으로 가족이나 친구를 향한, 일반적인 사람을 향한('낯선 사람 - 인간애') 혹은 '특별히 친밀한 타인'을 향한 자비로운 사랑을 표적으로 하는, CLS에 대한 세 가지 원래 버전이 있다(Spreched & Fehr, 2005). 저자들은 자비로운 사랑을 '다른 사람, 친밀한 타인이나 인류의 모든 낯선 사람들을 향한 태도, 즉 배려, 관심, 상냥함 및 다른 사람을 지지하고 지원하고 이해하는 것에 초점을 둔 감정, 인지 및 행동을 포함하는 태도'로 정의한다(Sprecher&Fehr, 2005, p. 630). 각 버전은 '전혀 그렇지 않다'에서 '매우 그렇다'에 이르는 7점 리커트(Likert) 척도로 된 21개의 진술문이나 항목으로 이루어져 있다. 세 가지 모든 버전은 유사한 단어로 된 항목을 가지고 있으며(예, '나는 웰빙에 대한 걱정으로 많은 시간을 보낸다.'로 시작), 각 척도에서 적절하게 수정되었다(예, '내게 가까운 사람들,' '인류,' 또는 특정한 대상의 이름으로 끝남). 세 가지 CLS 버전은 크론바흐 알파(Cronbach α) 0.95를 보고하는, 단일 구조로 되어 있으며 좋은 내적 신뢰도를 갖고 있다(Sprecher&Fehr, 2005).

Santa Clara 간편 자비 척도

싼타 클라라 간편 자비 척도(The Santa Clara Brief Compassion Scale; SCBCS)는 대규모 역학 연구를 위한 CLS로부터 개발되었다(Hwang, Plante, & Lackey, 2008). 이 척도의 다섯 가지 항목들은 더 긴 도구의 요인분석에 근거하여 선택되었다. 응답자들은 1(전혀 아니다)에서 5(매우 그렇다)까지의 5점 리커트(Likert) 척도를 사용하여 다섯 가지 항목 각각에 그들 자신을 평정하도록 요청받았다. 이 척도의 점수는 다섯 가지 질문에 대한 평균 평점이다. 원래 버전과 간편 버전 간의 상관은 0.96이다(Hwang et al., 2008). SCS와 CLS를 비교하는 연구(Gilbert et al., 2011)는 학생 표본에서 다른 사람에 대한 자비로운 사랑과 자기-자비 간의 관련성에 관해서 r=0.31(P{0.01)의 유의미한 상관을 발견했다. 그렇지만, 치료자 표본에서 자비로운 사랑과 자기-자비 간에는 유의미한 상관이 없었다(r=0.21, p=n.s).

자기-타인 네 가지 측정할 수 없는 척도

자기-타인 네 가지 측정할 수 없는 척도(Self-Other Four Immeasurables Scale; SOFI)는 측정할 수 없는 것으로 알려진 핵심적인 불교 가르침의 4가지 자질[四無量心], 즉 자애, 자비, 공감적 즐거움 및 평정심을 측정하는 자기 보고식 척도이다(Kraus & Sears, 2009). 이 것은 불교심리학의 네 가지 측정할 수 없는 것[四無量心]과 그 반대 과정의 이론적 자질을 구현하거나 표현하기 위해 저자들이 선택한 형용사로 이루어진 문항들에 대해 5점 리커트(Likert) 척도를 사용한다. 요인 분석 후 척도의 마지막 버전은 4개의 제안된 하위척도를 사용하여 8쌍의 형용사(총 16문항)를 산출했다. 반대 과정의 형용사는 우호적인 대 혐오스러운, 기쁜 대 화난, 수용적인 대 고통스러운 및 자비로운 대 인색한이다. 하위척도는 긍정적 자기, 부정적 자기, 긍정적 타인 및 부정적 타인이다. 참가자들은 지난 한 주 동안 그들 자신과 타인을 향해 그들이 갖고 있는 사고, 느낌 및 행동이 어떠했는지를 나타내기 위해 각 항목에 적절한 답변을 표시하도록 지시받았다. 척도의 저자들은 4개의 하위 척도와 전체 측정치에 대한 크론바흐 알파(Cronbach α)를 계산했다. 모든 항목을 측정하였을 때 내적 일관성은 0.60이다. 긍정적 자기에 대한 내적 일관성은 0.86, 부정적 자기에 관해서는 0.85, 긍정적 타인에 관해서는 0.80, 부정적 타인에 관해서는 0.82이다(Kraus & Sears, 2009).

자비 면담의 경험

연구자들은 자비를 측정하고 평가하는 서로 다른 접근들에 대해 탐색하기 시작했다. 이러한 새로운 자비 척도는 지금까지 논의된 자비에 대한 이론과 과학의 기초가 되는 의도적이고 행동적인 구성요소와 자비 과정에 대한 특별한 변형을 조사하기 위한 것이다(Gilbert, 2010; Goetz, Keltner, & Simon-Thomas, 2010; Neff, 2003a, 2003b). 그러한 시도의 일례는 면담에 근거한 자비 평정 척도의 개발이다(Gumley, 2013). 이러한 평가의 개발은 특히 임상 전집에서 자비에 대한 연구와 자료를 보완하고 강화하기 위한 것이다(Gumley, 2013;

MacBeth & G umley, 2012).

　'자비로운 마음재단(Compassionate Mind Foundation)'에 의해 주최된 2013년 CFT에 관한 두 번째 국제회의에서 검레이(Gumley)는 자비 평가, 특히 자비 면담 경험에 대한 서술 기반 접근을 기술하였다. 이러한 면담은 자기에서 다른 사람에게, 다른 사람에서부터 자기에게 그리고 자기에서 자기에게로 향하는 자비의 평가에 개별적으로 참여시키는 방식으로 제안되었다. 이러한 평가에 관한 영감은 자기와 타인의 자비로운 경험에 관한 의미론적 기억과 일화적 기억 간에 나타난 명백한 모순에 대한 임상적이고 이론적인 관찰에서 나온 것이다. 자비를 평가하는 이러한 접근은 개별적인 서술을 부호화하여 얻어졌고, 그 측정은 네 개의 영역 내에서 지혜와 자비를 반영하는 자비에 대한 네 개의 하위척도를 포함하고 있다 (Gumley, 2013).

- 자비에 대한 이해
- 자기를 위한 자비
- 다른 사람들로부터의 자비
- 다른 사람들을 위한 자비

　이 면담은 카드분류 과제를 통한 의미론적 묘사와 세 가지 각본에 대한 일화적 묘사를 사용한다. 세 가지 각본은 응답자가 다른 사람에게 자비를 표현할 때, 다른 사람이 응답자들에게 자비를 표현할 때, 그리고 응답자들이 그들 스스로를 향해 자비를 표현할 때이다. 검레이(Gumley, 2013)는 이 측정이 CFT 영향에 민감하고, 정신화 과정과 연관되어 있으며, 자비 경험을 용이하게 할 수 있다고 주장했다.

자비로운 행동 기르기

자비를 향한 인간의 욕구가 자유롭게 선택되지는 않지만, 자비에 기반한 행동과 가치는 존재한다. 다시 말하면, 우리가 자비로운 행동과 그러한 행동에 대한 현신을 구현하는 방법은 우리에게 달려 있다. 이 절에서, 우리는 내담자들이 고통을 완화시키고 성장과 웰빙을 가능하게 하는 구체적인 방향으로 자비로운 행동의 폭넓은 레퍼토리를 양성하는 데 도움이 될 수 있는 몇 가지 접근들을 논할 것이다. 이것은 고통에 대한 인식과 두려움에 처한 경험을 통해 힘과 용기를 얻는 일을 수행함으로써 지혜 경험을 구현하는 행동을 탐구하는 것이다. 이러한 접근은 개인의 가치와 의지에 일치하는 방식으로 행동 실험, 행동 활성화 및 노출의 의도적인 사용에 의존한다(Tirch, 2012). 이를 시작하기 위해, 치료자와 내담자는 협력하여 이러한 새로운 행동이 무엇인지, 어떻게 생겼는지, 그들이 내담자에게 어떻게 느끼는지에 합의한다. 자비-초점 행동 활성화와 노출은 따뜻함, 용기, 힘 및 친절을 사용하여 더 두렵거나 도전적인 활동에 보다 용이하게 참여하도록 하기 위해 자비와 가치를 강조한다(Gilbert, 2010).

진정으로 내담자의 고통을 경감시키는 데 도움이 되는 것은 그들에게 고통과 관련된 새로운 방식의 행동을 배우는 기회를 제공하는 것이다. 이러한 목적을 위해, 치료자는 내담자에게 고통에 대한 반응과 그들의 관계를 변화시킴으로써 과거에 일어났던 일을 회상하게 한다. 일례로, 예상되는 걱정이나 스트레스에도 불구하고, 불안한 자기의 명령에 복종하는 대신 외출할 수 있다. 자비로운 행동은 힘들지라도 밖으로 나가는 것을 선택하는 것이다. 따라서 자비로운 행동은 무엇을 해야 하는가가 아니라 어떻게 할 것인지로 구성되어 있다.

왜 내담자에게 이러한 도전적인 행동에 관여하도록 요구하는가? 왜냐하면 그것은 점점 습관화된 삶으로 가게 하는 융합과 회피의 습관적인 패턴에서 벗어나도록 돕기 때문이다. 따라서 우리는 종종 융통성 있고 도전적이지만 압도적이지 않은 중재와 일련의 행동적 실행을 개발한다. 점진적으로, 내담자는 그들이 원하는 자비로운 행동의 연이은 (그리고 성공적인) 접근에 참여하기 시작한다. 예컨대, 광장공포증으로 고통받고 있는 내담자가 무서움을 덜 느끼는 장소에 가만히 머물러 있도록 조언하는 것은 진정으로 자비로운 것이 아니다. 그것은 명백하다. 그렇지만 경고 없이 롤링 스톤즈(Rolling Stones) 콘서트의 한가운데로 이동하는 것 역시 진정으로 자비로운 것은 아니다. 그래서 우리는 그들에게 문으로 가서 도로를 내려다보도록 권유하는 것으로 시작할 수 있다. 그 다음으로, 인도나 우편함으로 몇 걸음 걸어가도록 그들을 격려할 수 있다. 이러한 점진적인 노출은 속도와 의도에 따라 자기-자비로운 행동의

한 형태이며, 내담자와 치료자가 두려운 자극이 있는 상황에서 마음챙김 자비와 유연한 대응을 위해 이전에 훈련된 내담자의 능력을 적극적으로 동원함으로써 자비로운 노출의 한 형태가 될 수 있다.

우리가 내담자를 이해하고, 지지하고, 따뜻한 내면의 목소리를 만들어내도록 도울수록 (불쾌한 고통이 얼마나 큰지를 검증하고 인식하는 관점) 도전을 탐색하고 직면할 수 있는 안전 기지를 찾는 능력은 더 잘 발휘할 것이다. 자비로운 마음 훈련은 그들 자신의 자비로운 지혜와 접촉하도록 내담자들을 도울 수 있다. 고통을 배운 자기의 일부는 영구적이지 않으며 그것과 융합되거나 회피하기보다는 오히려 고통을 위해 공간을 남겨둘 수 있다. 이러한 유형의 자비로운 자기 관점은 내담자가 새롭고 의도된 반응을 더 쉽게 회상하도록 하고 그들 스스로를 그러한 반응에 참여하도록 코치할 수 있다. 모든 행동적 변화는 내담자가 용기와 자신감을 구축할 수 있도록 도울 수 있기 때문에 중요하다.

가치를 둔 목표를 명확하게 하고 웰빙을 위한 돌봄을 선택하기

내담자들이 고통을 겪기 시작하면, 그들이 피해왔던 어려운 일들을 향해 의도적으로 움직일 것이다. 이러한 경험은 불편할 수 있다. 그러므로 치료자로서 우리는 내담자가 "왜 귀찮게 합니까?"라고 묻는 말을 듣는다. 이에 대응하여 우리는 유연성을 유지해야 하며, 특정한 내담자에게 노출 연습이나 자비로운 행동의 관점에서 절대적인 규칙은 없다는 점을 유념해야 한다.

6장에서, 우리는 어려운 감정이 있을 때조차도, 창조적 절망과 비난하지 않는 지혜가 의미 있고 활력 있는 삶으로 나아가는 과정을 시작하기 위한 맥락을 어떻게 창출할 수 있었는지에 주목했다. 그렇지만, 개인적으로 의미 있는 가치에 대한 설명과 저술은 자비-초점 ACT에서 중요한 역할을 한다.

따라서 몇몇 논쟁은 자비 기반 노출 작업과 관련될 수 있는 반면, 가치와 실행 가능성에 따라 다른 것들은 그렇지 않을 수 있다. 예를 들어 내담자는 기린에 대한 두려움을 가지고 있을 수 있지만 마음챙김, 자비 및 가치에 기반한 삶을 방해하지 않기 때문에 기린을 극복해야 할 이유가 없다. 그러므로 그들의 가치 기반 목표와 목적을 탐구하고 명확하게 하도록 내담자와 작업하는 것이 중요하다. 이것은 특정한 어려움이나 치료 목표와 어떻게 작업할 것인지 그리고 작업할지의 여부에 대한 결정을 알려줄 것이고 고통의 어떤 부분이 집중하기에 가장 적절할 것인지를 밝혀줄 것이다.

예를 들어, 어떤 내담자는 새로운 도시로 이사하고 새로운 직업을 가지기를 원하기 때문에 만성적이지만 가벼운 우울증에 대처하기를 원할 수 있다. 반면 다른 내담자는 강박적으로 친구와 친척들에게 직장으로 통근하는 것에 대한 두려움에 직면할 수 있다는 확신을 얻으려는 노력을 멈추기 원할 수 있다.

분명하게, 내담자가 구체적으로 그들이 달성하고자 하는 것이 무엇이고 왜 그것을 달성하고 싶은지에 대해 명확하게 하는 것이 중요하다. 즉, 주어진 목표가 내담자에게 왜 중요한지 그리고 과도한 통제 시도와 습관적인 회피 패턴을 극복하는 것이 갖는 가치는 무엇인가? 이것은 치료자가 내담자의 목표가 무엇인지, 왜 그 작업이 가치가 있는지를 마음에 담아두도록 돕는 치료에서 장애물이나 방해가 나타날 때 특히 유용하다. 그렇지 않으면, 그들이 원하지 않는 감정과 회피의 패턴으로 너무나도 쉽게 되돌아가게 만드는 고통이 발생할 때 내담자들은 동기와 관점을 잃을 수 있다.

당신이 의심할 여지없이 잘 알고 있듯이, 가치 있는 목표 또는 가치 있는 방향은 본질적으로 시간과 상황에 따라 보상이 되는 행동으로 세상에서 어떻게 행동하기를 바라는지에 대한 내담자의 진정한 의도를 반영하는 것이다. 이것은 그들이 가장 원하는 버전을 선택하는 것을 의미한다.

따라서 치료자와 내담자 모두의 핵심 목표는 내담자에게 불을 지피는 것이 무엇인지를 발견하는 것이다. 이것은 내담자의 가치를 드러낼 것이며 특정 행동이 강화되는 정도를 반영할 것이다. 따라서 내담자가 진정으로 자비로운 행동에 참여하고 스스로를 잘 돌보도록 돕기 위해서는 그들의 가치를 탐구하고 가치 있는 목표의 방향으로 나아갈 수 있는 효과적인 방법을 발견하도록 돕는 것이 중요하다.

안내된 발견을 통해 치료자는 내담자가 그들에게 가장 의미 있고 가치 있는 목표와 방향이 무엇인지를 발견하도록 도울 수 있다. 아래에 있는 질문은 자비로운 행동을 위한 내담자의 가치와 목표를 탐색하는 데 도움이 될 수 있다.

- 고통에 직면하는 것이 어렵다는 점을 감안할 때, 삶에서 겪을 수 있는 고통은 무엇인가?
- 이러한 경험을 피하지 않으려면 당신은 무엇에 대해 걱정하는 것을 포기해야 하는가?
- 이 어려운 감정에 기꺼이 직면하고자 하는 가치 있는 목표는 무엇을 위한 것인가?
- 본질적으로 어떤 행동이 당신에게 보상을 주는가?
- 당신의 가치 있는 목표를 추구하는 데 용기가 있고 당신 자신을 향한 자비로움을 가지고 있다면, 당신은 어디로 향하고 있는가?
- 인생에서 당신은 무엇을 하고 싶은가? 당신에게 가장 중요한 것은 무엇인가? 이러한 가치를 실현하기 위해 당신이 직면하게 될 것은 무엇인가?

이에 더해서 치료자는 내담자가 자신의 가치 있는 지침을 작성하고 아래에 있는 기록지를 사용하여 가치 있는 목표를 추구하도록 도움을 줄 수 있다(adapted from Tirch, 2012, and inspired by Hayes et al., 1999). 이 기록 용지의 복사본을 당신의 실행에 자유롭게 사용하라. 다운로드를 하기 위해서는 http://www.newharbinger.com/30550를 방문하면 된다(어떻게 찾을 것인지에 대한 지침을 알기 위해서는 이 책의 마지막 쪽을 보면 된다). 기록지는 각 회기 사이에 집에서 과제로 내담자가 완성하거나 회기에서 사용할 수도 있다.

가치를 둔 목표와 방향의 입안자 되기

이 기록지는 직장, 가족 및 친밀한 관계와 같은 당신 삶의 서로 다른 영역에서 당신이 추구하는 가치가 있는 행동 패턴에 대해 관찰한 몇 가지를 기록하기 위해 만들어졌다. 각 영역을 완성하기 전에, 의미 있고, 보람을 느끼고 활력과 목적으로 당신의 삶을 가득 채우는 인생에서 추구하고자 목표가 무엇인지를 생각하기 위한 시간을 가져라.

회기 내에 이 기록지를 채우지 못하면, 방해받지 않고 당신이 안전하게 느끼는 장소를 찾아라. 스스로에게 그것을 완성하는 데 충분한 시간을 주어라. 하루나 이틀 후에 기록 용지를 살펴보고 당신의 답변을 반영하는 계획을 세워라.

1. 직업이나 직장생활

이 영역은 나의 인생에서 얼마나 중요한가? (0-10): _____

이 영역에서 자비롭고 가치에 기반을 둔 목적은 무엇인가?

_____

_____

_____

이 목적을 실현하는 데 있어서 만날 수 있는 장애물은 무엇인가?

_____

_____

_____

용기, 자비 그리고 지혜를 가지고 이러한 장애물을 어떻게 극복
할 수 있는가?

_____

_____

_____

2. 가족

이 영역은 나의 인생에서 얼마나 중요한가? (0-10): _____

이 영역에서 자비롭고 가치에 기반을 둔 목적은 무엇인가?

_____

_____

_____

이 목적을 실현하는 데 있어서 만날 수 있는 장애물은 무엇인가?

_____

_____

_____

용기, 자비 그리고 지혜를 가지고 이러한 장애물을 어떻게 극복
할 수 있는가?

_____

_____

_____

3. 친밀한 관계

이 영역은 나의 인생에서 얼마나 중요한가? (0-10): _____

이 영역에서 자비롭고 가치에 기반을 둔 목적은 무엇인가?

_____

_____

_____

이 목적을 실현하는 데 있어서 만날 수 있는 장애물은 무엇인가?

_____

_____

_____

용기, 자비 그리고 지혜를 가지고 이러한 장애물을 어떻게 극복
할 수 있는가?

_____

_____

_____

4. 사회생활

이 영역은 나의 인생에서 얼마나 중요한가? (0-10): _____

이 영역에서 자비롭고 가치에 기반을 둔 목적은 무엇인가?

_____

_____

_____

이 목적을 실현하는 데 있어서 만날 수 있는 장애물은 무엇인가?

_____

_____

_____

용기, 자비 그리고 지혜를 가지고 이러한 장애물을 어떻게 극복할 수 있는가?

_____

_____

_____

5. 교육

이 영역은 나의 인생에서 얼마나 중요한가? (0-10): _____

이 영역에서 자비롭고 가치에 기반을 둔 목적은 무엇인가?

_____

_____

_____

이 목적을 실현하는 데 있어서 만날 수 있는 장애물은 무엇인가?

_____

_____

_____

용기, 자비 그리고 지혜를 가지고 이러한 장애물을 어떻게 극복
할 수 있는가?

_____

_____

_____

6. 신체적 안녕감

이 영역은 나의 인생에서 얼마나 중요한가? (0-10): _____

이 영역에서 자비롭고 가치에 기반을 둔 목적은 무엇인가?

_____

_____

_____

이 목적을 실현하는 데 있어서 만날 수 있는 장애물은 무엇인가?

_____

_____

_____

용기, 자비 그리고 지혜를 가지고 이러한 장애물을 어떻게 극복
할 수 있는가?

_____

_____

_____

7. 영성

이 영역은 나의 인생에서 얼마나 중요한가? (0-10): _____

이 영역에서 자비롭고 가치에 기반을 둔 목적은 무엇인가?

_____

_____

_____

이 목적을 실현하는 데 있어서 만날 수 있는 장애물은 무엇인가?

_____

_____

_____

용기, 자비 그리고 지혜를 가지고 이러한 장애물을 어떻게 극복
할 수 있는가?

_____

_____

_____

8. 지역사회 참여

이 영역은 나의 인생에서 얼마나 중요한가? (0-10): _____

이 영역에서 자비롭고 가치에 기반을 둔 목적은 무엇인가?

_____

_____

_____

이 목적을 실현하는 데 있어서 만날 수 있는 장애물은 무엇인가?

_____

_____

_____

용기, 자비 그리고 지혜를 가지고 이러한 장애물을 어떻게 극복
할 수 있는가?

_____

_____

_____

9. 취미와 오락

이 영역은 나의 인생에서 얼마나 중요한가? (0-10): _____

이 영역에서 자비롭고 가치에 기반을 둔 목적은 무엇인가?

_____

_____

_____

이 목적을 실현하는 데 있어서 만날 수 있는 장애물은 무엇인가?

_____

_____

_____

용기, 자비 그리고 지혜를 가지고 이러한 장애물을 어떻게 극복할 수 있는가?

_____

_____

_____

자비로운 행동 격려하기

내담자가 기록 용지를 완성한 후, 당신은 그들이 무엇을 배웠는지 그리고 이것이 자비로운 행동과 마음챙김 발달에 어떻게 연관되는지 생각하도록 도와주는 시간을 가지기 원할 것이다. 언제 사람들의 행동이 그들이 가치 있게 여기는 것과 일치되는지, 언제 자비로운 삶을 살아가는 데 보다 더 가까워지는지를 설명하는 것은 가치 있는 일이다. 그들은 진정으로 잘 살아가는 데 불필요한 고통을 극복하고 도전에 보다 더 잘 직면하고 있다.

치료자와 내담자는 그들이 자유롭게 선택한 가치와 자비로운 자기에 맞는 자비로운 행동을 어떻게 함양할 수 있을지에 대해 절차를 함께 토의하고, 그것이 용기, 훈련 및 희생을 필요로 하며 기쁨과 온화함을 위한 기회도 제공한다는 것을 인정하면서 함께 면밀하게 살펴보아야 한다. 치료자는 부끄러움, 분노, 슬픔, 알지 못하는 것에 대한 두려움 및 여러 다른 정서적 도전을 포함해서 가치 있는 목표를 추구할 때 드러날 수 있는 것이 무엇이든지 그것들에 대해 열려 있어야 한다는 것을 격려한다. 자비와 자기-자비 행동은 어려운 순간일지라도 궁극적으로는 내담자의 행동 목록과 선택을 확장시키는 가장 중요한 것을 향해 인내하며 나아가는 것이다. 치료자는 내담자가 이미 참여하고 있을 수도 있는 다음과 같은 자비로운 행동을 강조할 수 있다.

- 이완 마사지를 받거나 사랑하는 사람과 시간을 보내는 것과 같은 스스로를 돌보기
- 의사를 방문하거나 규칙적으로 운동하는 것과 같은 스스로의 건강을 돌보기
- 스트레스가 많은 상황에서 휴식을 취하고 자신에게 즐거움을 주는 다른 활동을 즐기기

부가적으로, 치료자는 자기-자비 행동을 통해 고통에 직면하는 것이 덜 분명하지만 매우 중요한 형태를 취할 수도 있다는 것을 지적할 수 있다. 아래에 몇 가지 예들이 있다.

- 그렇게 하는 것이 불편하고 시간이나 에너지를 희생해야 함에도 불구하고, 시험을 준비하거나 직업을 찾는 것과 같은 가치 있는 삶으로 나아가기 위해 노력하기.
- 그렇게 하는 것이 고통을 경험하게 될지라도, 보다 더 가치에 기반을 둔 행동에 참여하기 위해 두려워하는 일에 직면하기.

- 이러한 행동이 장기간 부정적 결과를 가져올 수 있다는 것을 알았을 때, '진정시키기' 혹은 '긴장을 완화하기' 위해 파티에서 많은 양의 와인을 마시는 것과 같은 해로움을 주는 '쾌락' 활동에 참가하는 것 삼가기.

분명히, 가치 명료화와 가치 기술에 참여하고 난 후, 내담자는 몇 가지 어려운 결정에 직면하게 될 것이다. 단기적으로는 맛이 있지만 신체적 웰빙에 대한 자신의 가치에서 벗어나는, 건강에 해로운 음식 먹기를 자제하기로 선택하는 것이 하나의 예가 될 수 있다. 늘 그렇듯이, 각 개인은 독특한 학습 내력, 가치 체계 및 신체적, 정서적 힘이 다르다는 것을 염두에 두는 것이 중요하다. 그렇지만, 인간으로서 우리 모두는 자비로운 마음의 많은 기술과 속성을 통해 자비를 양성할 능력을 갖고 있다. 그러한 목적을 달성하기 위해, 내담자가 자비로운 행동에 참여하도록 돕는 데 있어서 중요한 부분은 그들이 마주하게 될 두려움이나 어려움이 무엇인지 그리고 그런 어려움에 어떻게 직면할 것인지를 자세히 살펴보는 것이다.

자비로운 행동에 참여하기 위한 동기 개발하기

ACT는 의미, 목적 및 활력 있는 삶을 살아가는 도중에 일어나는 마음챙김과 수용 과정 및 직접적인 행동 변화 과정의 균형을 포함한다. ACT 치료자로서 작업은 내담자의 현재 순간 경험을 추적하고 마음챙김과 의지를 강조하며 내담자의 욕구와 기회를 바탕으로 변화를 향한 구체적인 단계를 제시하는 것이다.

행동에 대한 가치 저술과 전념의 과정은 더 큰 행복을 향해 나아갈 동기를 불러일으키며 이것은 자비로운 동기 부여의 시금석이다. 치료자와 내담자는 함께, 내담자가 사회적 고립이나 중독 행동과 같은 회피 패턴을 극복하고 가치 있는 목표를 향해 점진적으로 나아가게 하는 특정한 행동 변화 프로그램을 따라 움직일 수 있다. 그러한 과정에서, 내담자는 명료성과 목적을 가지고 자신이 피하고 싶은 경험이나 상황에 전념하고 기꺼이 들어간다. 이를 준비하기 위해, 치료자는 내담자의 자비로운 동기를 향상시키도록 도와주어야 한다.

내담자가 문제를 경험할 수 있는 많은 이유가 있다. 때로 고통의 경험은 계속되는 심리적 문제, DSM '장애' 혹은 증후군과 분명히 관련되어 있는 것처럼 보인다. 고통의 다른 원천은 스트레스가 많은 생활 사건 혹은 환경적 재난과 같은 외적인 것일 수도 있다. 자비-초점 치료자의 관점에서, 내담자가 경험하는 고통은 그들 자신의 잘못이 아니며 그들이 그러한 적극적인 위험 탐지 체계를 선택하지 않았다는 것을 유념하는 것이 중요하다. 또한 고통에 맞서 싸우는 여러 가지 이유를 다시 생각해 보는 것도 도움이 될 수 있다. 고통이 인간의 근본적인 부분이라는 지혜를 반복하고 전달함으로써, 치료자는 내담자가 자신의 현재 고통 경험을 더 많이 수용하고 그 자신에게 더 큰 자비를 경험하도록 도울 수 있다. 우리의 고통과 고통을 인식하는 능력은 본질적인 인간성의 일부이며, 자비로운 행동에 참여하고 내담자가 원하는 삶으로 나아가고자 하는 내담자의 동기가 증가하는 것에 민감해진다.

이 책을 통해서, 우리는 자비로운 동기가 마음챙김, 심상, 자비로운 사고, 육각형 과정 작업, 치료적 관계 및 많은 다양한 방법을 통해 자극될 수 있음을 자세히 설명하였다. 매우 간단하고 직접적인 방법으로, 치료자는 유도된 발견 과정을 사용하여 자비로운 행동의 초점을 명확하게 하고 도전적인 상황에 접근하도록 내담자의 동기를 증가시킬 수 있다. 예를 들어 불안으로 고통받는 내담자를 생각해보자. 치료자는 먼저 불안 때문에 포기하고 두려워하는 상황을 회피하는 방법에 대해 넌지시 말할 것이다. 다음으로 치료자는 회피 행동의 구체적인 손실에 대해 물어보고 내담자가 되돌아보고 답변을 작성하게 한다. 이 상황에서 치료자가 할 수 있는 몇 가지 질문이 있다.

- 원하지 않는 감정으로 투쟁하는 것은 당신의 개인적 관계를 얼마나 많이 희생시켰는가? 당신은 관계를 회피하는가 아니면 당신의 감정을 피하거나 통제하려는 시도의 한계로 인해 긴장을 느껴야 하는가?
- 당신이 가질 수 있다고 생각한 감정 때문에 상황을 회피하고 결과적으로 중요한 기회를 놓친 적이 있는가? 회피로 인해 직장생활이나 재정적으로 부정적인 영향을 미친 결정을 한 적이 있는가?

- 당신의 경험에 대한 투쟁이 당신이 즐기는 것들을 추구해야 하는 자유를 제한하는가? 회피 행동 때문에 오락 활동, 여행 혹은 취미를 포기한 적이 있는가? 당신의 투쟁과 관련된 부정적 감정에 얼마나 많은 시간과 에너지를 빼앗겼는가?
- 원치 않는 경험과 정서를 가진 당신의 투쟁은 삶에서 전반적으로 당신을 얼마나 희생시켰는가?

이러한 질문들을 탐색한 후, 내담자에게 이러한 역동성을 바꾸고 그들의 삶을 되찾기 위한 조치를 취하고 있음을 상기시켜줌으로써 희망과 격려를 주는 것이 중요하다. 그들이 자신의 목표를 기억하도록 돕는다. 즉, 자신의 삶을 되찾고, 친절, 용기 및 위엄 있는 삶을 경험할 수 있도록 스스로를 자유롭게 한다.

이러한 목표를 계속 지켜나가는 것이 가장 중요한데, 특히 자비로운 실습에 참여할 때, 치료자는 내담자에게 그들이 처음에는 더 많은 고통을 느끼게 될 것이라는 사실을 받아들일 것을 요청한다. 이렇게 하여, 치료자는 장기적으로 이러한 갈등을 보다 잘 극복할 수 있게 하기 위해 단기적인 고통을 경험할 수 있는 의지를 기르도록 도와줄 수 있다.

위험 탐지 체계는 신체 감각, 정서 및 사고를 동반하기 때문에 갑자기 활성화될 수 있으며, 결과로 나타난 반응은 쉽게 통제되거나 억제되지 않는다. 따라서 치료자가 미래에 비슷한 상황을 만났을 때 기술을 구축할 수 있는, 계속해서 늘어나는 고통을 견디는 능력과 용기를 가지고 이 작업에 접근하는 것이 핵심이라는 점을 내담자에게 강조하는 것이 중요하다. CFT에서, 자비로운 노출에 대한 이러한 점진적인 접근은 때로 '도전적이지만 압도적이지 않은' 것으로 언급된다.

위에 설명된 안내된 발견 작업 도중이나 후에 치료자는 내담자와 함께 아래의 기록 용지를 사용하여 자비로운 점진적인 노출에 참여하는 것의 비용과 이득을 기록하고 조사할 수 있다. 다운로드하기를 원한다면, http://www.newharbinger.com/30550을 방문하면 된다(어떻게 찾을 것인지에 대한 지침을 알기 위해서는 이 책의 마지막 쪽을 보면 된다).

두려운 감정과 경험에 직면했을 때의 손실과 이득

당신이 직면하게 될 구체적인 손실과 이득을 기록하기 위해 이 기록지를 사용하라.

두려움에 직면했을 때의 손실	두려움에 직면했을 때의 이득

내담자의 비용과 이득을 검토한 후, 이 답변에 따라 몇 가지 질문을 추가하여 후속 조취를 취할 수 있다.

- 도전적인 상황에 직면했을 때 비용과 이득을 검토하고 목록을 작성한 후 무엇을 알게 되었는가?
- 당신은 어려움에 대처하여 삶이 어떻게 향상될 것인지에 대한 명백한 정신적 비전을 만들었는가?
- 보다 더 주의 깊고 자비로운 방식으로 고통스러운 상황에 대처함으로 인해 당신의 삶이 개선되는 방식을 어떻게 묘사할 수 있는가?

자비로운 눈으로 서로를 바라보기

자비롭게 초점을 맞춘 사례 개념화를 하게 될 때, 우리는 내담자의 삶과 고통이 숨겨진 채로 남아있는 부분을 발견할 수 있다. 우리가 자비-초점 ACT의 일관된 관점으로 사례 개념화와 평가에 대한 체계적 과정에 참여할 때, 내담자가 느끼는 고통에 대한 우리의 감수성이 커질 수 있으며 내담자가 경험하는 고통을 경감시키고 예방하고자 하는 우리의 심오한 동기도 커질 수 있다. 우리가 그들의 투쟁에 관심을 가지고 그들이 경험하는 고통의 많은 부분이 사실은 그들에 대한 것이 아니고 그들의 잘못도 아니라는 것을 알아차릴 때, 그들이 더 크고 보다 만족스러운 삶을 살아가고 번창하는 것을 보고자 하는 우리의 동기는 깊어질 것이다. 한 사람의 고통이 다른 사람의 자비를 불러일으키고 다음으로 이 자비가 공유된, 모든 존재의 고통을 경감시키고자 하는 강렬한 소망을 불러일으키는 이러한 순환은 아마도 인간에게 고유한 것이다. 그리고 그것은 우리 자신과 서로에게서 볼 수 있는 최선을 아주 잘 나타낼 수 있다.

9장

종결과 새로운 시작

어떤 형태의 수피즘과 같은 몇몇 동양의 지혜 전통은 창조적인 행동을 종결짓는 방법에 중점을 둔다. 어떤 과정이 종료되기 전에 그것이 완전히 전개되도록 한다면, 완성되었다고 말한다. 무언가를 잃거나 사라져서 제로섬 게임처럼 느껴질 수 있는, 갑작스럽게 종결되기보다는 일련의 행동을 유기적으로 완성하면 새로운 가능성이 생긴다. 이것은 진화와 삶에서 일어나는 과정을 생각나게 한다. 선택과 변형은 적응을 가져오고, 종(種)의 한 세대가 사라지면 새롭고 보다 적응적인 반복이 발생할 수 있다. 따라서 우리는 독자인 당신과 함께 이 책을 마치면서, 우리가 새로운 가능성과 새로운 시작을 만들 것이라는 희망을 가지고 이 책에 대한 공식적인 결론을 제시하지 않기로 결정했다. 이 책에서 증명된 바와 같이, ACT 작업에 자비-초점을 맞추는 것이 출발점이며 따라서 새로운 방향과 중재의 창출을 촉발시킬 수 있다. ACT 맥락에 CFT 및 FAP와 같은 접근 방식을 통합하는 것은 치료자로써 우리에게 가능한 것을 확장시켰으며 연구 문제, 이론 및 특정한 중재와 관련된 창조성과 혁신을 희망적으로 촉발한다. 우리는 대담한 것보다 더 많은 질문을 제기했고, 공동체가 이러한 질문을 계속하기 바란다.

우리는 심리학자로서 응용 자비 과학을 어떻게 탐구할 것인가? 진행 중인 교육의 핵심 요소들이 드러나고 있으며, 이 장에서는 슈퍼비전, 훈련, 연구와 지식 개발 각각에 자비의 초점을 맞추는 방법에 대해 설명할 것이다. 그래서 우리가 함께 여행을 끝내기 전에, 이러한 측면을 토의하고 CFT를 맥락적 행동 접근에 통합시키는 과제를 위해 어떻게 나아갈 것인지를 생각해 보자.

자비-초점 맥락적 지도감독

심리치료, 특히 개인 치료자는 종종 외로운 직업이다. 대부분의 치료자들은 자신들의 직업적 어려움을 공유할 수 있는 사람이 거의 없다. 자비 중심 지도감독은 외로움을 느끼지 않게 하는 중요한 단계가 될 수 있다. 이것은 또한 직업적 및 개인 내적인 측면에서, 치료자의 전문지식이 자신의 기술을 연마하고 성장시킬 수 있는 상황을 제공할 수 있다. 게다가 치료자는 일반적으로 내담자의 고통에 자비로 반응하고 다른 사람의 느낌과 아픔을 검증하는 데 능숙해지는 반면, 이 기술을 자신의 어려운 상황과 판단에 적용할 때는 종종 어려움을 겪는다. 따라서 자비-초점 지도감독 관계는 치료자가 자신의 자비와 자기-자비 목록을 훈련하는 완벽한 무대를 제공한다.

치료자가 새로운 기술을 개발하고 자신의 지식을 심화시키도록 돕는 것 이외에, 효율적인 지도감독은 자신이 이미 가지고 있는 자원을 알아차릴 수 있도록 돕는다. 고도로 숙련된 치료자조차도 때로는 고착될 수 있으며, 지도감독에서 얻을 수 있는 새로운 관점에서 이익을 얻을 수 있다. 이런 방식으로, 지도감독의 관계는 치료적 관계와 같은 중심적인 위치를 지닌다.

우리의 관점에서 볼 때, 지도감독에서 자비로운 유연성을 기르는 것은 수련 감독자와 피감독자가 협력하여 아래에 기술된 것과 같은 다양한 과정에 참여하는 것이다.

- 지도감독 관계에서 그리고 내담자와의 논의에서 정서적 고통에 민감해지기
- 감정이입을 확장하고 당면한 고통에 정서적으로 참여하기
- 인간의 고통을 예방하고 경감시키는 고통 인내력 개발하기
- 판단, 비난 및 수치심에 근거한 사고에서 벗어나기
- 감정이입적 반응을 개발하고 연마할 수 있는 상황 만들기
- ACT와 자비-초점 작업에 필수적인 특정한 치료 기술과 역량 개발하기

지도감독 관계는 많은 측면에서 치료적 관계를 반영한다. 수련 감독자와 피감독자 간에는 암묵적인 위계구조가 있다. 피감독자

는 종종 무력감에 직면하여 자신의 전문적 능력과 아마도 자기 가치에 대한 부정적인 자기 판단으로 초래되는 어려운 문제를 해결하기 위해 종종 감독자를 찾아간다. 그리고 때로, 지도감독 문제는 피감독자가 치료의 진행을 위해 사용할 수 있는 실행이나 특별한 중재가 있을 수 있다는 점에서 '해결해야 할 문제'이다. 피감독자가 그 접근에 친숙하고 능숙해질수록 해결해야 할 '문제'는 더 적어진다. 숙련도가 증가함에 따라, 슈퍼비전 문제는 피감독자가 자비로운 자세로 내담자의 감정과 자기 자신을 어떻게 받아들일지에 관한 것이 된다.

피감독자는 능력 수준에 따라 요구가 다르기 때문에, 현명한 감독자는 피감독자의 요구와 능력 수준 모두를 평가한다. ACT와 기능적 맥락 접근이 새로운 피감독자는 구체적인 기술과 실행에 관해 알아보고자 하는 욕구를 가지고 있을 것이다. 그러므로 감독자는 혼란을 겪는 피감독자에게 "나는 이런 생각을 가지고 있어요…"라고 생각을 시작하도록 내담자에게 요청하기, 그들이 다음에 해야 할 것을 알아차리기, 강변으로 운동하러 나가기(Hayes, 2005), 그 순간에 그들의 혐오적 경험을 형성하는 상이한 사고와 감각 알아차리기 등과 같은 기술을 시도해 보도록 제안할 수 있다. 구멍에 빠진 남자, 버스에 탄 아이들(원래는 버스에 탄 승객) 및 빈 깡통 괴물(모두 Hayes et al., 1999)과 같은 은유를 제안하는 것이 유용할 수 있다. 자비 훈련을 시작할 때, 자비로운 자기 시각화, 자비-초점 의자 작업, 체계적 관점 취하기 연습과 같은 연상 연습들이 유용할 수 있다. 역할 연기 내담자 단계에서는 먼저 감독자가 치료자로서 역할을 한 후, 점차로 다음에는 피감독자가 치료자 역할을 하는 것이 유용하다.

그 접근에 익숙하고 기술을 잘 아는 피감독자는 그러한 기술적 제안이 거의 필요하지 않으며 내담자가 행하는 행동의 기능을 확인하도록 도움을 주며 지침에 따라 보다 잘 수행할 것이다. 신체적인지 아니면 언어적인지의 여부와 관계없이 선행조건을 파악하는 것 그리고 문제가 있는 행동과 개선된 행동 모두에 대한 언어적이고 신체적인 결과는 보다 정확한 초점이 된다. 목표는 피감독자가 내담자의 경험을 보다 더 잘 파악하도록 돕고 도움이 될 수 있는 것에 대해 보다 더 나은 감각을 가지게 하는 것이다. 예를 들어, "나는 관심이 없어요"와 같은 특정 생각이 친숙하지 않은 사회적 상황에서 철수를 위한 선행조건으로 작용한다는 것을 규명하는 것은 필요에 따라 중재를 조절하도록 피감독자를 도울 수 있다. 피감독자는 그것을 연결로 인식하여 그 생각으로부터 탈융합함으로써 선행사건을 다루기로 선택하거나 가치를 통해 내담자가 원하는 유형의 사람이 되도록 이러한 행동을 연결함으로써 낯선 사람에게 말하기 결과를 바꾸기로 선택할 수도 있다.

이 단계의 중요한 부분은 피감독자가 그들 자신의 치료자로서의 행동에 대한 선행요인과 결과를 알아차리도록 돕는 것이다. 이것은 감독자의 행동이 그들에게 어떠한 영향을 미치는지를 감독자가 피감독자에게 물어봄으로써, 모델링을 통해 수행될 수 있다. 이것은 피감독자가 그들이 회기에서 그 순간 드러내는 감정을 인식하고 받아들이는 것을 배우도록 도울 수 있다. 이러한 방법으로,

감독자는 내담자와 피감독자의 치료적 관계에서와 같은 비슷한 과정을 만든다. 이러한 중재는 아래의 대화에 예시되어 있다.

감독자   그래서 당신의 내담자가 물러서게 된 선행사건은 무엇이라고 생각하나요?

피감독자   잘 모르겠어요. 우리는 과제에 대해 이야기했고 그는 그만 두었어요.

감독자   그가 과제를 해냈나요?

피감독자   아니요, 그는 심지어 시작도 하지 않았어요.

감독자   그렇다면, 내담자의 선행사건과 결과를 기록하도록 제안하는 것과 비슷한가요?

피감독자   (침묵)

감독자   지금 무슨 일이 일어났나요? 당신이 나에게서 물러나고 있다는 것을 느꼈어요.

피감독자   죄책감이 느껴져요. 내가 숙제를 하지 않고 학교에 온 것처럼요.

감독자   아! 정말 고통스럽겠군요. 그래서 무엇이 보였나요?

피감독자   내가 판단 받고 있고, 수치심이 조금 느껴져요.

감독자   당신이 이렇게 느끼다니 유감이네요. 당신에게 고통스러웠나요?

피감독자   음… 어…

감독자   그 다음에 무엇을 했나요?

피감독자   내가 물러났죠.

감독자	맞아요. 나도 그렇게 느꼈어요. 혹시 당신이 생각한 것을 말할 수 있나요? 그리고 당신이 되고 싶은 사람은 어떻게 행동했을까요?
피감독자	아니에요. 내가 드러나는 생각과 감정을 알아차렸다고 말할 수 있었으면 좋겠어요. 그리고 심지어 그게 내가 물러나게 된 선행사건이라고 볼 수 있었으면 좋겠어요.
감독자	맞아요. 그리고 당신이 그렇게 말할 때 나는 당신이 물러난다고 느끼지 않았어요. 당신은 당신의 내담자가 행동했던 것과 비슷한 점이 있다고 생각하나요?
피감독자	그건 의미가 있습니다. 아마도, 그 과제가 내담자의 과정에 얼마나 중요한지를 설명하려고 애쓰다가 수렁에 빠진 것 같아요.
감독자	그리고 어떤 일이 일어났나요?
피감독자	그는 나가버렸어요.
감독자	그래서 우리는 이러한 모든 선행사건과 결과를 잘 알고 있어요….
피감독자	아마도, 내가 그에게 무엇이 나타났는지 물어봤다면 우리는 그걸로 더 쉽게 무언가를 할 수 있었어요. 그렇죠?
감독자	당신이 그렇게 할 때 어떻게 되는지 보죠.

　치료자가 수용, 지혜, 유연성이 있는 맥락을 더 잘 만들 지도감독자를 찾을 것인지, 아니면 개방성, 용기, 감정이입을 지닌 지도감독자로서 자신의 능력을 개발하고 감독을 받는 사람들의 욕구

와 경험을 지향하는 지도감독자를 찾을 것인지의 여부에는 자비와 정서적 경험에 대한 관점을 전환하는 능력이 여전히 중요하다. 치료자의 정서적 반응의 범위 내에서 우리는 고통에 대한 내담자의 가치 있는 목표와 경험에 대한 중요한 정보를 발견할 수 있다. 자신의 정서에 대한 습관적인 반응으로부터 공개적으로 벗어나게 함으로써, 우리는 이러한 경험들을 보다 더 가깝게 끌어낼 수 있다. 관점 취하기를 위한 우리의 특징인 인간 능력 그리고 온화함과 보살핌의 정서적 어조를 육성하는 능력은 다른 사람의 마음속에 어떤 일이 벌어지고 있는지에 대한 통찰력을 기를 수 있다. 우리는 내담자나 수련생의 정서적 반응에 대한 기능을 상상할 수 있으며 임상적 지혜와 견고한 기술을 가지고 사례 개념화와 중재에 이러한 정보를 이용한다.

워크숍과 추가적인 훈련

마음챙김, 수용 및 자비-초점 행동 치료에서 21세기 초기의 훈련 문화는 전형적으로 심리치료자가 워크숍에 참석하고, 배경 논문을 읽고, 희망적으로는 지식을 심화하고 적용하기 위해 더 나은 수련과 지도감독을 추구한다. 많은 사람이 알고 있듯이, 워크숍에 참석하는 경험은 정서적으로 강렬하고 때로는 계시적일 수 있다. 안전한 환경에서 자격 있는 훈련자와 함께 ACT, CFT와 FAP를 탐색할 때, 많은 심리치료자는 위험을 감수하고 새로운 렌즈를 통해 내면의 삶을 살피며, 회피하거나 차단했던 강한 감정에 스스로를 개방할 수 있다. 심리치료자로서, 우리는 그러한 경험을 통해 새로운 가능성을 발견하며 그러한 학습을 어떻게 구축할 것인지에 대한 도전에 당면하고 있다

워크숍이나 학술회의에 참석하거나, 독서를 통해서도 구축할 수 있는데, 다음과 같은 여러 가지가 있다.

- 마음챙김과 자비 명상의 정기적인 개인 수련 개발하기
- 자기 성찰 과정의 부분으로서 역할 연기를 포함하여 우리가 배운 기술 활용하기
- 자격 있는 훈련자와 지도감독자를 찾고 그들과 지속적인 교육 관계 구축하기
- 지역 사회, 전문 단체 및 지역 동료 그룹과 연결하여 교육 및 역량을 향상시킬 수 있는 여건 조성
- 개인적 실행과 교육을 향상시키고 용이하게 하기 위해 온라인 자료, 녹음, 소셜 미디어 및 전자 메일 토론 집단을 활용하기

이러한 모든 경험은 동료 여행자와 함께 자비-초점 ACT 여행을 가능하게 한다. 이 책을 마치면서, 우리는 당신이 이러한 경로를 추구할 수 있는 자료 목록을 제공하고 있다. 다행히도 이것은 당신의 업무를 더욱 확장시키고, 새로운 방향으로 나아가도록 선택하는 방법을 명료하게 해 줄 것이다.

워크숍과 교육 경험 후에, 우리가 삶의 흐름 속으로 되돌아가게 되고, 습관적인 것들에 휩싸일 때 새로운 학습이 쉽사리 사라질 수도 있다. 때로는 이러한 것이 우리에게 필요한 것일 수도 있다. 그렇지만, 우리의 전문적이고 개인적인 성장을 위해서는 여정을 지속하고, 계속해서 질문하고, 새로운 학습에 동화하는 것이 중요하다. 그렇게 하고 싶다면, 참고자료원 부분에 있는 모든 정보가 ACT와 자비 심리학에서의 훈련과 심화과정을 보다 더 쉽게 수행할 수 있게 해주는 것이다.

연구와 지식 개발

이 책에서 설명된 접근을 과학이 충분히 뒷받침할 수 있지만 상황별 심리학 연구 및 자비의 과학에 대한 많은 중요한 지침이 남아 있으며, 이러한 분야에서의 노력은 앞으로 더욱 발전할 것이다. 실험적 행동과학, 정서 신경 과학, 발달 심리학 및 정신 치료 결과 연구에서 이끌어낸, 자비와 심리적 유연성의 근본적인 과정을 뒷받침하는 상당한 연구가 있다. 그렇지만 해야 할 일이 많이 남아 있다. 특히 자비-초점 중재 및 자비-초점 ACT의 효과성에 대해 더 많은 연구와 무선 통제 연구가 이해와 치료 방법을 향상시키는 데 중요할 것이다. 연구에서 나타나기 시작한 새롭고 흥미로운 방향은 암묵적 인지 조사(Ferroni Bast & Barnes-Holmes, 2014), 자비와 애착을 포함한 질적 면담(Gumley, 2013) 그리고 치료적 상호관계에서 두 가지 자비 심리학에 대한 평가와 같은 자비에 관한 보다 구체적이고 개념적 초점화된 평가 도구를 포함하고 있다. 조직, 공동체 및 사회에서 자비가 훈련될 수 있는 방법도 또한 중요한데, 이는 맥락적 행동과학 학회(Association for Contextual Behavioral Science)의 회원들뿐만 아니라 '스탠포드대학교 자비와 이타주의 연구 및 교육센터(Stanford University Center for Compassion and Altruism Research and Education)', '자비로운 마음재단(Compassionate Mind Foundation) 및 자비헌장(Charter for Compassion)'에서 활발하게 탐구되고 있다.

이 책을 읽고 참여함으로써, 당신은 이미 ACT 공동체와 세상에서 자비의 출현에 참여하고 있다. 당신이 원한다면, 당신은 이를 확장할 수 있으며, 읽는 동안 당신에게 일어난 아이디어와 질문을 만들어낼 수 있다. 당신의 목표에 적합하다면, 아마도 당신은 중재에 관한 연구나 아이디어에 대한 가설을 중심으로 이러한 질문을 체계화하거나 온라인 토론 그룹에 질문을 던질 수도 있다.

앞으로의 방향

자비는 모든 생명체 사이의 상호 연결에 대한 진심어린 인식에서 나온 것이다. 우리가 당면한 고통에 민감하고 고통에 대해 무언가를 하기 위해 움직이기 시작할 때, 우리는 자연스럽게 서로를 지지하고, 동지애를 느끼며, 협력한다. 우리의 진화와 역사의 이 시점에서, 우리가 저자이든, 독자이든 아니면 연구자이든 간에 우리들 사이의 거리는 이전보다 훨씬 더 가까워졌다. 우리 공동체와 수많은 동료 여행자들의 네트워크는 점점 더 밀접하게 결합되어 있다. 우리가 당신과 함께 이 여행을 공유했듯이, 우리와 함께 당신의 여행을 공유할 수 있기를 바란다. 우리는 모두 인류애로 연결되어 있는데, 그것은 우리 모두가 행복하게 되고, 잘 지내고, 특히 커다란 도전 앞에서 평화와 기쁨을 찾기를 바란다는 것을 알며 친절함 속에서 쉬는 것이다.

그것이 가능해지면 당신의 자비로운 마음에 사용할 수 있게 되기를 바란다. 자비와 웰빙을 함양하는 상황이 당신과 당신의 내담자 주변에 조성되기 바란다. 그리고 보살핌을 받기 위해 당신에게 온 사람과 당신의 소중한 사람 그리고 당신 자신과 더불어 당신의 지혜와 힘 그리고 전념행동을 공유하며 늘 풍요로워지길 바란다.

가장 중요한 것은
당신이 고난을
얼마나 잘 이겨내느냐는 것이다.

찰스 부코스키(1920-1994)

사랑과 자비는 사치품이 아니라 필수품이다.
사랑과 자비가 없다면, 인류는 생존할 수 없다.

텐진 갸초, 제14대 달라이 라마

맥락적 과학, 인지 및 행동 치료에서 자비의 과학을 연구하고 실행하는 데 있어서 기하급수적인 성장을 하고 있는 시기이다. 이 책에서 배운 것 이상의 지식을 얻기 위해 탐구할 수 있는 많은 통로가 있다. 끊임없이 확대되는 자비 심리학의 세계를 통해 집중되고 관리 가능한 경로를 제시하기 위해, 아래에 간단한 목록의 인터넷 링크를 제시하였다. 대부분의 링크를 클릭하면 ACT 또는 심리 치료 실습에서 자비를 사용하는 방법에 대한 정보와 교육에 대한 포털 역할을 할 수 있는 웹사이트로 이동하게 된다. 녹화된 강의 비디오, 관련된 읽을거리와 자비로운 심상 연습을 안내하는 음원이 모두 이 사이트에서 제공된다.

　중요한 것은 여러 웹사이트에서도 ACT, CFT, FAP에서 추가 교육 기회를 제공하는 교육과 이벤트 일정표를 보유하고 다양한 심리 임상 응용 프로그램에 대한 자비로운 초점을 통합한다는 점이다. 서양의 심리학적 전통에서 마음챙김, 수용 및 자비가 진화함에 따라 워크숍, 개별 지도감독, 온라인 상담 그룹 및 혼합된 학습을 위한 많은 기회가 생겨나고 있다. 아래의 각 링크는 다른 자료에 접근할 수 있게 한다. 자비로운 여행을 계속하면서 자신의 길을 만들고 자신의 시간과 자신의 방식으로 이 자료들을 이용할 수 있기를 바란다. 원한다면 우리와 우리 공동체에 자유롭게 연락하기를 바라고 있다.

- The Association for Contextual Behavioral Science(ACBS):
  http://www.contextualscience.org
- The Compassion Mind Foundation USA:
  http://www.compassionfocusedtherapy.com
- The compassionate Mind Foundation UK:
  http://www.compassionatemind.co.uk
- Functional Analytic Psychotherapy(FAP):
  http://www.functionalanalyticpsychotherapy.com
- The Compassion Focused Special Interest Group of the
  Association for Contextual Behavioral Science:
  http://www.contextualscience.org/compassion_focused_sig
- The FAP Special Interest Group of the Association for
  Contextual Behavioral Science:
  http://www.contextualscience.org/fap_sig
- The Center for Mindfulness and Compassion
  Focused Therapy:
  http://www.mindfulcompassion.com
- The Contextual Psychology Institute:
  http://www.guidecliniqueact.com

Ashworth, F., Gracey, F., & Gilbert, P. (2011). Compassion focused therapy after traumatic brain injury : Theoretical foundations and a case illustration. *Brain Impairment 12*, 128-139.

Baer, R. A. (2003). Mindfulness training as a clinical intervention : A conceptual and empirical review. *Clinical Psychology : Science and Practice 10*, 125-143.

Barlow, D. H. (2002). *Anxiety and its disorders : The nature and treatment of anxiety and panic.* New York : Guilford.

Barnes-Holmes, D., Hayes, S. C., & Dymond, S. (2001). Self and self-directed rules. In S. C. Hayes, D. Barnes-Holmes, & B. Roche (Eds.), *Relational frame theory : A post-Skinnerian account of human language and cognition* (pp. 119-139). New York : Springer.

Barnes-Holmes, Y., Foody, M., & Barnes-Holmes, D. (2013). Advances in research on deictic relations and perspective taking. In S. Dymond & B. Roche (Eds.), *Advances in relational frame theory : Research and application* (pp. 5-26). Oakland, CA : New Harbinger.

Beaumont, E., Galpin, A., & Jenkins, P. (2012). "Being kinder to myself" : A prospective comparative study, exploring post-trauma therapy outcome measures, for two groups of clients, receiving either cognitive behaviour therapy or cognitive behaviour therapy and compassionate mind training. *Counseling Psychology Review 27*, 31-43.

Bennett, D. S., Sullivan, M. W., & Lewis, M. (2005). Young children's adjustment as a function of maltreatment, shame, and anger. *Child Maltreatment 10*, 311-323.

Blackledge, J. T., & Drake, C. E. (2013). Acceptance and commitment therapy : Empirical and theoretical considerations. In S. Dymond & B. Roche (Eds.), *Advances in relational frame theory : Research and application* (pp. 219-252). Oakland, CA : New Harbinger.

Bowlby, J. (1968). Effects on behaviour of disruption of an affectional bond. *Eugenics Society Symposia 4*, 94-108.

Bowlby, J. (1969). *Attachment and loss. Vol. 1 : Attachment*. New York : Random House.

Bowlby, J. (1973). *Attachment and loss. Vol. 2 : Separation*. New York : Basic Books.

Braehler, c., Harper, I., & Gilbert, P. (2012). Compassion focused group therapy for recovery after psychosis. In C. Steel (Ed.), *CBT for schizophrenia : Evidence-based interventions and future directions* (pp. 235-266). Chichester, West Sussex, UK : John Wiley and Sons.

Brown, R. P., & Gerbarg, P. (2012). *The healing power of the breath : Simple techniques to reduce stress and anxiety, enhance concentration, and balance your emotions*. Boston : Shambhala.

Brune, M., Belsky, J., Fabrega, H., Feierman, J. R., Gilbert, P., Glantz, K., et al. (2012). The crisis of psychiatry : Insights and prospects from evolutionary theory. *World Psychiatry 11*, 55-57.

Bulmash, E., Harkness, K. L., Stewart, J. G., & Bagby, R. M. (2009). Personality, stressful life events, and treatment response in major depression. *Journal of Consulting and Clinical Psychology 77*, 1067.

Busch, F. N. (2009). Anger and depression. *in Advances in Psychiatric Treatment 15*, 271-276.

Byrne, R. (1995). *The thinking ape : Evolutionary orignins of intelligence.* Oxford, UK : Oxford University Press.

Cacioppo, J. T., & Patrick, W. (2008). *Loneliness : Human nature and the need for social connection.* New York : Norton.

Call, J., & Tomasello, M. (1999). A nonverbal false belief task : The performance of children and great apes. *Child Development 70*, 381-395.

Carter, S. C. (1998). Neuroendocrine perspectives on social attachment and love.

Psychoneuroendocrinology 23, 779-818.

Clayton, N. S., Dally, J. M., & Emery, N. J. (2007). Social cognition by food-caching corvids : The western scrub-jay as a natural psychologist. *Philosophical Transactions of the Royal Society of London : Biological Sciences 362*, 507-522.

Cordova, J. V., & Scott, R. L. (2001). Intimacy : A behavioral interpretation. *Behavior Analyst 24*, 75.

Cozolino, L. (2007). *The neuroscience of human relationships : Attachment and the developing brain.* New York : Norton.

Cozolino, L. (2010). *The neuroscience of psychotherapy : Healing the social brain.* New York : Norton.

Dahl, J., Plumb, J., Stewart, I., & Lundgren, T. (2009). *The art and science of valuing in psychotherapy : Helping patients discover, explore, and commit to valued action using acceptance and commitment therapy.* Oakland, CA: New Harbinger.

Davidson, R. J. (2003). Affective neuroscience and psychophysiology : Toward a synthesis. *Psychophysiology 40*, 655-665.

Davidson, R. J., & Harrington, A. (2001). A science of compassion or a compassionate science? What do we expect from a cross-cultural dialogue with Buddhism? In R. J. Davidson & A. Harrington (Eds.), *Visions of compassion : Western scientists and Tibetan Buddhists examine human nature* (pp. 18-30). New York : Oxford University Press.

Decety, J., & Ickes, W. (2011). *The social neuroscience of empathy.* Cambridge, MA : MIT Press.

Depue, R. A., & Morrone-Strupinsky, J. V. (2005). A neurobehavioral model of affiliative bonding : Implications for conceptualizing a human trait of affiliation. *Behavioral and Brain Sciences 28*, 313-395.

De Waal, F. (2009). *Primates and philosophers : How morality evolved.* Princeton, NJ : Princeton University Press.

Dymond, S., May, R. J., Munnelly, A., & Hoon, A. E. (2010). Evaluating the evidence base for relational frame theory : A citation analysis. *Behavior Analyst 33*, 97-117.

Dymond, S., Schlund, M. W., Roche, B., & Whelan, R. (2013). The spread of fear : Symbolic generalization mediates graded threat-avoidance in specific phobia. *Quarterly Journal of Experimental Psychology 67*, 1-13.

Eifert, G. H., & Forsyth, J. P. (2005). *Acceptance and commitment therapy for anxiety disorders : A practitioner's treatment guide to using mindfulness, acceptance, and values-based behavior change strategies.* Oakland, CA : New Harbinger.

Ekman, P. (1992). An argument for basic emotions. *Cognition and Emotion 6*, 169-200.

Ekman, P. (1994). All emotions are basic. In P. Ekman & R. J. Davidson (Eds.), *The nature of emotion : Fundamental questions* (pp. 15-19). Oxford, UK : Oxford University Press.

Farb, N. A., Segal, Z. V., Mayberg, H., Bean, J., McKeon, D., Fatima, Z., &

Anderson, A. K. (2007). Attending to the present : Mindfulness meditation reveals distinct neural modes of self-reference. *Social Cognitive and Affective Neuroscience 2*, 313- 322.

Fehr, B., Sprecher, S., & Underwood, L. G. (Eds.). (2008). *The science of compassionate love : Theory, research, and applications.* Chichester, West Sussex, UK : John Wiley and Sons.

Ferroni Bast, D., & Barnes-Holmes, D. (2014). A first test of the implicit relational assessment procedure as a measure of forgiveness of self and others. *Psychological Record 64*, 253-260.

Fonagy, P., & Target, M. (2007). The rooting of the mind in the body : New links between attachment theory and psychoanalytic thought. *Journal of the American Psychoanalytic Association 55*, 411-456.

Fonagy, P., Target, M., Cottrell, 0., Phillips, J., & Kurtz, Z. (2002). *What works for whom? A critical riview of treatments for children and adolescents.* New York : Guilford.

Forsyth, J. P., & Eifert, G. H. (2007). *The mindfulness and acceptance workbook for anxiety: A guide to breaking free from anxiety, phobias, and worry using acceptance and commitment therapy.* Oakland, CA : New Harbinger.

Foster, K. R., & Ratnieks, F. L. (2005). A new eusocial vertebrate? *Trends in Ecology and Evolution 20*, 363-364.

Fredrickson, B. L. (2001). The role of positive emotions in positive psychology : The broaden-and-build theory of positive emotions. *American Psychologist 56*, 218-226.

Fredrickson, B. L., Cohn, M. A., Coffey, K. A., Pek, J., & Finkel, S. M. (2008). Open hearts build lives : Positive emotions, induced through loving-kindness meditation, build consequential personal resources. *Journal of Personality and Social Psychology 95*, 1045-1062.

Gale, c., Gilbert, P., Read, N., & Goss, K. (2012). An evaluation of the impact of introducing compassion focused therapy to a standard treatment programme for people with eating disorders. *Clinical Psychology and Psychotherapy 21*, 1-12.

Garland, E. L., Fredrickson, B., Kring, A. M., Johnson, D. P., Meyer, P. S., & Penn, D. L. (2010). Upward spirals of positive emotions counter downward spirals of negativity : Insights from the broaden-and-build theory and affective neuroscience on the treatment of emotion dysfunctions and deficits in psychopathology. *Clinical Psychology Review 30*, 849-864.

Germer, C. K. (2012). Cultivating compassion in psychotherapy. In C. Germer & R.

Siegel (Eds.), *Wisdom and compassion in psychotherapy : Deepening mindfulness in clinical practice* (pp. 93-110) New York : Guilford.

Germer, C. K., Seigel, R. D., & Fulton, P. R. (Eds.). (2005). *Mindfulness and psychotherapy*. New York : Guilford.

Gilbert, P. (1989). *Human nature and suffering*. London : Psychology Press.

Gilbert, P. (1998). The evolved basis and adaptive functions of cognitive distortions. *British Journal of Medical Psychology 71*, 447-464.

Gilbert, P. (2000). Social mentalities : Internal "social" conflicts and the role of inner warmth and compassion in cognitive therapy. In P. Gilbert & K. G. Bailey (Eds.), *Genes on the couch : Explorations in evolutionary psychotherapy* (pp. 118-150). Philadelphia, PA : Taylor and Francis.

Gilbert, P. (2001). Evolutionary approaches to psychopathology : The role of natural defenses. *Australian and New Zealand Journal of Psychiatry 35*, 17-27.

Gilbert, P. (Ed.). (2005). *Compassion : Conceptualisations, research, and use in psychotherapy*. New York : Routledge.

Gilbert, P. (2007). Evolved minds and compassion in the therapeutic relationship. In P. Gilbert & R. Leahy (Eds.), *The therapeutic relationship in the cognitive behavioral psychotherapies* (pp. 106-142). New York : Routledge.

Gilbert, P. (2009a). *The compassionate mind : A new approach to life's challenges.* London : Constable and Robinson.

Gilbert, P. (2009b). Introducing compassion-focused therapy. *Advances in Psychiatric Treatment 15*, 199-209.

Gilbert, P. (2009c). Evolved minds and compassion-focused imagery in depression. In L. Stopa (Ed.). *Imagery and the threatened self : Perspectives on mental imagery in cognitive therapy* (pp. 206-231). London : Routledge.

Gilbert, P. (2010). *Compassion focused therapy : Distinctive features.* London : Routledge.

Gilbert, P., & Choden. (2013). *Mindful compassion.* London : Constable and Robinson.

Gilbert, P., & Irons, C. (2005). Focused therapies and compassionate mind training for shame and self-attacking. In P. Gilbert (Ed.), *Compassion : Conceptualisations, research, and use in psychotherapy* (pp. 263-325). London : Routledge.

Gilbert, P., & Leahy, R. (2007). *The therapeutic relationship in the cognitive behavioral psychotherapies.* New York : Routledge.

Gilbert, P., McEwan, K., Gibbons, L., Chotai, S., Duarte, J., & Matos, M. (2012). Fears of compassion and happiness in relation to alexithymia, mindfulness, and self-criticism. *Psychology and Psychotherapy : Theory, Research and Practice 85*, 374-390.

Gilbert, P., McEwan, K., Matos, M., & Rivis, A. (2011). Fears of compassion : Development of three self-report measures. *Psychology and Psychotherapy : Theory, Research, and Practice 84*, 239-255.

Gilbert, P., & Procter, S. (2006). Compassionate mind training for people with high shame and self-criticism : Overview and pilot study of a group therapy approach. *Clinical Psychology and Psychotherapy 13*, 353-379.

Goetz, J. L., Keltner, D., & Simon-Thomas, E. (2010). Compassion : An evolutionary analysis and empirical review. *Psychological Bulletin 136*, 351.

Greenberg, L. S., & Paivio, S. C. (1997). *Working with emotions in psychotherapy.* New York : Guilford.

Greene, D. J., Barnea, A., Herzberg, K., Rassis, A., Neta, M., Raz, A., & Zaidel, E. (2008). Measuring attention in the hemispheres : The lateralized attention network test (LANT). *Brain and Cognition 66*, 21-31.

Gumley, A. (2013, December). So you think you're funny? Developing an attachment based understanding of compassion and its assessments. Presented at the International Conference on Compassion Focused Therapy, London.

Gumley, A., Braehler, c., Laithwaite, H., MacBeth, A., & Gilbert, P. (2010). A compassion focused model of recovery after psychosis. *International Journal of Cognitive Therapy 3*, 186-201.

Hackmann, A., Bennett-Levy, J., & Holmes, E. A. (Eds.). (2011). *Oxford guide to imagery in cognitive therapy.* Oxford, UK : Oxford University Press.

Hayes, S. C. (1984). Making sense of spirituality. *Behaviorism 12*, 99-110.

Hayes, S. C. (with Smith, S.). (2005). *Get out of your mind and into your life : The new acceptance and commitment therapy.* Oakland, CA : New Harbinger.

Hayes, S. C. (2008a). Avoiding the mistakes of the past. *Behavior Therapist 31*, 150.

Hayes, S. C. (2008b). Climbing our hills : A beginning conversation on the comparison of acceptance and commitment therapy and traditional cognitive behavioral therapy. *Clinical Psychology : Science and Practice 15*, 286-295.

Hayes, S. C. (2008c). The roots of compassion. Keynote address presented at the fourth Acceptance and Commitment Therapy Summer Institute, Chicago, IL.

Hayes, S. C. Barnes-Holmes, D., & Roche, B. (Eds.). (2001). *Relational frame theory : A post-Skinnerian account of human language and cognition.* New York : Springer.

Hayes, S. C., & Long, D. M. (2013). Contextual behavioral science, evolution, and scientific epistemology. In S. Dymond & B. Roche (Eds.), *Advance in relational frame theory : Research and application* (pp. 5-26). Oakland, CA : New Harbinger.

Hayes, S. C., Luoma, J., Bond, F., Masuda, A., & Lillis, J. (2006). Acceptance and commitment therapy : Model, processes, and outcomes. *Behaviour Research and Therapy 44*, 1-25.

Hayes, S. C. & Shenk, C. (2004). Operationalizing mindfulness without unnecessary attachments. *Clinical Psychology Science and Practice 11*, 249-254.

Hayes, S. C., Strosahl, K. D., & Wilson, K. G. (1999). *Acceptance and commitment therapy : An experiential approach to behavior change.* New York : Guilford.

Hayes, S. C., Strosahl, K. D., & Wilson, K. G. (2012). *Acceptance and commitment therapy : The process and practice of mindful change* (2nd edition). New York : Guilford.

Hofmann, S. G., Grossman, P., & Hinton, D. E. (2011). Loving-kindness and compassion meditation : Potential for psychological interventions. *Clinical Psychology Review 31*, 1126-1132.

Hume, D. (2000). *A treatise of human nature.* Oxford, UK : Oxford

University Press.

Hutcherson, C. A., Seppala, E. M., & Gross, J. J. (2008). Loving-kindness meditation increases social connectedness. *Emotion 8*, 720.

Hwang, J. Y., Plante, T., & Lackey, K. (2008). The development of the Santa Clara Brief Compassion Scale : An abbreviation of Sprecher and Fehr"s Compassionate Love Scale. *Pastoral Psychology 56*, 421-428.

Judge, L., Cleghorn, A., McEwan, K., & Gilbert, P. (2012). An exploration of group-based compassion focused therapy for a heterogeneous range of clients presenting to a community mental health team. *International Journal of Cognitive Therapy 5*, 420-429.

Kabat-Zinn, J. (2009). Foreword. In F. Didonna (Ed.), *Clinical handbook of mindfulness* (pp. xxv-xxxiii). New York : Springer.

Kannan, D., & Levitt, H. M. (2013). A review of client self-criticism in psychotherapy. *Journal of Psychotherapy Integration 23*, 166-178.

Kashdan, T. B., & Rottenberg, J. (2010). Psychological flexibility as a fundamental aspect of health. *Clinical Psychology Review 30*, 865-878.

Kirsch, P., Esslinger, C., Chen, Q., Mier, D., Lis, S., Siddanti, S., Gruppe, H., Mattay, V. S., Gallhofer, B., & Meyer-Lindenberg, A. (2005). Oxytocin modulates neural circuitry for social cognition and fear in humans. *Journal of Neuroscience 25*, 11489-11493.

Kohlenberg, R. J., & Tsai, M. (1991). *Functional analytic psychotherapy.* New York : Springer.

Kolts, R. L. (2012). *The Compassionate mind approach to working with your anger : Using compassion-focused therapy.* London : Constable and Robinson.

Kornfield. J. (1993). *A path with heart.* New York : Bantam.

Kraus, S., & Sears, S. (2009). Measuring the immeasurables : Development and initial validation of the Self-Other Four Immeasurables (SOFI) scale based on Buddhist teachings on loving kindness, compassion, joy, and equanimity. *Social Indicators Research 92*, 169-181.

Kriegman, D. (1990). Compassion and altruism in psychoanalytic theory and evolutionary analysis of self psychology. *Journal of the American Academy Psychoanalysis 18*, 342-367.

Kriegman, D. (2000). Evolutionary psychoanalysis : Toward an adaptive, biological perspective on the clinical process in psychoanalytic psychotherapy. In P. Gilbert & K. Bailey (Eds.), *Genes on the couch : Explorations in evolutionary psychotherapy* (pp.71-92). London : Routledge.

Kuyken, W., Watkins, E., Holden, E., White, K., Taylor, R. S., Byford, S., Evans, A., Radford, S., Teasdale, J. D., & Dalgleish, T. (2010). How does mindfulness-based cognitive therapy work? *Behaviour Research and Therapy 48*, 1105-1112.

Laithwaite, H., O'Hanlon, M., Collins, P., Doyle, P., Abraham, L., & Porter, S. (2009). Recovery after psychosis (RAP) : A compassion focused programme for individuals residing in high security settings. *Behavioural and Cognitive Psychotherapy 37*, 511-526.

Leary, M. R., Tate, E. B., Adams, C. E., Allen, A. B., & Hancock, J. (2007). Self-compassion and reactions to unpleasant self-relevant events : The implications of treating oneself kindly. *Journal of Personality and Social Psychology 92*, 887-904.

LeDoux, J. (1998). *The emotional brain : The mysterious underpinnings of emotional life*. New York : Simon and Schuster.

Levenson, R. W. (1994). Human emotion: A functional view. In P. Ekman & R. J. Davidson (Eds.), *The nature of emotion : Fundamental questions* (pp. 123-126). Oxford, UK : Oxford University Press.

Loewenstein, G., & Small, D. A. (2007). The scarecrow and the tin man : The vicissitudes of human sympathy and caring. *Review of General*

Psychology 11, 112-126.

Lucre, K. M., & Corten, N. (2012). An exploration of group compassion-focused therapy for personality disorder. *Psychology and Psychotherapy: Theory, Research, and Practice 86*, 387-400.

Luoma, J., Drake, C. E., Kohlenberg, B. S., & Hayes, S. C. (2011). Substance abuse and psychological flexibility : The development of a new measure. *Addiction Research and Theory 19*, 3-13.

Lutz, A., Brefczynski-Lewis, J., Johnstone, T., & Davidson, R. J. (2008). Regulation of the neural circuitry of emotion by compassion meditation : Effects of meditative expertise. *PloS One 3*, e1897.

MacBeth, A., & Gumley, A. (2012). Exploring compassion: A meta-analysis of the association between self-compassion and psychopathology. *Clinical Psychology Review 32*, 545-552.

Mansfield, A. K., & Cordova, J. V. (2007). A behavioral perspective on adult attachment style, intimacy, and relationship health. In D. Woods & J. Kanter (Eds.), *Understanding behavior disorders : A contemporary behavioral perspective* (pp. 389-416). Reno, NV : Context Press.

McHugh, L., & Stewart, L (2012). *The self and perspective taking : Contributions and applications from modern behavioral science.* Oakland, CA : New Harbinger.

McKay, M., & Fanning, P. (2000). *Self-esteem : A program of cognitive techniques for assessing, improving, and maintaining your self-esteem* (3rd edition). Oakland, CA : New Harbinger.

Mikulincer, M., & Shaver, P. R. (2007a). Boosting attachment security to promote mental health, prosocial values, and inter- group tolerance. *Psychological Inquiry 18*, 139-156.

Mikulincer, M., & Shaver, P. R. (2007b). *Attachment in adulthood : Structure, dynamics, and change.* New York : Guilford.

Morf, C. c., & Rhodewalt, F. (2001). Unraveling the paradoxes of narcissism : A dynamic self-regulatory processing model. *Psychological Inquiry 12*, 177-196.

Münte, T. F., Altenmüller, E., & Jäncke, L. (2002). The musician's brain as a model of neuroplasticity. *Nature Reviews Neuroscience 3*, 473-478.

Neff, K. D. (2003a). The development and validation of a scale to measure self-compassion. *Self and Identity 2*, 223-250.

Neff, K. D. (2003b). Self-compassion : An alternative conceptualization of a healthy attitude toward oneself. *Self and Identity 2*, 85-101.

Neff, K. D. (2009a). The role of self-compassion in development : A healthier way to relate to oneself. *Human Development 52*, 211-214.

Neff, K. D. (2009b). Self-compassion. In M. R. Leary & R. H. Hoyle (Eds.), *Handbook of individual differences in social behavior* (pp. 561-573). New York : Guilford.

Neff, K. D. (2011). Self-compassion, self-esteem, and well-being. *Social and Personality Psychology Compass 5*, 1-12.

Neff, K. D., Hsieh, Y., & Dejitterat, K. (2005). Self-compassion, achievement goals, and coping with academic failure. *Self and Identity 4*, 263-287.

Neff, K. D., Kirkpatrick, K., & Rude, S. S. (2007). Self-compassion and its link to adaptive psychological functioning. *Journal of Research in Personality 41*, 139-154.

Neff, K. D., Pisitsungkagarn, K., & Hsieh, Y. (2008). Self-compassion and self-construal in the United States, Thailand, and Taiwan. *Journal of Cross-Cultural Psychology 39*, 267-285.

Neff, K. D., Rude, S. S., & Kirkpatrick, K. (2007). An examination of self-compassion in relation to positive psychological functioning and personality traits. *Journal of Research in Personality 41*, 908-916.

Neff, K. D., & Tirch, D. (2013). Self-compassion and ACT. In T. B. Kashdan & J. Ciarrochi (Eds.), *Mindfulness, acceptance, and positive psychology : The seven foundations of well-being* (pp. 78-106). Oakland, CA : New Harbinger.

Neff, K. D., & Vonk, R. (2009). Self-compassion versus global self-esteem : Two different ways of relating to oneself. *Journal of Personality 77*, 23-50.

Negd, M., Mallan, K. M., & Lipp, O. V. (2011). The role of anxiety and perspective-taking strategy on affective empathic responses. *Behaviour Research and Therapy 49*, 852-857.

Nesse, R. (1998). Emotional disorders in evolutionary perspective. *British Journal of Medical Psychology 71*, 397-415.

Nhat Hanh, T. (1998). *The heart of the Buddha's teaching*. Berkeley, CA : Parallax Press.

Nowak, M., & Highfield, R. (2011). *SuperCooperators : Altruism, evolution, and why we need each other to succeed*. New York : Simon and Schuster.

Pace, T. W., Negi, L. T., Adame, D. D., Cole, S. P., Sivilli, T. I., Brown, T. D., Issa, M. J., & Raison, C. L. (2009). Effect of compassion meditation on neuroendocrine, innate immune, and behavioral responses to psychosocial stress. *Psychoneuroendocrinology 34*, 87-98.

Panksepp, J. (1994). The basics of basic emotion. In P. Ekman & R. J. Davidson (Eds.), *The nature of emotion : Fundamental questions* (pp. 237-242). Oxford, UK : Oxford University Press.

Pierson, H., & Hayes, S. (2007). Using acceptance and commitment therapy to empower the therapeutic relationship. In, P. Gilbert & R. Leahy (Eds.), *The therapeutic relationship in the cognitive behaviour therapies* (pp.205-228). London : Routledge.

Polk, K., & Schoendorff, B. (2014). Going viral. In K. Polk & B.

Schoendorff (eds.), *The ACT matrix : A new approach to building psychological flexibility across settings and populations* (pp. 251-253). Oakland, CA : New Harbinger.

Porges, S. W. (2003). Social engagement and attachment. *Annals of the New York Academy of Sciences 1008*, 31-47.

Porges, S. W. (2007). The polyvagal perspective. *Biological Psychology 74*, 116-143.

Porter, R. (2002). *Madness : A Brief History.* New York : Oxford University Press.

Premack, D., & Woodruff, G. (1978). Does the chimpanzee have a theory of mind? *Behavioral and Brain Sciences 1*, 515-526.

Pryor, K. (2009). *Reaching the animal mind : Clicker training and what it teaches us about all animals.* New York : Simon and Schuster.

Rapgay, L. (2010). Classical mindfulness : Its theory and potential for clinical application. In M. G. T. Kwee (Ed.), *New horizons in Buddhist psychology* (pp. 333-352). Chagrin Falls, OH : Taos Institute Publications.

Rapgay, L., & Bystrisky, A. (2009). Classical mindfulness : An introduction to its theory and practice for clinical application. *Annals of the New York Academy of Sciences 1172*, 148-162.

Rector, N. A., Bagby, R. M., Segal, Z. V., Joffe, R. T. & Levitt, A. (2000). self-criticism and dependency in depressed patients treated with cognitive therapy or pharmacotherapy. *Cognitive Therapy and Research 24*, 571-584.

Rein, G., Atkinson, M., & McCraty, R. (1995). The physiological and psychological effects of compassion and anger. *journal of Advancement in Medicine 8*, 87-105.

Roche, B., Cassidy, S., & Stewart, I. (2013). Nurturing genius : Using relational frame theory to address a foundational aim of psychology.

In T. B. Kashdan & J. Ciarrochi (Eds.), *Mindfulness, acceptance, and positive psychology : The seven foundations of well-being* (pp. 267-302). Oakland, CA : New Harbinger.

Rogers, C. R. (1965). *Client-centered therapy : Its current practice, implications, and theory*. Boston : Houghton-Mifflin.

Ruiz, F. J. (2010). A review of acceptance and commitment therapy (ACT) empirical evidence : Correlational, experimental psychopathology, component, and outcome studies. *International journal of Psychology and Psychological Therapy 10*, 125-162.

Sapolsky, R. M. (2004). *Why zebras don't get ulcers*. New York : St Martin's Press.

Schanche, E., Stiles, T. C., McCullough, L., Svartberg, M., & Nielsen, G. H. (2011). The relationship between activating affects, inhibitory affects, and self-compassion in patients with Cluster C personality disorders. *Psychotherapy 48*, 293.

Schoendorff, B., Grand, J., & Bolduc, M. F. (2011). *La thérapie d'acceptation et d'engagement: Guide clinique*. Brussels : DeBoeck.

Schoendorff, B. Purcell-Lalonde, M., & O'Connor, K. (2014). Les thérapies de troisième vague dans le traitement du trouble obsessionnel-compulsif : Application de la thérapie d'acceptation et d'engagement. *Santé mentale au Québec 38*, 153-173.

Siegel, D. J. (2012). *The developing mind : How relationships and the brain interact to shape who we are*. New York : Guilford.

Skinner, B. F. (1974). *About behaviourism*. New York : Random House.

Slavich, G. M., & Cole, S. W. (2013). The emerging field of human social genomics. Psychological Science. Advance online publication. doi:10.1177/2167702613478594.

Sloman, L., Gilbert, P., & Hasey, G. (2003). Evolved mechanisms in depression : The role and interaction of attachment and social rank in depression. *Journal of Affective Disorders 74*, 107-121.

Smith, J. C. (2005). *Relaxation, meditation, and mindfulness : A mental health practitioner's guide to new and traditional approaches.* New York : Springer.

Solomon, S., Greenberg, J., & Pyszczynski, T. (1991). A terror management theory of social behavior : The psychological functions of self-esteem and cultural world-views. In M. P. Zanna (Ed.), *Advances in experimental social psychology : Vol. 24* (pp. 93-159). New York : Academic Press.

Sprecher, S., & Fehr, B. (2005). Compassionate love for close others and humanity. *Journal of Social and Personal Relationships 22*, 629-651.

Strosahl, K. D., Hayes, S. C., Wilson, K. G., & Gifford, E. V. (2004). An ACT primer. In S. C. Hayes & K. D. Strosahl (Eds.), *A practical guide to acceptance and commitment therapy* (pp. 31-58). New York : Springer.

Tirch, D. D. (2010). Mindfulness as a context for the cultivation of compassion. *International Journal of Cognitive Therapy 3*, 113-123.

Tirch, D. D. (2012). *The compassionate-mind guide to overcoming anxiety : Using compassion-focused therapy to calm worry, panic, and fear.* London : Constable and Robinson.

Tirch, D. D., & Gilbert, P. (in press). Compassion-focused therapy : An introduction to experiential interventions for cultivating compassion. In D. McKay & N. Thoma (Eds.), *Working with emotion in cognitive-behavioral therapy.* New York : Guilford.

Tierney, S., & Fox, J. R. E. (2010). Living with the anorexic voice : A thematic analysis. *Psychology and Psychotherapy : Theory, Research, and Practice 83*, 243-254.

Tomasello, M., Call, J., & Gluckman, A. (1997). Comprehension of novel communicative signs by apes and human children. *Child Development 68*, 1067-1080.

Tompkins, S. S. (1963). *Affect, imagery, consciousness : Vol. II : The negative affects*. Oxford, UK : Springer.

Tooby, J., & Cosmides, L. (1990). The past explains the present : Emotional adaptations and the structure of ancestral environments. *Ethology and Sociobiology 11*, 375-424.

Törneke, N.(2010). *Learning RFT : An introduction to relational frame theory and its clinical application*. Oakland, CA : New Harbinger.

Tsai, M., & Kohlenberg, R. J. (2012). *Functional analytic psychotherapy : Distinctive features*. New York : Routledge.

Tsai, M., Kohlenberg, R. J., Kanter, J. W., Kohlenberg, B., Follette, W. c., & Callaghan, G. M. (2008). *Functional analytic psychotherapy: A therapist's guide to using awareness, courage, love, and behaviorism*. New York : Springer.

Uvnäs Moberg, K. (2013). *The hormone of closeness : The role of oxytocin in relationships*. London : Pinter and Martin.

Van Dam, N. T., Earleywine, M., & Borders, A. (2010). Measuring mindfulness? An item response theory analysis of the mindful attention awareness scale. *Personality and Individual Differences 49*, 805-810.

Van Dam, N. T., Sheppard, S. c., Forsyth, J. c., & Earleywine, M. (2011). Self-compassion is a better predictor than mindfulness of symptom severity and quality of life in mixed anxiety and depression. *Journal of Anxiety Disorders 25*, 123-130.

Vilardaga, R. (2009). A relational frame theory account of empathy. *International Journal of Behavioral Consultation and Therapy 5*, 178-184.

Von Eckardt, B. (1995). What is cognitive science? Cambridge, MA : MIT Press.

Wachtel, P. L. (1967). Conceptions of broad and narrow attention. *Psychological Bulletin 68*, 417-429.

Wallace, B. A. (2009). A mindful balance. *Tricycle*, Spring, 109-111.

Wang, S. (2005). A conceptual framework for integrating research related to the physiology of compassion and the wisdom of Buddhist teachings. In P. Gilbert (Ed.), *Compassion : Conceptualisations, research, and use in psychotherapy* (pp. 75-120). New York : Routledge.

Wenzlaff, R. M., & Wegner, D. M. (2000). Thought suppression. *Annual Review of Psychology 51*, 59-91.

Whelan, R., & Schlund, M. (2013). Reframing relational frame theory research : Gaining a new perspective through the application of novel behavioral and neurophysiological methods. In S. Dymond & B. Roche (Eds.), *Advances in relational frame theory : Research and application* (pp. 73-97). Oakland, CA : New Harbinger.

Whelton, W. j., & Greenberg, L. S. (2005). Emotion in self-criticism. *Personality and Individual Differences 38*, 1583-1595.

White, R. G., Gumley, A., McTaggart, J., Rattrie, L., McConville, D., Cleare, S., et al. (2011). A feasibility study of acceptance and commitment therapy for emotional dysfunction following psychosis. *Behaviour Research and Therapy 49*, 901-907.

Wilson, D. S. (2007). *Evolution for everyone : How Darwin's theory can change the way we think about our lives*. New York : Delacorte Press.

Wilson, D. S. (2008). Social semantics : Toward a genuine pluralism in the study of social behavior. *Journal of Evolutionary Biology 21*, 368-373.

Wilson, D. S., Hayes, S. c., Biglan, A., & Embry, D. (2012). Evolving the future : Toward a science of intentional change. *Behavioral and Brain Sciences*. Advance online publication.

Wilson, K. G., & DuFrene, T. (2009). *Mindfulness for two : An acceptance and commitment therapy approach to mindfulness in psychotherapy*. Oakland, CA : New Harbinger.

Wright, J. M., & Westrup, D. (in press). *Learning ACT for group treatment*. Oakland, CA : New Harbinger.

Yadavaia, J. E. (2013). *Using acceptance and commitment therapy to decrease high-prevalence psychopathology by targeting self-compassion : A randomized controlled trial*. Doctoral dissertation, University of Nevada, Reno.

Zuroff, D. c., Santor, D., & Mongrain, M. (2005). Dependency, self-criticism, and maladjustment. In J. S. Auerbach, K. N. Levy, & C. E. Schaffer (Eds.), *Relatedness, self-definition, and mental representation : Essays in honor of Sidney J. Blatt* (pp. 75-90). New York : Routledge.

A

ACT 22, 26, 46, 50, 59,
  63~64, 85, 92, 98, 112,
  115, 152, 195, 257, 263,
  288, 299, 309, 313, 318,
  320, 351, 356~357, 423,
  429, 433, 435~436,
  440~441, 446

ACT 공동체 48~49, 443

ACT 매트릭스 197~198, 217

C

CFT 28, 46, 49~51, 56, 62,
  64, 102~105, 107~112,
  114~115, 117, 121, 135,
  145~146, 148~149,
  150~154, 156~158,
  160~162, 164,

166, 169~171, 195, 257,
  267, 280, 281, 288, 309,
  313~314, 317~318, 329,
  338, 351, 356~357, 391,
  407~408, 427, 433~434,
  440, 446

CFT와 진화론 154

F

FAP 46, 49~51, 56, 195,
  197, 225~227, 230,
  232~233, 237, 242, 244,
  247, 252~253, 313, 351,
  356, 433, 440, 446

ㄱ

가치 114

감내력 106

감독자와 피감독자 435

감정이입 15, 20, 55, 64, 89,
103~104, 106~107, 113,
119, 121, 289, 300,
363~364, 373~374, 380,
435, 439

개방 반응 양식 135

격려/자원-초점 체계 165~166

고전적 조건형성 27, 170

고통 감내력 103~104, 106,
134~135, 366, 376

공포 애착 190

과정으로서의 자기 118, 288

관계 틀 이론 85

관점 취하기 85, 87, 90, 92,
107, 119, 121~122, 243,
247~248, 252, 274, 381,
440

구뇌와 신뇌의 기능 161

긍정적 존중 15, 20

기능적 맥락 관점 194,
196~198, 217

기능적 맥락 틀 314

기능적 분석 심리치료 23, 225

ㄴ

내용으로서의 자기 91, 93, 184,
289

내적 경험 세계 187

내적 비평가 132, 289~292,
301~303

ㄷ

달라이 라마 14, 21, 23, 445

동양의 지혜 433

동정심 39, 103~106, 113,
119, 121, 237, 363, 373

두 의자 기법 288~289

ㅁ

마음챙김 15, 24, 46~47,

49~50, 56~58, 65~66,
81, 85, 91, 93, 96,
98~100, 107~108,
117~119, 148~149, 152,
157~158, 161, 169, 171,
174, 189, 263, 322~325,
330, 332, 334~336, 342,
358, 360, 363, 391,
400~401, 410~411, 421,
423~425, 440~441, 446

마음챙김 및 CFT센터 22

맥락으로서의 자기 24, 27,
91~93, 96, 100~101, 119,
141, 193, 248, 305

맥락적 행동과학 35, 150, 154

맥락적 행동과학 접근 63

맥락적 행동과학 협회 152

맥락적 행동주의 관점 120

맥락적 행동치료 10, 56

메소드 연기 기법 25, 111

민감성 105

ㅂ

밧줄 놓아버리기 300

버스에 탄 아이들 284, 436

보리심 23, 50, 140

보편적 인간성 34, 58, 89, 100,
400~401

부족하지 않은/친화 -초점 체계 167

불교심리학 23, 56, 58, 139,
140~142, 405

비난하지 않는 지혜 263, 268,
277, 411

ㅅ

사례 공식화 356, 371, 384,
391

사회 맥락적 관점 158

삼원 모형 164

상징화 27

생리학적 체계 25

석가모니 55

세로토닌성 체계 167

소크라테스식 질문법 158

수용 15, 32, 34, 57~58,

64~65, 106, 127,
132~133, 135~136, 159,
193~194, 203, 215, 263,
291~292, 299, 309, 357,
391, 439~440, 446

수용과 자비 133, 238

수용전념치료 46

스탠포드대학교 자비와 이타주의
연구 및 교육센터 443

신뇌 심리학 162

신체-초점 작업 25

심리적 유연성 15~16, 19,
23~25, 33~35, 56,
59~60, 64, 80~81,
94~96, 98~102, 112, 114,
119, 126, 135~136, 139,
141, 146, 150, 174,
197~198, 201, 247,
267~268, 281, 294, 309,
313, 351, 356, 442

심리학적 수용 126

심상의 힘 324~325, 338

싸움 멈추기 305

싼타 클라라 간편 자비 척도 405

ㅇ

안전 기지 25, 80, 111, 170,
410

안정 애착 190, 332

애착 21, 25, 80, 93,
154~155, 160, 167,
169~170, 189, 381, 442

애착 체계 169

애착 패턴 190

어미 고양이 연습 209

언어 행동 162, 186

언어적 공동체 80, 90, 187, 191

옥시토신 170

옥시토신(oxytocin)과
오피오이드(opioid) 체계 168

온라인 토론 그룹 443

완화의 심리학 61, 64,
102~103, 108~109,
116~118

요크 리트리트(York Retreat) 20

워크숍 17, 46~48, 440, 446

웰빙을 위한 돌봄 동기 104, 115

위험 탐지 체계 279, 424, 426

위협 초점 체계 166

위협-초점 체계 167

유연한 관점 취하기 89, 93~95,
    100~101, 120, 141, 158,
    247, 257, 270, 281, 320,
    342

유전 체계 81

융합 24, 26, 73~74, 76, 95,
    184~186, 192, 195, 205,
    209, 222, 237, 391

인류애 20, 157, 401, 444

인지 치료 21

인지적 융합 191, 216

인지치료 98

인지행동치료 7, 56~57, 109

일관성 있는 학습 환경 188

임상적으로 관련 있는 행동 225,
    226, 236

ㅈ

자기 27, 48, 50, 65, 80,
    89~93, 96~97, 101, 109,
    122, 141, 184~186, 222,
    265, 343, 351, 407

자기 비난 28~29, 75, 107,
    126~127, 135, 149,
    153~154, 191, 206, 209,
    222, 229, 237, 247, 253,
    260, 266~267, 270, 380

자기-배려 58, 65, 93, 100

자기-자비 16, 55, 58, 62,
    81~82, 85, 93, 95~96,
    98~101, 110, 141, 149,
    151, 179, 190, 192, 195,
    203, 221, 223, 225, 229,
    242~243, 247~248, 252,
    317, 357, 367~368, 377,
    385, 400, 405

자기-자비 마음 면담 357~358,
    361, 368

자기-자비 척도 58, 149, 400

자기-자비 훈련 23, 179, 194,
    215

자기-타인 네 가지 측정할 수 없는
    척도 405

자비 20~24, 34, 55~56, 65,
    89, 91, 140, 257, 263,
    309, 359, 407, 446

자비 기르기 127

자비 마음 재단 22

자비 실습 일지 349~350

자비 헌장 443

자비-초점 ACT 47, 52, 146,
  265, 305, 411, 442

자비-초점 공식화 379~380, 383

자비-초점 맥락적 지도감독 434

자비-초점 사례 공식화 379

자비-초점 지도감독 관계 434

자비-초점 평가 도구 399

자비로운 눈 429

자비로운 마음 훈련 145,
  171~172, 258, 281, 314,
  318, 321, 324, 331, 351,
  357, 410

자비로운 마음 훈련하기 314

자비로운 마음재단 407, 443

자비로운 마음챙김 291, 320

자비로운 사랑 척도 404

자비로운 유연성 112~114, 257,
  435

자비로운 자기 30, 50, 111,

287, 289, 338~339,
  340~343, 345~346, 351

자비로운 자기 시각화 339, 436

자비로운 자기 정체성 338

자비로운 접촉하기 342

자비로운 주의 307, 317,
  322~323

자비로운 탈융합 274

자비로운 행동 110, 209, 237,
  259, 408~409, 411, 421,
  423

자비롭게 내려놓기 300

자비심리학 147, 150~151

자비에 대한 ABC 294

자비에 대한 두려움 403

자비와 웰빙 65, 119, 444

자비의 심리학 62, 136, 358,
  370

자비의 정의 47, 56, 102

자비초점치료 22, 46, 60

자비초점치료 145

자애 명상 147

자유롭게 선택한 가치 114, 258, 379

장소 시각화 328~329

전념행동 24, 49, 100, 116~117, 444

절망 264

정서 76

정서 조절 체계 164~167

정적 강화 223~224

조건화된 정서 학습 27

종 보존 체계 81~82

죄책감을 동반한 쾌락 284

지시적 관계 틀 89

지혜 444

지혜와 전념 23

진(眞)사회적 방식 78

진정시키는 리듬 호흡 171~174, 289, 318, 321, 329, 346

진화론적 관점 76~77, 82, 266

진화론적 사고 34

진화적 관점 77

진화적 궤적 164

질적 면담 442

ㅊ

참여 심리학의 속성 371

참여의 심리학 61, 64, 103~104, 106, 121

창조적 절망 263~264, 268

창조적 절망감 205

치료적 공동체 20

치료적 관계 194, 222, 237, 435

치료적 상호관계 252

친화 정서 64, 87, 169

ㅌ

타인에 대한 자비 99, 223

탈개인화 120

탈동일시 121

탈융합 24, 93, 96, 100, 134~135, 193, 203, 205, 208, 215, 229, 281, 289,

342, 437

탈융합화 49

ㅍ

파생된 관계 반응 86~88, 185,
   191

판단하지 않음 103, 107,
   126~127

평화 215

ㅎ

행동 72

행동주의 연구 25

행동주의자 21

현실성 점검 156~157

현재의 문제 맥락 385

협력 78

혼합 애착 190

회피 애착 190

흘러나가는 자비 경험하기 335

홀러들어오는 자비 경험하기 332

데니스 터치(Dennis Tirch) 박사는 미국 뉴욕에 있는 **마음챙김 및 자비초점치료센터**(The Center for Mindfulness and Compassion Focused Therapy) 소장이다. 자비초점치료 분야에서 국제적으로 저명한 터치는 저서 *The Compassionate-Mind Guide to Overcoming Anxiety*를 포함해서, 여러 권의 저자이기도 하다. 터치는 뉴욕에 있는 웨일 코넬(Weill Cornell) 의과 대학의 임상조교수이며, 응용 마음챙김, 수용 및 자비 분야에서 전세계적으로 심리치료자들을 수련시키고 있다.

벤자민 쉔도르프(Benjamin Schoendorff)는 캐나다 퀘벡주의 면허 심리학자이며, **맥락 심리학 연구소**(Contextual Psychology Institute) 설립자이다. 프랑스어권에서는 ACT 선구자인 그는 ACT와 FAP 에 관한 많은 저서에서 저자, 공저자, 공동편집자로 활동하였는데, 여기에는 Kelvin Polk와 공동편집한 *The ACT Matrix*가 있다. ACT 전문 훈련자 겸 공인 FAP 훈련자인 쉔도르프는 전세계에서 수련 워크숍을 진행하고 있다. 그는 캐나다 퀘벡주 몬트리올 근교에서 살고 있는데, **몬트리올 정신 건강**

대학연구소에서 연구자로 일하고 있다.

로라 실버슈타인(Laura R. Silberstein) 심리학 박사는 뉴욕주와 뉴저지주의 면허 심리학자이며, 뉴욕에 있는 **마음챙김 및 자비초점치료센터** 부소장이고, 성인과 청소년을 위한 CFT, ACT, 변증법적 행동치료(DBT) 및 인지행동치료(CBT) 등의 증거기반치료 분야에서 고급 훈련을 진행하고 있다. 실버슈타인은 『임상지도감독자』, 『CFT 훈련자』, 『불교심리학과 인지행동치료』의 공저자이다.

추천서를 쓴 폴 길버트(Paul Gilbert) 박사는 우울증, 수치심, 자기 비난에 관련된 연구로 세계적으로 이름난 명성을 얻고 있다. 그는 더비(Derby)대학교 정신건강 연구소 소장, CFT 설립자, 『자비로운 마음과 우울 극복하기』를 포함한 여러 권의 저자이기도 하다.

추천서를 쓴 스티븐 헤이즈(Steven C. Hayes) 박사는 미국 네바다대학교 심리학과 교수이다. 그는 34권의 저서와 470편 이상의 과학논문의 저자인데, 그의 연구는 어떻게 언어와 생각이 인간의 고통으로 이르게 하는지에 초점이 모여 있다. 헤이즈는 ACT — 광범위한 영역에 활용되는 강력한 치료 방법 — 의 공동창설자이며, 여러 과학 전문학회의 회장으로 기여하였다. 그는 많은 국가적인 상을 받았는데, 여기에는 **행동인지치료학회**로부터 받은 **평생공로상**도 있다.

옮긴이

손정락은 성균관대학교 심리학과를 졸업하고, 동 대학원에서 임상심리학 전공으로 석사 학위와 박사 학위를 받았다. 전북대학교 심리학과에서 36년간 임상심리학, 건강심리학, 성격심리학 분야의 강의와 연구를 하였으며, 미국 듀크(Duke)대학교 심리학과 객원교수로도 다녀왔다.

지금은 명예교수이자 정년 후 연구교수로 있다. 그동안에 과학기술우수논문상 등을 수상하였으며, 한국심리학회 석학(KPA Fellow) 인증을 받았다.

전문분야에서는 임상심리전문가, 정신보건임상심리사 1급(보건복지부), 건강심리전문가, 중독심리전문가, 명상심리전문가 등으로 활동하고 있다. 또한 한국건강심리학회장, 한국심리학회장, 전북대학교 심리코칭연구소장, 강원랜드 중독관리센터 자문위원 등을 역임하고, 한국명상학회 부회장 등으로 활동하고 있다.

주요 저서 및 역서로는 『인간의 마음과 행동』, 『현대 임상심리학』, 『성격심리학』, 『건강심리학』, 『바이오피드백』, 『자기에게로 가는 여행』, 『우울증 치유를 위한 마음챙김과 수용 워크북』, 『성격심리학 이론 워크북』,

『아동과 청소년을 위한 수용과 마음챙김 치료』, 『ACT로 코칭 효과성을 극대화하라』, 『직장에서의 마음챙김』, 『수용전념치료: 실무 지침서』, 『스트레스, 건강, 웰빙: 21세기의 번영』, 『이완 및 스트레스 감소 기법모음 워크북』, 『수용전념치료와 은유 모음집』 등 30여 권이 있다.

E-mail: jrson@jbnu.ac.kr

최명심은 전북대학교 심리학과를 졸업하고, 동 대학원에서 임상심리학 전공으로 석사 및 박사 학위를 받았다. 마음사랑 병원에서 임상심리전문가로 활동하고 있으며, 현재는 전북대학교 등에서 임상심리학, 이상심리학, 정신병리학 분야의 강의와 정신건강 의학에서 심리진단 및 평가를 하고 있다.

전문분야에서는 임상심리전문가, 정신보건임상심리사 1급(보건복지부), 건강심리전문가, 중독심리전문가 등으로 활동 중이며, 범죄심리전문가 과정을 수료하였다.

공동 번역서로 『스트레스, 건강, 웰빙: 21세기의 번영』과 『인간 성행동 심리학』이 있다.

E-mail: genes225@hanmail.net

수용·전념치료(ACT) 지침서
자비의 과학

2018년 2월 12일 초판 1쇄 발행

지은이 데니스 터치, 벤자민 쉔도르프, 로라 실버슈타인
옮긴이 손정락, 최명심

발행인 박상근(至弘) ● **편집인** 류지호 ● **상무** 이영철
책임편집 주성원 ● **편집** 김선경, 이상근, 양동민, 김재호, 김소영
표지 쿠담디자인 ● **제작** 김명환 ● **마케팅** 허성국, 김대현, 최창호, 양민호 ● **관리** 윤정안
펴낸 곳 불광출판사 (03150) 서울시 종로구 우정국로 45-13, 3층
대표전화 02) 420-3200 편집부 02) 420-3300 팩시밀리 02) 420-400
출판등록 1979. 10. 10.(제300-2009-130호)

ISBN 978-89-7479-386-9 (93180)

이 도서의 국립중앙도서관 출판예정도서목록(CIP)은
서지정보유통지원시스템 홈페이지(http://seoji.nl.go.kr)와
국가자료공동목록시스템(http://www.nl.go.kr/kolisnet)에서 이용하실 수 있습니다.
(CIP제어번호: CIP2018001882)